교육정치학

이론과 적용

정일환 · 이일용 · 김혜숙 · 김병주 · 권동택 · 정제영 공저

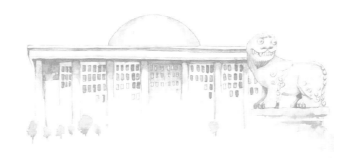

학지사

추천사

교육과 정치는 한마디로 표현하기 어려울 정도로 복잡한 관계를 맺고 있다. 교육의 정치적 중립성이 「헌법」에 보장되어 있지만 여기서 교육의 의미는 교육의 활동이라고 할 수 있다. 특히 교육의 내용과 관련하여 정치적 편향성이 있어서는 안 된다는 점을 선언한 것이라고 할 수 있다. 하지만 교육정책의 측면에서 본다면 정치적 과정을 배제하기 어려운 측면이 있다.

오래전부터 학자들은 정책이 정치적 영향력을 받는 부분에 대해 많은 관심을 기울여 왔다. 그중에서 고전적인 이론이 정치행정이원론과 일원론이라고 할 수 있다. 정치행정이원론(政治行政二元論)이란 행정을 정치와 구별된 관리 또는 기술로서 인식하는 이론을 의미한다. 행정관리설 혹은 기술적 행정학의 시각이라고 할 수 있다. 행정을 정치와 무관한 관리 또는 기술로 인식하기 때문에 성과 중심의 경영과 동일시한다. 정치행정이원론은 공행정과 사행정을 동일시하는 입장이므로 공사행정일원론과 기본적으로 같은 시각이라고 할 수 있다. 정치행정이원론은 미국의 초기 행정학을 대표하며, 정치로부터 행정의 독자성 및 자율성을 강조하고 있다. 교육행정의 측면에서도 관리와 집행에 초점을 둔다면 교육정책이 정치적 영향력을 받지 않아야 한다고 볼 수 있다.

반면, 정치행정일원론(政治行政一元論)은 행정이 법령이나 정책의 관리와 집행 기능은 물론, 정책의 결정 기능 또는 정치적 기능도 담당해야 한다고 보는 관점이다. 1930년대 이후 신고전적 행정이론의 입장으로서 통치기능설이 가장 대표적인 이론이라고 할 수 있다. 즉, 정치와 행정은 분리할 수 없고, 행정의 과정 속에서 정책결정이 불가피하게 이루어지며, 행정의 정치성이 불가피하다고 본다. 행정과 정치의 상대성과 연속성을 강조하는 이론이다. 통치를 정치(정책결정)와 행정(정책집행)의 결합으로 보면서, 두 과정은 배타적이 아닌 상호보완적 관계이므로 행정과정에서도 정책결정이 이루어진다고 보았다.

교육정책의 과정에서 결정의 과정은 정치적인 영향력을 더 많이 받는다고 할 수 있고, 집행의 과정에서는 영향력이 줄어들기는 하지만 전체적인 정책의 과정에서 정치적 영향력이 미친다고 할 수 있다. 정치적 영향력은 구체적으로 정치권의 영향력이라고 볼 수도 있지만 좀 더 깊이 생각해 본다면 교육정책의 민주성, 즉 국민의 의사에 따른 정책이라고 보는 것이 더 정확하다고 할 수 있다. 중앙 수준의 정책에서 지역과 단위학교의 정책에 이르기까지 국민적 의사를 고려하고 참여를 필요로 한다고 할 수 있다.

이번에 새로 출간되는 『교육정치학: 이론과 적용』은 한국교육정치학회를 대표하는 정일환 교수를 포함하여 이일용, 김혜숙, 김병주, 권동택, 정제영 교수가 집필에 참여하였다. 대부분 한국교육정치학회 회장을 역임하신 훌륭한 연구자들이며, 이 책은 교육정치학에 대한 기본적 이론과 실제 적용의 측면을 모두 담고 있다. 따라서 교육학을 탐구하는 많은 연구자와 학생에게 실질적인 도움이 될 것이라고 생각한다. 그리고 교육정책을 만들고 운영하는 사람들에게도 이론에 기반하여 미래를 향한 혁신적 교육정책 아이디어를 개발하는 데 도움을 줄 것이라고 생각한다. 한국 교육의 미래를 고민하는 많은 사람에게 이 책을 통해 많은 질문과 새로운 아이디어를 만드는 기회를 경험할 것을 권한다.

2020년 11월

진동섭(서울대학교 명예교수, 전 한국교육학회 회장, 전 한국교육정치학회 회장)

머리말

최근 교육과 정치의 관계 규명에 대한 학계와 교육계의 관심이 고조되고, 인식이 전환되면서 교육정치학에 대해 학문적·실제적 탐구 활동이 체계적으로 활발히 이루어지고 있다. 어느 국회의원이 지적하였듯이, "교육이 바로 정치다."라는 주장은 교육정책, 교육내용 및 교육활동이 전개되는 과정이나 결정의 내용이 모두 정치적 과정을 거쳐 이루어지고, 정부의 다양한 교육정책도 결국 정치적 과정의 산물이라는 것을 단적으로 표현한 것이라고 해석할 수 있다. 그동안 교육계에서 팽배해 왔던 교육의 정치적 중립성을 규범적으로는 수용하게 되지만, 실제 교육이 전개되는 장(場)들, 예컨대 교육부, 시·도 교육청, 시·군·구 교육지원청, 심지어 단위학교에서조차도 이를 준수하기란 쉬운 일이 아니다. 이는 정권이 바뀔 때마다 주요 교육정책이 형성·집행되는 양상이나 과정은 정치적 속성을 배제할 수 없으며, 집권 정당이나 정부의 정치적 이념과 철학이 발현되어 나타나기 때문이다.

미국의 경우 Eliot이 정치와 교육과의 관계를 규명하기 시작한 이후, 1977년 미국교육학회(American Educational Research Association)로부터 교육정치학이 하나의 분과 학문으로 인정되었으며, 미국교육정치학회(Politics of American Education Association)를 중심으로 교육의 정치적 현상을 본격적으로 탐구하게 되었다. 과학으로서의 교육정치학(Politics of Education)은 교육정치 현상에 대한 지식의 구성체라고 할 수 있다. 이와 같은 교육정치학의 학문적 탐구를 위해

1994년 전문적인 한국교육정치학회(Korean Society for the Politics of Education) 가 창립되면서 교육정치학을 교육학의 독립된 분과 학문으로서 본격적으로 교육정치학에 대한 이론모형 정립, 연구방법, 실제 다양한 교육정책에 대한 정치학적 분석 등이 활발히 전개되고 있다.

이에 대학에서도 교육정치 현상에 관해 학문적으로 교육하기 위해 학부 및 대학원 과정으로 교과목을 개설·운영하고 있으며, 한국교육정치학회 회원을 중심으로 이 분야에 대한 연구를 다양한 관점에서 심도 있게 수행하고 있다. 그동안 교육정치학 관련 도서들이 학자들 중심으로 발간되기도 했지만, 교육학의 분과 학문으로서, 그리고 교육정치학의 이론과 실제에 관해 체계적으로 집필한 교재의 필요성이 제기되었다. 이에 한국교육정치학회 회장을 역임한 교수들을 중심으로『교육정치학: 이론과 적용』을 발간하게 되었다.

이러한 취지에서 저술된 이 책은 전체 2부로 구성되어 있으며, 제1부는 '교육정치학의 기초', 제2부는 '교육정치학의 수준과 쟁점'으로 교육정치학의 이론적·실제적 측면을 다양한 관점에서의 논의를 전개하였다. 제1부는 총 4개의 장으로 구성되었으며, 제1장 교육과 정치(정일환), 제2장 교육과 이데올로기(권동택), 제3장 교육정치학의 학문적 성격(정일환), 제4장 교육정치학의 연구 동향(이일용)의 내용을 담고 있다. 제2부는 총 8개의 장으로 구성되었으며, 제5장 국가 수준 교육 거버넌스의 정치학(정제영), 제6장 지방 수준 교육 거버넌스의 정치학(김혜숙), 제7장 단위학교 수준 거버넌스의 정치학(권동택), 제8장 교육과 선거의 정치학(정제영), 제9장 교육과 이익집단의 정치학(김혜숙), 제10장 교육재정의 정치학(김병주), 제11장 고등교육의 정치학(이일용), 제12장 한국교육정치학의 현안과 과제(김병주)의 내용을 담고 있다.

모쪼록 이 책이 교육정책의 최고 결정자로부터 중앙 및 지방 교육당국, 단위학교 등 정책입안 개발자 및 교육행정가뿐만 아니라 학교현장 구성원들에게도 활용되기를 기대한다. 아울러 교육정치학 분야에 대한 학문 탐구에 정진하는 학문 후속 세대에게도 도움이 되길 기대한다.

　이 책이 출간되기까지 편집·교정 등을 맡아 애써 주신 학지사의 모든 분께 고마움을 표한다. 집필을 계획할 당시 의도했던 것과는 달리 교육정치학의 이론과 실제에 대한 깊이 있는 탐구의 부족함을 느끼면서, 저자들은 지속적으로 이 분야에 대한 심도 있는 연구를 하고자 한다.

2020년 11월
저자 일동

차례

◆추천사 / 3
◆머리말 / 5

제1부 ... 교육정치학의 기초

제1장 **교육과 정치** ································· 15

1. 교육과 정치의 관계 / 15
2. 교육의 정치적 목적 / 17
3. 교육과 정치체제 / 19
4. 교육과 정치발전 / 30

제2장 **교육과 이데올로기** ··············· 59

1. 이데올로기란 / 59
2. 이데올로기의 기능과 특징 / 62
3. 교육, 정치, 이데올로기 / 66
4. 학교교육에서의 이데올로기 / 69

제3장 　**교육정치학의 학문적 성격** ································· 73

1. 교육정치학의 개요 / 73
2. 교육정치학의 학문적 성격 / 75
3. 교육정치학의 접근방법 / 89
4. 학문적 정체성 모색 방안 / 95

제4장 　**교육정치학의 연구 동향** ································· 99

1. 교육정치학 연구의 범위와 내용 / 99
2. 교육정치학 연구 동향 분석 사례와 자료 / 100
3. 교육정치학 연구 동향 분석 / 105
4. 교육정치학 연구의 발전과제 / 118

제2부 … 교육정치학의 수준과 쟁점

제5장 　**국가 수준 교육 거버넌스의 정치학** ·············· 123

1. 거버넌스 개념과 특징 / 123
2. 국가 수준의 교육 거버넌스 구조와 구성원 / 127
3. 국가 수준의 교육정책 과정 / 133
4. 교육정책 과정과 교육 거버넌스 / 135
5. 국가 수준의 교육 거버넌스 발전 방안 / 146

제6장 　**지방 수준 교육 거버넌스의 정치학** ·············· 149

1. 지방 수준 교육 거버넌스의 틀: 지방교육자치제도 / 150
2. 교육감 정치학 / 159

3. 지방 수준 교육 거버넌스에서의 갈등관계 / 171

4. 지방교육 거버넌스의 발전 방향 / 178

제7장 단위학교 수준 거버넌스의 정치학 ⸻⸻⸻ **183**

1. 새로운 학교 운동과 거버넌스 / 183

2. 단위학교 거버넌스의 의미와 성격 / 185

3. 단위학교 거버넌스 구축의 조건과 운영 원리 / 189

4. 성공적인 단위학교 거버넌스를 위한 구성원의 역할과 과제 / 194

제8장 교육과 선거의 정치학 ⸻⸻⸻⸻⸻ **201**

1. 교육정책과 선거 / 201

2. 선거와 교육정책의 관계 / 203

3. 대통령 선거와 국가 수준의 교육정책 / 211

4. 교육감 선거와 지방 수준의 교육정책 / 221

5. 선거를 통한 민주적 교육정책의 과제 / 226

제9장 교육과 이익집단의 정치학 ⸻⸻⸻⸻ **229**

1. 교육 관련 이익집단의 이해 / 230

2. 이익집단으로서의 교직단체 / 235

3. 이익집단으로서의 학부모단체 / 247

4. 이익집단으로서의 시민단체 / 253

5. 교육 관련 이익집단의 전망과 과제 / 258

제10장 교육재정의 정치학 ⸻⸻⸻⸻⸻ **261**

1. 교육재정의 개념과 정치학 / 261

2. 교육재정의 특성과 정치학 / 264

3. 교육재정의 가치준거와 정치학 / 269

4. 교육재정의 인접 학문과 정치학 / 274

5. 교육재정 정치학의 사례 / 278

제11장 **고등교육의 정치학** ································· **305**

1. 세계대학평가의 배경과 절차 / 305

2. 세계대학평가의 선행연구 개관 / 307

3. 세계대학평가에 영향을 미치는 요인 / 314

4. 세계대학평가 체제의 개선 방안 / 322

제12장 **한국교육정치학의 현안과 과제** ············· **325**

1. 교육정치학의 개념과 학문적 성격 / 327

2. 교육정치학의 연구대상과 범위 / 328

3. 교육정치학의 연구방법 / 333

4. 한국교육정치학의 현안과 과제 / 336

◆참고문헌 / 341

◆찾아보기 / 371

제1부

교육정치학의 기초

제1장 교육과 정치

제2장 교육과 이데올로기

제3장 교육정치학의 학문적 성격

제4장 교육정치학의 연구 동향

제1장
교육과 정치

1. 교육과 정치의 관계

일반적으로 정치학 분야에서 '정치'(가치를 권위적으로 배분하고, 그 과정에 영향력을 행사하는 상호작용의 집합)라는 개념에 대해 다양하게 논의하고 있지만 크게 국가현상설과 집단현상설로 구분하여 설명하고 있다. 전자는 정치학이 근대국가의 성립·발전을 배경으로 하여 성장해 왔기 때문에 정치를 국가 특유의 현상이라는 전제하에 국가의 작용이나 활동의 전부 또는 일부를 정치라고 보는 입장이다. 후자는 사회학적 국가론(정치를 사회적 집단의 내부통제와 집단 상호관계로 보는 입장)과 다원적 국가론(국가 주권의 절대성을 타파하여 종래 국가가 차지하던 사회적 지위를 한정함으로써 개인과 여러 집단의 자유를 보장하려는 이론)으로 나누어 설명될 수 있다(김운태, 1981; 김주형, 2019; 이극찬, 2002).

여기서 다원적 국가론은 국가도 다른 사회집단과 같이 하나의 기능단체에 불과하므로 다른 집단에 대한 국가의 우위성을 인정할 수 없다는 것이다. 또한 인간의 사회적 목적은 다양한 집단을 통하여 달성되고, 이들 집단은 그 목적과 기능을 수행하는 범위 내에서 제각기 주권을 가지며, 모든 집단의 공동사무 처리 과정에서 정치 현상이 발생한다고 보고 있다. 따라서 교육도 교육목적을 달성하기 위해 다양한 교육활동이나 교육업무 수행과정에서 교육 관련 집단들이 서로의 주장과 이해를 관철시키려 할 때 정치적 현상이 발생한다는 것이다.

흔히, 교육 부문에서는 '교육의 정치적 중립성'이라는 신화에 빠져 정치와 관련되는 논의는 의도적으로 자제해 온 것으로 볼 수 있다. 즉, 그동안 "교육학자들은 교육이 비정치적인 것이라고 주장하고, 정치학자들은 교육부문을 얼버무리며 회피했다."(한국교육정치학회 편, 1994: 15)는 데서 찾을 수 있다. 그러나 Aristoteles가 지적하였듯이, 인간 자체가 정치적 속성이 강한 동물이며, 사회 구성원들은 어떠한 형태로 정치적 과정이나 현상을 경험하게 된다. 이러한 정치적 경험은 교육기관이나 조직에서도 예외적인 것이 아니다. 교육정책이 형성·집행되는 과정이나 중앙과 지방 수준의 교육정책, 단위학교의 교육활동이 전개되는 과정에서 정치적 현상이나 경험은 관련 기구, 집단, 구성원들 간에 필연적으로 발생하게 된다. 이를 제대로 이해하지 못하면 의도한 정책목표나 조직목표 달성은 어렵게 되며, 관련 집단이나 구성원들의 정책 순응(policy compliance)이나 만족도 역시 낮아지게 될 것이다. 교육의 정치적 중립성은 표면적·잠재적 교육과정을 포함한 교육활동에 있어서 특정 정당이나 정권의 정치이념을 주입·강요해서는 안 된다는 점에서 찾아야 한다.

교육정치론은 교육이 이루어지는 과정과 교육조직이 운영되는 과정이 정치적 과정과 밀접한 관련성이 있음을 전제한다. 국가 전체에서 한정된 자원을 교육 부문에 배분하는 문제, 주요한 교육정책의 결정이나 방향 설정, 주민에 의한 지방자치단체장과 의회의원 및 지방 교육수장(시·도 교육감 선출), 교육조직에서의 지도자와 구성원들 간의 관계, 그리고 교육조직 구성원들 간에 나타나는 권한의 배분 등을 다루는 것은 정치적 과정이다. 따라서 교육이념과 정치이념, 교육체제와 정치체제와의 관계 규명, 교육과 정치사회화, 교육과 정치발전, 그리고 정치적 행태 등을 이해하지 않고는 교육활동이 전개되는 것을 제대로 파악할 수 없게 된다. 교육과 정치와의 관계를 규명하고, 교육정책 과정을 설명하려는 교육정치학이 최근 주목을 받는 것은 바로 교육이 정치적 관련성을 떠나서 교육학을 이해할 수 없기 때문이다.

한편, 김재웅(2004: 62-84)은 교육정치학이 탐구 대상으로 삼고 있는 교육과 정치는 각각 제도로서의 교육과 이론적 실재로서의 교육, 그리고 제도로서의 정치와 이론적 실재로서의 정치를 가리킨다고 지적하고 있다. 제도로서의 개념과 이론적 실재를 구분하면, 교육정치학의 탐구 대상인 교육과 정치의 관계는 ① 제도로서의 교육과 제도로서의 정치의 관계, ② 이론적 실재로서의 정치와 제도로서의 교육, ③ 이론적 실재로서의 교육과 제도로서의 정치의 관계, ④ 이론적 실재로서의 교육과 이론적 실재로서의 정치의 관계 등으로 구분된다는 것이다.

2. 교육의 정치적 목적

　교육은 국가나 사회 발전의 한 부문으로서 그 고유한 기능을 수행하고, 사회의 제반 부문들과의 상보적인 관계를 가진다. 또한 교육은 그의 주된 목표인 개인의 자아실현과 인격 완성을 통하여 타 부문의 발전에 최대한 기여하게 된다. 정치 · 경제 · 사회 등 여타의 사회 부문이 교육을 받은 인간에 의해 운영되고, 또한 이러한 부문의 발전이 인간을 위하여 존속 · 유지되는 한, 교육은 이러한 각각의 부문들이 추구하는 발전목표와 상응하게 된다.

　Goodlad(1984)는 교육이 사회적 · 지적 · 개인적 그리고 직업적 목적을 가지며, 이러한 목적은 학생 · 교사 · 학부모에 의해 형성된다고 주장한다. 즉, 직업적인 것은 일을 준비하는 수단으로, 사회적인 것은 복잡한 사회의 사회생활을 준비하는 수단으로, 지적인 것은 학문적인 기술과 지식을 준비하는 수단으로, 개인적인 것은 개개인의 책무성, 재능 그리고 자유표현력을 발전시키는 수단으로 교육의 목적과 기능을 보고 있다.

　국가 · 사회 발전에 기여하고 있는 교육을 고찰함에 있어서 교육의 내적인 측면뿐만 아니라 교육체제와 국가 · 사회의 환경적 측면 간의 연계 속에서 바라보는 시각이 필요하다. 교육과 사회발전(societal development)을 연계시켜 볼 때 체제나 국가의 차원을 넘어 모든 인간 공동체가 지향하고 있는 주요한 목표 중의 하나로서 교육은 이들 주변 환경과의 끊임없는 상호 관련하에서 이루어진다. 국가 · 사회 발전 및 사회 구성원의 삶의 질 향상을 위해 교육이 정치 · 경제 · 사회 · 문화에 미친 영향적 측면에 중점을 두고 더불어 정치 · 경제 · 사회 · 문화적인 상황 변화로 인한 교육의 대응관계도 함께 다루어질 필요가 있다.

여기서 정치적 목적은 미래의 시민을 양성하고 정치체제를 안정시키고 구체화하는 것이며, 사회적 목적은 사회적 안정 제공과 사회발전 방향의 제시와 사회개혁이며, 경제적 목적은 인간자본 개발, 경제발전 계획수립 및 노동시장에 필요한 인력을 선발하고 분류하는 것을 의미한다. 이러한 정치적·경제적·사회적 목적들은 상호 연계·중복되는 측면이 있는데, 예컨대 교육을 통한 빈곤 퇴치는 경제적인 목적뿐만 아니라 정치적·사회적인 목적을 동시에 포함하게 된다(Spring, 1989; 2006).

요약하면, 교육의 정치적 목적은 미래시민 양성, 정치체제의 안정, 그리고 정치체제를 구체화하는 것이라고 할 수 있다. 이는 교육제도나 교육활동이 정치조직의 특성에 따라 달라진다는 것을 의미한다. 정치사회의 안정은 민주주의 정착의 전제 조건이 아니라 민주주의의 정착 정도에 따라 이루어지게 된다.

능력중심, 엘리트중심의 정치지도자와 관료 양성은 교육의 중요한 정치적 목적 중의 하나다. 정치적 목적은 집권층이 누구인가에 따라 달라지며, 초기 집권층 형성이 귀속적 신분에 의하던 것이 근대국가로 발전하면서 점차 지식 수준에 따라 결정하게 되었다. 능력주의(meritocracy)는 모든 사회 구성원들에게 그들의 능력을 개발하고 신분 상승을 위한 동등한 기회를 제공한다. 능력주의 사회에서 학교는 시민을 훈련하고 분류하는 데 핵심적인 기관으로 작용하게 된다. 교육의 선발성에 기초한 사회의 제안은 Plato의 『국가론』(Republic)에서 찾을 수 있는데, 관리자는 가장 능력 있는 사람으로서 보다 많은 교육을 받은 사람이 선발되었던 것이다.

Horace Mann이 지적하였듯이, 사회 구성원은 교육을 통하여 보편적인 가치를 가져야 하는데, 즉 정치사회화(political socialization)를 통해 정치적·사회적 질서를 유지하도록 하고 있다(Spring, 2006: 12-19). 한편, 정치가는 교육을 통해서 그들의 정치이념이나 가치 등을 학생들에게 주입·내면화시키고, 아울러 향후 정치 활동을 담당할 정치가를 배출하게 된다. 그리고 교육을 통해 한 정치 체제 내에 존재하는 다양한 이해관계의 대립과 갈등을 조정하고 한 나라의 국민으로서 일체감을 갖도록 한다.

모든 국민이 동일한 정치적 성향을 지니기는 어렵다. 정치가는 정치적 합의와 애국심을 발휘하는 기관으로서 학교를 이용하게 되는데 민주주의 사회에서는 학교에 대한 정치적 개입이 지나친 점을 경고하고 있다. 그러므로 학교가 개인의 이익이나 욕구충족보다 사회나 정치집단의 목적이나 이익을 위해서 정치적으로 이용하는 것이 합당한가에 대해 고려해 보아야 할 것이다. 교육은 본질적으로 정치와 관련성을 지니고 있으나 교육을 지나치게 정치적 목적의 통제수단으로 이용해서는 안 될 것이다. 민주정치의 성숙화를 통하여 교육에 대한 정치와 행정의 부당한 개입을 지양하고 교육의 본질 측면에서 교육의 정치적 중립성을 보장함으로써 교육발전을 도모해야 할 것이다.

종합하면, 교육의 정치적 목적은 정치적 여론에 의해서 함께 만들어 가는 민주주의 공동사회 건설을 위하는 데 있으며, 학교는 좋은 정부의 핵심이 된다는 것이다.

3. 교육과 정치체제

1) 정치체제의 의의와 요소

일반적으로 체제(system)는 이를 둘러싸고 있는 환경과 상호작용하는 방법에 따라 개방체제와 폐쇄체제로 구분된다. 생물학적 개체나 사회 내의 수많은 조직들이 개방체제에 속하며, 이러한 체제들은 외부환경과의 동태적인 상호작용을 하게 된다. 교육과 정치체제는 기본적으로 개방체제에 입각한 이론 틀에서 분석이 가능하다. 교육체제를 둘러싼 정치·경제·사회·문화 체제와 교육 관련 집단과의 끊임없는 상호작용 속에서 교육정책이 형성·집행되기 때문이다. 그리고 상호작용 과정에서 외부환경으로부터 다양한 형태의 투입을 받아들이게 되며, 이러한 투입(input)은 전환과정(throughput, conversion process)을 통해 외부환경(environment)에 산출(output) 형태로 되돌아가게 된다(Kast & Rosenzweig, 1969).

정치체제이론은 주로 정치학자인 Easton의 정치체제 분석에 그 근거를 두고 있다. Easton(1965)은 정치체제(political system)란 '특정 사회를 위하여 가치가 권위적으로 배분되는 상호작용'으로 규정하고 있다. 정치체제는 개인이나 집단으로서 시민의 정치적 신념과 행동뿐만 아니라 공식적·비공식적 통치제도 모두를 포함하고, 정치체제 각 부문들의 상호의존성을 내포하고 있으며, 체제와 그 체제를 둘러싼 환경 간의 경계를 지니고 있다는 점 등을 특징으로 하고 있다. 즉 Easton은 교육정책을 정치체제의 산출물로 보고, 정치체제를 전체적인 사회체제를 구성하고 있는 몇 개의 하위체제들 중의 하나로 파악하였다. 또한 전체체제를 위한 가치의 권위적 배분이 정치체제의 주요한 기능이라고 분석하였다. Easton의 정치체제의 동태적 반응모형을 제시하면 [그림 1-1]과 같다.

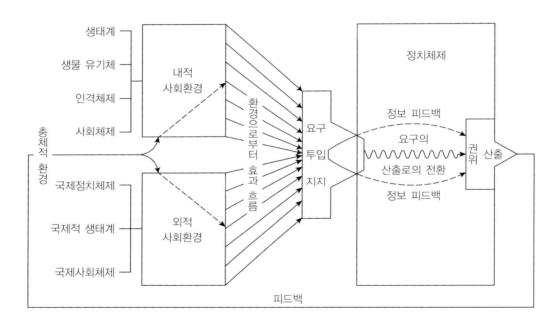

[그림 1-1] 정치체제의 역동적 반응 모형

출처: Easton (1965: 30).

[그림 1-1]에서 보여 주듯이, 환경에서 정치체제 속으로 들어가는 투입에는 요구(demand)와 지지(support)가 있다. 환경은 모든 제 조건과 정치체제의 경계에 있는 외부적 요소들로 구성되어 있다. 여기서 요구는 관련 집단이나 개인들이 자신들의 요구를 충족하기 위해 정치체제가 어떤 형태로든 행위나 조치를 취해 줄 것을 말한다. 정치체제는 사회 속에서 인지할 수 있고, 제도와 활동들은

상호 관련하에서 이루어지고 있으며, 사회에 대해서는 구속력 있는(가치의 권위적 배분) 의사결정을 한다. 지지는 정치체제가 환경이 요구하는 것을 실현시키기 위해서 인적·물적 자원, 그리고 정통성에 의거한 공권력 발동에 순응하는 것을 의미한다(정정길, 1998: 91; 정정길, 최종원, 이시원, 정준금, 2007: 88-91).

이러한 정치체제의 현상을 교육정책 과정과 연계시켜 보면, 요구는 교육 관련 집단이나 수혜자가 교육정책 당국 또는 보다 상위의 정책결정자나 체제에 요청하는 자기들의 주장이며, 지지는 개인과 집단이 대통령, 지방자치단체장, 국회의원, 지방의회 의원 등을 선출하거나, 납세 혹은 특정한 법률, 조례 등을 지키게 될 때 이루어지며, 요구에 부응하여 이루어진 권위 있는 정치체제의 방침이나 의사, 행위 등을 받아들일 때 생기게 된다. 여기서 정치체제에 대한 투입의 성격을 명확히 제시하고, 이러한 투입이 체제 속에 진입하는 과정이나 메커니즘을 명확하고 체계적으로 설명함으로써 사회문제 및 교육문제가 정책결정체제로 받아들여진다는 것이다. 다시 말하면, 체제이론은 교육정치 현상이나 정책과정을 설명해 주는 이론적 틀로서 유용하다고 할 수 있다.

체제이론의 관점에서 교육정책의 과정을 기술하면 다음과 같다(최봉기, 1988: 86-88; 정일환, 2000). 체제의 환경인 사회로부터 집단이든 개인이든 투입되어 오는 다양한 요구가 있으나 모든 요구가 정책결정체제(중앙정부 혹은 지방정부)의 정책문제로 정책의제화되는 것은 아니며, 이것을 사회문제화하여 쟁점화함으로써 보다 쉽게 정책의제로 될 수 있다. 그러나 교육정책문제로 채택(정책의제화)되는 것은 반드시 요구가 쟁점화되어야 함을 전제로 하는 것은 아니다. 쟁점이 정책의제화되기 위해서는 체제(정치체제이든 교육체제이든)의 수위 혹은 체제 문지기(gate-keepers)를 통과해야 되는데, 이때 체제 문지기란 바로 쟁점을 체제 내로 진입 또는 차단하는 것을 결정하는 사람이나 집단, 기관이나 조직의 부서를 말한다(Easton, 1965: 48).

체제 문지기는 의도적으로 혹은 어쩔 수 없이 체제의 외부나 내부로부터 오는 요구를 선별적으로 제한하지 않으면 안 된다. 예를 들어, 대통령 선거에서 교육정책에 대한 공약을 남발하는 경우에 이를 집행해야 하는 교육당국에서는 그중에서 선별적으로 택할 수밖에 없는 것이다. 수많은 요구나 쟁점들 중에서 일부는 교육정책의제로 채택되고 일부는 방치하게 됨으로써 체제에 부하된 양을 줄어 체제가 생존할 수 있도록 해 준다.

체제의 환경에서 작용하고 있는 사회적 제 과정들이 교육정책 의제의 과정에 영향을 미칠 뿐만 아니라 정치체제 내지 정책결정체제에 대한 투입을 창출하며, 그렇게 나타난 요구들이 구체적으로 사회문제화, 쟁점화됨으로써 체제에 투입되며, 투입되어 온 문제 중에서 체제의 문지기가 선별하여 교육정책 의제로 채택하게 된다. 교육문제의 경우, 신문지상에서 쟁점화되어 매일 기사화되지만 이를 모두 교육정책당국에서 정책문제로 채택하여 해결하려고 하지 않는 경우와 마찬가지다. 일종의 무의사결정(non-desion making)이 발생하게 된다는 것이다. 교육체제의 문지기나 수문장이 의도적으로 선별하여 차단 혹은 수용하게 된다는 것이다. 심지어 대통령이 교육현장에서 약속한 지원정책에 대해서도 예산 제약이나 실현 가능성, 형평성 등을 고려하여 실제로 집행되지 않은 경우도 있다.

지금까지 논의한 교육과 정치체제에 대한 체제모형을 제시하면 [그림 1-2]와 같다.

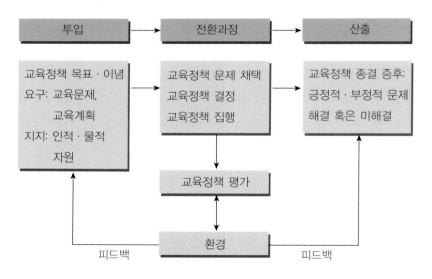

[그림 1-2] 교육정책의 체제모형

이러한 정치체제의 요소에 대해 구체적으로 기술하면 다음과 같다(정정길 외, 2007: 89-91).

(1) 투입

정치체제는 요구와 지지라는 두 가지 종류의 투입을 환경으로부터 받아들인다. 정치체제에 대한 환경의 요구는 사회문제의 해결요구라는 형태를 취하게 되는데 이는 정책과정의 출발점으로 [그림 1-2]에 제시되어 있다. 사교육비의 과중한 부담, 교통혼잡 문제, 환경오염 문제, 보건문제 등을 해결해 달라고 정부에 요구하는 것이 이러한 요구의 예다. 환경으로부터의 정치체제에 투입되는 두 번째 것은 지지다. 정치체제에 대한 환경의 지지는 크게 두 가지 종류가 있다. 하나는 정치체제가 환경이 요구하는 것을 실현시키기 위해서 필요한 것으로서 인적·물적 자원의 제공으로 조세, 징병정책이 그 예다. 다른 하나는 정통성에 의거한 공권력 발동에 순응하는 것 등이다.

(2) 전환과정

정치체제 안에서의 정치활동은 정치체제에 대한 투입을 산출물로 변화시키는 역할을 담당하는데, 이 역할 또는 정치활동을 전환(conversion)이라고 부르고, 이러한 정치활동 또는 역할이 일어나는 과정을 전환과정(conversion process)이라고 한다. 전환은 정치체제 내에서 일어나는 제 활동의 핵심이 된다.

예를 들어, 1990년대 전문계(현재의 특성화) 고등학교나 이공계 대학에 우수한 학생이 진학하지 않아 미래의 국가·사회 발전에 필요한 인력 양성·공급에 문제가 있다는 요구(즉, 특성화 고등학교 및 이공계 대학 기피현상이라는 사회문제)를 투입으로 받아서 이를 진지하게 관계 부처 간에 논의하고(즉, 정책문제로 채택), 교육부와 시·도 교육청이 공동으로 전문계 고등학교 및 이공계 대학에 대한 지원이라는 정책수단을 채택하기로 결정하고(즉, 정책결정 활동을 통해 정책 산출), 그 일환으로 전문계 고등학교를 특성화고등학교 확대 및 마이스터고등학교로 전환, 이공계 학생에 대한 장학금 지원의 확대, 병력 특혜나 취업 보장 등의 조치를 한다면(즉, 정책집행 활동을 통해 정책결과 산출), 이것이 전문계 고등학교 및 이공계 대학으로 우수한 학생이 진학하는 결과(즉, 사회문제에 영향을 미치는 효과)를 가져올 수 있는 것이다. 이와 같이 정치체제의 전환과정을 거친 산출물은 교육정책(특성화고등학교 육성, 마이스터고등학교 신설 등)으로 나타나게 된다.

(3) 산출

정치체제에 대하여 환경이 지지를 하는 것은 환경이 요구한 것을 정치체제가 수행해 주리라고 기대하기 때문이다. 정부에 대하여 국민이 조세를 납부하고 인력을 제공하며 정부의 결정에 따르는 것은 이러한 지지를 자원으로 하여 정부가 국민이 요구하는 여러 가지 문제를 해결하리라고 기대하기 때문이다. 이때 정치체제가 요구에 대응되는 결과를 환경에 내보내는 것을 산출이라고 하는데, 환경에서 요구를 하는 주체는 국민이고 정치체제의 핵심적 담당자는 집권자와 정부기관이므로 환경의 요구에 응하여 산출을 내보내는 것은 민주주의 정치체제가 당연히 지녀야 할 속성이다.

한편, 정치체제는 교육정책 활동의 주체이며, 교육정책은 정치체제의 산출물이라는 사실은 앞서 언급하였다. 즉, 정치체제는 환경으로부터 교육문제를 받아들여 교육정책문제로 전환하는 과정과 이후에 전개되는 정책결정 및 집행과정에서 주도적인 역할을 수행한다. 교육정책에 영향을 미치는 정치체제적 요인으로는 정치체제의 분위기(정치이념, 행정문화 등), 정치체제(행정부, 입법부, 사법부, 정당, 이익집단 등)의 능력, 정치체제의 권력구조(정치체제를 이루는 구성 요소들 간의 권력 관계, 즉 행정부와 입법부 간의 권력구조, 중앙정부와 지방정부 간의 권력구조, 정부 부처 간의 권력구조 등) 등을 들 수 있다(정일환, 2000; 노시평, 박희서, 박영미, 2013: 49-57).

2) 정치체로서의 학교

(1) 정치형태와 민주주의

인간은 공동체의 목적을 실현하기 위하여 서로 협력하기도 하고, 개인이나 특정 집단의 이익을 위하여 서로 대립하여 갈등을 일으키기도 한다. 이러한 대립과 갈등을 조정하면서 공동체의 목적을 실현하기 위한 인간의 활동이 정치다. 정치는 사회에서 살아가는 개인에게 큰 영향을 주는 활동이며, 인간 생활에서 무엇보다 중요한 의미를 지니게 된다. 교육조직 역시 교육공동체의 목적을 달성하기 위해서 교육 관련 기관이나 교육활동에서 관련 구성원들, 예를 들어 교원, 학부모, 학생, 시민, 교육행정 관료, 교직단체 등은 상호 영향을 주고받으며 살아가게 된다. 이들 간의 상호작용은 때로는 협력하기도 하고, 때로는 추구하는 교육과 정치이념의 차이로 갈등과 반목이 발생하기도 한다. 이러한 상황들을 조정해 주는 기능이 정치라고 할 수 있다.

정치 권력(political power)이란 개인이나 집단 간의 이해관계를 조정하여 사회질서(social order)를 유지 · 통합하기 위해 국가가 행사하는 힘을 말한다. 정치 권력은 한 국가 내의 모든 개인과 집단을 포괄적으로 지배할 수 있는 강력한 힘으로, 인간 사회가 지속되는 한 어떤 형태로든 존재한다. 국가는 이러한 힘을 독점적으로 행사할 수 있는 합법적 권한을 가지고 있으며, 모든 국민은 이에 복종해야 한다. 여기서 국가란 일반적으로 집권 정부를 지칭하여 그 기능을 한다.

정치형태로서의 민주주의는 '민중'이라는 뜻을 가진 고대 그리스어의 데모스(demos)라는 단어와 '권력' 또는 '지배'를 나타내는 크라토스(kratos)라는 단어가 합해져서 생겨난 것이다. 따라서 고대 그리스 아테네에서 민주주의가 처음 등장했을 때는 '민중의 힘' '민중의 지배'라는 의미였다. 즉, 한 사람이나 소수의 지배가 아니라 다수의 민중이 지배하는 정치형태를 의미하였다(김운태, 1981; 이극찬, 2002). 현대 민주주의는 모든 국민이 평등하게 참여할 수 있는 정치형태를 말하며, 우리나라도 민주주의 국가로서 학교교육을 통하여 민주시민으로서 갖추어야 할 자질과 덕목 등 가치교육(민주시민 교육)을 학습하게 된다.

우리나라는 민주정치를 위한 정부 형태로서 대통령제를 취하고 있는데, 대통령제란 국민이 선출한 대통령이 일정한 임기(5년 단임제) 동안 책임지고 행정권을 담당하는 제도로서 입법부, 행정부, 사법부가 대등한 위치에서 서로 간섭하지 않는 것을 특징으로 한다.

(2) 정치체로서의 학교

이와 같은 정치형태를 배경으로 '정체(政體)' 또는 '정치체(政治體, polity)로서의 학교'에 대해 살펴보면 다음과 같다. 먼저, Goodlad(1997)가 주창한 교육의 정치적 측면의 내용을 보면 다음과 같다. "학교개혁의 수사는 '경제적 효용성의 '신'에서부터 '인간에 대한 약속'으로 이동할 것이라는 희망이 있다. 교육의 공공

목적은 민주사회와 정치적 시민의 맥락에서 시민정신의 형성에 있다."(Goodlad, 1997). 그는 교육의 경제적 목적에 우선을 두는 현행 학교교육체제에 대해 민주시민을 양성해야 하는 교육의 정치적 목적을 강조하고 있다. 다시 말해서, 학교교육개혁은 경제적·기술적 가치보다는 교육의 민주적·인간적 목적을 주 정책의제로 설정해야 하며, 여기서 기회균등과 사회정의에 대한 논의가 담론에 그치는 것이 아니라 실질적으로 정치적으로 반영되어 정책화되어야 함을 강조하고 있다. 이와 더불어 Kahne(1994: 246)도 학교교육에 있어서 민주적 공동체의 함양과 역할을 강조하고 있어 교육의 정치적 측면을 중시하고 있다.

이와 같이 '정치체로서의 학교(school as polities)'는 학교에 대한 인식과 관점을 정치체로 인식하는 데서 출발한다. 현대 정치학에서는 정치체를 정치체제(political system)로 보고 있다. 정치체(polity)는 그리스어 'politea'에서 유래했는데, 이는 정권(regime) 혹은 정체(constitution)를 의미한다. 정치체의 개념 및 발달과정은 크게 세 가지로 구분될 수 있다(Slater & Boyd, 1994: 323-334). 첫째, 앞서 논의한 Easton(1965)이 주장하는 정치체제의 개념을 원용하면, 학교교육에 대한 정치적 관점에서 '정치체로서 학교'로 보며, 여기에는 권력, 갈등, 미시정치학, 합리적 선택이론 등이 주요 관심 영역이 된다. 이 중 학교교육의 미시정치학 분석을 시도한 Malen(1994)이 기술한 학교에서 행위 주체들이 내재적인 갈등을 관리하고, 다양한 방법으로 권력을 행사하는 과정을 통해 배분적으로 의사결정하는 내용은 〈표 1-1〉과 〈표 1-2〉에 제시되어 있다.

둘째, 시민 질서(civil order)로서의 정치체는 학교교육에서 시민교육과 가치교육, 특히 민주시민교육의 양성을 강조한다. 16세기 영국에서 시작되었고, 이는 전체적으로 정치적·사회적 질서로서의 정치체는 바로 오늘날의 시민성 내지 시민정신과 같은 의미이며, 따라서 학교교육에 있어서 학생의 민주질서 의식과 태도 함양의 중요성을 강조하게 된다.

셋째, 전체 이익을 위한 다수의 지배법칙으로서 정치체는 학교를 정치적·사회적 조직의 관점에서 다수에 의한 개인에 대한 존중과 다수의 이익을 위한 통치(governance)를 강조한다. 인간의 잠재력 개발과 행복의 실현을 위해 민주정권이 중요하며, 이러한 환경을 조성하는 것이 학교조직과 생활에서도 필요하다. 특히 학교 재구조화의 주요 장치로서 도입되고 있는 단위학교 책임경영제

(site-based management)는 학교운영에 대해 다수(교사, 학부모, 지역사회 구성원 등)에 의해 의사결정이 이루어지는 정치체로서의 학교모습을 보여 준다. 단위학교 거버넌스의 교육정치에 대해서는 제7장에서 구체적으로 다루고 있다.

〈표 1-1〉 학교 정치체에 있어서 권력 관계의 다차원 개관 1

구분	교장/교사-학부모 관계	
	공식적 영역에서의 교환 거래 · 학교운영위원회 등 시민참여 (분권적 · 민주적 통제)	비공식적 영역 (양자 모두 지역사회의 거주자로서 교환거래)
대립관계	• 논쟁 - 누가 정책결정에 있어서 정당한 권한을 갖는가? - 학교가 적절한 교육서비스를 제공하는가? • 주장 - 교장 · 교사 　· 전문가들이 결정하고, 학부모는 후원 　· '외부자들'에 의한 '침해'를 두려워함. - 학부모 　· 지역사회의 기대와 다른 교육을 할 때와 '인내의 범위'를 넘어서는 교육을 할 때 반발(학부모 참여 허용)	• 논쟁 - 이해당사자들은 자원분배에 있어서 교육행정기관이나 여타 '분배자'의 능력에 대해 논쟁
특징/양상	• 전통적인 권력의 패턴을 반영하고 강화하는 의식(儀式)적인 교환을 통해 대립관계 관리 - 교장이 학교정책을 통제, 교사가 수업을 통제, 학부모가 지원하는 형태 - 권력의 다원주의적 입장을 취하지 않아 엘리트가 결정을 하게 됨. - 결국 위원회 등이 유명무실해지기 쉽지만, 학부모가 참여하는 것과 같은 '이미지 창조'를 할 수 있기 때문에 유용한 실체	• 거의 대부분 교장이 '수문장' 역할을 함으로써 학교를 외부의 영향력으로부터 완충하는 작용을 함.

전략	• 교장의 능력에 따라 학부모의 요구를 억제/완화시킴(수문장 역할). - 교장은 전지전능한 행위자가 아니므로 법적 명령, 지역의 규제, 교사의 기대, 학생의 압력 등에 의해 힘없는 중간관리자로 전락할 가능성이 있음. • 교장이 권력을 갖는 방법 - 위원회가 전통적인 학교운영 방식을 지지하는 사람으로 구성되도록 영향력 행사 - 회의 의제를 선정하는 데 있어서 영향력 행사 - 교사의 자발적인 협조 유도 - 학부모를 '사회화'시켜 위원회에 '초대'되는 것만도 감사하게 생각하도록 만듦.	• 교장이 리더로 역할: 학교당국보다는 중앙 및 지방교육행정기관에 대해 투쟁 유도 • 교장이 소극자(=수동자)로 활동: 필요한 사항이 있어도 적극적인 요구를 하지 않음. → 논쟁을 불러일으킬 여지가 없음. • 교장이 상징적 관리자로 활동: 자원획득운동에 참여하는 것과 관련해서는 지역사회의 동의는 얻지 못하고, 학부모의 걱정을 덜어 주기 위해서 상징적 확신에 의존 • 교장이 '아주 좋은 중립자'로 역할: 때로는 학부모가 당국에 청원하도록 하면서 지나친 불만은 일어나지 않도록 유도함.
대안적 접근방법	• 학교운영위원회의위원으로 선출된 학부모가 교장을 고용·파면하는 권한을 가짐.	
종합	• 기존의 교육자(교장, 교사)와 학부모 관계는 크게 변화하지 않고 오히려 강화될 수도 있음. • 운영위원회의 결정에 대해 교육산출의 질과 분배에 크게 영향을 미치지는 못할 것임(수정 또는 자극 가능).	• 교장, 교사와 학부모 간에 충돌을 완화하는 데 주 목적이 있으며, 권력을 균등화하자는 것은 아님. • 교장은 지역사회의 '대변인'이 됨으로써 학교에 대한 자원배분에 영향력 행사 • 학부모도 개별적으로 동의하여 학교의 중요한 결정에 영향력을 미칠 수도 있지만, 교사의 능력과 사기 등에 부정적인 영향을 미치고, 스트레스를 증가시킴.

〈표 1-2〉 학교 정치체에 있어서 권력관계의 다차원 개관 2

구분	교장-교사 관계	
	공식적 영역 (교무회의)	비공식적 영역 (일상생활의 접촉)
대립관계	• 논쟁 - 주요 영역(예산, 인사, 교육과정 등)에 있어서 누가 정당한 결정자인가? - 그동안 교장의 영역으로 간주되었으나, 점차적으로 교사의 참여 요구가 확대되고 있음. - 협상으로 점차 개선	• 교사는 교장, 동료교사, 학부모, 학생으로부터의 비난을 받기 쉬움. • 따라서 교사는 타인과의 밀접한 관계를 피하고, 활동영역을 줄임으로써 자신의 관점과 가치를 실현시킬 기회와 능력을 스스로 약화시킴. • 교사는 교장의 권한에 쉽게 의존하고, 교장도 교사에 대해 보상 제공
특징/양상	• 대부분 교장이 학교 전체를 관할하는 결정을 하고, 교사가 학급단위의 결정을 하는 형태로 교환 • 예산, 인사 같은 문제는 점차 논의 대상에 포함됨. • 교사가 이미 결정된 정책에 대해 '참여한 것처럼' 오인하고 있음.	• 본래의 교장과 교사 역할 영역을 유지하고, 이미 확립된 학교조직의 관례를 유지함으로써 해결 노력
전략	• 교장이 의사결정과정을 통제할 수 있는 능력, 예를 들어 의제 내용, 회의 형식, 정보의 흐름을 통제함으로써 권력 유지 • 교사는 교장의 결정·처분을 무조건적으로 수용	• 교사의 방어전략 사용 - 교장의 지시가 부당해도 따름. 　·규칙을 준수해야 하기 때문에 　·교장의 권위에 대항함으로써 발생할 수 있는 불이익 감안해서 - 수동적인 저항: 교장의 지시 무시 - 교장에게 아부함. - 교장에게 영향력을 행사할 수 있도록 자원을 축적하는 '준비전략' 사용: 교장 반대 세력과 연합 • 교장의 일련의 통제 전략 사용 - 의도적으로 선택한 교사와 상의하여 교장이 원하는 의제만 상정 - 양심에 호소하는 방법을 통해 교사와 유대관계 유지

대안적 접근방법	• 교사의 결정권한이 커지는 것같이 보여 도 교장이 권한을 분배하기를 순순히 응 할 때만 효과적임. • 교사가 교장의 정책결정에 관한 통제력 을 검토할 수 있는 동조세력을 동원하거 나 교장이 제안한 안건을 거부함으로써 권력을 증가시킴.	
종합	• 교장과 교사 간의 상호교환이 오히려 교 사의 업무만족도와 학교조직에의 귀속 성을 저해할 가능성이 커짐. • 교사는 열정적으로 시작하지만 점차 무 력해지는 경향이 있음. - 교장이 교사에 대한 요구가 증가함에 따 라 교사의 업무과중	• 교장의 전략이 우세하면 교사는 사기 저하 - 다른 전략을 사용하면 교사의 사기를 높 일 수도 있음. • 교장과 교사 간에 비공식적인 교환거래 는 학교조직에 어느 정도 '질서와 안정' 을 가져다줌. - 급격한 변화가 아닌 점증적 변화 가능

출처: Malen (1994: 147-167)의 내용을 표로 제시함.

4. 교육과 정치발전

1) 세계화와 정치발전의 의미

최근 세계의 관심은 교통 및 통신의 발달에 따라 '세계화(globalization)'에 집중되고 있다. 냉전과 더불어 각 국가의 발전에 있어 중심 역할을 수행하던 UN에 대한 의존이 줄어든 반면, OECD, 유럽 공동체, APEC, G7 등 새로운 국제협력기구 혹은 협의체를 통하여 각 국가의 정치·경제·사회 등 각 부문에서의 발전을 꾀하고 있다. 이러한 세계화의 이면에는 자국 발전의 경제적 이익이 되는 자유경쟁, 시장개방, 규제완화, 탈집중화 등을 추구하는 신보수주의 혹은 신자유주의가 자리하고 있다.

세계화는 무엇보다도 지역적인 것 혹은 국가적인 것들이 '지구적인 것'이 되는 현상이라고 말할 수 있다. 그것이 정치적·경제적·교육적인 사안이든 간에 종전에는 일정한 지역이나 국가의 국내 문제였던 것이 세계화 시대에는 지구적 문제가 되는 것을 말한다. 그 원인이 무엇이고 문제와 해결방안이 무엇인가 하는 것은 복잡하며 어느 정도나 지구적인 것이 되었느냐에 있어서도 많은 차이가 있지만 세계화의 핵심 개념은 지구적인 것이 되는 과정이라고 할 수 있다.

교육 분야 세계화는 '교육활동을 매개로 한 각종 자원의 네트워크가 형성되어 국가 사이의 교육 관련 상호 의존성이 높아지는 과정'으로 정의할 수 있다. 경제·사회 부문의 세계화가 진전되는 과정에서 교육과 관련한 인적·물적 자원의 교류가 증가한다. 단순히 교육자원의 교류를 넘어 교육프로그램의 교환이 이루어지고 교육활동의 산출물이라 할 수 있는 학위와 자격 등의 호환성이 높아진다. 이 과정에서 교육과 관련 국가 사이의 상호의존성이 제고된다.

사회의 여러 영역에서 세계화 현상이 발생하여 교육에 영향을 미칠 뿐만 아니라 교육 영역 자체적으로 세계화 현상이 발생하고 있다. 이를 교육 세계화라고 지칭할 수 있다. 교육 세계화의 징후는 다음과 같다(박재윤, 이혜영, 정일환, 김용, 2008).

첫째, 교육 분야에서 국가 간 경계가 붕괴하고 있다. 교육 분야의 경계 붕괴는 세계 각국의 교육프로그램의 내용과 운영 방법 등이 유사해지고 자격의 호환성이 증가되는 현상을 지칭하는 것으로 규정할 수 있다.

둘째, 교육 분야 상호 연계가 증가하고 있다. 교육 분야의 상호연계 증가는 학교를 비롯한 교육연구기관들이 국경을 넘어 서로 연계되는 현상으로 볼 수 있다. 학생과 교사의 국경을 넘는 이동 현상이 그 대표적 예다.

셋째, 교육 분야 인적 교류 및 정보교환 등의 속도가 이전보다 훨씬 빨라지고 있다. 교육 분야에서의 인적 교류와 지식 및 정보의 교환이 어제 오늘의 일은 아니지만, 세계화 시대에 그 속도는 가히 놀랄 만하다.

넷째, 문화적 경계가 붕괴하고 있다. 이는 의식과 문화가 각국 간에 활발한 교류를 통해서 새로운 문화가 창출되고 의식이 형성되는 현상을 지칭한다.

다섯째, 세계 교육체제의 관리 구조가 변화하고 있다. 각국의 교육체제에 대한 거버넌스 권한이 국가 집중 체제로부터 국제기구 쪽으로 상당히 옮겨 가고 있다. OECD나 UN 등 국제기구의 활동이 증대하고 있으며, 갖가지 국제 기준을 적용하여 국제기구들의 권한이 강화되고 있다.

한편, 정치는 일반적으로 사회생활에서의 지배와 복종의 관계를 전제로 갈등

과 대립을 조정하고 통제하기 위한 의사결정 과정이며, 이해관계나 가치문제에
서 충돌이 있을 때 벌어지는 토론이나 갈등 해결을 위한 정책결정 과정이라고
할 수 있다. 다시 말해서, 정치란 어느 때, 어느 장소, 어느 상황에서나 존재하는
중요한 인간 활동이며, 정치 권력을 행사하는 과정으로 개인과 개인, 개인과 집
단, 한 집단이 다른 집단과의 관계를 조직하고 통제하여 대립된 이해관계 조성
을 통해 자신의 신념이나 복지를 증진시키려는 노력으로 정의할 수 있다(안기
성, 1994: 42-43).

　정치적 행위는 규범, 의식, 신념 및 가치에 의해서 지배받게 된다. 이러한 규
범이나 의식 등의 본질은 정치의 속성이 무엇이 되어야 하는가를 결정하고, 권
력을 누가 가져야 하고, 또한 누가 시민 다수에 의해 지지를 받아야 하는가를 결
정해 준다. 이렇게 정치의 본질이 사람이 나타내는 정치적 행위에 의해 결정된
다면, 그리고 정치적 행위가 규범과 의식에 의존한다면, 다음의 관심은 무엇이
규범과 의식을 결정하는지에 귀착하게 될 것이다. 이러한 정치적 규범과 의식
은 주로 캠페인, 정부의 지시, 신문, 공중연설, SNS, TV 등과 같은 수단과 매체
에 영향을 받는다.

　정치발전이란 국가의 목표를 달성하기 위해 국가의 여러 하위체제 중의 하
나인 정치체제의 변화와 성장을 통해 발전을 도모하는 것이라 할 수 있다. 이
는 궁극적으로 사회 전체 구성원의 삶의 질 향상을 위한 정치체제의 변화, 정치
문화의 향상, 그리고 정치적 환경의 바람직한 방향으로의 변화라고 할 수 있다.
이러한 변화는 한 국가의 역사적 경험, 문화적 특수성, 지정학적 요건과 상황,
주어진 과제의 성격, 발전의 정도 등에 따라 달리 전개될 수 있다(김수영, 1995:
222-245).

　Coleman(1965)은 정치발전을 통합과 참여의 주요 개념으로 보고, 그 기본적
원리로서 평등화, 능력, 분화를 들고 있다. 또한, Pye와 Verbá(1965)는 정치발전
을 평등의 원리에 의하여 대중의 정치참여, 정치체계의 능력 증대, 구조의 분화
라는 세 가지 변화로 보고, 정치발전에는 사회적인 분화에 따르는 정치적 구조
와 기능의 분화를 기본적 특징으로 보고 있다. 그리고 Almond와 Powell(1966)
은 신생국의 정치체제에 관한 비교·분석에서 정치발전의 준거로서, ① 구조·
기능상의 역할 분화, ② 하위체제의 자율성, ③ 문화적 세속화(seculiarization)

를 제시하면서 정치발전을 가치중립적으로 규정하고 있다. Deutsch(1961: 493-514)는 정치발전을 국가 통합으로 보고, 사회적·문화적 동화를 그 중요한 요소로 보고 있다. Fagen(1966: 123-125)은 국가 통합, 정치체제에 있어 구조적 분화의 증대, 정치적 충원과 그 평가에 있어서 신분적 기준의 탈피와 성취적 기준의 채택, 정치 활동의 효과적 범위의 확대, 그리고 정치·기능 수행에 있어서 합리화의 증대 등 5가지의 요소를 정치발전의 요소로 보고 있다.

Almond와 Verba(1965)는 정치가 향당적인 정치문화(parochial political culture),[1] 복종적인 정치문화(subject political culture),[2] 참여적 정치문화(participant political culture)[3] 단계로 발전해 가는 것으로 보고, 구조적인 측면보다는 문화적인 측면에서 파악하였다. 이 발전 단계설의 특징은 정치발전을 위해서는 참여적 정치문화가 형성되어야 할 것이며, 국민은 그에 합당한 자질을 갖추어야 한다고 보고, 정치적 태도를 결정하는 중요한 요인을 교육 수준으로 보고 있다. Huntington(1968: 84-85)은 정치발전이 정치 제도화의 수준에 비례한다고 보고 정치 제도화와 정치 참여와의 상관관계를 통하여 정치변화와 정치체제의 안정도에 관한 연구를 시도하였다.

이와 같이 정치발전의 요소로서 평등, 참여, 능력, 구조의 역할 분화, 하위체제의 자율성, 문화, 국가 통합, 합리화, 정치체제의 안정 등을 들 수 있다. 이러한 요소들은 정치적 현실에 따라 각기 독립적으로 강조되는 경향과 아울러, 상호 보완적인 형태를 이루기도 한다. 또한, 정치발전은 정치적 역할과 제도의 분화와 중앙집권적인 체제의 발전, 중앙정부와 정치조직의 기능 확대와 점진적인 전 지역에서의 확산, 정치기능의 광범위한 권력의 배분, 그리고 정부의 책무성 증대로 인한 전통적인 사회 엘리트의 약화 등의 속성을 지닌다고 할 수 있다.

---

1) 향당적 정치문화: 국가로서 형태를 가지지 못하는 원시적인 정치형태로 정치적 역할이 분화되어 있지 않고 사회 구성원이 아무런 정치적 역할을 수행하지 못하는 상태
2) 복종적 정치문화: 국가로서의 형태와 국민의식을 가지고 있지만 국가가 국민 위에 군림하여 지배만을 일삼는 사회
3) 참여적 정치문화: 정치발전의 최고 단계로서 정부와 국민 사이에 부단한 교류를 중심으로 국민의 참여를 가장 중요시하는 사회

2) 교육과 정치발전과의 관계

교육과 정치와의 관계를 보는 관점은 크게 두 가지로 나눌 수 있다. 교육과 정치를 별개의 관점에서 보는 이원론과 서로 공생적인 관계에서 보는 일원론적 개념으로 구분된다. Thomas(1983)는 이를 [그림 1-3] [그림 1-4]와 같이 도식화하고 있다.

[그림 1-3]에서 보여 주듯이, 정치의 관계에 있어 이원론 입장에서는 교육과 정치를 독립된 영역으로 보고 있는데, 정치는 정치 나름대로 논리가 있고, 교육은 위계적인 중앙 및 지방의 교육행정 관련 기구에 의해 공식적으로 운영되는 독자적인 영역이 있음을 밝히고 있다.

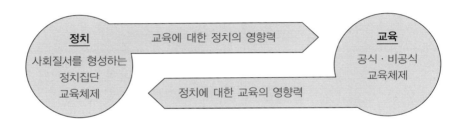

[그림 1-3] 교육과 정치의 이원론적 개념도

출처: Thomas (1983: 4).

한편, 정치와 교육의 일원론은 [그림 1-4]에서 보여 주듯이 교육과 정치를 공생적 관계로 파악하여 교육은 국제정치 및 국제교육 환경에 둘러싸여 영위되는 하나의 하위 정치체제로 규정하고 있다. 즉, 교육은 정치적 영향력을 받을 뿐만 아니라 상위 정치체제에 정치적 영향력을 미치게 된다.

이와 같이 교육과 정치와의 관계는 이원론 또는 일원론 관점에서 파악할 수 있기 때문에 개별 사회의 독특한 발전목표를 고려하여 논의되어야 할 것이다. 왜냐하면 학교교육에 대한 정치적 영향은 정치체제의 일반적인 목적과 대체로 부합되기 때문이다. 교육에서 단순히 국가발전의 수단적·도구적 가치를 더 중요시하여 내재적·목적적으로서의 가치와 수단으로서의 가치가 혼동되거나 바뀌지 않도록 해야 하며, 발전이라는 현상을 사회의 발전과 복합적인 현상으로 보아야 할 것이다(이성진, 1994: 157).

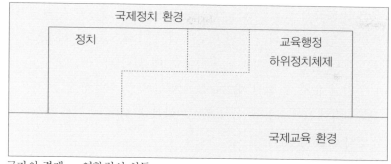

— 국가의 경계 ··· 영향력의 침투

[그림 1-4] 교육과 정치의 일원론적 개념도

출처: Thomas (1983: 4).

정치체제의 유지 및 발전은 국가의 각 하위체제와의 복합적인 관계에서 상호 작용하면서 이루어진다. 교육과 정치발전과의 관계는 교육이 정치발전에 또는 정치가 교육발전에 역동적으로 상호작용하면서 형성된다. 교육은 정치발전 과정에서 국민에게 좁게는 정치적인 소양을, 넓게는 국가의식을 길러 주며, 동질성을 바탕으로 한 국민통합에 기여하는 가장 효과적인 수단이 되기 때문이다. 특히, 우리나라에서의 고등교육은 그 고유한 기능과 사회적인 역할에서 볼 때 정치발전에 큰 영향력을 발휘하고 있다고 할 수 있다.

한편, 정치가 교육에 미치는 영향의 예로 교육에의 참여, 교육사업의 내부 활동, 학생과 교직원의 사회적·정치적 행위를 들 수 있다(한국교육정치학회 편, 1994: 69). 교육에 대한 정치의 영향은 내용적 측면과 과정적 측면으로 구분할 수 있다. 먼저, 내용적 측면에서는 교육 자체에 영향을 줌으로써 그에 대한 반대급부를 얻는 경우가 있다. 예를 들면, 정치체제는 공식적으로 정책을 통해 교육의 목적 및 내용, 교육과정 등에 영향을 미치게 되며, 이외에도 교원의 양성과 선발, 학생선발, 학사행정을 포함하는 교육행정 전반, 그리고 학생과 교직원 등에 대해서도 정책과 제도를 통해 정치적 영향력을 행사하고 있다. 이 경우 정치체제가 지니고 있는 정치적 믿음, 가치, 이해, 이데올로기 등이 교육에 영향을 주는 내재적 요소로서 작용하게 된다.

정치체제가 정치적 영향력을 행사하여 교육을 통제하거나 조정하려는 것은 교육을 정치적 도구로 이용할 수 있기 때문이다. 정치집단이 교육을 이용하는 보다 근본적인 이유는 국가권력이 사회 전체의 이익을 추구하는 공정하고 정의로운 것이라는 인식을 사회 구성원 마음속에 심어 줌으로써 가능한 한 많은 수의 대중으로부터 자발적인 지원을 획득하는 데 있다(박부권, 1994: 10). 따라서 정치체제가 정권 유지 및 정권 재창출을 위해 교육을 이용하게 될 경우, 교육은 정치의 영향력하에 종속하는 하위체제로 전락하게 되며, 이러한 상황은 이미 보편화되어 있다고 할 수 있다.

다음으로, 과정적 측면에서는 교육도 하나의 조직체로서 각종 정책결정 및 집행과정을 수행하는 일련의 민주주의 혁명의 산물이라는 관점에서 출발한다. 따라서 교육체제는 정치적인 속성을 지닐 수밖에 없다(Bolman & Deal, 1991: 186-187: 반상진, 1995: 125에서 재인용). 이와 같은 의미에서 교육체제 내의 의사결정은 자기 집단의 이해를 극대화하려는 다양한 이해집단 간의 갈등관계가 표출되고, 이를 해결하기 위한 협상 · 타협 · 조정 등의 일련의 정치적 과정을 거쳐 형성 · 결정되며, 정치단체의 하위단위로서의 교육체제 속에서 집행된다. 그러므로 교육은 권력행사의 과정이 될 수밖에 없는 것이다(한준상, 1995: 21-22). 이러한 교육정책 결정과정상 나타나는 정치체제의 영향력은 국가단위의 교육에 대한 결정 수준에서부터 학교단위의 결정 수준에 이르기까지 그 범위가 다양하게 나타난다.

지금까지 교육이 정치에, 그리고 정치가 교육에 미치는 영향력을 살펴보았다. 교육이 정치에 영향력을 행사하는 것보다는 정치가 교육에 영향력을 행사하는 것이 더 일반적이다. 그러나 교육과 정치발전에 있어 정치 분야는 교육 본연의 목적을 달성할 수 있도록 지원하고, 교육 부문은 교육 자체의 합리적인 논리를 끊임없이 개발하고 이에 충실함으로써 사회 구성원의 삶의 가치를 높이는 데 기여할 수 있는 관계로 정립되어야 한다.

3) 교육의 정치발전에 대한 기여

앞서 언급하였듯이, 교육이 정치발전에 미치는 영향에 대해 Spring(1989: 6; 2006)은 교육에 수반되는 정치적 목적으로서 미래시민 형성, 정치안정 유지, 정치체제 구축 제공 등을 들고 있으며, Coleman(1965)은 『교육과 정치발전

(Education and political development)』이라는 저서에서 "교육은 정치사회화, 정치적 충원, 정치적 통합을 통하여 정치적 발전에 기여한다."라고 주장하였다.

교육이 정치에 미치는 영향으로는 정치사회화 및 시민의식 교육, 정치정당화, 인력양성, 권력 위계에 알맞은 사람의 선발, 사회평가와 해석, 사회통제, 사회변화에 대한 자극, 정치적 통합 등을 들 수 있다(한국교육정치학회 편, 1994: 63-69). 이를 토대로 가장 많은 논의가 되고 있는 교육의 정치발전에 대한 기여 측면을 크게 정치사회화, 정치적 통합 그리고 정치 · 행정 엘리트 충원의 세 가지로 구분하여 살펴보면 다음과 같다.

(1) 교육과 정치사회화

정치사회화(political socialization)는 청년기 학습과정에 많이 언급되는 개념이다. 정치사회화의 용어는 1970년대 애국과 저항, 정치발전 과정에서의 성공과 실패, 정치체제의 운영에서 안정과 불안정의 원류 등을 찾는 데 사용되기 시작하였으며, 특히 정치적 규범은 아동기에 훈련 · 교육 · 교화하는 것이 보다 효과적인 것으로 인식되었다. 정치사회화란 사회 구성원이 그 정치체제가 갖고 있는 바람직하다고 생각하는 정치적 태도, 가치, 기술 등을 획득해 나가는 과정을 말한다. 이것은 정치현상에 대한 국민의 심리적 지향성을 나타내는 정치문화의 유형을 결정하며, 정치적 참여 및 시민성 배양과 같은 정치적 요소를 포함한다(김신복, 1995; 윤정일, 강무섭 역, 1993; Coleman, 1965; Ehman, 1980: 99; Massialas, 1969: 20-21; Targos, 1973: 17). 그리고 정치사회화를 담당하는 기관으로 학교 이외에 가정, 청소년 단체, 대중매체 등을 들 수 있다. 민주국가에서 정치적 교화는 시민교육(civic education) 등을 통해서 이루어지게 된다.

(2) 교육과 정치적 통합

교육에서 정치적 통합(political integration)은 국민에게 국가의식, 주체의식 등의 배양과 아울러 공동체의 통합을 강화하는 여건 조성 기능으로 가장 중요한 중추적 역할을 하고 국민문화를 창조함으로써 국가 자체의 발전을 돕는다는 의미다(김신복, 1995; 윤정일, 강무섭 역, 1993).

학교는 지역적인 일체감과 충성심을 파괴하고 대신 국가적인 일체감과 충성심으로 대치하는 사회기관으로 간주되어 왔다. 즉, 교육이 국가 권위의 합법적인 사법권을 확립하고, 무엇보다도 국가 구성원의 자질, 즉 공민권의 부여에 대한 기준을 설정하는 데 중요한 합법적 기관이 바로 학교라고 볼 수 있다. 특히, 대중교육은 민족의 역사와 표기된 언어, 그리고 민족문화 및 신기한 기술 문명 속에서의 세례라고까지 불려 왔다(Meyer & Rubinson, 1975: 146). 이와 같이 교육은 일반적으로 정치적 통합에 기여하는 요인으로 간주되고 있지만, 구체적인 교육내용과 획일성 정도에 따라 달라진다고 할 수 있다.

한편, 정치적 통합의 의미와 정치체제의 안정을 위해 합의와 일치가 갖는 중요성에 대해 정치학자와 교육학자 사이에 상당한 논란이 있어 왔다. 오늘까지도 교육을 통한 국가통합을 표방함에도 불구하고 인종적·종족적·지역적 혹은 여타의 구분에 따라 불균등하게 차별지워진 교육적 접근은 정치적 통합의 장애물이 될 수 있다. 반면, 비판적 발전 모형 시각에서 보면, 교육체제가 오히려 지역적 이질성을 지속시키는 작용을 할 수 있다.

또한 교육이 정치적 엘리트 집단 안팎에 다양한 이익집단을 포함시키는 데까지 확장됨에 따라서 확립된 정치체제에 대한 도전이 교육받은 사람들 중에서도 나올 수 있다. 즉, 더 많이 교육을 받은 사람은 민족의 문화와 교육의 가치에 가장 많이 통합된 자여야 한다는 것이다. 그러나 많은 학생이 자신보다도 덜 교육받은 지도자들에 의해서 자신의 지위 상승의 통로가 막혀 좌절감을 경험하게 됨으로써 교육 수준이 높은 사람일수록 정치적 권력에 대하여 비판적·견제적 역할을 수행하기도 한다.

우리나라의 경우 정부 수립 이후 지금까지 교육내용을 결정하는 교육과정과 교과서는 정부의 엄격한 통제를 받아 왔고, 교육내용의 획일화 내지 표준화가 피교육자의 사고와 지향성을 유사하게 만드는 결과를 가져왔다. 그러나 이명박 정부 이후 학교자율화 조치, 미래형 교육과정의 구상 등이 추진되면서 교육과정의 편성과 운영에 있어 재량의 폭이 커지고 있다.

다음으로, 정치적·사회적 통합과 관련하여 우리나라에서 고등교육 기회가 사회 계층에 상관없이 제공되어 왔는가를 보면, 직업이나 소득 등 사회계층별로 고등교육 기회가 불균등하게 향유되고 있는데, 이는 교육비 부담 능력에 따라 대학 진학이 제한을 받고 있기 때문이다. 고등교육에의 취학 기회는 현실적으로 사회계층 간에 상당한 차이를 보이고 있으며, 이는 엘리트 계층의 영속화를 가져와 정치적 · 사회적 통합에 역기능적인 요인으로 작용할 소지를 안고 있다 (김신복, 1995). 이와 더불어, 고등교육의 기회 확대가 오히려 노동시장을 고려하지 않은 채 대학교육의 양적 팽창에만 힘을 쏟는다면 사회적 불평등을 심화시킬 수도 있다. 즉, 하류계층은 상류계층에 비해 소득 대비 상대적으로 많은 교육비를 부담하지만 선호되는 일자리는 제한되어 있고 대학 졸업자는 과잉 공급되어, 고등교육의 경험이 취업에 필수적인 조건이 될 뿐, 실제로는 사회경제적 배경이 취업에 결정적 조건으로 작용하여 계층 간의 불평등을 오히려 조장하게 된다는 것이다. 이러한 현상의 극복과 사회적 통합 차원에서 이명박 정부에서는 교육을 통한 가난의 대물림을 끊기 위해 다양한 '교육희망 사다리 정책'을 추진하였다.

(3) 정치 · 행정 엘리트의 충원

선진국이든 개발도상국이든, 자본주의 국가든 사회주의 국가든, 첨단 IT 분야 중심 국가든, 농업중심 국가든 간에 대부분의 사회에 있어서 정치체제의 안정과 존속, 그리고 효율성은 소수 엘리트에 의해 좌우된다. 따라서 정치적 충원은 정치 및 행정 활동을 담당하는 정치 · 행정 엘리트 계층을 배출하는 기능으로서 양적인 규모와 더불어 이 엘리트들의 행동 유형이 주된 관심사가 된다(김신복, 1995: 79).

학교교육의 형태나 수준이 대중과 지배 엘리트 계층을 뚜렷하게 구별 짓게 된다. 미국의 경우, 고등교육이 엘리트의 지위 획득에 무조건 공헌하는 것은 아니지만 학생자치회 등을 통해 정치적인 자질을 함양하는 데 매우 중요한 역할을 하고 있다. 이러한 경향은 후진국에서도 나타나긴 하지만 문화적 · 역사적인 요인에 의해서 많은 영향을 받는다. 그리고 고도로 확립된 제한적인 교육체제가 존속하는 사회에서 엘리트가 교육을 제대로 받지 못한 사람들 중에서 충원될 수도 있기 때문에 교육과 정치 엘리트의 충원 및 정치발전 간의 상반된 관련성을 지니는 것으로 나타날 수도 있다.

우리나라의 경우, 고등교육이 정치발전에 긍정적인 영향을 미쳤다고 보는 견해가 지배적인데, 해방 당시 고등교육을 받은 인구가 극소수였음에도 불구하고 제헌 국회의원들의 58% 정도가 전문대학 이상의 고등교육을 받은 것으로 나타나고 있다(김신복, 1995: 83). 〈표 1-3〉에서 보여 주듯이, 국회의원들의 높은 학력 분포는 이후에도 계속 유지되고 있는데, 15대 국회의원 선거에서도 고졸 2명, 대졸 146명(중퇴 7명 포함), 대학원 졸업 141명(수료 2명 포함)으로 고등교육을 받은 엘리트들이 98%를 차지하고 있음을 알 수 있다. 이러한 경향은 제16대, 제17대 국회의원의 학력 수준 분포에서도 동일하게 나타나고 있다. 행정관료 역시 이러한 경향은 마찬가지여서, 1967년 자료에 따르면, 이미 고급 행정관료들의 교육 수준은 대학 이상의 고등교육을 받은 사람이 전체의 90% 이상을 차지하였다. 이 당시 고등교육 취학률이 8% 정도였음을 감안할 때 일반 국민의 교육 수준에 비해서 얼마나 높은가를 짐작할 수 있다. 이는 교육이 정치·행정 엘

〈표 1-3〉 역대 국회의원 학력 분포   (단위: 명, %)

국회 \ 학력	제헌	6대	12대	14대	15대*	16대**	17대***	18대***	19대***	20대***
무학 및 기타	12 (6.0)	4 (2.3)	–	–	–	–	3 (1.0)	1 (0.3)	1 (0.33)	
초졸	25 (12.5)	3 (1.7)	–	2 (0.7)	–	–	–	2 (0.6)	1 (0.33)	
중졸	47 (23.5)	4 (2.3)	–	–	–	1 (0.37)	–	1 (0.3)	1 (0.33)	2 (0.67)
고졸	4 (2.0)	21 (12.0)	3 (1.0)	5 (1.7)	2 (0.67)	12 (4.40)	4 (1.35)	3 (1.0)	4 (1.33)	2 (0.67)
전문대졸	34 (17.0)	17 (9.7)	2 (0.8)	–	–	–	–	1 (0.3)	–	1 (0.33)
대졸	78 (39.0)	111 (63.4)	159 (57.6)	155 (51.8)	146 (48.83)	187 (68.5)	145 (48.49)	136 (45.3)	116 (38.8)	118 (39.33)
대학원졸	–	15 (8.6)	112 (40.6)	137 (45.8)	141 (47.16)	73 (26.73)	147 (49.16)	155 (51.6)	177 (59.0)	177 (59.0)
계	200 (100.0)	175 (100.0)	276 (100.0)	299 (100.0)	299 (100.0)	273 (100.0)	299 (100.0)	300 (100.0)	300 (100.0)	300 (100.0)

출처: * 동아일보(1996. 4. 25.).
　　　** 일요신문(2008. 2. 15.).
　　　*** 중앙선거관리위원회 선거통계시스템(http://info.nec.go.kr) 자료.

리트 배출에 중요한 통로가 되고 있음을 반영한다. 특히 19대, 20대의 경우 국회의원 50%가 대학원 석사학위 이상임을 알 수 있다. Pye(1965)도 동남아시아의 정치체제에 대한 연구에서 서구식 교육이 민족주의 운동 및 신생독립 정부를 위한 지도세력을 양성하는 데 있어, 정치 엘리트의 충원은 계급, 직업, 수입보다는 교육이 더 결정적인 요인이라고 주장하였다. 이는 우리나라에도 그대로 적용될 뿐만 아니라 교육열이 높은 우리의 경우 동남아시아의 다른 국가들에 비해서 이러한 경향이 더 현저하다고 할 수 있다.

　정부 수립 이후 수십 년 동안 교육기회의 확대로 우리나라 정치 엘리트들의 교육 수준은 현저하게 향상되었으며, 이는 교육의 질적 개선과 더불어 그들의 자질을 높이는 데 크게 기여하였다고 할 수 있다. 또한 우리나라는 사회적 지위의 세습 경향이 약하고 정치적 격변이 빈번했기 때문에 학력은 정치·행정 엘리트로의 충원에 있어서 중요한 요건으로 작용하였다(강무섭 외, 1985: 156-157; 윤정일, 강무섭 역, 1993: 158-159).

　이와 같이 교육의 정치발전에 미치는 영향은 교육의 정치적 목적과 직결되는 것으로 교육을 통해 정치체제의 가치와 규범을 내면화시킴으로써 미래시민 의식을 함양시킬 수 있고, 교육을 통해 정치·행정 엘리트를 양성함으로써 국가의 정치력을 보다 강화시킬 수 있다. 아울러, 교육을 통해 국민의 정치의식과 정치적 판단 능력을 고양시킴으로써 정치적 논쟁에 대한 국민적 합의가 원만히 이루어질 수 있도록 하는 데 기여한다. 이는 결국 정치적 발전과 안정에 기여하는 교육의 정치적 기능을 의미하는 것으로서 국가가 학교교육을 지원하는 정치적 이유이기도 하다. 그러나 교육의 정치적 기능의 관점에서 우리가 주목해야 할 것은 정치적 지식의 결여와 정치적 무관심으로 인해 자녀의 학교교육에 중대한 영향을 미치는 정치적 문제까지 인식하지 못하는 비정치적인 시민(apolitical citizenry)이 양성되고 있다는 사실이다(Spring, 2006: 12-19). 왜냐하면 진정한 민주사회는 소수의 정치권력에 의해 독점적인 정치적 가치와 사고가 교육을 지배하지 않도록 견제할 수 있는 정치의식을 지닌 시민이 존재할 때 가능하기 때문이다(반상진, 1995: 123).

4) 교육과 정치발전의 과제

앞서 논의하였듯이, 교육의 정치로부터의 중립은 교육활동의 자율성과 중립성 확보와 직결되는 문제로서 무엇보다도 중요한 교육적 과제다. 그러나 교육과 정치는 전혀 무관하지 않으며 실질적으로 교육정책이 국가에 의해 직접 입안되고 실시되는 현실 정치의 논리가 존재한다는 사실을 간과해서는 안 된다.

또한 교육에 대한 통치구조가 중앙에 집중되어 있는 한 교육의 정치적 중립성 보장은 현실적으로 어려움이 있다. 따라서 교육의 정치적 중립성과 자율성의 확보를 보장하기 위해서는 교육이 국가나 정치집단과 같은 소수의 엘리트 집단의 정치력에 의해 좌우되는 교육통치체제에서 벗어나 다수의 교육통치체제를 구축해야 할 것이다. 아울러 교육 관련 집단의 적극적인 정치활동이 요구되며, 이러한 정치적 활동은 보다 합리적이고 효율적으로 진행되어야 할 것이다(반상진, 1995: 144).

교육의 정치성 중립은 보다 적극적인 의미에서 교육조직 스스로가 외부의 정치력에 좌우되지 않고 운영될 수 있도록 교육의 의사결정권 배분 구조에 전반적인 변화가 요청된다. 더구나 지방화·세계화·정보화 시대에 상품의 질이 소비자에게 있듯이, 교육의 질도 국가 아닌 교육 수요자에 의해 결정되어야 하기 때문에 다변화 시대에 교육은 국가 주도가 아닌 교육 수요자인 국민의 다양한 교육적 요구 수렴과 적극적인 참여로 수행되어야 할 것이다. 아울러 교육통치체제 틀의 근본적인 변화도 요구된다.

(1) 자율화·다양화의 정착과 성숙

교육과 정치발전의 핵심은 교육에 대한 중앙정부의 권한을 대폭 축소시켜야 한다는 것이다. 다시 말해서, 교육체제가 집중·통제·획일화에서 자율화·다양화로 확대·변화되어야 할 것이다. 이것은 국가 권한의 재조정을 의미하는 것으로, 교육제도 및 정책의 영향이 각 사회 구성원에게 직접적인 영향을 주기 때문에 그들이 교육의 주체로서 보다 많은 권한을 부여하고, 영향력을 행사할 수 있도록 여건을 조성해야 한다.

지방자치제에 따른 교육자치제의 실시로 교육결정 권한을 지방자치단체로 이양하고 그 결정과정에서도 각 지역사회의 교육 관련 집단들의 공식적·비공식적 참여의 기회를 확대해야 할 것이다. 이와 더불어 결정된 교육정책 및 제도의 실질적인 운영과 집행을 단위학교 중심의 운영체제로 전환하고 주민의 견제와 통제가 동시에 이루어져야 할 것이다.

　국가는 지방의 각기 다른 교육정책 및 제도 결정이 국가가 추구하는 교육의 기본 방향성에 벗어나지 않도록 정치 지도력의 발휘가 필요하다. 이 경우 국가의 정치 지도력은 지방교육의 직접적인 개입과 간섭을 의미하는 것은 아니다. 국가의 정치 지도력의 행사는 국가의 방향성과 조화를 이루도록 지방교육에 대한 정책대안 제시, 설득, 협상 등의 협력관계를 통해서 물적·인적 자원을 지원하는 방향으로 이루어져야 할 것이다. 이러한 국가의 정치 지도력이 보다 효율적이기 위해서는 탁월한 정치적 기량이 요구된다(반상진, 1995: 142).

　따라서 지금까지의 국가주도 교육체제에서 벗어나 교육에 대한 모든 결정 권한을 교육 수요자 중심으로 운영하고, 이때 국가는 지방교육에 대한 직접적인 개입과 간섭이 아닌 지원체제로서의 역할을 해야 할 것이다. 아울러 단위학교의 자율경영체제를 구축하여 글로벌 시대에 걸맞는 창의적인 민주시민을 육성해야 할 것이다. 이명박 정부의 교육부문에 대한 자율화 조치는 다양한 학교 유형(예: 기숙형·마이스터·자율형 사립 고등학교 등)과 특색 있는 학교운영(전원학교, 돌봄학교, 사교육 없는 학교 등)의 구축과 자율적인 학교경영을 통해 학생의 요구와 수준에 적합하고 지역과 개별학교의 특성을 구현하여 교육력을 제고해야 할 것이다.

(2) 정치참여의 확대

　정치력을 길러 주는 것은 민주적 자질을 갖춘 관료나 정치인을 배출시킴은 물론 민주시민을 양성해야 함을 뜻한다. 민주주의 체제의 우월성에 대한 투철한 신념과 자각심을 가지고 민의를 존중하는 정치지도자와 국민 스스로가 '나의 교육'이 아닌 '우리의 교육'이라는 주인의식 아래 교육에 적극 참여하는 국민의 의식 개혁이 동시에 이루어 졌을 때 발전적 교육통치체제는 형성될 것이다(반상진, 1995: 145). 지방교육의 수장인 교육감과 교육의결 기능을 담당하는 지방의원 의원에 대한 선출이 주민 직선으로 제도적으로 보장됨에 따라 이들을 선출하

기 위한 지역주민의 투표에 의한 정치참여는 매우 중요하다. 지역주민의 정치
참여 확대는 바로 정치발전과 직결되기 때문이다.

정치참여의 확대는 구성원이 직간접적으로 정치과정에서 참여라는 것으로,
즉 일반 국민이 교육정책결정에 참여하고 합리적인 교육운영체제를 마련하는
데 기여하도록 하는 것이다. 이를 위해서는 이해와 가치를 같이하는 집단 간의
조직화는 필수적인 요소다. 그 이유는 조직화된 집단은 그들의 생각을 교육정
책결정 과정과 운영·집행과정에 투입시켜 고려의 대상으로 삼도록 하는 압력
단체의 구실을 하기 때문이다. 여러 요인의 압력이 없을 때 정치적인 힘이나 경
제적 권력 등이 우세한 집단의 의견을 정책화하는 공청회 수준을 바탕으로 한
정치적 의사결정 양식을 벗어나기 어렵게 되기 때문이다.

아울러, 개인들이 결속력 있는 이익집단으로 조직화되기 위해 기본적으로 공
유한 경험을 바탕으로 공동의 문화를 형성하여 집단 나름의 의식을 갖추고 있어
야 하며, 이해집단 간의 갈등을 조정·협의할 수 있는 제도적 장치도 마련하여
야 할 것이다. 이는 국민의 교육정치력 향상이라는 측면에서 국민의 적극적인
조직활동을 통해 가능할 것이다.

(3) 세계화에 대응하는 교육제도의 발전

세계적으로 인적·물적 교류가 증가하고 교육 서비스 무역도 활성화되고 있
다. 교육서비스 무역은 미국, 영국, 호주 등 영어권 선진국들이 주도하고 있으
며, 아시아를 비롯한 전 세계 국가들은 유학 등을 통해서 이들 국가의 교육체제
를 이용하고 있다. EU와 같은 교육 공동체가 발전하고 있고 교육교류가 증진되
고 프로그램의 호환성이 크게 증가하고 있으며, CAMPUS Asia 사업, 국내 대학
의 해외 진출 등 아시아 등에서도 교육공동체가 형성·운영되고 있다. 이와 함
께 고등교육기관의 학위나 각종 자격의 국제 호환성이 증가할 것이다. 자유무
역협정을 비롯한 국제협정을 통해서 관련 국제법이 정비되고 있다. 세계 각 국
가들은 다문화교육, 글로벌교육 등을 통하여 자국민의 세계 시민으로서의 의식
을 제고하는 한편, 자국 문화의 정체성 유지를 위해 노력하고 있다.

이와 같은 측면에서 세계화에 대비한 교육제도의 발전방안을 제시하면 다음
과 같다(박재윤 외, 2008).

첫째, 인적 · 물적 교류와 관련해서는 유학생을 위한 종합적 지원 체제가 구축되어야 하며, 교육기관의 입학 및 편입학 제도가 유연해져야 한다. 한국어 연수 프로그램이 활성화되어야 하며, 외국인 유학생의 취업제도의 정비도 필요하다. 특별 구역에서는 학교설립 운영제도가 개발되어야 한다.

둘째, 영리 목적의 교육 서비스에 대한 인증제 도입, 교육에 종사하기 위하여 입국하는 외국인에 대한 자격 관리가 중요하다. 외국인 교원의 증가에 따라 내국인 교원의 능력발전 기회를 확대할 필요도 있다. 귀국 학생을 비롯하여 세계화로 인하여 생기는 특별교육 수요를 위해서 특별학급 등의 제도가 구축되어야 할 것이다.

셋째, 교육 프로그램에서 외국 대학에서 이수한 학점 인정의 확대, 학점제 등 학사제도의 호환성을 제고할 필요가 있다. 외국인 학교 졸업자에 대해서 최대한 자격을 인정해 주고 국내 대학 입학 기회를 늘려 주는 것도 필요하다. 교육 프로그램과 국가 수준 자격관리제도를 연계시켜 누구나 자신이 필요한 자격을 효율적으로 획득할 수 있는 체제를 구축하고 교육이동을 최대한 편리하게 해야 할 것이다.

넷째, 세계화에 따라 요구되는 제도 개선을 위해서 일반교육 관련 법령과 특별구역의 법령 등에 대한 지속적인 정비가 요구된다. 공교육 관련 법령의 재정비를 포함하여 교육 서비스 무역에서 필요한 전략을 효율적으로 추진하기 위한 제도 개선이 필요하다. 학생에게 세계 시민으로서 소양을 함양하는 데 있어서 경쟁에서 이길 수 있는 역량의 함양뿐만 아니라 상호 이해하고 공존하도록 하는 교육이 필요하다.

한편, 2020년 상반기에 시작된 코로나 19 바이러스 위기(Corona 19 Virus Pandemic) 이후, 세계 각국은 본격적인 탈세계화(deglobalization)를 경험하고 있으며, 그 경향은 정치, 경제, 교육 분야 등에서 확대되고 있다. 따라서 교육분야에서도 국제 기준과 통용성을 충족하면서 아울러 우리나라 상황에 적합한 국가 및 지역 수준의 교육체제 재설계와 구축이 요구된다.

(4) 교육과 정치지도자의 역할 정립

우리나라의 교육현장에서 발생하고 있는 관련 집단 간의 첨예한 갈등 원인

중의 하나로 정치적 요인을 들 수 있다. 또한 교육의 이념과 정책 방향이 표류하는 것은 합리적이고 올바른 교육정책의 부재에서 비롯되고 있다. 교육정책의 부재는 교육적 논리에서 출발하기보다는 정치적 · 경제적 논리에 의해 좌지우지되는 데서 그 원인을 찾을 수 있다. 국민 모두의 최대 관심사인 교육정책이 정권이 교체되고 교육 수장이 바뀔 때마다 안정성과 일관성을 잃음으로써 학부모와 학생, 교원을 비롯한 교육공동체는 항상 갈등과 걱정이 앞서곤 했다. 교육에 대한 지나친 이념적 접근과 소모적인 논쟁으로 교육계 갈등은 증폭되고 있는 가운데 교육정책은 그 방향성을 상실하고 있다. 정치권의 당리당략과 인기 영합에 치우친 대중적인 처방 제시로 인하여 교육공동체는 고통에 시달리고 있다.

최근 교육과 정치와의 바람직한 관계를 형성하고 산적한 우리나라의 교육문제를 합리적으로 해결할 수 있는 해법과 국가발전을 선도할 수 있는 올바른 교육의 위상을 모색하려는 학계 및 교육계를 포함한 다양한 NGO, 언론, IT 가상공동체들의 노력과 활동이 활발히 전개되고 있다. 새로운 정부가 들어설 때마다 정치지도자는 교육의 중요성을 강조해 왔으며, 집권 이후 다양한 교육정책으로 이를 실행하고 있다. 교육은 국민의 최대 관심사이며, 우리 삶의 과정 그 자체인 교육에 대한 올바른 위상 정립을 위한 정치지도자의 역할을 기대하고 있다. 우리나라의 교육발전을 위해 기대되는 정치지도자의 역할에 대해 간략히 언급하면 다음과 같다(정일환, 2008).

첫째, 국내외 정치, 경제 상황의 급격한 변화는 글로벌 시대에 적합한 정치지도자를 요구하고 있다. 정부 수립 이후 경제발전과 민주화에 대한 우리나라의 업적으로는 2005년 1인당 국민소득(GNI) 1만 5,840달러, 2018년 1인당 국민소득 3만 1,349달러, 세계 12위의 경제규모, OECD 가입, 여당과 야당의 정권 교체 등이 있으며, 이러한 경제적 · 정치적 발전의 원동력에는 세계에서 찾아볼 수 없는 국민의 강한 교육열이 있음을 부인할 수 없다. 그러나 이러한 외형적이고 양적 성장에 비해 우리의 정치 · 사회적 의식은 아직도 후진성을 탈피하지 못하고 있다. 지연 · 학연 · 혈연 간의 사회적 · 정치적 갈등 구조, 여 · 야 간의 대화와 타협 문화의 결여, 사회정치지도자 선출 시 선거의 혼탁 양상, 물질만능주의, 도덕 불감증, 적당주의 그리고 한탕주의 등 가치체계의 혼란과 후진적인 정치문화가 여전히 우리의 사회 · 정치 생활에 팽배해 있다(전득주, 2006).

　정치지도자는 국민통합과 국민의 삶의 질 제고를 위하여 국정을 운영해야 한다. 국민이 자유롭고 함께 더불어 살아갈 수 있게 하기 위해서는 학교교육을 포함한 평생교육 차원에서 민주시민교육이 선행되어야 한다. 우리는 자유민주주의와 시장경제를 신장시키기 위하여 제도적 개혁과 이를 뒷받침하는 의식 개혁으로서의 민주시민교육을 강화하는 것이 필요하다. 따라서 정치지도자는 국민에게 기본적으로 민주시민의 가치를 함양시킬 수 있는 책무성이 요구되며, 민주시민교육 형성에 교육정책의 우선순위를 두어야 한다. 이를 뒷받침하기 위해 독일이나 미국과 같이 국가 차원의 '민주시민교육연구원'(가칭)의 설립과 그 운영을 전개할 필요가 있다.

　둘째, 정치지도자는 교육발전과 경제발전, 교육발전과 정치발전의 상보적 관계 측면에서 정치적 지도성을 발휘해야 할 것이다. 이를 위해 경제발전과 정치발전의 토대가 교육발전에서 출발됨을 인식하고, 국정운영에 있어 비전을 제시하며 교육정책을 중심축으로 국가경쟁력을 신장시키는 최우선의 과제로 전개해 나가야 한다.

　앞서 언급하였듯이, 교육과 정치발전과의 관계에서 일원론적 입장은 교육과 정치를 공생적 관계로 파악하여 교육을 국제정치 및 국제교육 환경에 둘러싸여 영위되는 하나의 하위 정치체제로 규정하고 있다. 즉, 정치는 교육에 그 영향력을 행사할 뿐만 아니라 또한 상위 정치체제에 정치적 영향력을 미치게 된다. 그동안 우리나라의 경우 교육을 단순히 국가발전의 수단적·도구적 가치로서 더 중요시해 왔다. 따라서 교육이 그 자체의 내재적 목적으로서의 가치가 수단으로서의 가치와 혼동되거나 바뀌지 않도록 해야 하며, 교육발전이라는 현상을 사회의 발전과 복합적인 현상으로 보아야 할 것이다.

　셋째, 정치지도자의 학교현장의 교육활동 개선과 인적 자원 개발 측면에서의 다양한 교육공약에 대한 객관적인 평가·검증 체계를 통해 좋은 교육을 실현하고 교육의 본질적 가치를 중시하는, 그리고 꿈과 희망과 비전을 제시해 주는 교육공약의 실천을 국민과 학부모는 절실히 기대하고 있다. 따라서 풍부하고 우수한 인적 자원이 부를 창출하는 우리나라에서 임신과 출산의 기쁨이 이 나라에 태어나는 우리 2세가 좋은 교육환경에서 학습할 수 있는 기회를 제공받을 수 있다는 확신으로 연결시켜 줄, 그리고 고품질의 공교육을 정립해 주는 정치지도자를 국민은 기대하고 있다.

국가발전을 위한 올바른 교육을 위해서 정치지도자는 교육공동체가 만족할 수 있는 공교육의 내실화를 통하여 학부모가 교육 고통에서 벗어나 질 높은 유아·초·중등교육, 유능하고 긍지 높은 교원, 경쟁력 있는 고등교육, 평생학습사회, 교육행·재정 체제 강화가 갖춰질 수 있는 교육환경 조성과 교육복지국가 건설에 주력해야 한다.

끝으로, 제5공화국 전두환 정권 이후 역대 정부들은 교육개혁 추진을 위해 대통령 직속 자문기구들, 예컨대 교육개혁심의회, 교육정책자문회의, 교육개혁위원회, 인적자원정책위원회, 교육혁신위원회, 교육과학기술자문회의 등 정권이 바뀔 때마다 설치하였는데, 과연 교육발전과 학교현장교육 개선에 어느 정도 기여했는가에 대해서는 부정적인 평가들이 많이 있다. 따라서 정권을 넘어서 항시 장기적으로 교육문제를 해결하고 국민이 만족할 수 있는 교육정책 대안을 지속적이고 일관성 있게 마련하고 집행하기 위한 초당파적 '국가교육개혁위원회'(가칭)를 설치·운영할 필요가 있다. 여기에는 정치, 경제, 노동, 교육계, 학부모 등 각계 각층의 다양한 사회 구성원들이 참여하여 공동의 지혜를 반영할 수 있는 체제와 운영 절차의 민주성, 합리성이 전제되어야 한다.

5) 교육과 정치사회화

(1) 정치사회화의 의미

정치사회화의 기능은 교육정책의 형성과 집행과는 직접적인 관련성이 약하다고 할 수 있으나, 정치체제 운영에 있어서는 필수적인 기능이라고 할 수 있다. 정치사회화는 일반적으로 개인의 정치적 태도와 행동의 양태가 얻어지는 발전적 과정이라고 할 수 있다. 이는 개인이 생존을 영위하고 있는 사회의 사회적·경제적·문화적 환경에 의하여 결정되고, 또한 개인의 경험과 성격과의 상호작용에 의하여 결정된다.

앞서 언급하였듯이, 정치사회화란 사회 구성원이 그 정치체제에서 바람직하다고 생각하는 정치적 태도, 가치, 기술 등을 획득해 나가는 과정을 말한다. 정치사회화는 정치체제 및 그 하위체제(교육체제도 한 예가 될 수 있음.)의 구성원이 정치적 태도와 행동 양식을 습득하는 과정으로, 이 과정을 통하여 한 시대의 정치적 신념과 태도 등의 정치문화가 다음 세대로 이어지게 된다. 이것은 정치현상에 대한 국민의 심리적 지향성을 나타내는 정치문화의 유형을 결정하며, 정치적 참여 및 시민성 배양과 같은 정치적 요소를 포함한다. 따라서 정치사회화는 환경과 정치행동과의 상호작용 및 상호 의존성을 나타내므로, 제반 환경들, 특히 정권 교체에 따른 교육정책의 정향과 신념은 교육기관의 이념, 경영방침과 교육기관에 상당한 영향을 미치게 된다.

　　정치사회화와 정치문화는 하나의 순환과정으로 파악할 수 있는데, 정치문화(political culture)는 정치사회화의 산물이라고 할 수 있고, 정치사회화는 정치문화에 의해 조건지어지고 영향을 받게 된다. 여기서 정치문화는 사회 구성원이 정치적 대상에 대해 갖는 정치적 정향(political orientation)을 뜻한다.

　　정치사회화의 유형은 크게 인지적 사회화(cognitive socialization)와 정의적 사회화(affective socialization)로 구분되는데, 전자는 정치적 지식이나 정보를 전수하는 것을 의미하며, 후자는 정치적 신념과 가치를 교류하는 것을 말한다. 교화를 통한 정치적 안정의 추구는 Plato의『국가론』에서 찾을 수 있다. 그의 주요 관심은 정치가 아니라 교육을 통하여 젊은이를 훌륭한 시민을 만드는 데 있다. 그가 말하는 이상국가는 안정된 국가이며, 이러한 안정성은 사회통제의 완전한 기제(mechanism)에 의해서 달성될 수 있다(Popper, 1957: 89). Plato는 정치사회화의 중요성을 인식한 고대인 중에 독특한 인물이다. 그리고 공자와 다른 동양 학자들은 정치체제의 안정을 유지하기 위해서는 정치사회화가 매우 중요하다는 것을 지적하였다. 특히, 아동에게 교육을 통한 정치사회화의 중요성은 Thomas More, Jean-Jacques Rousseau 등에 의해서도 강조되었다.

　　모든 국가의 집권체제에서는 공식 · 비공식 교육 프로그램에 대한 투자를 하고 있으며, 교육 프로그램의 산출 중의 하나로 사회 교화(social indoctrination)를 들 수 있다. 국가는 교육 프로그램을 통해 사회 구성원에게 정치형태의 정당성과 합법성, 그리고 지배하는 정치 가치에 대한 추앙 등을 영속화하려고 한다. 사회 구성원의 가치와 믿음, 그리고 개인의 인생관은 사회가 기대하는 이념적 · 정치적 틀 내에서 형성되어 왔지만, 동시에 개인에게는 실제적 목적에 필요한 객관적 지식을 축적하는 것이 허용되어 있다고 할 수 있다. 국가 사회에서 제공하는 교육 프로그램은 기술적으로 숙련된 시민을 양성할 뿐만 아니라 충성심 많은 시민을 길러 내는 데도 기여하게 된다.

정치사회화의 기능으로는 정치적 자아 확립, 정치체제 유지 및 정치문화의 유지·변화·창조 등을 들 수 있다. 그리고 정치사회화를 담당하는 기관으로는 학교 이외에 가정, 청소년 단체, 대중매체, 직장, 정당 등을 들 수 있다. 민주국가에서 정치적 교화는 시민교육 등을 통해서 이루어지게 된다. 정치 권력자에게 아동의 사회화 프로그램은 아동으로 하여금 국가에 대한 충성심을 함양하는 데 매우 효과적이라고 간주되고 있다.

(2) 교육과 정치사회화 단계

정치사회화 분야에서 저명한 학자인 Easton과 Dennis(1967: 47-69)는 정치사회화의 정치이론을 발전시킬 필요가 있음을 지지하고 있다. 이들에 따르면, 정치이론이란 정치체제 내에서 발생하는 중요한 정치 상황을 설명하는 방식을 말한다. 즉, 정치 안정 또는 혁명, 변화 등을 어떻게 설명할 수 있는가, 정치사회화가 이러한 정치사태에 대해 어떻게 영향을 주는가를 규명하는 것이 된다.

정치사회화 프로그램은 정치적으로 통합된 주민, 즉 동질적이고 책무성을 충분히 지닌 시민을 양성하는 데 기여한다. 사회심리학자인 Newcomb(1958)은 여자 대학생이 대학교육을 받는 동안 보다 진보적인 정치 태도의 성향을 보이고 있음을 밝혔는데, 이는 대학교육을 통해 성인에게도 여전히 정치사회화가 지속되고 있음을 지적한다. 교육을 통한 정치사회화는 학생에게 정치적인 가치, 신념, 태도, 지식뿐만 아니라 그들의 삶에 대한 문화적인 것을 습득하는 과정으로서 학교조직의 풍토, 학교관리의 참여, 특별활동, 그리고 그 밖의 학교와의 상황적인 변수를 고려하여 이루어진다(Ehman, 1980: 99-102).

Almond와 Verba(1965)에 따르면, 학교교육은 선진국과 개발도상국 국민 모두의 시민적 소양과 능력을 길러 주지만, 전반적인 지식과 능력의 수준은 개발도상국보다 선진국이 더 높다. 즉, 학교를 통한 정치사회화의 필요성과 실제적인 가능성이 선진국보다는 개발도상국이 더 크다고 할 수 있다. 그 이유는 다음과 같다. 첫째, 신생국의 경우 정치적 풍토에 참여하는 것이 그렇게 광범위하지 않거나 신식민지적 상태로부터 벗어나는 경우 새로운 독립국의 정치적 문화 풍토 속으로 재사회화되기 때문에, 대안적인 사회화 동인의 잠재적인 영향력이 크게 발휘되지 못하기 때문이다. 둘째, 개발도상국에서는 학교교육을 통해 지역적·종족(민족)적 혹은 정치적인 구조 속에 자리 잡고 있는 가치와 지향성을 파괴함으로써 정치문화와 민족주의 감정이 창조되기 때문이다(윤정일, 강무섭 역, 1993: 157-158).

아울러, 교육전략은 개인과 지역사회의 참여에 토대를 둔 의식화 프로그램에 따르는 경향이 있다. 교육은 이전에 없던 국가의 일체감을 조성하고 집단 간의 불평등을 근절하며, 교육행정의 분권화를 통해 지역적인 적절성을 촉진하는 도구로 간주된다. 또한 교육에 대한 정치적 개입은 교육과정을 통해, 특히 역사 교과를 중심으로 그 사회의 이데올로기를 반영하게 된다. 해방 이후 문민정부까지 교육을 통한 정치사회화의 내용을 간략히 소개하면 다음과 같다.

우리나라에서 교육을 통한 정치사회화는 다양한 형태로 전개되어 왔다. 1945년 이래 학교에서의 정치교육은 식민지형 교육의 잔재를 청산하고 새로운 「헌법」에 따른 「교육법」을 제정·공포하여 민주주의, 민족교육에 입각한, 이른바 새교육을 표방하였다. 그 이후에는 반공교육 내지 국민윤리교육이 강조되었을 뿐 일상생활과 지역사회에 관련된 경험적 내용을 중심으로 한 민주시민교육은 거의 무시되었다. 또한 학교교육에 의해서 간접적으로 민주적 성향이 길러진다 하더라도 가정과 사회집단 등에 전통적인 유교문화의 행동규범과 가치가 지배하고 있어 바람직한 민주성향을 발전시키기가 어려웠다. 무엇보다도 민주적 정치문화가 정착되기 위해서는 오랜 기간에 걸친 민주정치의 경험을 필요로 함에도 불구하고 그러한 기회는 부족하였다고 할 수 있다.

한국전쟁을 겪으면서 반공교육, 승공교육을 통한 국방교육 실시와 인성교육을 중시하여 민주주의 독립국가의 국민이 가져야 할 품성을 기르는 데 역점을 두었다. 5·16 군사정변으로 집권한 군사정부는 인간개조와 사회개혁을 기본적인 중점사업으로 제시하였고, 교육정책에서도 학원 질서를 바로잡아 교육정상화를 추진하기 위해 「교육에 관한 임시특례법」과 「사립학교법」을 제정·공포하여 민주 도의교육과 국방교육을 강조하였다. 이러한 교육이념의 기조는 제3공화국 이후에도 지속되었으며, 1960년대 후반부터는 민족주체성과 국민적 윤리관의 확립이 강조되었다. 특히, 남베트남 패망 이후 대내외적으로 충격적인 사태가 빈발함에 따라 국민정신 교육의 강화라는 교육목표가 더욱 부각되어 왔다. 반공교육에 있어서도 공산주의에 대한 일방적인 반대와 혐오감 조성에 급급하였다는 비판을 면치 못하였다.

권위주의적 통치체제는 제5공화국에서도 지속되었으며, 이데올로기 비판교육을 중심으로 대학의 운영과 학생활동에 대해서도 엄격한 통제를 가하였다. 그러나 이와 같은 이데올로기 비판교육은 성과도 있었지만 많은 역기능을 초래하기도 하였다. 특히, 정통성이 결여된 제5공화국 정권에 대한 학생들의 비판과 저항운동이 거세지면서 전제적 통치방식의 정당화를 위한 수단으로 인식되어 매우 부정적인 이미지가 형성되었다. 또한 제5·6공화국 시기의 교육개혁은 오도된 교육관과 사회 의식구조 및 제한된 고등교육기관, 입시제도의 모순 등 다양한 복합 요인으로 인해 야기된 과열과외 현상과 같은 문제들이 사회문제로까지 확산되어 국가보위비상대책 상임위원회는 교육 정상화를 위한 과외 일소와 사회비리 척결을 구호로 '교육 정상화 및 과열 과외 해소방안'을 발표하였다.

제6공화국은 교육자치제의 실시를 위해 1988년 4월 6일 「교육법」을 개정하였으며, 초·중등교육에서는 이전에도 표방되었던 민주시민 자질 함양교육을 실시하여 다소나마 설득력을 얻게 되었다(윤정일, 강무섭 역, 1993; 김신복, 1995; 한준상, 1995: 21-29). 문민정부에 와서는 신교육체체 수립을 위한 교육개혁 방안으로서 열린교육사회, 평생학습사회 기반 구축 등 정치적으로 교육개혁을 강력히 추진하였다.

한편, 사회화와 혹은 정치사회화의 단계에 대해서는 주로 Erikson(1963)의 이론을 가지고 설명한다. 즉, Erikson(1963)은 심리사회적 위기에 따라 발달단계를 구분하고 있다. Erikson은 아동이 환경과의 상호작용 속에서 직면하게 되는 사회문화적 위기를 자아가 어떻게 극복하며 자아정체감을 발달시키고 사회화하는가에 관심을 가졌다. 그의 이론은 심리사회적 발달에 대한 관심을 반영하고 있기 때문에 심리사회성 발달이론이라고 한다. Erikson은 유아기에서부터 노년기에 이르기까지 인간의 전 생애를 8단계, 즉 신뢰 대 불신감(0~1세), 자율성 대 수치심·의심(1~3세), 주도성 대 죄책감(4~5)세, 근면성 대 열등감(6~11세), 정체감 대 역할혼미(12~18세), 친밀감 대 고립감(성인 전기), 생산성 대 침체감(성인 중기), 통합성 대 절망감(노년기)으로 나누었으며, 각 단계마다 양극성을 지닌 특성이 발달될 수 있다고 하였다. 즉, 각 발달단계에서 직면하게 되는 위기를 성공적으로 해결하려면 긍정적인 면의 특성이 발달되는 반면, 부정적인 측면으로의 문제해결은 다음 단계의 발달을 지연시키고 부정적인 특성을 형성하게 된다(Parke & O'Neill, 1997; Sternberg & Williams, 2002: 81-85).

그러나 이러한 단계설을 이해함에 있어 주의해야 할 점은 각 측면의 발달단계는 각기 서로 다르게 구분될 수 있다는 것이다. 그럼에도 불구하고 인간의 발달단계를 구분하는 것은 현재의 인간발달 상태를 이해하고 예상할 수 있게 해주는 중요한 척도가 된다는 것이다. 그러나 한 단계에서 다음 단계로의 발달이 이루어지는 것은 서서히 연속적으로 이루어지는 것이기 때문에 각 단계들 간에 명확한 한계를 둔다는 것은 어려운 일이다. 그러므로 발달단계의 구분은 편의상 인정되고 수용되어야 하며, 인간의 모든 측면의 발달은 개인차가 존재하기 때문에 정치현상에 대한 인식이나 지각에 대해 동일연령을 일률적으로 단계 지을 수는 없다.

(3) 정치사회화 기관

정치사회화를 담당하는 기관으로는 가정, 학교, 또래 집단, 직장, SNS를 포함한 대중매체, 언론 등을 들 수 있다(최명, 1979: 105-110; Almond & Powell, 1966; Parsons, 1951). 가정생활에서 개인이 직간접적으로 받는 영향은 매우 크며 지속적이다. 가정은 개인이 최초로 접하는 사회화의 구조다. 아동은 가정에 대한 신체적·감정적 의존 속에서 유년기를 보내지만, 가정에서의 사회화는 의존 이상이 포함된다. 즉, 아동은 가정에서 역할수행에 대하여 배우며, 사회화에 포함된 학습과정(learning process)은 부모와 자녀, 지도자와 추종자와 같은 보조적 역할 간에 발생하는 상호작용 과정의 필수적인 부분을 형성한다. 사회화에 있어서 가장 현저한 가정의 영향은 권위에 대한 태도 형성이다. 가정에서는 집단적인 결정이 내려지는데, 아동에게 이러한 결정은 권위적인 것이다.

또한 아동이 그러한 결정에 참여하는 것은 정치적 자신감과 정치적 상호작용에 대한 이해를 증대시키며, 성인이 되었을 때 정치체제에 대한 참여능력을 높인다. 아울러 결정에 대한 복종은 장래 민주시민으로서의 부모의 일반적 역할의식을 갖게 하는 데 도움을 주게 된다. 가정에서의 정치사회화는 정치체제에 대한 태도가 아동에게 주는 인상을 포함하게 된다. 예를 들면, 미국에서 정당에 대한 동일시 현상에 관한 연구는 아동의 정당에 대한 지지 태도는 부모의 그것에 의해 지배받는다고 하였다. 정치사회화에 있어서 가정의 영향에 대한 분석은 부모, 형제, 자매 등의 역할이 다르다는 것과 사회화되는 아동의 성별에 따라서도 차이를 나타내게 된다.

① 가정

인간은 가정에서 태어나 가정에서 한평생을 살아간다. 몇몇 사회에서는 가정 이외의 장소에서 인간을 양육하는 곳도 있으나, 인류의 대부분은 부모의 사랑을 받고, 가정에서 성장하고 있다. 가정은 혈연·애정으로 결합된 공동체 사회다. 여기에서는 인간의 성장에 있어서 가정의 중요성과 특징, 그리고 미래사회에 있어서의 가정교육의 역할 등을 살펴본다.

현대사회에서 학교교육과 평생교육기관이 아무리 발달되었다 하더라도, 가정이 인간의 성장과정에서 차지하고 있는 중요성은 무시할 수 없다. 특히, 현대사회 문제로 등장하고 있는 정신질환, 가치관의 갈등, 권위주의와 편견, 청소년의 비행과 범죄, 인간의 왜곡된 성격 등은 자녀가 어렸을 때 부모와의 관계, 또는 가정교육의 형태와 깊은 관련성을 가진다.

아동기와 청소년기는 기본적인 습관, 인간관계 및 행동의 원리 등이 형성되는 시기이기 때문에 이 시기에 가정교육을 통하여 확고한 인생관을 형성하지 않으면 학습할 기회를 한 평생 갖지 못하게 된다. 아동은 가정에서 사랑을 받고 또 남을 사랑하게 되는 것도 배운다. 정서적 불안정과 행동의 탈선은 대부분 사랑의 결함에서 기인한다는 것이 많은 연구에서 보고되고 있다. 아무리 호의적인 환경에 처하더라도, 사랑이 결핍된 아동은 그렇지 않은 아동에 비하여 정신적 질병을 앓을 확률이 높다. 사랑을 받지 못하고 자라난 사람은 늘 인생을 불행한 것으로 생각하기 쉽고, 정신적으로나 육체적으로 건강하지 못한 경우가 많으며, 또 사회적으로 많은 문제점을 갖게 된다. 이러한 측면에서 가정의 중요성이 강조되는 것이다.

현대사회의 전반적인 변동과정에서 가족의 특성이 점차로 바뀌어 가고 있다. 가족기능상의 변화를 들 수 있다. 현대 가족이 생식과 애정의 기능을 제외한 다른 여러 본래의 기능을 점차 타 사회집단에 이양하게 됨으로써 가족의 사회화 기능이 변질·약화되는 경향을 보이고 있다. 특히, 경제적·생산적 기능의 이양은 가정생활과 작업을 분리시키고 부모의 가외취업을 촉진하며, 가족 구성원의 공동적 경험의 폭을 감소시킴으로써 사회화의 장으로서 가정의 성격을 크게 변화시켰다. 그리고 가족의 종교적·오락적 기능의 약화도 가족 구성원의 가치관과 신념을 동질화시킬 수 있는 상호작용을 크게 감소시킬 뿐만 아니라 서로의 심리적 유대감을 약화시키는 결과를 가져왔다. 무엇보다도 유치원이나 학교와 같은 공식적 교육기관에 가족의 본래적인 사회화 기능의 상당한 부분을 넘겨주게 되었다.

급격한 출산율(2019년 합계출산율 0.92명; 총 출생아 수 303,100명)의 감소에 따른 가족구성상의 변화로서 도시지역에 있어서 부부가족의 비율이 늘어나고, 자녀 수가 일반적으로 줄어들고 있어, 이러한 추세가 아동의 사회화에 영향을 미친다고 볼 수 있다. 핵가족화나 소가족화 현상은 가족에 있어서 역할관계를 단순화시키고 자녀양육의 책임이 부모에게만 집중되는 경향이 있다. 부모의 경제활동으로 인해 낮시간까지도 성인의 돌봄 없이 집에 방치되는 아동의 경우 가정에서의 사회화 혹은 정치사회화의 사례·경험은 현저히 약화된다. 또한 가족이동이 빈번해지고, 가족의 계층과 직업이 자주 변함으로써 아동의 성장에 대한 가족의 하위 문화적 영향의 일관성이 줄어든다는 사실을 지적할 수 있다. 그리고 잦은 이동으로 인해 아동의 행동과 성장에 작용하는 주변의 사회적 영향이 약화된다(이홍우, 2016: 47-48).

② 학교

학교는 현대사회에서 두 가지 주요한 역할을 담당한다고 할 수 있다. 하나는 미래사회의 구성원에게 사회생활을 하는 데 필요한 지식과 기술, 문화, 가치관이나 사회적 규범을 전승 혹은 가르쳐 주는 일이다. 이것을 학교의 교수기능(또는 사회화 및 정치사회화 기능)이라고 한다면, 다른 하나의 주요한 기능은 학교의 선발기능이다. 학교는 사회가 필요로 하는 미래의 일꾼을 선발하는 기능을 수행한다. 달리 말하면, 현대사회에서 학교는 사회의 공인된 기관으로서 미래의 사회 구성원을 그 범주에 따라 분류하여 적절한 사회적 지위나 직위를 획득하는 역할을 수행한다.

고전적 교육이론가와 비판적 교육이론가 모두가 이 두 역할이 학교의 본질적 기능이라는 점에 대해서는 의견의 일치를 보이지만, 학교 역할의 구체적 내용과 이것들이 본질적으로 어떤 종류의 사회적 이익을 증진시키는 데 도움을 주는가에 대해서는 상반된 견해를 제시하고 있다. 다시 말해서, 고전적 교육이론가는 학교는 현대의 산업·민주사회 속에서 살아가는 데 필요한 기술, 지식, 민주주의적 혹은 합리적인 사회 규범 등을 아동에게 가르친다고 주장한다. 사회가 산업화되어 가고, 기술이 점점 발달되어 가며, 지식의 양이 증대되어 감에 따라 더 많은 계층의 사람들이 정치적·경제적·사회적 활동에 참여할 기회가 확대되어 간다. 즉, 학교는 산업·민주사회에서 살아가는 데 필요한 기술, 지식, 사회적 규범을 아동에게 가르쳐 주는 주요한 사회화 기관이라고 본다.

한편, 비판적 교육론자는 학교가 민주사회를 이룩하는 원동력이라거나 재능 있는 학생을 선발하는 기관이라는 점을 부인한다. 이들에 따르면, 학교에서 배운 기술이나 지식은 직장에서 보다 높은 지위를 획득하거나, 직장에서 요구하는 일을 능률적으로 수행하는 데 별로 도움을 주지 못한다. 이들은 사회에서의 성공 여부는 학생의 지능이나 능력보다는 학생의 사회경제적 배경에 따라 좌우된다고 주장한다. 즉, 학교가 학생에게 지식과 기술을 가르치고 있다는 사실을 부인하지는 않지만, 보다 더 중요한 학교의 기능은 현대의 불평등한 사회적 질서를 유지시키는 것이라고 보고 있다.

비판적 교육이론가는 미래사회의 구성원에게 직장에서 요구되는 위계적 질서를 유지하는 데 필요한 특성을 가르쳐 주는 것이 학교의 주된 기능이라고 주장한다. 학교는 학생에게 주로 민주적인 규범을 가르쳐 주는 것이 아니라, 상관의 명령을 충실히 이행하고, 직장에서 모범적인 태도를 보이고, 시간을 엄수하는 등의 사회적 규범을 가르쳐 준다는 것이다. 다시 말하면, 이들은 학교는 불평등한 사회질서를 합리화시키고, 계층 간의 불평등을 강화시켜 주어 왔으며, 결코 사회적 평등을 증대시키거나 민주적 규범을 가르쳐 주지 않는다고 보고 있다. 교육기회의 확대나 대중교육의 확산은 교육의 기회 균등을 증대시켜 주는 데 기여해 왔다기보다는 오히려 기존의 사회질서를 합리화시키는 데 기여해 왔다는 것이다.

지금까지 살펴보았듯이, 고전적 교육론자와 비판적 교육이론가는 교육기회 균등, 사회평등, 잠재적 교육과정의 내용, 학교와 사회와의 관계 등에서 상반된 입장을 보이고 있다. 이러한 학교교육의 사회적 역할에 대한 서로 다른 이론들에 직면하여, 많은 교육학자들이 두 입장 모두 학교교육의 본질적 기능을 잘 설명하지 못한다고 보고, 그 대안을 제시하는 데 주력하고 있다.

③ 또래 집단

또래 집단(peer group)은 개인의 가치와 태도 형성에 있어 중요한 역할을 담당한다. 가정의 유대가 점점 약화되고 있는 정보화 사회에서는 인터넷 등 각종 정보 네트워크를 매개로 소통하는 또래 집단은 정치적 견해에 큰 영향을 줄 수 있다. 또래는 우정의 제공과 의사소통을 위한 태도와 가치를 교류하면서 성격발달에 영향을 미치게 된다. 우정은 청소년이 아직 형성과정에 있는 그들의 사회적 기술을 실제로 사용해 볼 기회를 준다는 점에서 중요하다.

또한 또래 집단은 그들의 태도와 가치를 서로 계속 교류하는데, 이러한 교류는 대부분 일상생활에서 상호작용에 의해서 일어나게 된다(신종호 외 역, 2007: 122-123). 개인은 친한 친구로 인하여 정치에 관심을 갖게 되는데, 이는 또래 집단이 그 구성원으로 하여금 그 집단의 가치와 행동을 따르도록 심리적인 압력을 가하기 때문이다(서울대학교 정치학과 교수, 2006: 97; 최명, 1979: 84). 학교에서 비교적 동등하고 친밀한 관계로서의 또래 집단은 그 집단에서 팽배해 있는 행동과 가치를 공유하게 되는데, 대학 및 전공 선택이나 학생운동에 동조하는 경우도 여기에 해당된다고 할 수 있다.

④ 정당

정당은 국민의 이익을 위하여 책임 있는 정치적 주장이나 정책을 추진하고 공직 선거의 후보자를 추천 또는 지지함으로써 국민의 정치적 의사형성에 참여함을 목적으로 하는 국민의 자발적 조직이다(「정당법」 제2조). 이러한 정당은 국민이 가지고 있는 다양한 의사와 이익을 집약하고 조직화하여 의사를 통합한다. 그리고 이에 따라 정책을 추진함으로써 국민이 정치과정에 참여할 수 있도록 중개하는 역할을 담당한다(강세중, 강영성, 박성현, 김선광, 김진수, 곽한영,

2008). 이와 같이 정당은 국민에게 정치사회화의 중요한 기능을 담당하고 있다.

⑤ 대중매체

한 사람의 정치적 견해나 태도는 태어날 때부터 가지고 있는 것이 아니며, 성장과 사회화의 과정을 통해 형성된다. 어떤 집단에 속해서 어떤 사회화 과정을 거치는가에 따라 정치적 태도와 행위는 달라지게 된다. 이와 같이 정치적 견해와 태도를 배워 가는 과정을 정치사회화라고 한다. 오늘날 정치사회화에 가장 큰 영향을 미치는 것은 SNS를 포함한 대중매체라고 할 수 있다. 대중매체는 아동부터 성인에 이르기까지 모든 시기의 정치사회화에 영향을 준다. 특히 텔레비전은 생후 3개월이면 보기 시작한다는 점을 고려할 때 그 영향력이 매우 광범위함을 알 수 있다. 컴퓨터, 스마트폰 및 대중매체는 동료 집단이나 학교보다 훨씬 강한 영향력을 가지며 정치사회화를 위한 가장 강력한 수단으로 이용될 수 있다.

현대사회의 대중매체는 텔레비전, 라디오, 신문, 영화, 잡지, 인터넷 등 매우 다양하지만, 여론 형성에 큰 영향을 미치는 것은 텔레비전, 신문, 라디오, 인터넷, 스마트폰 등이다. 특히, 정보화 사회에서의 청소년에게 인터넷과 스마트폰의 영향력은 매우 크다고 할 수 있다. 이러한 대중매체는 사회문제에 대한 정보를 신속하고 정확하게 전달해 줌으로써 사실을 분명하게 파악할 수 있게 된다. 또한 그 쟁점에 관한 해설과 비판을 제시함으로써 여론 형성의 터전을 마련해 주고 일정한 방향으로 여론을 유도하기도 한다. 그러나 대중매체가 여론 형성에 긍정적인 영향만을 주는 것은 아니다. 대중매체가 정치 권력이나 특정 집단의 간섭이나 영향 아래 놓여 있다면, 사실이 왜곡되어 전달되거나 공정하지 못한 해설과 비판을 하게 되어 여론을 오도하거나 조작할 수도 있다. 대중매체에 의해 여론이 오도되고 조작된다면 국민 다수 의사에 의한 참다운 민주정치는 실현될 수 없게 된다.

대중매체는 여론 형성에 막대한 영향력을 미치기 때문에 민주국가에서는 언론의 자유를 최대한 보장하는 한편 그에 따른 책임을 요구하고 있다. 정치 권력이나 특정 세력의 부당한 간섭이나 억압을 받지 않고 공정하고 정확한 보도와 해설을 함으로써 정치 권력을 감시하고 비판하는 것이 민주국가의 대중매체가 해야 할 역할이며 책임이다(강세중 외, 2008: 113-114).

제2장
교육과 이데올로기

1. 이데올로기란

1) 이데올로기의 개념

일반적으로 인간 삶의 과정에서 인간, 자연, 사회 등에 대한 다양한 관점들은 어느 정도 추상적이면서도 이념적인 형태를 갖게 되는데, 이는 사회 보편적 관념이나 신념일 수 있으며, 특정 사회 계층이나 집단의 위치를 정당화하는 논리이기도 하다. 이러한 측면에서 이데올로기(ideology)를 idea(이념, 이상)와 logie(논리, 과학)의 합성어로 설명되기도 한다.

이희승 편(1975)의 『국어대사전』을 보면, 이념(理念)은 '이성(理性)으로부터 얻은 최고의 개념으로 온 경험을 통제하는 주체'로 정의되고 있다. 이는 이념은 이성, 즉 합리성을 떠나서는 생각할 수 없으며, 동시에 행위에 관한한 행위를 통제하는 주체로 생각될 수 있다는 점에서 이데올로기와도 밀접한 관련이 있다. 이규호(1983) 역시 이데올로기는 이념들의 체계(體系)로 인간의 생활, 곧 사회적인 생활에 있어서 필수적이고 불가결하며, 문화의 전통 속에 담겨 있어서 인간의 삶의 방향을 제시하고 인간의 행동을 결정하는 모든 요소, 곧 이념들의 체계들이라고 한다. 이러한 점에서 하나의 이념 체계로서의 이데올로기는 여러 가지 의식에서 합리적이고 객관적일 수 있는데, 이데올로기로서의 이념은 객관적이거나 합리적임을 강조하고 그것을 따르도록 요구하게 된다는 점에서 이데올로기는 한편 독단에 빠질 수도 있다(고범서, 이상두, 이서행, 1987; 이재석 역, 1985).

사실 이데올로기라는 개념은 18세기 서양에서 산업혁명 이후의 사회적·정치적·이론적 격변을 겪으면서 본격적으로 등장하게 된 것으로, '이데올로기'라는 용어를 처음 사용한 학자에 대해서는 여러 설이 있지만, 프랑스 학자인 Destutt de Tracy(1754-1836)가 처음으로 사용한 학자로 알려지고 있다. 그는 계몽주의에 관한 글 속에서 이데올로기라는 용어를 하나의 아이디어 형성과정에 대한 탐구, 즉 아이디어의 과학, 곧 '관념의 과학(science of ideas)'으로 사용하였다(국민윤리학회 편, 1984). 당시 '이데올로기'라는 용어를 처음으로 사용한 de Tracy는 이데올로기를 종교나 형이상학적 선입견에서 벗어나서 관념들의 기원을 합리적으로 탐구하는 것이 이데올로기라고 전제하고, 이러한 탐구가 정의롭고 행복한 사회의 기초가 된다고 보았다. 또한 Francis Bacon(1561~1626)의 '우상론'을 이데올로기 개념의 시작으로 보기도 한다. 물론 Bacon은 이데올로기라는 표현을 사용하지는 않았지만, 자연에 대한 객관적 인식을 가로막는 편견이나 장애물로서 4대 우상을 설정한 것은 이데올로기 개념적 성격과 비슷하다. 다소 이데올로기의 긍정적 인식이 부정적이고 비판적인 개념으로 인식되기 시작한 것은 Karl Marx(1818-1883)의 영향으로 보는 시각이 있는데, 이는 다분히 관념론적 성격을 갖고 있는 이데올로기 자체는 Marx의 유물론적 관점과 대비된다는 점에서 관념론적 이데올로기는 비현실적이라는 주장이다.

이러한 이데올로기는 그 단어 자체로서는 다의적이고 전공자들에 따라서는 현대사회에 미치는 영향 자체가 긍정적인지 부정적인지 혹은 중립적인지조차도 의견이 다르다는 점에서 다소 논쟁적인 개념일 수 있다(국민윤리학회 편, 1984). 이데올로기의 사전적인 의미를 살펴보면 다음과 같다.

① 어떤 집단이나 그 집단에 속하는 개인이 역사 또는 사회의 현상이나 조건에 제약을 받거나 영향을 받아 가지게 되는 일정한 의식이나 사고방식
② 지배 집단이 피지배 집단을 이끌어 가기 위해 정치적·사회적으로 내세우

거나 침투시키려고 하는 이념이나 사상

이와 같이 이데올로기라는 개념은 역사적으로 긍정적 혹은 부정적 의미로 인식되어 왔으며, 심지어 이데올로기 단어 자체를 사람들을 선동하는 그릇된 단어로 인식되기도 하였다. 반면, 이데올로기라는 단어가 다양한 관념, 사상, 이념 등의 의미로 혼용되어 일상적 혹은 학문적 용어로 쓰여, 일종의 세상을 보는 시각의 프레임(frame)으로 이해되기도 한다. 따라서 같은 현상이나 대상에 대해 서로 다른 이데올로기를 가질 수 있으며, 그러한 이데올로기에 따라 서로 다른 판단이나 행동을 할 수도 있다.

2) 이데올로기의 세 가지 의미

『하퍼콜린스 사회학 사전(The Harper Collins Dictionary of Sociology)』(Jary & Jary, 1991)에서는 이데올로기의 개념을 다음과 같이 세 가지 의미로 구분하고 있다.

첫째, 사회적 혹은 정치적 행동을 뒷받침해 주는 신념체계다. 예를 들어, 국가의 이념이나 운영방침, 그리고 각 정당이나 사회운동단체의 강령이나 노선을 들 수 있다. 자유민주주의와 사회주의 국가 간의 대립은 물론, 같은 진영 내에서도 각 국가마다 추구하는 것이 다르고 가치관이 다르다. 또한 한 국가 내에서도 각 정당의 강령이나 정책 방향이 다르다. 학생운동 내에서도 여러 단체들이 각기 다른 행동노선을 가지고 운동을 하는 것을 볼 수 있다. 노동계도 민주노총과 한국노총이 서로 다른 견해를 가지고 있다. 이들의 행동노선의 기본지침을 바로 이데올로기로 이해할 수 있다. 즉, 각 집단의 행동에 이론적 기반과 당위성을 부여하는 것이다. 물론 구체적인 행동까지 지시하는 것은 아니지만 각 파 내에서 가장 기본이 되는 신념체계를 제공하는 것이다. 각 정당 역시 그들의 정치노선이나 행동을 정당화하는 신념을 가지고 있다. 환경단체나 노동운동 단체 역시 마찬가지다. 이런 의미에서의 이데올로기는 사회 및 정치 운동단체의 활동에 의미를 부여하는 이론체계라고 할 수 있다.

둘째, 한 집단에 의한 타 집단(들)의 지배를 정당화해 주는 신념체계다. 쉬운 예로, 독일 나치하에서의 게르만족의 우월성을 주장하면서 유대인을 비롯한 타 민족을 박해하는 경우를 들 수 있다. 이 경우 게르만이 독일 그리고 나아가서는 전 세계를 지배하는 것이 정당하다는 식의 이데올로기가 나치당원 및 독일 국민의 의식 속에 뿌리내리게 된 것이다. 이데올로기라는 개념을 최초로 폭넓게 사용한 사람인 Karl Marx는 바로 이 두 번째 의미로 이 개념을 사용하였다. 즉, 자본가 계급에 의한 노동자 계급의 지배와 착취를 정당화하는 수단으로 자본주의의 이데올로기가 등장했다는 것이다.

셋째, 이데올로기라는 개념을 창시한 de Tracy가 제시한 개념은 조금 추상적이다. 그 의미를 간단히 요약하자면, 사회의 편견을 무너뜨리고 사회개혁을 추구하는 데 사용될 수 있는 지식 모두를 뜻한다. 즉, 왜곡된 현실을 간파하고 현실을 제대로 직시할 수 있도록 도와주는 것이 바로 이데올로기라는 것이다.

이러한 점에서 인간 삶의 과정에서 한 개인 혹은 집단의 사고와 행동에 있어서 이데올로기로부터 자유로울 수 있는지에 대해서는 논란의 여지가 있지만[1], 적어도 다양한 이데올로기가 상존하기 위해서는 위계적이고 독단적인 주장을 사회에서 공개적으로 비판할 수 있는 성숙한 시민의식과 민주적이고 다원주의적 사회가 형성될 필요가 있다는 점은 논란의 여지가 없다.

2. 이데올로기의 기능과 특징

1) 이데올로기의 기능과 가치

이데올로기는 구조적으로 지적·정의적·신비적인 요소들을 통하여 다양한 사상과 신념을 여러 각도로 구분하게 하며, 서로 연관성을 갖는 이념들을 하나의 체계로 통합시키기도 한다. 하나의 체계로 통합된 이데올로기는 개인이나

---

1) 한 개인이나 조직(집단)이 이데올로기에서 벗어나는 게 가능한가, 즉 탈이데올로기가 가능한가에 대한 논쟁이 있다.

집단의 변화와 발전에 대한 일련의 규칙을 제공하며, 변화하는 상황을 실제적으로 설명하기도 하고, 복잡한 현실을 매우 단순화하여 설명하기도 한다. 또한 개개인으로 하여금 선호하는 가치나 신념을 갖도록 하는 동시에 존재했거나 존재하는 상황에 대한 설명도 가능하게 한다. 그러나 폐쇄성이 강한 이데올로기일수록 변화에 대한 수용에 부정적일 수 있기 때문에, 변화과정에서 갈등과 투쟁이 일어날 때 이데올로기는 투쟁을 위한 명분과 수단이며, 사고나 행위 당위성을 확보하는 기능을 갖기도 한다.

　이데올로기는 세계관이나 가치체계를 제시함으로써 한 개인이 세계에 대한 인식과 이해 및 세계를 설명할 수 있도록 하는 인지적 사고방식을 마련하여 사회 구성원 상호 간에 사회 전반에 걸친 이해와 상호 접촉 및 교류가 용이하게 해 준다. 또한 개인적·집단적 행위와 판단을 위한 가이드라인을 마련해 줌으로써 문제나 사태에 대한 처방적 방향을 제시하고 여러 인간 행위의 대안에 대한 선택적 가치기준을 정당화·합리화하는 수단을 제공하기도 한다. 이러한 이데올로기를 통해 인간 자신의 자아를 되돌아보게 하고 자기 자신의 문제에 대한 해결을 통해 보다 발전적인 행위를 추동하게 하는 목적의식을 갖게 하기도 한다.

　이와 같이 이데올로기는 한 개인의 사고 및 행위 가치 판단의 근거가 될 수 있으면서도 제도는 사회 내 게임의 법칙이며, 인간의 상호관계를 보다 공식적으로 규정하는 인위적인 통제장치라는 점에서(North, 1990), 집단적 신념체계 및 이념에 대한 가치를 마련하는 준거 틀로도 기능을 하게 된다. Inglehart(1999) 역시 한 국가에 있어서 일반 개인의 가치는 국가의 특징을 보일 뿐만 아니라 끊임없이 변화한다고 주장한다.

　교육은 근본적으로 개체 인간을 위한 것인가 아니면 사회 전체를 위한 것인가의 문제에서 이데올로기와 관련하여 개인과 사회 중 어느 쪽이 더 본질적이냐 하는 문제는 쉽게 답할 수 있는 성질의 것은 아니지만, 교육의 목적을 생각할 때 이러한 양면적 관점을 접근해 보는 것이 필요하다. 먼저, 개인적 가치와 관련하여 교육은 개인이 삶의 질을 향상시킬 수 있도록 돕는다. 개인의 삶의 질은 개인 자체가 건강하고 유능한 인격적 존재로 삶을 영위할 때 생각할 수 있는 일이다. 그래서 균형과 조화를 이루어 발달하고 내면적으로 자아의 세계를 지각하며 통합된 인격을 성숙시키는 일을 중시한다. 현대적 교육의 이상으로 되어 있는 '전인적 교육'의 개념도 바로 교육받은 개체가 성취하게 되는 균형과 조화의 모습을 나타내는 것이다. 다음으로, 교육은 지식이나 기술, 사상이나 신념, 사회적 규범이나 관습을 익히는 일을 포함하지만, 다른 인격체의 지배나 통제를 받으면서 살아가는 노예나 피지배자가 아닌 자유인을 위한 교육이다. 즉, 권위에 의해 부여된 지식이나 사상이 아닌 내면적 자기 인식에 의한 확신, 가치 판단과 선택을 행사하고 자신의 삶의 세계에서 발생하는 모든 문제에 대한 안목을 소유한 행위의 실체로서 자신에 대한 인식, 스스로를 통제하고 성장시키고 자유롭게 하는 능력 등의 내면적 삶의 능력을 소유하게 하는 데 교육적 관심이 있다.

반면, 이데올로기적 가치와 관련하여 교육은 문화를 전승·개조·통합하는 사회적 기능을 한다. 교육은 성장하는 세대에게 그 사회가 가지고 있는 문화적 체제나 요소를 전면적으로 혹은 선택적으로 학습시킴으로써 그 사회의 문화를 보존시킨다. 그러나 기존의 문화에 심각한 문제가 있거나 인간 삶의 조건이나 필요 등이 바뀌게 되면, 교육은 기존 사회 및 문화 체제들을 비판하며 새로운 것을 도입하게 된다. 또한 교육은 다양한 문화적 요소들이 공존하는 원리를 찾아 주고 그 다양한 요소들이 공유하는 공동된 지향점을 성립시켜 주면서 문화의 통합을 가능하게 한다.

이와 같이 정치이념적 이데올로기는 개인적 가치와 자신이 속한 집단 이데올로기적 가치에 의해 사고 및 행동의 방향이 설정된다는 점에서 개인의 가치와 집단의 가치는 분리되어 논의하기 어렵다.

2) 이데올로기의 특징

복잡한 사회 조직 내에서는 서로 이질적인 이데올로기가 공존하며 있음에도 불구하고, 현대 사회에서 현존하는 사회에 존재하고 있는 다양한 이데올로기의 존재를 인식 못할 수도 있지만, 대다수의 사람들은 그들이 살고 있는 사회나 국가체제의 지배적인 이데올로기에 의하여 직접적인 영향을 받으며 어떤 행위 패턴을 수립하고 있다는 점은 사실이다(국민윤리학회 편, 1984). 따라서 이데올로기는 다양한 상황과 맥락에서 여러 가지 의미로 이해되고 맥락에 따라 다양한 성격을 보인다.

이데올로기의 개념상 특징으로는 다음과 같다(국민윤리학회 편, 1984: 15).

첫째, 이데올로기는 다른 영역에 있어서도 중요성을 가지고 있기는 하나 그것은 점차 정치적인 개념으로 파악할 수밖에 없을 정도로 정치적인 의미를 강하게 내포시키고 있다. 물론 이같이 이데올로기 개념의 정치적인 속성은 거의 역사적 경험으로부터 생긴 것으로 볼 수 있다.

둘째, 모든 이데올로기는 현재에 대한 관점과 함께 미래에 대한 비전을 동시에 내포하고 있다. 선택된 미래는 항상 현재보다 물질적인 진보가 담긴 것이며 이 같은 바람직한 미래의 조감은 항상 한 생애 기간 중에 가능한 것으로 이데올로기는 설계하고 있다. 결국 이데올로기의 가장 두드러진 특성 중의 하나는 장래에 대한 극히 희망적인 태도라고 할 수 있다.

셋째, 이데올로기가 갖는 규범적 속성이다. 이데올로기는 현실에 대한 설명과 함께 보다 나은 미래를 설계하고 있는 것에 그치지 않고 이상적인 미래 사회의 건설 목표를 달성키 위한 구체적인 방향까지를 제시하고 있다.

넷째, 이데올로기는 대중에 대한 명령적인 속성을 지닌다. 국민에게 이데올로기의 목표를 성취하기 위하여 대대적으로 국민으로 하여금 노력할 것을 강조하고, 이 같은 행위는 결국 국민 스스로의 적극적인 행동을 통하여 스스로의 삶을 개선시킬 수 있다는 그들의 확신을 제고시키는 것을 의미한다.

한편, 이데올로기적 성격에 따라 사회 내에서 개인이나 집단의 정치적 태도가 다를 수 있는데, 이데올로기가 인간의 신념체계와 인간 행위에 직간접적인 영향을 준다는 점에서 변화와 방향, 강도 등을 중심으로 여러 정치적 태도가 나타날 수 있다. 먼저, 급진적 태도로 기존 사회에 대해 극도의 불만을 가진 사람들이 주도하며 혁명적 변화를 선호한다는 점에서 폭력적인 경향을 띠지만 비폭력적인 것들도 있으며, 자유적(진보적) 태도는 사회의 취약점에 대해 문제점을 제기하고 사회개혁에 관심을 두고 있으나 기존의 법체계나 사회체제 내에서 개혁을 주장하는 태도다. 반면, 온건적 태도는 기본적으로 기존 사회의 체제에 만족하면서도 사회문제에 대해서는 과격한 수단을 배제한 상태에서 점진적으로 변화를 추구하기도 하며, 보수적 태도는 사회의 현상유지에 대한 최우선 가치를 갖고 개선을 위한 일련의 변화는 수용하지만 급격한 변화에는 우려를 갖는 태도 등이 있다.

이와 같이 이데올로기는 다수인에게 사실이나 진실로 받아들여진 하나의 가치나 신념체계로, 이는 사회의 다양한 제도나 과정에 대한 일련의 태도들로 구성되어 있으며, 또한 그것을 신봉하는 사람들에게 존재론적 세계관과 당위론적 세계관을 다 같이 제공함은 물론 더 나아가 복합적이고 다양한 현상들을 단순하고도 간결하게 설명하고 해석하는 방편도 제공한다(국민윤리학회 편, 1984).

3. 교육, 정치, 이데올로기

교육에 있어서 이데올로기적 가치의 문제는 교육의 목적 혹은 목표의 문제이기도 하다. 한 개인의 유전은 교육에 의해서 변화되지 않지만, 물론 앞으로 과학기술이 발달하여 한 개인의 유전을 임의로 바꿀 수 있을지 모르지만, 한 개인의 삶에서 유전은 교육에 의해서 변화되지 않지만 세대를 거치는 인류의 역사 속에서 유전은 바뀌어 왔다. 인류의 역사 속에서 유전이 점차 강하게 된 이유 중 하나는 바로 교육이라는 점에서, 인류 역사 속의 교육의 과정은 특정 이념이나 신념체제를 갖고 교육의 필요성이나 정당성을 통한 방향이 결정되어 왔으며, 교육 정치화 과정과 함께 이데올로기는 불가분의 관계를 갖게 된다.

이와 관련하여 이규호(1983)는 한 사회가 그 구성원들을 효과적으로 통합하고 모든 구성원을 하나의 목표를 향해서 단결시키기 위해서는, 이데올로기에 의존하지 않을 수 없다고 보고, 한 사회, 특히 국가체제의 정체를 명확하게 드러내기 위해서는 이데올로기를 명시하지 않으면 안 된다고 강조하고 있다. 이러한 점에서 이데올로기 없이는 한 사회의 통합이나 단결은 불가능하며 구조가 복잡해지고 구성원의 수가 많아지는 현대의 대중 사회에서는 더욱 그러하다고 한다.

국가, 계급, 정당 및 기타의 사회집단이 국내외 정치에 대해서 품는 표상, 소망, 확신, 전망, 이해 등의 관념의 복합체가 정치 이데올로기(political ideology)라는 점에서(정치학대사전편찬위원회, 2002), 정치 이데올로기는 각 개인으로 하여금 특정 조직에서 타인과 함께 생활하며 소속 집단의 정치 신념을 타인과 공유하게 한다. 이러한 정치 이데올로기는 국가 차원에서 국가의 이념과 함께 현실 교육정책을 수립하고 이행하는 데 영향을 주며, 교육기관이나 교육조직을 통하여 교육 전반에 영향을 주기도 한다. 또한 교육 관련 정치적 의사 결정 과정에서 사회단체, 교직단체 및 학부모단체 등 다양한 교육 관련 집단으로부터 정치적 참여를 요구받게 되며, 집단의 요구는 정치 과정을 통해 교육 관련 정책 판단에 영향을 준다.

　이데올로기는 사회 내의 정치질서를 설명하고 정당화하는 기능을 하지만, 목표 제시 및 목표 달성을 위한 구체적인 전략을 제공하고 종종 개인 혹은 집단의 열정을 불러일으킴으로써 인간의 정치적 태도나 행태에 영향을 미치기도 한다. 특히 이데올로기는 정치철학 혹은 정치이론과의 관계에 있어서 정치현상의 이념과 현실을 대상으로 한다는 공통점을 갖지만, 정치철학 혹은 정치이론은 정치생활에서 가치판단을 내리는 데 관심을 갖고 경험적·객관적 분석을 바탕으로 정치적·사회적 현실에 대한 지식 탐구 및 정치세계의 일반화와 관계가 있다. 또한 정치적 이데올로기는 이념들을 실천하기 위한 구체적인 프로그램들과 전략을 포함하며 조작행위들을 구성하거나 통합한다. 따라서 이데올로기는 사상과 이론들을 필요로 하기 때문에 정치철학·정치이론과 무관하지 않지만 수단과 방법들을 포함하므로 정치철학·정치이론과 다른 특성을 갖고 있다.

　교육의 전반적인 과정을 설명하고 그 과정의 원리들을 체계적으로 정당화하는 이론을 '교육사상'이라 한다면, 한 시대의 사회에는 온갖 종류의 교육사상이 공존할 수 있다. 이것들은 그 기원이나 특징에 따라 분류하여 그 시대의 사상적 조류로 파악될 수 있는데, 이를 '교육사조'라 한다면 이는 어떤 가치관의 반영이며, 특히 세계관, 인생관, 사회관 등이 반영된 교육관이라는 점에서 하나의 교육 이데올로기이기도 한다. 특히, 세계와 우주의 기원·본질·운명·목적에 대한 포괄적인 견해를 의미하는 세계관의 경우, 세계관과 교육관은 옳고 그름과 진위를 판별하는 것이 아니라 일종의 신념이라는 점에서, 물론 이런 신념의 정당성과 합리성은 검토·분석의 대상이 될 수 있지만, 일종의 이데올로기적 성격을 갖고 있다.

　따라서 한 사회가 어떤 이데올로기를 추구하느냐에 따라서 교육관이 달라지고, 또한 그 사회가 어떤 과제를 안고 있느냐에 따라서 교육의 과제도 달라진다. 교육을 사회적·국가적 사업으로 볼 때, 교육의 목적은 그 교육이 실현되는 사회의 모습을 반영한다는 점에서, 특히 '사회'라는 개념 자체가 여러 수준으로 이해되고 있지만, 어떤 종류 어떤 단위의 사회이든 교육은 그 사회의 이데올로기적 가치를 실현하기 위한 노력의 과정이기도 하다.

한편, 소흥열(1986)은 이데올로기를 현대 사회에서 영향력을 갖는 정치, 경제적 이념으로 이데올로기의 대결이나 이데올로기의 선택문제에 개입되는 정치, 경제적 이념들을 관심의 대상으로 한다는 점에서 자본주의, 공산주의, 사회주의, 자유주의, 민족주의, 제국주의 등등을 예로 들고 있다. 따라서 이데올로기의 대결이 다른 어떤 사회적 갈등의 문제보다도 중대한 의미를 갖고 있으며, 온 인류 사회가 이데올로기의 문제 때문에 많은 갈등과 문제들이 야기될 수 있다. 또한 하나의 지배적인 이데올로기가 다른 하나의 이데올로기에 의해서 그 자리를 빼앗기게 될 때는 혁명적인 변화를 수반하게 되는 경우가 있으며, 경우에 따라서는 한 사회 안에서의 이데올로기적 대결은 폭력의 사용을 불가피하게 하는 문제를 제기하기도 하기 때문에 이데올로기는 윤리적 정당화를 필요로 한다(소흥열, 1986).

또한 인간이든 조직이든 타인 혹은 여타 조직과의 협동적 관계를 만들고, 유지해야 하며, 이데올로기가 유지되기 위해서는 기관 · 기구와 그 구성원들이 그에 대한 철학관을 갖고 있어야 한다. 따라서 이데올로기로서의 존립은 철학이 전제되지 않으면 안 되며, 철학을 갖추어야 한다는 점에서 정치나 교육에 있어서 이데올로기는 무관할 수 없다. 즉, 정치나 교육에서 이데올로기가 유지되고 발전되기 위해서는 교육기관인 학교의 역할이 필요하며, 그러한 이데올로기의 정당성과 일관성을 구성원들이 공유하기 위한 교육철학이 있어야 한다. 이러한 맥락에서 보면, 다른 이데올로기에 대한 배타적 성격을 갖고 있는 이데올로기의 특성상, 다양한 이데올로기의 인정과 구성원들 간 협력적 관계가 전제되어야 한다. 맹용길(1988) 역시 이데올로기가 가치와 연결되면 가치는 이데올로기가 통합(統合), 단결(團結), 정체(正體)의 기능을 할 때 함께 작용하며 지원하는 역할을 하게 되며, 이데올로기는 가치에 있어서 중립화하지 않는다고 한다. 즉, 이데올로기는 실천되는 가운데 가치를 표방하며, 이데올로기는 가치를 구체화함으로써 가치의 집중화가 나타나며 인간의 삶에 직접 개입하여 행위하도록 하는 역할을 한다.

이와 같이 이데올로기는 '철학'과 불가분의 관계가 있다. 즉, 이데올로기는 체제구조의 하드웨어적인 성격보다는 소프트웨어적인 성격을 갖고 인간 삶과 관련하여 가치체계나 철학이 전제되지 않으면 이데올로기의 정당화도 어렵기 때문이다. 따라서 교육이나 정치에 있어서 이데올로기는 밀접한 관계를 갖게 된다. 교육에 있어서의 철학(교육철학)이란 교육영역에서의 근원적 원리를 인간 삶과 관련하여 궁극적·전체적으로 탐구하는 활동이나 그 결과물이고, 이러한 교육철학이 교육 이데올로기의 존립과 성공에는 반드시 필요하다. 특히 단위 학교의 경우, 교육과정 개발 및 이행 과정에서 내재된 정치 지배적 이데올로기가 무엇이며, 그러한 지배적 이데올로기가 사회적·경제적 삶에 어떻게 영향을 주고 있는지, 또한 학교교육을 통하여 어떻게 재생산되는지를 이해하는 것은 사회구조 속에서 정치적·경제적·사회적 이데올로기로부터 인간의 정신적 자유를 보장하는 중요한 과제가 될 수 있다.

4. 학교교육에서의 이데올로기

정치가 교육에 미치는 영향은 교육에의 참여, 교육사업의 내부 활동, 학생과 교직원의 사회적·정치적 행위를 들 수 있다(교육정치학회 편, 1994: 69). 그리고 내용적 측면과 과정적 측면으로 구분하여 보면, 내용적 측면으로는 교육 자체에 영향을 줌으로써 그에 대한 반대급부를 얻는 경우다. 예를 들어, 정치체제는 공식적으로 정책을 통해 교육의 목적 및 내용, 교육과정 등에 영향을 미치게 되며, 다양한 정책과 제도를 통해 정치적인 영향력을 행사하고 있다. 이 경우 정치체제가 지니고 있는 정치적 믿음, 가치, 이해, 이데올로기 등이 교육에 영향을 주는 내재적 요소로서 작용하게 된다. 또한 과정적 측면에서도 학교조직도 하나의 조직으로 다양한 의사결정 과정에서 일련의 민주적 절차의 정치적 과정을 통해 운영된다는 것이다.

일반적으로 이념은 가장 넓은 의미로서 목적의식을 나타내며, 한 사회의 교육만이 아니라 정치·경제·사회·문화의 여러 활동에 모두 관계된다. 즉, 교육목적을 설정하기 위한 가치적·철학적·이론적 기반이 되는 사회의 모든 면과 관련되는 가장 상위 차원의 목적의식으로 주로 정치적 과정을 통해 결정되기도 한다. 즉, 이데올로기로서의 교육이념은 교육의 목적과 목표의 원천이 되며 교육의 성과에 대한 이상적 관념이다. 이러한 교육이념은 다음과 같은 원리들로 설명할 수 있다.

- **포괄성의 원리**: 교육이념은 크고 작은 여러 개념을 모순 없이 포함하는 총괄적인 것이어야 한다. 'A'라는 교육행위는 설명할 수 있고, 'B'라는 교육행위를 설명할 수 없어서는 안 된다. 교육의 과정에서 전개되는 모든 활동을 해석하고 의의를 줄 수 있어야 한다. 즉, 교육이념은 모든 교육경험을 모순되지 않고 일관성 있게 설명할 수 있는 포괄성을 가져야 한다.
- **보편성의 원리**: 교육이념은 교육활동 전체에 적용할 수 있는 것이어야 한다. 일부분에만 반영ㆍ실천할 수 있는 것은 교육이념으로서 부적당하다. 예를 들어, 'A'라는 교육이념이 서울에서는 반영되고 실천되나 제주에서는 부적당한 것이라면 이 이념은 취약성을 가졌다고 할 수 있다.
- **기본성의 원리**: 모든 교육활동을 정당화하는 근거, 즉 기초사상이어야 한다. 교육이념은 교육활동 깊이 뿌리에 묻혀 있고 여러 곳에 침투되어 있어야 한다. 교육자의 편파적인 아집이나 선입관, 일시적 감정에 동요되지 않고, 굳건한 것으로써 모든 교육활동이 여기에 근거하고 이로부터 생장한다.
- **일관성의 원리**: 모든 교육활동은 이념에 의거한 원리로 운영되기 때문에 그들 사이에 모순이 있어서는 안 되며, 시간과 장소에 따라 변하지 않아야 한다.
- **지속성의 원리**: 교육이념은 이성(理性)작용에 의하여 형성된 것이기 때문에 절대적이지는 않더라도 비교적 장기간 계속된다.
- **긍정성의 원리**: 어느 사상이건 확고한 기초 위에 항구성을 지니려면 부정적인 것보다 긍정적인 것이 바람직하다. 부정적인 것은 부정되는 상대가 있는 법인데, 만약 그것이 소멸될 경우 그 사상마저도 소멸되어야 하기 때문이다. 따라서 교육이념은 부정적ㆍ소극적ㆍ파괴적인 것보다 긍정적ㆍ적극적ㆍ건설적인 것이 바람직하다.

한편, 교육이 다음 세대가 잘되기를 바라는 마음, 혹은 바람직한 방향으로 잘 살기를 바라는 마음이라면, 이미 교육은 가치 내재적인 성격을 갖고 있으며, 태생적으로 교육은 가치 지향적인 행동인 것이다. 가치 지향적이라고 할 때, 개인의 가치와 국가 사회의 가치가 충돌할 때, 무엇이 우선이 될 것인가의 문제가 발생한다. 한 개인은 자기 자신을 볼 때 자기 자신으로서 바라보지만, 국가나 사회는 한 개인을 국가나 사회가 규정해 놓은 그 어떤 본질로 보게 된다. 국가나 사회는 한 개인의 독특한 개인으로서의 행동을 하길 원하는 것보다는 한 국민으로서, 대학생으로서, 사회인으로서 행동하길 원한다. 한 개인은 국민 이전에 한 인간이다. 한 인간으로서의 주체적 실존자가 추구하고자 하는 가치와 국가나 사회가 한 개인에게 요구하는 가치가 충돌할 때 교육에서는 무엇이 우선시되는 것인가는 논란의 여지가 있다. 또한 사회보편적 가치에는 사회 필요성과 유용성의 가치가 있을 수 있지만, 유용성이 없다고 해서 교육에서 배제되는 가치는 아니다. 교육은 사회적 유용성이 낮더라고 인류의 보편적 가치가 있다면 가르칠 명분이 있는 것이다. 기성세대가 다음 세대가 배워야 할 문화적 요소라면 그것이 설령 사회적 유용성이 낮더라도 배울 명분이 있다. 왜냐하면 만약 학교에서 그러한 내용을 다루지 않는다면, 아마도 평생 그것을 접할 가능성이 없기 때문이다.

이러한 점에서 교육은 한 실존적 개인을 교육하는 것이지만, 한편 교육은 한 사회적 개인을 교육하는 것이기도 하다. 따라서 교육은 한 개인으로 행동하도록 교육하는 것이라기보다는 대한민국 사람으로서, 한 대학생으로서, 한 자녀로서 행동하도록 하는 것이 우선일 수 있다. 특히, 이데올로기가 기성 집단에 의해 사실 또는 진리로서 받아들여지는 가치 또는 신념체계가 전달된다는 점에서 어떤 한 사회의 가치나 신념은 당연히 그 사회의 학교교육에 영향을 미치게 된다.

학교교육을 통하여 정치적 · 경제적 지배체제의 유지 및 재생산을 위한 이데올로기적 가치관이나 신념이 전달된다는 주장들이 있다. 이러한 연구를 살펴보면, 교과내용을 통하여 정치 및 경제 구조를 합리화하기 위한 특정 이념에 대한 편향된 이데올로기를 학교교육을 통하여 전달하며, 특히 주요 정치적 변동 시기에 교육과정의 개정을 통하여 정권의 정당화 및 체제 유지를 위한 교과서 개발이 후속한다는 것이다. 특히 이러한 논의는 학교교육에서 잠재적 교육으로 해

석되기도 한다. 표면적 교육과정이 학교의 의도적 조직 및 지도에 의해 이루어
진다고 한다면, 잠재적 교육과정은 학교에서 의도하지 않았으나 학교 자체가 갖
는 성격으로 말미암아 은연중에 학습되는 것을 의미하는 것으로, 잠재적 교육과
정은 학교에서 의도하지 않고 계획하지 않았으나 학교의 물리적 조건, 제도 및
행정조직, 사회적 · 심리적 상황에 의하여 학습하게 되는 비공식적 교육과정인
것이다. 잠재적 교육과정에서의 '잠재적'이라는 개념이 예기치 못하였던 경험이
며 동시학습, 의도와는 관계없는 경험이며 놀이에 의한 경험, 그리고 의도하고
있으나 숨겨져 있는 경험 등의 의미를 갖는다는 점에서, 의도와 무관한 학습결
과를 잠재적 교육과정이라 부를 수 있다고 해서 교육과정과 학습결과의 구별이
그만큼 흐려진다고 생각하거나 잠재적 교육과정이 표면적 교육과정과 함께 동
등한 범주로 보기는 어렵다.

　　사실 교육과정은 학생에게 가르칠 가치가 있는 것을 함축하는 것으로 교육과
정에서 가르치고자 하는 내용을 학생이 결과적으로 학습했는가 혹은 하지 않았
는가는 관계없이 교육과정 그 자체로 성립한다고 볼 수 있다. 따라서 잠재적 교
육과정을 표면적 교육과정으로 끌어들였다고 하더라도 표면적 교육과정과 잠
재적 교육과정의 구조적 관계는 항상 유지된다는 점에서 볼 때, 잠재적 교육과
정과 표면적 교육과정은 서로 보완적인 관계라고 할 수 있으며, 상호보완적 관
계일 때 학생 행동에 더 강력한 영향을 미칠 수 있다. 이와 관련하여 교육과정의
지배이데올로기 편향성은 성문화에 있어서도 마찬가지다. 우리나라의 경우에
도 교과서에 등장하는 인물은 진취적이고 건설적인 분야에서는 예외 없이 남성
으로 그려지고 있고, 여성의 가치로는 순결이나 인내, 봉사의 정신이 그려지며,
남성은 강하고 진취적이며 지도자로서의 자격을 갖추고 있는 반면, 여성은 약하
고 방어적이며 보조자로서 위치가 지어지는 것이다(오욱환, 1990).

　　이와 같이 이데올로기가 의식적 · 무의식적으로 학교교육과정에 개입되고 있
는 상황에서 학교교육과정을 통한 지배체제의 재생산 의도는 교육과정을 통한
학교교육이 사회적 · 정치적으로 무관하기 어려운 것이다.

제3장
교육정치학의 학문적 성격

1. 교육정치학의 개요

　교육학 분야에서 교육정치학이 학문적으로 자리매김한 것은 이 학문 태생의 본고장이라고 할 수 있는 미국에서 1969년 미국교육정치학회 창립된 것과는 달리 우리나라에서 그리 오래되지 않는다. 간헐적으로 개인적 수준에서 교육과 정치와의 관계나 정치체제, 정치이념, 정치사회화 등에 대한 논의는 있어 왔다. 본격적으로 우리나라에서 교육정치학이라는 학문적 영역을 갖고 조직적으로 등장한 것은 1994년도에 한국교육정치학회가 창설된 이후라고 할 수 있다. 그 이후 교육정치학에 대한 학문적 탐구는 이 분야에 관심을 갖고 있는 교육학자 중심으로 이루어지고 있다.

　교육학의 하위 학문 분야(교육사회학, 교육행정학, 교육경제학, 교육법학 등 교육학의 분과 학문이라고 지칭하는)와 마찬가지로 교육정치학도 정치학과 교육학의 연계 속에서 그 정체성을 찾을 수밖에 없을 것이다. 이는 학회의 명칭에서도 알 수 있는데, 미국교육정치학회(The Politics of Education Association: PEA)와 한국교육정치학회(Korean Society for the Politics of Education: KSPE)들이 정치학(politics)과 교육(학)(education)의 양 영역과 속성을 탐구하는 것으로 이해할 수 있다. 미국교육정치학회는 1978년 미국교육학회(American Educational Research Association: AERA)의 분과 학회로 등록되었으며, 교육정책과 교육정치 참구로 그 분야가 확대되었다. 반면, 한국교육정치학회는 2015년에 한국교육학회(Korean Education Research Association: KERA)의 분과학회로 가입되었다.

이러한 학문적 속성과 범위를 지니고 있음에도 우리나라의 교육정치학은 다분히 교육학자, 좁게는 교육행정학자 중심으로 제 교육현상에 대한 정치학적 접근을 시도하고 있는 인상을 주고 있다. 물론 교육문제의 주제나 영역에 따라 교육학 내에서 다양한 분야의 교육학자들이 참여하기는 하지만, 진정 교육현상이나 교육문제에 대한 탐구와 접근에 있어서 정치학자와의 교류는 드물었던 것 같다. 왜 이런 현상이 일어났을까? 흔히 말하는 교육에 대한 정치 불개입이나 독립, 비정치적 신화 등의 이유로 교육학자는 이를 적극적으로 탐구하지 않았고, 정치학을 연구하는 학문공동체도 이는 교육학의 영역이라고 암묵적으로 한정한 것이라는 추측을 하게 된다. 그러나 최근 정치적 · 교육적으로 민주화 · 분권화, 교육 관련 구성원들의 참여 확대 등 교육의 정치과정이나 현상에 대한 관심 증대와 이해의 필요성이 점증함에 따라 이를 보다 학문적으로 체계화할 책무성이 커지고 있다. 따라서 학회 창립 이후 10년이 지난 시점인 2004년도에 한국교육정치학회를 중심으로 탐구되었던 '학문으로서의 교육정치학'에 대한 성격 규명과 정체성을 모색한 작업은 매우 큰 의미를 지니게 된다.

2004년 한국교육정치학회의 10주년 연차학술대회에서 '한국교육정치학의 학문적 정체성 혹은 성격'을 하위 주제로 설정한 데는 다음과 같은 몇 가지 이유가 내재되어 있음이 전제된다.

첫째, 대부분의 학문들이 그러하듯이, 미국이나 유럽 중심의 학문 탐구에서 벗어나 교육정치학도 우리나라의 정치 · 경제 · 사회 · 교육 · 문화에 적합한 학문영토를 구축해야겠다는 점을 들 수 있다.

둘째, 우리나라의 정치문화가 지난 권위주의 정치체제에서 시민사회(civil society)의 민주정치체제로 전환되면서 각종 교육정책이나 교육개혁에 대한 문제해결 접근 방식이 상당히 달라졌다는 점을 들 수 있다.

셋째, 교육학의 다른 하위 분야가 학문의 성격, 범위나 연구방법 등이 비교적 체계적으로 정립되어 있으나, 학문 역사가 일천한 교육정치학의 경우 아직 미흡하다고 가정하고, 한국적 정치와 교육 상황, 정치토양에 적합한 학문적 정체성과 토착화를 정립하자는 의도가 있다는 점을 들 수 있다.

이외에도 교육정치학의 학문적 공동체의 확산과 결집, 합리적이고 바람직한 한국교육정책의 방향 설정과 제시 등 처방적 측면에도 기여해야 한다는 등 학회의 역할 재정립과 책무성 확보 등을 들 수 있을 것이다. 이러한 문제의식과 배경에서 이 장에서는 교육정치학의 학문적 성격에 대한 기술과 이를 토대로 한국교육정치학의 학문적 정체성 모색과 관련된 논의를 전개한다.

2. 교육정치학의 학문적 성격

1) 교육정치학의 학문적 성격

교육정치학이 어떤 성질의 학문이며, 연구대상은 무엇이며, 연구방법은 무엇인가? 하나의 학문이 독자적인 연구대상과 방법을 갖고 있어야 독립된 학문으로 인정받게 됨은 주지의 사실이다. 교육정치학은 어떤 학문의 성격을 지니고 있는가를 밝히기 위해서는 먼저 학문에 대한 논의부터 할 필요가 있다. 장상호 (2000)는 "학문에 관한 연구는 고정불변의 실재적인 것을 직접 대상으로 삼고 있지 않다. 그것은 그동안 학문을 구성하는 데 참여해 온 사람들이 실재적인 것이라고 인식하고 취급해 온 것들을 실재하는 것으로 전환시키는 다양한 방식이라고 말할 수 있다. 학문 그리고 그것에 대한 연구 가운데 어느 것도 고정적인 것은 없다. …… 어느 시점에서 어느 시각으로 그것을 파악하느냐 하는 선택이 있을 뿐이다."라고 지적한다.

이러한 지적과 같이, 교육정치학에 관한 연구도 이에 참여해 온 사람들이 실재적인 것이라고 인식하고 취급해 온 것들을 실재하는 것으로 전환시킨 것이라고도 해석할 수 있다. 다시 말해서, 한국교육정치학회에 참여하는 학문공동체 구성원들이 실재적인 것이라고 인식한 것을 중심으로 작업을 해 왔다고 볼 수 있다. 장상호의 지적처럼, '어느 시점에서 어느 시각으로 교육정치현상과 활동들을 기술 · 설명 · 분석하는가?'라는 선택이 있을지도 모른다. 우리나라의 경우

지난 정부 수립 이후 정치이념, 정치상황, 정치환경, 정치체제, 정치풍토, 정치문화 등이 소용돌이치는 가운데 변화를 거듭하고 있다. 아울러 교육적 환경도 정치 환경과 정치체제 등의 영향으로 개혁과 이로 인한 갈등을 경험하고 있다.

이와 같은 교육환경, 교육체제 등에 대한 정치학적 탐구는 학문공동체의 인식이나 시각, 관점에 의한 분석도 있었지만 다분히 정치체제나 정치권력의 속성에서 벗어나지 못한 점이 있을 것이다. 최근의 정치권력 및 환경의 변화는 교육정치학 탐구의 패러다임을 전환시키는 주요한 계기가 되고 있다.

또한 과학(science)으로서의 교육정치학은 교육정치 현상에 대한 지식의 구성체라고 할 수 있다. 하나의 학문이 정상과학으로서 형성 · 발전하기 위해서는 그 학문집단의 구성원들이 공통으로 이해하고 공유하는 가치기준이 있어야 하는데, 이를 Kuhn의 표현을 빌리면 '패러다임'이다. 우리 교육정치학을 연구하는 구성원들은 교육정치 현상에 관하여 공통으로 이해하고 공유하는 가치기준의 설정과 이를 통한 학문적 패러다임을 정립할 필요가 있다. 다시 말해서, 교육정치 현상을 설명할 수 있는 일반적 개념도식과 이해하는 기본가치를 분명하게 설정해야 한다. 교육정치학의 학문적 정체성을 찾기 위해서, 특히 한국교육정치학의 학문적 정체성을 정립하기 위해서는 한국교육문화와 정치문화 토대에 적합한 이론적 틀과 모형개발이 요구된다. 교육정치학의 연구대상이나 범위가 방대하다 보니 이를 체계적으로 단일적으로 정교화하는 작업은 결코 쉽지 않다.

교육정치학이 독자적인 분과 학문으로서 성립되기 위해서는, ① 고유한 연구 주제가 있어야 하고, ② 주제를 체계적으로 정리 · 해석할 수 있는 이론이 있어야 하며, ③ 개념적 경계가 뚜렷해야 한다. 그리고 추가하여 대학에 그 학문을 가르치는 독립된 학과가 있으면 독자성의 정도가 높아지게 된다(김광웅, 1983: 124). 이러한 지적에 향후 교육정치학 분야의 학문적 정체성을 견고히 하기 위한 작업의 필요성에 우리는 쉽게 동의하리라 생각된다. 특히, 마지막의 대학에 교육정치학을 독립적으로 가르치는 학과의 신설은 우리나라 대학 현실에서 어렵지만 가능한 대안으로 교육대학원 교육학과에서의 하위 전공(교육정치학 전공) 개설을 제안할 수 있다. 보다 현실적인 방안은 학부 수준과 교육대학원, 대학원 석사 · 박사과정에서 교육의 정치적 현상에 대한 이해의 폭을 넓히기 위하여 관련 과목을 개설 · 확대하는 것을 들 수 있다.

2) 교육정치학의 정향

교육정치학이 교육학의 한 분과 학문으로서 인접 학문인 교육행정학에서 다루는 연구 영역과 범위가 다른 점을 밝히기 위해 미국과 한국의 교육정치학회에서 다룬 연구주제와 내용을 제시한다. 이는 한국교육정치학의 정체성 정립을 위해 분야별로 어떤 접근방법이 요구되는가를 개괄적으로 파악하는 데 유용할 것이다.

먼저, 미국교육정치학회가 1987년 Boyd와 Kerchner가 편집·발간한 연보(Yearbook of the Politics of Education)에 게재된 논문을 중심으로 연도별로 제시하면 다음과 같다. 각 연도별 하위 논문 분석은 생략하며, 다만 미국교육정치학회를 중심으로 탐구되고 있는 교육정치학의 연구 경향을 파악하기 위해 대주제를 제시하였다(http://www.politicsofeducation.org).

- 1987년 교육 수월성과 선택의 정치학(The politics of excellence and choice in education)
- 1988년 학교행정개혁의 정치학(The politics of reforming school administration)
- 1989년 새로운 세기의 교육정치학(Education politics for the new century)
- 1990년 교육과정과 시험의 정치학(Politics of curriculum and testing)
- 1991년 미국 도시교육의 정치학(The politics of urban education in the United States)
- 1992년 인종과 성의 신정치학(The new politics of race and gender)
- 1993년 학교와 사회서비스 간 연계 정치학(The politics of linking schools and social services)
- 1994년 교육정치학 탐구(The study of educational politics)
- 1995년 교육정치학과 신제도론(The politics of education and new institutionalism)
- 1996년 아동세계에서의 전문성과 대응성(Expertise versus responsiveness in children's worlds)

- 1997년 책무성의 정치학(The politics of accountability)
- 1998년 교육연구의 정치학: 정교성과 정책옹호론(Accuracy or advocacy: The politics of research in education)
- 1999년 교사교육의 정치학(The politics of teacher education)
- 2000년 미국에서의 이익집단(Interest groups in United States)
- 2001년 교육에서의 이익집단[Interest groups in education(double edition)]
- 2002년 선거와 교육(Elections and education)
- 2003년 고등교육의 정치학(The politics of higher education)
- 2004년 다문화 미국사회에서의 교육과정 정치학(Curriculum politics in multi-cultural America)
- 2005년 교사와 행정가 준비와 전문성 개발을 위한 정치학(The politics of teacher and administrator preparation and professional development)
- 2006년 권력, 교육과 사회정의의 정치학(Power, education and the politics of social justice)
- 2007년 사학의 정치학(The politics of privatization)
- 2008년 교육개혁 정치학의 우려와 생성(Fear and emerging politics of educational reform)
- 2009년 교육에서 옹호하는 정치학(The politics of advocacy in education)
- 2010년 교육정치학에 대한 국제적 관점: 다양한 상황에서의 리더십과 정체성(International Perspectives on the Politics of Education: Leadership and Identity in Multiple Contexts)
- 2011년 국경 이동과 충돌하는 세계: 취학 전 교육의 정치학(Crossing Boundaries and Colliding Worlds: The Politics of Pre-Kindergarten Education)
- 2012년 일관성과 통제에 대한 투쟁: 교육에서의 정부 간의 신정치학(Struggling for Coherence and Control: The New Politics of Intergovernmental Relations in Education)
- 2013년 책무성의 신정치학(The New Politics of Accountability)
- 2014년 연구 활용성의 정치학(The Politics of Research Utilization)
- 2015년 교육정책 집행에 대한 재조명(Educational Policy Implementation

Revisited), 사회정책 및 교육 변화의 정치학(The Politics of Inequality, Social Policy, and Educational Change)

- 2016년 교육정책과 인종의 문화 정치학(Educational Policy and the Cultural Politics of Race)

- 2017년 새로운 정책 네트워크 거버넌스와 반 네트워크의 정치학: 주정부 교육정책 영역에서의 작용과 반작용(The Politics of New Policy Network Governance and Counter-Networks: Actions and Reactions in State Education Policy Arenas)

- 2018년 교육에서의 교원노동조합과 단체교섭의 정치학(The Politics of Unions and collective Bargaining in Education)

지난 30여 년 동안 미국교육정치학회가 중심이 되어 다룬 특집 주제로는 교육정치학 연구 및 학문적 성격에 대한 내용과 교육영역별(예: 고등교육, 교사교육, 교육과정, 교육행정가, 사학 등), 정치이념/가치(수월성, 선택, 전문성, 대응성, 책무성 등), 그리고 정치과정과 직접적으로 정치 속성이 강한 분야(선거, 이익집단, 인종과 성, 권력, 사회 정의 등) 등 다양한 주제와 쟁점들을 다루고 있음을 알 수 있다. 구체적으로 분석하면, 미국교육정치학회에서 다룬 교육정치학의 학문적 탐구범위는 크게 교육과 정치이념과 가치, 교육정치학의 연구방법 및 접근방법, 교육정책의 영역 및 이슈별 내용, 교육과 정치이념, 교육과 정치기구와 정치과정, 학교 교육과정 등을 다루고 있음을 알 수 있다.

미국교육정치학회의 다양한 주제를 다루는 학문적 영역 확대 작업과 더불어 미국교육행정학회의 대표적 학회지인『교육행정학 계간지(Educational Administration Quarterly)』에서도 교육정치학 분야의 주제를 특집으로 다루고 있다(Johnson Jr., 2003: 41-67; Lindle & Mawhinney, 2003: 3-9; Scribner, Aleman, & Maxcy, 2003: 10-40; Lopez, 2003: 68-94; Lugg, 2003: 95-134). 교육행정학 분야에서도, 제1장의 '1. 교육과 정치의 관계'에서도 밝혔듯이, 인종, 성, 학교 지도성 등과 같은 주제들을 다루는 데 있어서 정치적 현상을 이해하고 분석하는 것이 필요함을 보여 주고 있다.

이와 더불어 격년으로 발간되는『Peabody 교육정치학회지(The Peabody

Journal of Education Politics Series)』에서 최근 책무성의 정치학(The politics of accountability, 2003년), 연방주의 재고찰: NCLB법 사례(Federalism reconsidered: The case of NCLB Act, 2005년), 미디어, 민주주의와 교육정치학(Media, democracy, and the politics of education, 2007년), 그리고 교육지도성의 신정치학(The new politics of education leadership, 2009년) 등의 주제를 다루고 있다.

비교적 최근에 Spring(2011)은 『미국 교육의 정치학(The Politics of American Education)』에서 교육정치학 분야의 탐구 내용으로 교육정치학과 지식정치학, 학교(학교교육)에 대한 사회 구성원들의 인식과 논의, 지역 수준과 글로벌 수준까지의 학교 거버넌스, 시민사회와 학교 교육, 정치가와 교육 이데올로기, 교육사업(수익 창출과 학교에의 영향), 학교재정의 정치학과 교육경제학, 글로벌 교육정치와 미국, 민주주의 사회에서 교육에 대한 정치적 통제 등을 분석·제시하고 있다.

한편, 우리나라의 경우 한국교육정치학회에서 다룬 연구 주제들은 학회의 짧은 역사임에도 불구하고 지난 25년 동안 다양하게 접근했다고 할 수 있다. 학회 차원에서 다룬 연차학술대회, 학술 세미나 주제 및 주요 연구논문을 중심으로 기술하면 다음과 같다(https://kspe.jams.or.kr).

- 1994년 교육정치학의 학문적 성격, 교육과정, 선발, 인사, 재정의 정치학
- 1994년 한국교육정책의 교육정치학적 분석
- 1995년 지방교육자치제의 성과와 전망
- 1996년 한국의 교육개혁과 그의 정치학
- 1997년 교육에서의 governance 문제와 교육
- 1998년 한국사회의 교원과 정치, 교육기관 평가의 정치학
- 1999년 한국 교육개혁의 정치경제학적 조망
- 2000년 21세기 교육정치학의 새지평
- 2000년 교육과정의 정치학
- 2001년 대학의사결정 구조개편의 정치학
- 2002년 고등학교체제의 교육정치학적 분석
- 2003년 교육정책결정 관련 주체들의 역할과 기능 재조명

- 2004년 한국교육정치학 연구의 10년 성과
- 2004년 고등교육 구조조정의 정치학
- 2005년 교육개혁 10년의 성과와 과제
- 2005년 인적자원개발 정책의 정치 · 경제학
- 2006년 고등교육 국제화의 교육정치학
- 2006년 사학의 교육정치학적 이해
- 2007년 정부의 고등교육개혁을 위한 재정지원 정책의 정치학
- 2007년 교육과 성의 정치학
- 2008년 이명박 정부 교육체제 평가의 정치학
- 2008년 신자유주의와 교육정책의 전망과 과제
- 2009년 자율과 책무에 기반한 교육개혁의 쟁점과 대안
- 2009년 학술지원연구사업의 정치학
- 2010년 교육선진화를 위한 교육지배구조(governance) 개편의 쟁점과 과제
- 2010년 민선 교육감 시대의 지방교육자치발전을 위한 과제
- 2011년 취학전 교육의 정치학
- 2011년 대학 총장 선출의 정치학
- 2012년 거시정치권력과 교육
- 2012년 한국교육정치학의 학문적 성격에 대한 재조명
- 2013년 교육정책 리더십과 교육행정 거버넌스
- 2013년 교육정치학의 학문적 외연과 인접 학문
- 2014년 한국교육정치학의 교육, 연구, 현실참여(20주년)
- 2014년 교육정책 연구의 정치학
- 2015년 한국 교육정책 결정 구조의 정치학
- 2015년 대학평가의 정치학
- 2016년 지방교육행정의 정치학
- 2016년 지방교육자치의 미시정치학: 현황과 과제
- 2016년 대통령 선거의 정치학
- 2017년 대학발전을 위한 고등교육 재정 정책 방향
- 2017년 교육정치학적 관점에서 본 19대 대선 교육공약

- 2017년 미래교육정책의 탐색과 발전방향
- 2017년 교육정책 과정에서의 정치적 합리성과 기술적 합리성
- 2018년 정권교체에 따른 교육정책 변동 현상: 문제와 대안
- 2018년 교수와 관료의 정치행태와 관계의 정치학
- 2019년 교육 정책 전환의 계기를 마련할 수 있는가?
- 2019년 교육정책결정에서의 전문가주의와 시민참여주의 간 관계와 방향

이와 더불어 학회 차원에서 발간한 도서들로『교육정치학론』(1994),『한국교육개혁의 정치학』(1998)이 있다. 이외에도 개인적 수준에서『교육정치학: 교육과 정치체제(1997)』『위험한 실험: 교육개혁의 정치학』(2000)『정치로부터 자유로운 교육』(2001)『미국 교육정치학』(번역서, 2016) 등 교육정치학 관련 다양한 저서들이 활발히 발표되고 있다.

특히, 1994년도에는 교육정치학의 학문적 성격에 관한 고찰, 교육정치학의 연구 동향, 한국교육정치학의 과제, 교육정치학적 관점에서 본 한국교육정책, 교육과정의 정치학, 교육선발의 정치학, 교원인사의 정치학, 교육재정의 정치학 등의 주제가 다루어졌다.

1995년과 1996년도에는 한국교육개혁의 정치학, 제3공화국의 교육개혁과 정치, 1980년대 교육개혁의 정치적 의미와 교육적 의미, 제6공화국 교육개혁의 정치학, 문민정부의 교육개혁의 정치학, 교육에서 비정치의 신화에 대한 고찰, 교육의 정치성에 따른 발전적 교육통치체제의 구도 등의 주제가 다루어졌다.

1997년도에는 교육에서의 거번넌스(governance) 문제와 그의 장래, 중앙 수준에서의 거버넌스 문제와 교육, 지방 수준에서의 거버넌스 문제와 교육, 단위학교에서의 거버넌스 문제와 교육 등의 주제가 다루어졌다.

1998년도에는 한국사회의 교원과 정치, 교육정치학적 관점에서 본 교사양성체제, 교원임용의 정치학, 교직단체의 정치학, 교육행정기관 평가의 정치학, 초·중등교육기관 평가의 정치학, 고등교육기관 평가의 정치학, 교원교육기관 평가의 정치학 등의 주제가 발표되었다.

1999년도에는 정책패러다임과 새로운 세기의 교육정치학, 초·중등교육개혁의 정치학적 접근, 1990년대 교원정책의 정치·경제학적 의미, 한국고등교육

개혁의 정치학, 차이의 정치학의 교육적 함의 등의 주제가 발표되었다.

2000년도에는 21세기 교육개혁과 교육정치학, 21세기 교육정치학 연구의 방향과 과제, 남북통일 이후 북한지역 주민의 정치사회화, 교육과정의 정치학, 국가 교육과정 개정의 정치학, 2001년도에는 미국 공립학교 출현에 대한 교육정치학적 분석, 통일교육과 정치사회화의 문제 등의 연구논문들이 수록되었다.

2003년도에는 교육정책결정 관련 주체들의 역할과 기능 재조명, 대통령 자문 교육개혁기구의 역할과 기능 재조명, 교육 관련 시민단체들의 역할과 기능 재조명, 교원단체들의 역할과 기능 재조명 등의 주제가 발표되었다.

2004년도에는 한국교육정치학 연구의 10년 성과에서는 교육정치학의 학문적 정체성 탐색, 한국교육정치학 연구 동향, 한국교육정치학의 발전과정, 한국교육정치학의 반성과 발전과제 등의 주제가 다루어졌다. 학회 창립 10주년을 맞이하여 한국교육정치학의 학문적 정립과 학회 학술활동의 활성화를 위한 반성과 점검의 계기가 되었다고 할 수 있다. 이후 실제로 한국교육정치학회는 정기 학술발표회를 매년 2회 가졌으며, 학회지의 전문화·고도화를 위한 노력으로 2008년 한국학술진흥재단(현, 한국연구재단)의 등재후보지로 인정받게 되었다. 이와 더불어 2004년도에는 '고등교육 구조조정의 정치학'에서 대학구조 조정의 정치학, 교원양성대학 구조조정의 정치학의 주제발표가 있었다.

2005년도에는 '교육개혁 10년의 성과와 과제'에서 교육개혁의 이념과 철학, 초·중등교육 분야의 개혁, 고등교육 분야의 개혁, 평생·직업교육 분야의 개혁 등의 주제가 다루어졌다. 이어 하반기에는 '인적자원개발정책의 정치·경제학'에서 교육인적자원개발의 정책추진체제 평가, 교육인적자원개발의 연구추진체제 평가, 교육인적자원개발 정책의 성과평가 등의 주제발표를 가졌다.

2006년 '고등교육 국제화의 교육정치학'에서 학부교육 국제화의 교육정치학, 대학원교육 국제화의 교육정치학의 주제로 글로벌 시대에 따른 고등교육의 국제경쟁력 제고 차원에서 교육정치학적 접근을 시도하였다. 또한 '사학의 교육정치학적 이해'의 주제를 가지고 「사립학교법」 재개정 논의에 함축된 교육정치학적 의미, 국제적 맥락에서 본 사학, 사학에서의 종교교육의 교육정치학적 의의 등 쟁점화되고 있는 사학 관련 세부정책을 다루었다.

2007년도에는 '정부의 고등교육개혁을 위한 재정지원 정책의 정치학'에서

BK21 사업 재정지원 정책의 정치학, NURI 사업 재정지원 정책의 정치학, 학술연구지원사업의 정치학 등 정부의 고등교육지원 사업과 관련된 내용을 정치학적 분석을 시도하였다. 그리고 '교육과 성의 정치학'의 주제로 교육과정과 성의 정치학, 교육행정가와 성의 정치학, 대학교수와 성의 정치학의 성(gender)에 대한 교육계 쟁점을 다루었다.

2008년도에는 '이명박 정부 교육체제 평가의 정치학'에서 교사평가의 정치학, 학교평가의 정치학, 교직프로그램평가의 정치학의 발표가 있었는데, 이명박 정부 출범 후 교육기관평가와 관련된 주제를 중심으로 정치학적 접근을 시도하였다. 이어서 하반기에는 '신자유주의와 교육정책의 전망과 과제'라는 대주제를 가지고 신자유주의 교육정치학의 해석과 전망, 신자유주의 교육정책과 초·중등교육의 미래, 신자유주의와 고등교육정책의 전망과 과제를 다루었다.

2009년도에는 '자율과 책무에 기반한 교육개혁의 쟁점과 대안'이라는 주제를 가지고 교원정책의 쟁점과 대안, 국가 수준 학업성취도 평가체제의 쟁점과 대안, 대학자율화 정책의 쟁점과 대안의 3편의 논문을 다루었다.

2010년도에는 '교육선진화를 위한 교육 지배구조(governance) 개편의 쟁점과 과제'를 주제로 「지방교육자치구조 개편의 정치학적 쟁점 분석」 「지방교육자치구조 개편의 정치학적 쟁점 분석」 「고등교육 지배구조 개편의 정치학적 쟁점 분석: 대학의 법적 거버넌스를 중심으로」 등 3편의 논문을 다루었다. 하반기에는 '민선 교육감 시대의 지방교육자치발전을 위한 과제'를 주제로 교육자치기구 구성 및 선출제도의 문제점과 개선방안, 교육자치와 일반자치의 수직적·수평적 연계의 문제점과 개선방안, 지방경쟁력 강화를 위한 지방교육재정의 현황과 향후 과제, 단위학교 자율화를 위한 지방교육자치의 재구조화 방안을 논의하였다.

2011년도에는 '취학전 교육의 정치학'을 주제로 「유아교육과 보육의 갈등과 협력」 「취학전 교육담당 교사의 양성과 임용에 대한 정치학적 접근」 「취학전 교육 재정지원의 정치학」의 논문을 중심으로 논의가 이루어졌다. 이어서 '대학 총장선출의 정치학의 주제'하에 대학 총장선출의 정치적 의미 「국립대학 총장선출의 정치학」 「사립대학 총장선출의 정치학」 「세계 우수대학 총장선출 제도: 방법론 분석 및 이론적 논의를 중심으로」 「언론 권력의 교육개입 분석」 등을 다루었는데, 2010년과 2011년 교육부의 국립대학 선진화 방안 발표 중 단과대학장 직선제 폐지, 대학총장 직선제 폐지 등이 대학가에서 이슈화되었다.

2012년도에는 '거시정치권력과 교육' '한국교육정치학의 학문적 성격에 대한 재조명'의 주제를 다루었는데, '거시정치권력과 교육'의 주제하에서는「국가수준 정치권력의 교육개입 분석」「시장권력과 교육: 대기업의 교육사업 진출사례분석을 통한 이해관계의 탐색적 분석」「시민사회권력(교직단체와 학부모단체, 시민단체)과 교육 등의 논문을 다루었다. '한국교육정치학의 학문적 성격에 대한 재조명'을 주제로 한 논의에서는「교육정치학의 학문적 정체성: 진단과 과제의 탐색」「미국 연방정부의 확대로 살펴본 중앙집권과 지방분권 사이의 정치학」「교육정치학의 연구 동향 분석」의 논문을 다루었다.

2013년도에는 '교육정책 리더십과 교육행정 거버넌스' '교육정치학의 학문적 외연과 인접학문'의 주제를 다루었는데, '교육정책 리더십과 교육행정 거버넌스'의 주제로「중앙의 교육정책 리더십과 교육행정 거버넌스」「지방교육 거버넌스의 특성: 교육감 관련 신문 사설을 중심으로」「학교자율화 이후 단위학교의 교육행정 거버넌스」의 3편의 논문을 다루었다. '교육정치학의 학문적 외연과 인접학문'을 주제로「교육정치학과 교육학」「교육정치학과 교육행정학」「교육정치학과 정치학: 정체성 형성을 위한 학문 간 대화와 융합의 모색」「교육정치학과 정책학」 등 4편의 논문을 다루었다.

학회 창립 20주년이 되는 2014년도에는 '한국교육정치학의 교육, 연구, 현실참여' '교육정책 연구의 정치학'의 주제를 다루었다. '한국교육정치학의 교육, 연구, 현실참여'의 주제하에서는 한국교육정치학회 20년, 교육정치학 교육의 실제, 교육정치학과 현실참여의 주제를 다루었다. '교육정책 연구의 정치학, 교육정치학 연구의 특징의 주제'하에서는「선거와 교육정책 연구의 상관성」「정책연구와 발주기관의 상관성 1: 중앙정부 차원」「정책연구와 발주기관의 상관성 2: 지방정부 차원」 등의 논문을 다루었다.

2015년도에는 '한국 교육정책 결정 구조의 정치학' '대학평가의 정치학'의 주제를 다루었다. '한국 교육정책 결정 구조의 정치학'의 주제하에서는「김영삼정부의 교육정책 결정 구조와 과정 -5.31 교육개혁안을 중심으로-」「김대중 정부의 교육정책 결정 구조」「노무현 정부의 교육정책 결정 구조」「이명박 정부의 교육정책 결정구조 분석: 학부교육 선진화 선도대학 지원사업 사례 중심」「정책

오차 수정 실패의 제도화: 의학전문대학원 도입 정책 사례」등을 주요 하위 주제로 다루었다. '대학평가의 정치학'의 주제하에서는 「대학구조개혁 평가의 정치학」「교원양성기관평가의 정치학」「대학특성화 평가의 정치학」「ACE사업 평가의 정치학」「대학평가의 정치학: 대안적 논의」의 하위 주제를 다루었다.

2016년도에는 '지방교육행정의 정치학' '지방교육자치의 미시정치학: 현황과 과제' '대통령 선거의 정치학'의 주제를 다루었다. '지방교육행정의 정치학'의 주제하에서 「지방교육자치제와 교육감의 역할」「교육감과 교육부장관 관계의 정치학」「교육감과 지방의회 관계의 정치학」「지방의회에 대한 교육이익집단 활동의 정치학: 경기도의회 사례를 중심으로」등의 논문을 다루었다. '지방교육자치의 미시정치학: 현황과 과제'를 주제하에서 「지방교육자치제: 제도의 정착과 성과, 그리고 과제」「교육청 관료의 역할과 과제」「학생자치를 중심으로 학교자치 실현을 위한 교사의 역할」「지방교육자치의 미시정치학 시민, 학생, 학부모 차원의 과제」의 논문을 다루었다. '대통령 선거의 정치학'의 주제하에서 「대통령 선거 교육 공약 성안 과정의 정치학(캠프 내부에서 어떤 사람들이 어떤 과정을 거쳐 교육공약을 개발하는가?)」「대통령 선거운동 과정 및 교육 관련 이익집단 활동의 정치학: 18대 대선 운동 기간 신문 기사를 중심으로」「대통령 당선자 교육공약 정책화과정의 정치학 – 대통령 당선 후 정부 인수과정에서 공약은 어떻게 구체화되고 조정되는가?: 김대중·노무현 당선자의 경우를 대상으로」「대통령 교육공약의 이행과 파기의 정치학」의 논문을 다루었다.

2017년도에는 '대학발전을 위한 고등교육 재정 정책 방향' '교육정치학적 관점에서 본 19대 대선 교육공약' '미래교육정책의 탐색과 발전방향' '교육정책과정에서의 정치적 합리성과 기술적 합리성'의 주제를 다루었다. '교육정치학적 관점에서 본 19대 대선 교육공약'의 주제하에서는 「대통령 선거의 교육정치학적 의미와 시사점」「대통령 선거 공약 및 관련 쟁점」「고등교육 부문 19대 대선 교육공약과 차기 정부 개혁 과제」「초·중등교육 부문 공약」의 논문을 다루었다. '미래 교육정책의 탐색과 발전 방향 세미나'의 주제하에서 「미래사회 초·중등교육의 방향과 과제」「시·도교육감 교육공약의 현황과 과제」「서울특별시 교육정책의 현황과 과제」의 논문을 다루었다. '교육정책 과정에서의 정치적 합리성과 기술적 합리성'의 주제하에서 「교육정책 결정과정에서 정치와 행정의 역할과 조화」「교육정책 과정에서의 정치적 합리성과 기술적 합리성」「참여정부의 '사립학교법' 개정 과정」「이명박 정부 누리과정 무상지원 정책에 대한 합리성 검토」 등의 하위 주제를 다루었다.

2018년도에는 '정권교체에 따른 교육정책 변동현상: 문제와 대안' '교수와 관료의 정치행태와 관계의 정치학'의 주제를 다루었다. '정권교체에 따른 교육정책 변동 현상: 문제와 대안'의 주제하에서 「박근혜 정부: 총장직선제 국립대학 총장후보 선정제도 변천 과정과 개선 방향」「정권 교체에 따른 교육정책 변동 현상 개관」「교장공모제와 정책변동」「정권교체와 교육복지 정책변동」「정권교체와 대학입시 정책변동」「정권교체와 학교교육 정책변동」의 논문을 다루었다. '교수와 관료의 정치행태와 관계의 정치학'의 주제하에서 「연구기관과 시·도 교육청 간 관계의 정치학」「교수와 관료 관계의 역사적 고찰」「연구기관과 중앙부처 간 관계의 정치학」「대학교수와 교육 관료 관계의 정치학」「교수(집단)의 정치행태」「관료(집단)의 정치행태」의 논문을 다루었다.

2019년도에는 '교육 정책 전환의 계기를 마련할 수 있는가?' '교육정책결정에서의 전문가주의와 시민참여주의 간 관계와 방향'의 주제를 다루었다. '교육정책 전환의 계기를 마련할 수 있는가?'의 주제하에서 「교육정책 전환의 계기 마련을 위한 국가교육위원회의 방향과 역할: 국민이 묻고, 국민과 함께 길을 찾다」「국가교육위원회 설립 관련 쟁점과 과제」「국가교육위원회와 교육 혁신」의 하위 주제를 다루었다. '교육정책결정에서의 전문가주의와 시민참여주의 간 관계와 방향'의 주제하에서 「교육 분야의 시민참여주의 대두 배경과 역사」「교육 분야의 전문가주의와 시민참여」「교육 분야의 전문가주의와 시민참여주의 적용 사례: 대입여주의 개념과 쟁점」「공론조사의 이론, 실제, 그리고 개선 방향: 사회학적 관점을 바탕으로」「행정학 분야의 전문가주의와 시민참여주의 적용 사례: 신고리 원전 공론화 모형의 회고와 제주 제2공항 공론화 모형 설계를 위한 제언」「환경학 분야의 전문가주의와 시민참여주의 관점과 사례」「공적 영역에서 주권자/학습자의 역할 확대와 그 체험의 존중」의 하위 주제를 다루었다.

지금까지 언급하였듯이, 1994년부터 현재까지 한국교육정치학회의 역사가 다소 일천하기는 하지만 학회와 관련 학자들의 노력으로 교육정치학에 대한 학문적 성격 규명과 대상, 영역, 이슈별 교육정치 관련 주제들을 심도 있게 다루고 있다고 할 수 있다. 특히 앞서 지적하였듯이, 학회 창설 10주년인 2004년 이후 다양한 주제를 가지고 매년 2차례의 정기적인 학술대회를 개최하고 있는 것은 높이 평가할 만하다. 이러한 노력은 한국교육정치학의 학문적 영토 확장과 토착화에 기여할 것으로 판단된다.

미국교육정치학회와 한국교육정치학회에서 다루는 연구주제나 접근방법들은 분명히 교육행정학 분야에서 다루는 것과 차별성이 있음을 알 수 있다. 즉, 교육행정의 전문성을 높이기 위하여 교육행정조직 및 조직행위에 관한 이론모형, 기술의 연구개발은 물론 교육행정현상을 과학적으로 분석하는 학문인 교육행정학에서 다루는 주제나 접근방법과는 확연한 차이가 있음을 알 수 있다. 그러나 미국교육정치학회에서 다룬 주제나 영역들이 지난 15년간 한국교육정치학회에도 어느 정도 다루어졌다는 점은 한편으로는 선진국의 학문 연구동향과 맥을 같이 한다는 점에서 긍정적으로 평가할 수 있으나, 다른 한편으로는 정치문화가 상당히 이질적인 측면을 감안하면 영역이나 주제의 선정 면에서 다소 부정적인 측면도 있음을 간과해서는 안 될 부분이다. 그리고 우리의 정치풍토와 교육적 상황이 작용했겠지만 교육개혁과 관련한 연구주제와 접근방법들이 상대적으로 다른 주제에 비해 많이 다루어졌다는 점도 들 수 있다.

한국교육정치학회에서 이미 다룬 행정 수준별에 따른 교육정치현상에 관한 내용과 교육 관련 이익집단과 시민단체의 정치적 현상에 관한 접근과 분석은 계속해서 교육정치학 분야에서 탐구되어야 할 주요한 연구대상이다. 특히, 정치권력(political power)과 행정 권한의 분권화에 따른 지방교육행정기관의 거버넌스 체제(governance system)에 대한 다양한 쟁점들, 예컨대 지방자치단체와 교육자치단체 간의 권한과 기능, 통합 조정 문제, 양 수장 간의 역할, 선출방식, 주민참여와 주민소환제도 등에 대한 다양한 교육정치학적 접근이 필요하다.

아울러, 단위학교 중심의 경영체제에 따른 구성원 간의 권한배분 문제와 학교통치기구로서의 학교운영위원회의 권한 형성과 정립에 대한 정치학적 접근이 요구된다고 할 수 있다. 단위학교 수준에서의 미시적 접근은 현재 교육계에서 심각하게 겪고 있는 집단 간의 갈등 현상을 체계적으로 분석하고, 이의 합리적인 해결방안을 모색하는 데 필요한 지식을 제공하는 처방적인 기능을 하게 될 것이다.

최근에 쟁점화되고 있는 교육문제, 교육정책(education policy) 의제, 교육개혁 의제 등에 대한 정책대안의 탐색이나 방향 설정에 있어서 실증적인 분석에 기초한 대안이 선택·결정되기보다는 다분히 정치적 논리에 의해 결정 혹은 결정보류(비결정)되는 사례가 많음을 알 수 있다. 따라서 학회 차원에서 주요한 교육정책 이슈들, 예컨대 고교평준화정책, 교육자치제의 위상(권한과 기능, 교육감 선출 방식 등) 정립, 교사선발과 임용정책, 단위학교 수준에서 교육과정 편성과 선택에 따른 학교·교사·학생·학부모 간의 교육권 문제, 자본주의 경제체제에서 사교육과 공교육의 관계, 교육개혁의 이념, 학부모의 강한 교육열, 글로벌 사회에서의 국제학업성취도 등에 관하여 심도 있는 정치학적 분석이 요구된다. 이는 우리나라 교육정치학 분야 학문공동체의 협동 연구를 통한 학문적 발전을 가져올 수 있는 계기가 될 것이다.

3. 교육정치학의 접근방법

1) 접근방법

교육정치현상에 대한 접근방법이란 연구의 주제 및 연구대상의 선정, 연구방법의 선정, 그리고 관련된 자료의 수집 등에 따라 방향과 범위를 결정해 주는 관점 또는 시각이라고 할 수 있다. 교육정치학의 접근방법은 경험적·실증적 방법과 규범적·처방적 방법으로 구분된다.

경험적·실증적 접근방법은 실사구시의 정신에 입각하여 교육정치현상의 사실적 측면을 연구대상으로 삼는 접근방법을 말한다. 이 방법을 통해 얻는 교육정치 지식은 관찰과 경험에 근거를 두고 있기 때문에 다분히 경험적이라고 할 수 있다. 여기에는 교육정치현상에 대한 기술적 측면과 논리실증주의에서 말하는 과학적 방법을 적용하여 사실들 간의 또는 변인들 간의 인과관계를 규명하는 측면으로 나누어진다. 특히, 이 접근방법은 교육의 정치적 과정에 있어서, 그리고 교육기관 혹은 교육정치기구 내 구성원들의 행태와 행동양식을 분석하는 데 초점을 두게 된다. 예컨대, 교육정책관료, 지방교육행정기관 수장, 학교행정가의 행태, 지도성, 교육정치 풍토, 시민단체, 이익집단의 교육적 대응, 만족도, 갈등, 학생들의 정치사회화 등이 주요 분석대상이 된다.

반면, 규범적 접근방법은 교육정치현상의 가치적 측면을 연구대상으로 한다. 이는 당위의 세계를 대상으로 이상적인 교육정치현상을 탐구하고 실현시키려는 가치판단적인 접근방법이다. 이 접근방법은 교육정치문제, 교육정책문제 그리고 교육개혁 관련 문제에 관심을 갖고 그 해결방안 또는 그 문제해결에 도움이 될 수 있는 지식을 모색하는 데 초점을 둔다. 처방적 접근은 교육정치 분야에 응용적 지식을 탐구하는 방법이라고 할 수 있다. 이는 경험적·실증적 접근을 통해 얻은 지식과 규범적 접근을 통해 얻은 지식으로부터 현실적인 처방에 초점을 두는 접근방법이다. 따라서 교육정치학 연구에서 처방적 접근은 과학적 접근과 규범적 접근의 종합이라고 할 수 있다. 예컨대, 어떤 교육문제에 대하여 최선의 교육정책 수단을 선택하기 위해서는 교육정책 목표와 수단 간의 과학적인 인과법칙이 개발·규명되어야 하며, 동시에 경쟁하는 가치들 간에 우선순위나 정책선택의 논리에 관한 규범적 지식이 선행되어야 한다. 이와 같이 합리적인 정책결정을 위한 정책분석과 폭넓은 의미에서 정책관료들의 정치철학, 이념, 가치관 등도 탐구대상이 된다.

교육정치현상, 행위, 문제 등을 다루는 교육정치학의 연구방법으로는 일반 사회과학에서 적용되는 방법들, 예컨대 철학적 방법, 역사적 방법, 법률적·제도적 방법, 행태론적 방법, 개인심리적/합리적 접근, 체제적 접근, 구조기능론적 방법, 현상학적 방법, 비교론적 방법, 신제도론적 방법 등 다양한 연구방법들을 들 수 있다. 최근 교육조직이나 정치현상에 대해 신제도주의 혹은 신제도론 접근을 통한 분석이 활발히 이루어지고 있다(Baker & LeTendre, 2005; Boyd, 1982; Myer & Rowan, 1997).

신제도주의 또는 신제도론(new institutionalism or new institutional theory)은 정치·행정·경제·교육 등 사회현상을 연구하는 데 제도를 중심으로 접근하는 방법이다. 신제도론은 제도를 문화의 산물이며, 경로의존성(path dependency)을 지닌 현상이라고 보기 때문에 문화론적 접근이라고 할 수 있다. 조직과 종단적·횡단적으로 연계된 제도들 사이에 영향관계를 전체적으로 파악하기 때문에 집합주의적 접근이라고도 한다. 신제도주의는 크게 역사적 제도주의, 사회학적 제도주의, 합리적 선택론의 제도주의로 유형화된다(오석홍, 2005: 70-75; 이종수, 윤영진 외, 2014: 70-71).

우리나라의 정치상황이 급격한 변화를 경험하고 있음은 주지의 사실이다. 정치적 과정의 공개, 권력 및 권한의 분권화, 교육정책결정과정에 시민참여의 확대, 정치기구의 교육 관련 집단에 대한 정책동조, 이익집단의 응집화, 매스미디어 기능의 확대 등 교육정책 및 교육개혁과 관련한 다양하고 복잡한 정치적 현상이나 관련 집단, 구성원들 간의 갈등, 세력다툼, 교육정치체제의 변화 등을 특정 연구 접근방법을 통하여 제 현상이나 과정들을 분석하거나 동일한 교육정치현상이나 문제에 대하여 다양한 연구방법을 적용·분석하는 것은 교육정치학의 학문적 확산과 깊이를 가져오는 데 기여하게 될 것이다. 아울러 교육정치체제와 정치권력, 정치과정 그리고 교육정치행태에 관한 실증적인 분석은 교육정치현상에 대한 객관적인 이해와 더불어 합리적인 교육정책방향 설정에도 기여하게 될 것이다.

2) 탐구영역

교육정치학의 탐구영역을 여기서는 교육정치체제와 과정, 현상과 관련된 것을 중심으로 기술하고, 교육기관의 단위별(중앙, 지방, 학교), 교육문제/쟁점/정책별(교육과정, 교원정책, 대학입시 등) 등의 분석은 탐구영역을 토대로 매트릭스화하여 연구주제화하면 될 것이다. 이러한 탐구영역의 제시는 우리나라 교육정치학의 학문적 성격이나 정체성을 보다 정립하는 데 기여하게 될 것이다(정일환, 2004: 1-21).

(1) 교육과 정치이념과 가치

『정치학 대사전』에 의하면 정치이념 혹은 이데올로기(political ideology)는 국가, 계급, 정당 및 기타의 사회집단이 국내외 정치에 대해서 품는 표상, 소망, 확신, 전망, 이해 등의 관념의 복합체로 정의 내리고 있다. 이러한 정치적 이념과 가치는 정치에 관계되는 집단의 신념을 구성하며 그 속에서 생활하는 각 개인은 그 집단과 자기를 동일시하며, 집단에 동화함으로써 그 신념을 자기의 것으로

만든다. 이와 같은 정치이념과 가치는 정치적 과정 속에서 현실적으로 교육정
책에, 그리고 학교를 포함한 교육기관이나 조직에 표출되게 된다. 특히, 단위학
교 수준은 물론 교육정책형성 과정에서 교원단체, 시민단체, 학부모 집단의 요
구와 가치가 정치과정에 깊숙이 관여되고 있어 이에 대한 정치학적 접근이 더욱
요청된다.

(2) 교육과 정치체제 및 기구

Easton(1965)은 정치체제(political system)란 '특정 사회를 위하여 가치가 권위
적으로 배분되는 상호작용'으로 규정하고 있다. 정치체제란 개인이나 집단으로
서 시민의 정치적 신념과 행동뿐만 아니라 공식적 · 비공식적 통치제도 모두를
포함하고, 정치체제 각 부분들의 상호의존성을 내포하고 있으며, 체제와 그 체
제를 둘러싼 환경 간의 경계를 지니고 있다는 점 등을 특징으로 하고 있다. 교육
통치기구들 간의 관계, 특히 의회와 행정부(교육과학기술부), 교육개혁 대통령자
문위원회와 행정부처, 지방교육행정기관과 지방의회, 학교운영위원회와 학교/
지방교육행정기관 등에 대한 분석이 필요하다.

(3) 교육과 정치권력

교육에 있어서 정치현상이란 권력을 본질적 요소로 하는 사회적인 행동이라
고 할 수 있다. 이러한 정치 권력은 과연 누가 현실적으로 장악하여 행사하고 있
는가의 주체의 문제, 그리고 그것이 과연 어떻게 행사되고 있으며 승인되며 저
항하느냐의 기능의 문제로 동태적으로 파악할 필요가 있다.

(4) 교육과 정치과정

일반적으로 정치과정은 사회의 여러 가지 요소가 사회적인 정책의 형성과 집
행을 둘러싸고 서로 작용해 나가는 과정(정치적 결정의 형성 · 수행과정)이라고 할
수 있다. 이는 사회를 여러 집단의 다원적 이익이 경합하는 상황의 복합체로 보
는 사회관에 입각하여 정치과정을 여러 정치적 · 교육적 관련 집단 간의 경합 혹
은 균형으로 보고 있다. 교육의 활동에 있어서 압력단체로서 작용하고 있는 학
부모를 포함한 시민단체, 교직단체의 활동 양상과 그 구성원들의 행태, 교육정

책 및 정치이념과 관련한 정당의 기능, 선거, 교육 관료제에 대한 탐구가 중심이 된다.

(5) 교육과 정치발전과 정치사회화

정치발전(political development)은 한 국가의 목표를 달성하기 위해 국가의 여러 하위체제 가운데 하나인 정치체제의 변화와 성장을 통해 발전을 도모하는 것이라고 할 수 있다. 이는 궁극적으로 사회 전체 구성원들의 삶의 질 향상을 위한 정치체제의 변화, 정치문화의 향상, 그리고 정치적 환경의 바람직한 방향으로의 변화라고 할 수 있다. 전통적으로 교육과 정치발전과의 관계, 교육의 정치발전에 대한 기여도 분석 등은 외국과의 주요한 비교대상이 되는 부분이다.

정치사회화(political socialization)란 '정치체제와 관련된 지식, 태도, 가치 등을 사회 구성원들에게 내면화시키는 과정'이라고 할 수 있다. 이러한 정치사회화의 개념은 일반적으로 학교의 주요한 기능으로 간주되는 사회화의 개념이 개인의 행동양식, 가치, 기준, 기술, 태도 그리고 동기들이 특정사회에서 바람직하다고 간주되는 것들에 동조하도록 형성되는 과정을 고려하면 분명해진다. 정치사회화의 유형은 인지적 사회화와 정의적 사회화로 구분되는데, 전자는 정치적 지식이나 정보를 전수하는 것을 의미하며, 후자는 정치적 신념과 가치를 교류하는 것을 말한다. 이는 특히 학교 교육과정(잠재적/표면적)의 개발, 결정, 편성, 운영 등에 대한 정치학적 접근이 요구되는 영역이다.

(6) 교육개혁과 교육정치학

우리 정부는 역대 정권이 교체될 때마다 실효성이 약한 교육개혁을 정치적 상징으로 추진해 왔다. 대통령 직속의 교육개혁 관련 기구를 만들고 교육 관련 집단의 요구나 의사와는 거리가 있는 교육개혁안을 수없이 마련·제안하고 있다. 이에 대해 안기성 등(1998)은 '한국교육개혁의 정치학' 서문에서 다음과 같이 서술하고 있다.

우리 교육은 정치와 관련하여 특히 정권이 바뀔 때마다 항상 손질을 받아야만 하였다. 교육이 손질을 받아야 하는 교육개혁은 우리의 경우 대체로 정권교체기에 활발하게 추진되는 것이 보통이었다. 그런 점에서 우리의 교육은 교육의 논리보다는 정치의 논리에 따라 손질이 가해지는 것이 일반적이었다. 쉽게 말하면 우리 교육은 교육논리로는 바꿀 이유가 없는데도 정치논리로는 바뀌어야 하였던 것이다(안기성 외, 1998).

교육개혁과 관련한 교육과 정치와의 관계에 대한 이러한 적나라한 지적은 바로 한국교육정치학 분야에서 '교육개혁' 영역이 중요한 연구대상이 됨을 보여 주고 있다. 대통령 선거 시기부터 정권 교체기, 정권 인수 이후의 교육정책, 교육개혁과 관련된 안의 형성 배경과 이를 제안하고 직접 참여한 위원 구성, 위원회의 조직과 운영 등에 대한 교육정치학적 분석은 다른 어느 나라 국민보다 월등히 교육열이 강하고 자녀교육에 목숨 거는 우리의 학부모를 포함한 정책관료에게 유의미한 지식과 정보를 제공하게 될 것이다.

이상의 논의를 종합하면, 교육정치학의 학문적 성격, 접근방법, 탐구영역 등은 학자들의 관점에 따라 다양하게 구분될 수 있으며, 한국교육정치학의 학문적 토대 구축을 위한 탐구영역과 접근방식을 예시하면 〈표 3-1〉과 같다.

〈표 3-1〉 한국교육정치학의 탐구영역과 접근방식(예시)

영역	이론수준	분석단위	접근방법	추구가치
교육과 정치이념과 가치				
교육과 정치체제				
교육과 정치사회화·문화			경험적/실증적	
교육과 정치권력	원리/원칙	중앙/지방/단위학교		형평성/수월성
교육과 정치과정	모형/이론	집단/개인	규범적/처방적	능률성/민주성
교육정책분석				자유/평등
교육개혁			정성적/정량적	
비교교육정치				
⋮				

4. 학문적 정체성 모색 방안

앞에서 교육정치학의 학문적 성격과 접근방법, 한국교육정치학의 학문적 토대 구축을 위한 탐구영역 등을 기술하였다. 한국교육정치학의 학문적 정체성 모색을 위한 몇 가지 안을 제시하면 다음과 같다.

첫째, 한국적 교육정치 현상에 대한 논리적이고 체계적인 기술·설명을 위한 독자적인 이론모형의 개발이 요구된다. 넓게는 사회과학 분야 제 영역에서, 좁게는 교육학(교육행정학), 정치학 분야에서, 그리고 교육과 정치문화나 환경이 너무나 판이한 미국의 교육정치 이론을 차용·원용하기보다는 한국교육정치 현상과 문화를 설명할 수 있는 이론과 모형의 개발·적용이 필요하다.

둘째, 한국교육정치학의 학문적 토대를 구축하기 위해서는 정량적·정성적 연구방법의 정교화와 더불어 우리나라의 정치상황, 정치환경, 그리고 정치토양이라고 흔히 일컫는 정치이념과 가치나 체제, 정치과정, 정치문화에 대한 깊이 있는 탐구가 필요하다고 할 수 있다. 그리고 한국교육정치 학회에서 이미 다룬 행정 수준별에 따른 교육정치 현상에 관한 내용과 교육 관련 이익집단과 시민단체의 정치적 현상에 관한 접근과 분석은 계속해서 교육정치학 분야에서 탐구되어야 할 연구대상이라고 할 수 있다.

셋째, 교육정치 현상에 대한 거시적 교육정치학적 접근도 중요하지만 미시교육정치학적 관점에서 교육활동의 최일선 기구인 단위학교에서의 권한배분 문제나 학교운영위원회 운영 문제, 교육과정의 편성·운영·선택 문제, 교사들 간의 이해관계, 학부모와 교사 간의 긴장 관계, 학생과 교사 간의 긴장 관계 등에 대한 분석은 현재 경험하고 있는 교육계의 갈등을 해소하고 공교육의 교육력 극대화에도 기여하게 될 것이다.

넷째, 우리나라의 교육정치 상황에 적합한 독특한 이론모형을 개발하고, 교육기구나 교육 관련 집단에서 발생하고 있는, 그리고 교육활동 및 교육정책 의제설정과 결정, 집행·평가·변동과정에서 나타나고 있는 교육정치 현상을 다각적으로 분석하기 위해서는 학제 간 연구와 협동 연구의 필요성이 절실히 요구된다. 이러한 점에 대해 김재웅(2004: 83-84)은 교육정치학을 제도로서의 교육과

제도로서의 정치, 제도로서의 교육과 이론적 실재로서의 정치, 이론적 실재로서의 교육과 제도로서의 정치 등은 각각 관련을 맺고 있고, 이들의 관계를 분석해 내는 분과 학문으로 그 범위를 규명하면서 지금까지는 앞의 두 영역에 대한 관심 속에서 정치학에 의존해 왔다고 비판하고 있다. 따라서 교육정치학은 이론적 실재로서의 교육학에 주목하는 교육학과 이론적 실재로서의 정치에 주목하는 정치학이 협력하여 탐구과제를 수행할 필요가 있음을 강조하면서, 이렇게 될 때 학제적 연구로서의 교육정치학이 만개한다고 피력하고 있다.

다섯째, 교육정치학의 학문공동체를 확대하는 노력이 필요하다. 이는 한국교육정치학에 관한 깊이 있는 학문적 탐구를 위해서는 다양한 관점과 견해를 가진 학자들의 구성과 이들의 결집된 노력이 있어야 가능할 것이다. 한국교육정치학의 새로운 패러다임의 생성과 전환은 바로 폭넓은 학문공동체에 의해 형성될 수 있을 것이다.

여섯째, 우리나라의 교육정치 현상에 대한 체계적이고 심도 있는 연구가 가능하기 위해서는 정치기구나 집단들, 예컨대 정부 부처, 국회, 지방의회를 포함한 정치기구, 교직단체, 학부모단체, 시민단체, 대중매체와 이들 기구에 소속한 구성원들의 정보와 자료의 공개가 선행되어야 할 것이다. 아울러 이들 구성원들과 학문공동체와의 개방적인 의사소통을 통해 정치과정에서 나타나고 있는 역동적인 권력, 갈등, 권한 배분 등에 대한 정보 교환이 이루어져야 할 것이다.

끝으로, 학문이 발전하기 위한 조건 중의 하나가 비교연구를 통한 그 학문 분야의 독자성을 구축하고, 자국의 교육발전을 도모할 수 있다는 점에서 교육정치학 분야에서도 비교연구가 활성화되어야 한다. 한국교육정치학 분야의 정체성과 발전을 가져오기 위해서는 교육과 정치체제나 이념 측면에서 그리고 정치문화 측면에서 유사한 국가나 차이가 있는 국가에 대한 정치적 과정을 분석·비교할 필요가 있다. 이러한 학문 영역은 비교교육정치학이라고 지칭해도 될 것이다. 최근 한국비교교육학회가 주관하여 개최한 학술세미나에서 '비교교육학과 교육정치학' 논문이 발표되었으며(신현석, 박대권, 2017), 이를 발전시켜 『비교교육학과 교육학』(정일환 외, 2018)의 한 영역으로 발간되었다. 여기서 주의할 점은 단순히 외국의 교육체제나 제도 및 운영, 역사적·문화적 배경의 비교에 그치는 것이 아니라 교육정치학의 중요 영역과 요소인 정치체제, 교육통치구조, 정치권력, 권한의 집중도, 교육 관련 기구와 집단의 갈등, 교육정책, 교육 변화와 개혁, 국제 교육정치 등에 대한 영역과 내용을 깊이 있게 비교·탐구해야 할 것이다.

제4장

교육정치학의 연구 동향

1. 교육정치학 연구의 범위와 내용

　교육정치학회의 학술대회를 통해 주기적으로 교육정치학의 연구 동향에 대해서 논의가 있었다. 1994년 학회 창립에서, 2004년 창립 10주년 기념 학술대회에서, 2012년 교육정치학의 학문적 성격 규명 학술대회에서, 2014년 창립 20주년 학술대회 등에서 교육정치학의 정체성, 연구 동향, 지식의 구조와 범위, 교육정치학 교육, 교육정치학 연구의 특징, 타 학문과의 관계 등 다양한 관점에서 논의가 있었다. 그러나 아직도 학문적 성격, 연구의 발전과제 규명 측면에서 많은 성과가 필요하다.

　교육정치학의 이론과 적용 부문의 전문서를 준비하는 차원에서 학회 창립부터 현재에 이르기까지 발표된 논문들을 중심으로 교육정치학의 연구 동향에 대해 분석하고자 한다. 시기는 1994년부터 5년을 단위로 다섯 주기로 나누어 2018년까지 논문 415편의 주제 분류를 통한 동향 분석이 될 것이다. 우리나라의 연구를 중심으로 하며, 필요한 경우에 선행연구나 비교 차원에서 미국의 자료를 참고하여 이해의 폭을 확장하는 방향으로 시사점을 찾고자 한다.

　교육정치학 발간 자료 목록,『교육정치학연구』논문 주제의 연도별 논문 수,

『교육정치학연구』논문 연도별 주제 세부 분야, 한국교육정치학회 학술대회 주제 분류,『미국교육정치학 연보』주제 분류 등에 대한 분석을 통해 한국교육정치학 연구 동향에 대한 전반적인 분석을 하고자 한다. 시간이 지나면서 논문의 수가 증가하고 다양해지면서 시기별 주제에 대한 분석에서 연구 영역의 명료화를 통한 세부 분야별 집중 분석과 타 분야의 관련성을 집중적으로 연구하는 자세가 앞으로 필요할 것이다.

이 장에서는 한국교육정치학회에서 학술대회와 논문 발표를 통해 시도한 교육정치학의 정체성, 학문적 핵심 내용, 연구 내용의 주제 동향을 중심으로 미래의 방향을 모색한다. 많은 학자의 관심과 다양한 연구방법과 새로운 관점으로 교육정치의 현실 문제를 혜안을 가지고 슬기롭게 해결할 수 있는 대안을 찾을 수 있어야 할 것이다.

2. 교육정치학 연구 동향 분석 사례와 자료

한국교육정치학회는 여러 차례에 걸쳐 교육정치학의 정체성, 연구 동향 분석 등에 대하여 논의하였다. 이 절에서는 교육정치학 연구 동향과 관련된 과거의 논문들을 요약 정리하여 경향성을 파악하는 수준에서 논의하고자 한다.

신현석(2000)은 새로운 교육정치학의 연구 방향과 과제로 다음과 같은 제안을 하였다. 지배적 정치 이데올로기와 권력에 대한 비판적 탐구, 다양한 집단적 가치의 갈등과 통합과정 탐구, 사이버 정치시대에서의 정치사회화 과정 탐구, 문화적 특수성에 바탕을 둔 한국적 교육정치학의 정립 등 네 가지의 연구 방향을 제시하였다. 다른 축에서는 교육정치학의 주요 연구과제로 정책분석, 교육의 정치경제학, 미시정치학, 신비판적 접근 등을 통해 2차원적 연구 영역에 대한 대안을 제시하였다.

이일용(2004)은 1994년부터 2004년까지『교육정치학연구』의 74편의 논문을 분석하였고, 내용분석은 교육정치학연구, 교육개혁, 교육정책 및 평가, 교육통치, 교육자치 및 학교자치, 교원, 교육과정, 초중등교육, 대학교육, 시민교육, 남북문제, 외국의 사례 영역에서 이루어졌다. 연구방법은 서술적, 정책 및 정치적

2. 교육정치학 연구 동향 분석 사례와 자료   **101**

접근, 단독연구가 주로 사용되었고, 교육행정 전공이 주류이며, 2회 이상 게재 자가 15명이다. 그리고 미래의 연구 분야로 수월성과 선택, 변화의 정치학, 단위 학교의 미시정치학, 정치사회화, 이익집단의 영향력, 새로운 학교체제의 형성, 교육재정 배분의 정치학, 도시와 농촌의 교육정치학, 성의 교육정치학, 한국교 육정치학 연구방법론, 남북통합의 교육정치학을 제시하였다.

이일용(2006)은 교육정치학의 지식 구조와 범위에 대해 논하면서 한계점을 제시하고 발전과제를 제안하였다. 교육정치학의 지식 구조와 범위를 명료하게 하는 한계점으로, ① 교육정치학의 정체성에 대한 한계, ② 참여 학자의 수와 다 양성의 한계, ③ 논문과 전공 단행본의 제한, ④ 연구 내용 측면에서의 문화적 한계, ⑤ 연구방법상의 한계 등을 지적하였다. 교육정치학의 발전을 위한 과제 로는 다음의 다섯 과제를 제시하였다. 첫째, 한국교육정치학의 정체성 확립이 다. 둘째, 학회 모임과 학술지 발간의 확대가 필요하다. 셋째, 한국적 특수성을 반영한 연구 결과가 있어야 한다. 넷째, 대학과 대학원에서의 과목 개설과 후학 의 양성 계속성이 있어야 한다. 다섯째, 기존 지식 구조에 기초한 교재의 개발이 시급하다.

가신현(2012)은 『미국교육정치학회 연보』에 수록된 논문 259편을 1990년부터 2012년까지를 기간으로 하여 분석하였다. 분석 영역은 정치, 사회 및 문화, 경 제, 조직 및 행정, 교육정치학 기초연구 등 다섯 가지 영역으로 나누어 세부 주 제로 18가지를 제시하였다. 분석을 통해 제시한 특징은 다음과 같다. 첫째, 교 육정치학 연구가 권력, 이익집단, 소수민족, 성 등에 관심을 두고 지속해서 연구 되었다. 둘째, 교육정책, 교원교육과 평가 등에 대해서도 정치적 현상에 대한 해 석 틀을 제공하였다. 셋째, 교육정치학의 학문적 정체성 확립을 위해 독자적 연 구 영역을 확대하였다.

김용일(2014)은 미국의 교육정치학의 발전과정과 연계하여 교육정치학의 연 구 동향 분석 틀을 제시하였다. 시대의 구분은 1960~1970년 말, 1980년대~ 1990년대 중반, 1990년대 중반~현재를 각각 정치과정 분석, 정책분석, 학문적 정체성 재조명기로 구분하였다. 각 시기별 문제의식은 '공교육을 누가 지배하는 가?' '다른 교육정책이 공교육에 어떤 차이를 초래하는가?' '정책 패러다임은 여 전히 유효한가?' 등이었다. 단계별 연구 내용은 교육정책 결정과정 연구, 교육정책 선택 및 정책 개발, 연구성과와 연구방법에 대한 비판적 검토 등이 강조되었다. 우리나라에의 적용 시사점을 찾는 대안으로 참고할 만하다.

박대권(2015)은 교육정치학회 창립 20주년 학술대회에서 2004년부터 2013년까지의 『교육정치학연구』 수록 논문 292편을 분석하였다. 주제 분류는 이일용의 11개 영역에 3개 영역을 추가하여 교육정책 및 평가(64), 교육통치, 교육자치 및 학교자치(34), 대학교육(30), 교원(28), 초중등교육(22), 해외사례(19), 교육개혁(18), 교육정치학 연구(15), 교육과정(7), 시민교육(6), 교육복지(4), 보육 및 유아교육(4), 남북문제(3), 기타(5)로 분류하였다.

신현석과 정용주(2015)는 우리나라의 교육정치학이 학문적 정체성을 확립하기 위해서는 다음과 같은 쟁점을 해소할 필요가 있다고 하였다. ① 무지개 과학으로서 교육정치학의 성격, ② 통제와 도구성 중심에서 초점을 가진 교육정치학의 문제, ③ 미국 교육정치학의 지역학으로서의 교육정치학의 위상 문제, ④ 모방학으로서의 교육정치학 등의 극복 문제를 제기하였다. 대안으로는 다음의 4개 안을 제시하였다. ① 방법론의 이론 종속성과 이론의 방법론 종속성이라는 순환 관계 극복, ② 법칙 정립적이며 법칙 적용적인 교육정치학 연구의 탈피, ③ 대학에서 교육정치학 교육과정의 설치 및 표준화 정립, ④ 한국교육정치학 입문서의 발간 등이다.

지금까지 간단하게 교육정치학의 연구 동향에 대한 핵심 내용만을 선정하여 제시하였다. 앞의 장에서 교육정치학의 학문적 성격과 영역을 논하고 있어 학문의 정체성, 학문적 성격, 발전과정 등에 대한 논의는 다른 장에서 제시하고 있으므로 여기에서는 교육정치학의 연구 동향의 발전과정과 분석의 틀, 연구과제, 연구방법 등의 측면에서 연구의 범위를 제한하고자 한다.

연구를 위하여 먼저 필요한 것은 사용할 자료의 획득이다. 이를 위하여 한국교육정치학회 발간 학술지 『교육정치학연구』를 활용하였다. 창간호부터 2018년도까지의 논문들을 대상으로 하였다. 분석을 위해서는 논문의 주제별로 분석해야 했으며, 과거의 기준들을 바탕으로 415편의 논문을 새로이 분석하여 18개 세부 분야로 분류하였다. 구체적인 세부 분야는 유아, 초등, 중등, 고등, 조직, 인사, 재정, 교육과정, 장학, 교육정책, 교육정치학, 교육복지, 평생교육 및 교육사회, 교육 관련 법률, 사교육, 남북한, 외국, 기타 등으로 분류하였다. 동시에 우리나라와 미국의 학술대회 주제와 연보의 주제를 비교·분석하였다.

『교육정치학연구』의 논문 주제 분석을 위하여 사용한 자료는『교육정치학회』논문집으로 1994년부터 2018년까지의 자료이며, 연도별로 1호에서 4호를 발간하였다. 1994년부터 2004년까지는 1호의 논문을 발간하였으나 1998년에는 2호까지 발간하였고, 2002년에는 발간하지 못하고 2003년에 합본의 형태로 출판되었다. 2005년부터 2008년까지는 2호까지 발간하였다. 2009년부터 2018년까지는 2009년 3호를 제외하고는 4호까지 발간하였다(〈표 4-1〉 참조).

『교육정치학회』논문집의 호별 발간 논문 수는 7편이 14회, 5편이 10회, 6편이 9회, 9편이 8회, 8편이 6회, 4편이 4회, 12편이 2회, 3편, 10편, 11편, 13편, 16편이 1회씩 발간되어 총 58회 415편이었다. 연도별로는 2002년을 제외하고 한 해 6편에서 45편까지 발표되었으며, 해가 거듭될수록 증가하는 추세를 보였다.

『교육정치학연구』논문의 주제를 분류하기 위하여 415편의 논문 중에서 학회의 게재 기준에 부합하지 않는 논문 4편을 제외하고 411편의 논문을 논문의 주제어를 중심으로 분류하여 영역과 세부 분야를 설정하였다. 영역 분류는 학교급별, 교육행정, 주요 영역으로 구분하였다. 세부 분야는 학교급별로 유아·초등·중등·고등교육 등 4영역으로 구분하고, 교육행정 영역별로 조직·인사·재정·교육과정·장학으로 나누고, 주요 영역별로는 교육정책·교육정치학·교육복지·평생교육 및 교육사회·교육 관련 법률·사교육·남북한·외국 등으로 구분하였다.

한국교육정치학회의 학술대회는 일반 학술대회와 연차 학술대회를 구분하였으나, 회계 연도가 중간 월에서 다시 정부 회계 연도로 변하면서 연차대회의 학술대회 명칭에 약간의 혼란이 있기도 하였다. 1994년부터 2018년까지 총 48회의 학술대회가 있었으며, 자유주제 1회를 제외하고 모두 학술대회 주제명이 명시되었다. 다음 절에서 구체적인 분석을 시도하며, 동시에『미국교육정치학회연보』의 주제도 비교하는 기회를 통해 무엇이 주제 접근에서 차이가 있는지를 밝히고자 한다.

〈표 4-1〉『교육정치학연구』논문집 발간

연도	발간 권호	논문 수				계
		1호	2호	3호	4호	
1994	1권 1호	10				10
1995	2권 1호	7				7
1996	3권 1호	8				8
1997	4권 1호	7				7
1998	5권 2호	8	7			15
1999	6권 1호	7				7
2000	7권 1호	7				7
2001	8권 1호	7				7
2002	·					
2003	9, 10권 1호	6				6
2004	11권 1호	11				11
2005	12권 2호	5	4			9
2006	13권 2호	4	5			9
2007	14권 2호	7	3			10
2008	15권 2호	4	6			10
2009	16권 3호	9	7	8		24
2010	17권 4호	6	5	6	9	26
2011	18권 4호	5	12	7	7	31
2012	19권 4호	9	6	5	9	29
2013	20권 4호	5	6	9	13	33
2014	21권 4호	6	7	4	6	23
2015	22권 4호	5	5	5	7	22
2016	23권 4호	5	7	7	8	27
2017	24권 4호	8	6	9	9	32
2018	25권 4호	9	8	12	16	45
계	58					415

3. 교육정치학 연구 동향 분석

1) 교육정치학연구 논문의 주제 동향

『교육정치학연구』게재 논문 415편을 18개의 세부 분야로 나누어 정리하고, 18개의 세부 분야는 세 영역으로 분류하였다. 즉, 학교급별, 교육행정, 주요 영역 등으로 구분하였다. 시기는 1994년부터 2018년까지를 5년씩 다섯 시기로 구분하였다. 〈표 4-2〉는 그 자세한 내용을 제시하고 있다.

〈표 4-2〉『교육정치학연구』주제의 연도별(1994~2018) 논문 수

영역 \ 시기	세부 분야	논문 수 (순위)	1994~ 1998	1999~ 2003	2004~ 2008	2009~ 2013	2014~ 2018
학교급별	1. 유아	9 (13)				5	4
	2. 초등	6 (15)					6
	3. 중등	32 (5)		4	6	14	8
	4. 고등	49 (2)	2	4	8	17	18
교육행정	5. 조직	36 (3)	10		2	13	11
	6. 인사	36 (3)	5		2	23	6
	7. 재정	22 (7)	1		5	9	7
	8. 교육과정	11 (11)	1	3	1	1	5
	9. 장학	4 (16)				1	3
주요 영역	10. 교육정책	102 (1)	16	6	9	22	49
	11. 교육정치학	18 (9)	3	2	5	1	7
	12. 교육복지	14 (10)			1	8	5
	13. 평생교육·교육사회	20 (8)	2	4	4	5	5
	14. 교육 관련 법률	11 (11)			2	4	5
	15. 사교육	9 (13)			1	7	1
	16. 남북한	3 (18)	1	2			
	17. 외국	29 (6)	5	2	2	12	8
	18. 기타(분석 제외)	4 (16)	1		1	1	1
합계		415	47	27	49	143	149

　　학교급별 영역에는 유아, 초등, 중등, 고등교육 등이 있으며, 논문 수는 고등, 중등, 유아, 초등 순이다. 교육행정 영역에는 조직, 인사, 재정, 교육과정, 장학 등이 있으며, 조직과 인사, 재정, 교육과정, 장학 순으로 논문 수가 많았다. 주요 영역에는 교육정책, 교육정치학, 교육복지, 평생교육 및 교육사회, 교육 관련 법률, 사교육, 남북한, 외국 등이 있으며, 논문 수는 교육정책, 외국, 평생교육 및 교육사회, 교육정치학, 교육복지, 교육 관련 법률, 사교육, 남북한 순이다. 전체적으로는 교육정책, 고등, 조직 및 인사, 중등, 외국, 재정, 평생교육 및 교육 사회, 교육정치학, 교육복지, 교육 관련 법률 및 교육과정, 유아 및 사교육, 초등, 장학, 남북한 순으로 논문이 많았다.

　　시기별로 모든 시기에 걸쳐 꾸준히 연구되는 세부 분야는 고등교육, 교육과정, 교육정책, 교육정치학, 평생교육 및 교육사회, 외국 분야였다. 4개의 시기에 연구가 이루어진 분야는 중등교육, 조직, 인사, 재정 등이었다. 3개의 시기에 연구가 이루어진 분야는 교육복지, 교육 관련 법률, 사교육 분야였고, 유아 및 초등교육, 장학 등은 최근에 논문 게재가 되었다. 남북한에 관한 연구는 1990년대에 3편 이루어졌다.

　　연구의 기간이 길어지면서 세부 분야가 늘어나고 영역을 분류하는 것도 일관성이나 타당한 분류가 어려워져 복잡한 논의들이 이루어지면서 학문 간 경계와 주제에 대한 접근방법이나 교육정치학의 핵심 내용, 분석의 틀이 좀 더 정교화될 필요성이 있다. 비교교육학회에서 시도한 비교교육학과 교육정치학의 연관 관계에 대한 논의가 기타 학문과 연계하여 의미가 있었다.

　　『교육정치학연구』논문 연도별 주제 세부 분야에 대한 분석은 18개 세부 분야에서 기타를 제외한 411편의 논문을 대상으로 하였다. 제외 이유는 논문의 주제가 교육정치학과의 연관이 적었기 때문이다. 〈표 4-3〉은 세부 연구주제들에 대하여 정리하여 보여 주고 있다.

　　유아교육 분야의 경우는 2009년부터 2018년 사이에 주로 연구되었다. 구체적으로 누리사업평가, 보육 서비스, 유아교육과 보육 통합, 누리과정 예산 갈등, 누리과정 추진 과정 등에 관한 연구가 이루어졌다. 초등교육의 경우는 2014년부터 2018년 사이에 연구되었고, 교육책무성, 초등교육 수급, 학습공동체, 학교폭력업무 담당교사, 1수업 2교사제 등이 게재되었다.

〈표 4-3〉『교육정치학연구』논문 연도별 주제 세부 분야

연도 세부 분야	1994~ 1998	1999~ 2003	2004~ 2008	2009~2013	2014~2018
1. 유아				누리사업평가, 보육 서비스, 유아교육과 보육 통합, 취학 전 교육지원	누리과정, 누리과정 예산 갈등, 누리과정 추진과정
2. 초등					교육책무성, 초등교원 수급, 전문적 학습공동체, 학교폭력업무 담당교사, 1수업 2교사제
3. 중등	학교 재구조화, 특수목적 고등학교, 실업계 고교체제, 사립중등 학교장	비공식 조직 참여, 사립학교 종교교육, 외국어교육 활성화, 사학 조성, 고교평준화, 학교평가제도	기숙형공립고, 학교자율화, 국립대학 부설학교, 외국어고 입시, 학교변화, 교육 프로그램 개발, 사립 미래고등학교, 사립고 자율화, 고등학교 체제 개편, 국제중학교, 혁신고등학교	평준화지역 입학전형, 혁신학교, 일반고와 특목고 학생의 삶, 외국어고 정책변동, 자율형 공립고, 중학교 경영 전략
4. 고등	교육선발	대학 의사 결정구조, 총장 선출, 대학평의원회, 연구 중심 대학	대학 구조조정, 전문대학 구조조정, 대학원 구조조정, 학부교육 국제화, 대학원교육 국제화, 대학의 웹기반 학습	대학자율화정책, 대학 입시제도, 대학입학사 정관제, 외국대학 유치, 대학 특성화, 국립대학 법인화, 학문분야 평가, 입학사정관제, 대학과 지역사회 연계, 졸업인 증제, 국립대학성과연봉제, 공학교육인증, 강사제도	대학자율화 정책, 대학자체 보고서, 법학전문대학원 제도, 사립대학 규제완화, 학문의 자유 보장, 시간강사 처우, 한국대학의 인재상, 대학편입학, 자기설계전공 제도, 국립대학 조교, 대학생의 대학생활 적응, 대학생의 학습성과, 대학교원신규임용, 대입제도 개편
5. 조직	지방교육자 치제 변천, 거버넌스, 교육위원회, 학교운영위원회		교육감 선거, 시·도교육 청과 시·도교육청 간 연계, 지방교육자 치제	교직단체의 역할, 학교 운영위원회, 학교 지배 구조, 지방교육자치제 도 개편, 교육위원회, 교육감 직선제, 중학구 설정권, 교육의원선거 일몰제	교육감의 책무성, 교육지원청 개편, 교육감 직선제, 교육부장관인사청문회, 국가 교육위원회, 미래의 교육리 더십, 교육 거버넌스

연도 세부 분야	1994~ 1998	1999~ 2003	2004~ 2008	2009~2013	2014~2018
6. 인사	교원인사, 교원과 정치, 교원임용, 교직단체		교원노조 합법화, 교사평가	교원평가정책, 교직과정 평가, 교원양성정책 국제화, 수석교사제, 교육대학원 평가, 교장공모제, 교사전문성, 교원성과상여금, 예비교사, 학교장지도성, 교감의 직무, 연수제도. 교원능력개발평가, 원어민 교사	학교장 리더십, 기간제 교원, 교장공모제, 교원평가제
7. 재정	교육재정		고등교육 재정 지원, 학술연구지원사업, 교원보수	기초자치단체 재정지원, 총액인건비제, 교원성과급제, 학교법인 법정부담경비, 고교무상교육재원, 반값등록금, 주민참여 예산제	반값등록금, 유아사교육비, ACE사업 평가, 사립유치원 재무회계 규칙 갈등, 학교성과급, 무상급식예산, 지방재정과 지방교육재정의 통합, 지방교육재정, 교원성과급제도
8. 교육과정	교육과정	국가 교육과정 개정	2009 개정 교육과정	2009 개정 교육과정, 교육과정 운영 자율화	2015 국가 교육과정 개정, 교육과정 실행, 한국사 교과서 국정화
9. 장학				장학지원	전문적 학습공동체, 교육지원청의 장학 지원, 자기주도적 학습
10. 교육정책	교육정책, 공교육, 교육정책평가, 교육개혁, 교육정책분석, 각종 교육기관 평가	초·중등교육개혁, 교원정책, 고등교육개혁, 교육정책 요구사정법, 교육개혁위원회	대학평가정책, 교육개혁 10년, 교육개혁이념, 군사정부 교육정책, 정책평가, 정치적 담론, 교육연구사업의 효과성, 영어공교육완성 정책 변화	외국정책분석이론, 사립대학 구조개혁 정책, 학교정보공시제 분석, 한국사학정책, 공교육 내실화, 사학의 미래, 학교자율화 정책, 학교정보화 사업, 의무교육, 학교건축 정책, 지방공무원 적정인력, 특목고 정책, 정책갈등	학교폭력 관련 정책, 전원학교 정책, 학교컨설팅 정책, 외국유학생정책, 교원정책연구, 대학구조개혁평가 모형, 학교평가정책, 한국의 교육발전모형, 5·31 교육개혁, 한국교육개혁의 이념, 국가영어능력평가시험 정책, 고교다양화정책, 학령인구 감소 정책, 교육정책결정 구조, 교원양성기관 평가 정책, 공약이행 평가, 학교제도 개편, 자유학기제 정책, 미래학교, 교육부와

연도 세부 분야	1994~ 1998	1999~ 2003	2004~ 2008	2009~2013	2014~2018
					시·도 교육청 갈등, 교육감선거 입후보자 특성, 학교전담경찰관 제도, 사립대학 폐교, 교육시민단체, 인성교육정책
11. 교육 정치학	학문 정체성, 한국교육정치학, 비정치의 신화	교육정치학	학문적 정체성, 연구 동향, 발전과정, 발전과제, 교육정치학의 지식의 구조와 범위	교육정치학의 학문적 정체성	교육정치학의 학문적 성격, 교육정치학교육, 교육정치학연구의 특징, 비교교육학과 교육정치학
12. 교육복지			학교급식	교육복지정책, 학교급식, 교육복지 공동체, 무상급식	무상급식, 교육복지, 통합교육
13. 평생교육 교육사회	시민교육, 사회적 이동	차이의 정치학, 교육시민운동, 대안교육	평생교육정책, 교육인적자원개발, 여성교수의 지위, 평생학습계좌제	페미니즘, 교직의 여성화, 학생인권, 방과후학교정책, 학벌	사회계층, 시민의식, 양성평등 정책
14. 교육 관련 법률			「평생교육법」제정, 「지방교육자치에 관한 법률」	「교원단체 관련법」「지방교육자치에 관한 법률」「교원노조법」「학교안전사고예방 및 보상에 관한 법률」	「사학지원관련법」「교원의 정치적 기본권 관련 법령」「공교육 정상화 촉진 및 선행교육 규제에 관한 특별법」「시간강사법」「교원연금법」「학교폭력예방 및 대책에 관한 법률」
15. 사교육			남녀교사인식	EBS 수능강의, 사교육비 경감대책, 사교육비 통계, 진로진학컨설팅	유아 사교육비
16. 남북한	남북한교육이념	북한지역 정치사회화, 통일교육			

연도 세부 분야	1994~ 1998	1999~ 2003	2004~ 2008	2009~2013	2014~2018
17. 외국	미국교육정치학 연구동향, 학교선택제, 효과적인 학교, 미국교육체제 구조조정, 교육과 종교	미국초등학교 의사결정, 미국공립학교 출현	미국의 학교혁신, 미국고등교육의 재구조화	미국 사이버 차터스쿨, 캐나다 사회적 자본, 미국대학 특성화, 영국대학 특성화, 미국대학 정보공시, 영국의 교육 컨설팅, 의과대학 교육과정, 프랑스의 교육행정 체계, 선진국의 교육 비전, 총장선출, 전문가 학습공동체	CAMPUS Asia, 미국 NCLB법 성과평가, 일본의 교육개혁, 미국 교육개혁, 외국의 자유학기제, 미국유아교육기관, 학교민주시민 교육정책, 고등교육재정정책 국제비교

중등교육의 경우는 1999년부터 2018년까지 꾸준히 연구되었다. 학교 재구조화, 특수목적 고등학교, 실업계 고교체제, 사립중등학교장, 비공식 조직 참여, 사립학교 종교교육, 사학 조성, 고교평준화, 학교 평가제, 기숙형공립고, 학교자율화, 외국어고 입시, 학교 변화, 국제중학교, 혁신고등학교, 외국어고 정책변동, 자율형 공립고, 중학교경영 전략 등이 게재되었다.

고등교육의 경우는 1994년부터 2018년까지 꾸준히 연구된 영역으로 많은 논문이 게재되었다. 교육선발, 대학의사결정 구조, 총장선출, 대학평의원회, 연구중심대학, 대학구조조정, 국제화, 대학원 교육, 대학의 웹 기반 학습, 대학입학 사정관제, 해외대학 유치, 국립대학 법인화, 학문분야 평가, 대학과 지역사회 연계, 졸업인증제, 국립대학 성과연봉제, 공학교육인증, 강사제도, 법학전문대학원 제도, 규제 완화, 학문의 자유 보장, 인재상, 자기설계 전공제도, 대학생의 대학생활 적응, 대학교육 신규임용, 대학생의 학습성과 등에 관하여 연구하였다.

조직에 관한 연구는 꾸준히 연구되었으며, 주제로는 다음과 같은 것들이 있다. 지방교육자치제, 교육위원회, 학교운영위원회, 통치, 교육감 선거, 시·도교육청과 시·도청 사이의 연계, 교직단체의 역할, 교육감 직선제, 중학구 설정권, 교육의원선거 일몰제, 교육감의 책무성, 교육지원청 개편, 교육부장관 인사청문회, 국가교육위원회, 미래의 교육리더십 등이다.

인사에 관한 연구로는 교원인사, 교원과 정치, 교원임용, 교직단체, 교원노조

합법화, 교사평가, 교원평가정책, 교직과정 평가, 수석교사제, 교육대학원 평가, 교장공모제, 교사전문성, 교원성과상여금, 예비교사, 학교장 지도성, 교감의 직무, 연수제도, 교원능력개발평가, 원어민 교사, 학교장 리더십, 기간제 교원 등이 있다. 일부의 주제는 시기별로 중첩되는 경향이 있다.

　재정에 관한 연구로는 다음과 같은 주제들이 있다. 교육재정, 고등교육 재정, 학술연구지원사업, 교원 보수, 기초자치단체 재정지원, 총액인건비제, 교원성과급제, 학교법인 법정부담경비, 고교무상교육재원, 반값등록금, 주민참여 예산제, 유아 사교육비, ACE 사업 평가, 사립유치원 재무회계 규칙 갈등, 무상급식 예산, 지방재정과 지방교육재정 통합 등이 있다.

　교육과정은 많은 연구가 있지 않았지만, 주기별로 논의되었다. 관련 주제는 교육과정, 국가 교육과정 개정, 2009 개정 교육과정, 교육과정 운영 자율화, 2015 국가 교육과정 개정, 교육과정 실행, 한국사 교과서 국정화 등이 있다.

　장학은 논문 수가 적으며, 장학 지원, 전문적 학습공동체, 자기주도적 학습 등이 있다.

　교육정책은 제일 많은 논문이 있는 부문이다. 공교육, 교육개혁, 교육정책분석, 각종 교육기관 평가, 초·중등교육개혁, 교원정책, 교육정책 요구사정, 교육개혁위원회, 대학평가정책, 군사정부 교육정책, 정치적 담론, 교육연구 사업의 효과성, 영어 공교육완성정책 변화, 외국정책분석이론, 사립대학 구조개혁 정책, 학교정보공시제 분석, 한국사학정책, 공교육 내실화, 학교자율화, 사학의 미래, 학교정보화 사업, 의무교육, 학교건축 정책, 지방공무원 적정인력, 특목고 정책, 정책갈등, 학교폭력 정책, 학교컨설팅 정책, 외국유학생 정책, 한국의 교육발전 모형, 한국교육개념의 이념, 국가영어능력평가시험 정책, 고교다양화정책, 학령인구 감소 정책, 교육정책결정 구조, 공약 이행평가, 학교 제도 개편, 자유학기제 정책, 미래학교, 교육부와 시·도 교육청 갈등, 학교전담경찰관 제도, 사립대학 폐교, 교육시민단체, 인성교육정책 등이 있다.

　교육정치학에 대한 연구도 꾸준히 있었다. 다룬 주제들은 학문 정체성, 한국 교육정치학, 비정치의 신화, 연구 동향, 교육정치학 발전과정, 발전과제, 교육정치학의 지식의 구조와 범위, 교육정치학의 학문적 성격, 교육정치학 교육, 교육정치학연구의 특징, 비교교육학과 교육정치학 등이 있다.

교육복지는 연구 논문이 많지 않았다. 학교급식, 교육복지 공동체, 무상급식, 교육복지정책, 통합교육 등이다. 평생교육 및 교육사회 부분은 꾸준히 논문들이 발표되었다. 세부 논문들은 시민교육, 사회적 이동, 차이의 정치학, 시민운동, 대안교육, 평생교육정책, 교육인적자원개발, 여성교수의 지위, 평생학습계좌제, 페미니즘, 교직의 여성화, 학생인권, 방과후학교 정책, 학벌, 사회계층, 시민의식, 양성평등정책 등이다.

교육 관련 법률 주제 분야는 최근 들어 논문들이 발표되고 있다. 주제들은 「평생교육법」 제정, 「지방교육자치에 관한 법률」 「교원단체 관련법」 「교원노조법」 「학교안전사고예방 및 보상에 관한 법률」 「사학지원관련법」 「교원의 정치적 기본권 관련 법령」 「공교육 정상화 촉진 및 선행교육 규제에 관한 특별법」 「시간강사법」 「교원연금법」 「학교폭력예방 및 대책에 관한 법률」 등이다.

사교육에 대한 분야는 논문이 많지 않지만, 주제는 다음과 같다. 남녀교사인식, EBS 수능강의, 사교육비 경감 대책, 사교육비 통계, 진로진학컨설팅, 유아 사교육비 등이다.

남북한에 대한 논문은 1990년대 초반에 있었으며 주제는 남북한 교육이념, 북한지역 정치사회화, 통일교육 등이다.

마지막으로, 외국에 대한 분야로는 꾸준히 다양하게 소개되고 있다. 구체적인 논문은 다음과 같다. 미국교육정치학 연구 동향, 학교선택제, 효과적인 학교, 미국교육체제 구조조정, 교육과 종교, 미국초등학교 의사결정, 미국공립학교 출현, 미국의 학교혁신, 미국고등학교 재구조화, 미국 사이버 차터스쿨, 캐나다 사회적 자본, 미국대학 특성화, 영국 대학 특성화, 미국대학 정보공시, 영국의 교육컨설팅, 의과대학 교육과정, 프랑스의 교육행정체계, 선진국의 교육비전, 총장선출, 전문가 학습공동체, CAMPUS Asia, 미국 NCLB법 성과평가, 일본의 교육개혁, 미국의 교육개혁, 외국의 자유학기제, 미국 유아교육 기관, 학교 민주시민 교육정책, 고등교육재정정책 국제비교 등이다.

2) 교육정치학회 학술대회 주제

한국교육정치학회는 1994년 창립 이후 2018년도까지 48차의 학술대회를 개최하였다. 1994년 2회, 1995~1997년 1회, 1998~2000년 2회, 2001년 1회, 2002년 2회, 2003년 1회, 2004~2015년 2회, 2016년 3회, 2017년 4회, 2018년 2회 개최되었다. 초기에는 여건상 어려움이 있었으며 그 후는 2번씩 꾸준히 학술대회를 〈표 4-4〉와 같이 개최하였다.

〈표 4-4〉 한국교육정치학회 학술대회 주제(1994~2018)

학술 대회 횟수 / 주제명	학술대회 주제명	행사 연도
1	교육정치학 연구의 현황과 과제	1994. 06. 17.
2	한국교육정책의 교육정치학적 분석	1994. 12. 16.
3	지방교육자치제	1995. 06. 24.
4	한국의 교육개혁과 그의 정치학	1996. 04. 27.
5	한국교육에서 Governance의 문제	1997. 04. 25.
6	한국사회의 교원과 정치	1998. 05. 09.
7	교육기관 평가의 정치학	1998. 11. 28.
8	한국 교육개혁의 정치경제학적 조망	1999. 07. 10.
9	'정책 패러다임'과 새로운 세계의 교육정치학	1999. 12. 11.
10	21세기 교육정치학의 새지평	2000. 06. 30.
11	교육과정의 정치학	2000. 12. 20.
12	대학 의사결정 구조 개편의 정치학	2001. 06. 08.
13	자유주제 발표	2002. 03. 29.
14	고등교육체제의 교육정치학적 분석	2002. 05. 24.
15	교육정책결정 관련 주체들의 역할과 기능	2003. 12. 06.
16	한국교육정치학 연구의 10년 성과	2004. 05. 22.
17	고등교육 구조조정의 정치학	2004. 12. 18.
18	교육개혁 10년의 성과와 과제	2005. 06. 17.
19	교육인적자원개발 정책의 진단과 과제	2005. 12. 10.
20	고등교육 국제화의 교육정치학	2006. 06. 24.
21	사학의 교육정치학적 이해	2006. 11. 25.
22	정부의 고등교육개혁을 위한 재정지원 정책의 정치학	2007. 04. 28.
23	교육과 성의 정치학	2007. 10. 27.

24	이명박 정부 교육체제 평가의 정치학	2008. 05. 03.
25	신자유주의 교육정책의 전망과 과제	2008. 12. 06.
26	자율과 책무에 기반한 교육개혁의 쟁점과 대안	2009. 04. 24.
27	고등교육선진화 정책의 정치학적 분석	2009. 12. 04.
28	교육선진화를 위한 교육지배구조 개편의 쟁점과 과제	2010. 06. 25.
29	민선 교육감 시대의 지방교육자치 발전을 위한 과제	2010. 11. 29.
30	취학 전 교육의 정치학	2011. 06. 17.
31	대학 총장선출의 정치학	2011. 12. 02.
32	거시정치권력과 교육	2012. 05. 25.
33	교육정치학의 학문적 성격에 대한 재조명	2012. 12. 08.
34	교육정책 리더십과 교육행정 거버넌스	2013. 06. 04.
35	교육정치학의 학문적 외연과 인접 학문	2013. 11. 29.
36	한국교육정치학의 교육, 연구, 현실참여	2014. 06. 14. (20주년)
37	교육정책 연구의 정치학	2014. 12. 06.
38	한국교육정책 결정구조의 정치학	2015. 05. 22.
39	대학평가의 정치학	2015. 12. 04.
40	지방 교육 행정의 정치학	2016. 05. 20.
41	지방교육자치의 미시정치학	2016. 11. 04.
42	대통령 선거의 정치학	2016. 12. 02.
43	대학발전을 위한 고등교육재정 정책 방향	2017. 02. 09.
44	교육정치학적 관점에서 본 제19대 대선 교육 공약	2017. 04. 22.
45	미래 교육정책의 탐색과 발전 방향	2017. 10. 21.
46	교육정책 과정에서의 정치적 합리성과 기술의 합리성	2017. 12. 02.
47	정권교체에 따른 교육정책 변동 현상: 문제와 대안	2018. 05. 12.
48	교수와 관료의 정치 행태와 관계의 정치학	2018. 12. 15.

한국교육정치학회가 학술대회를 48회 진행하면서 나타난 주제들은 논문들의 주제 분류와는 달리 제시될 수 있다. 〈표 4-5〉에서 보여 주듯이, 교육정책, 교육개혁, 대학평가, 대학재정, 대학 기타, 교육정치학, 교육자치제, 거버넌스, 대통령선거 공약, 정치학, 기타 등으로 구분된다.

교육정책(8)과 교육개혁(4) 관련해서 교육정책, 미래 교육정책, 교육정책결정, 교육정책변동, 교육정책평가, 교육정책리더십, 교육개혁 등이 있었다. 대학 관련해서는 대학평가(2), 대학재정(2), 대학 의사결정, 고등교육체제, 대학구조 조정, 대학 국제화, 대학 선진화, 대학 총장선출 주제들이 다루어졌다.

교육정치학(7)과 관련해서는 교육정치학 연구, 교육정치학의 학문적 성격, 교육정치학의 인접 학문, 교육정치학 교육 등이 주제로 선정되었다. 교육자치제(4)와 관련해서는 지방교육자치, 지방교육행정 등이 논의되었고, 거버넌스(3) 관련해서는 지배구조, 거버넌스 등이 주제로 선정되었다.

대통령 선거 공약(2) 관련해서는 대통령 선거, 교육공약 등이 논의되었고, 정치학(2) 관련해서는 거시정치권력, 교수와 관료의 정치행태 등이 논의되었다. 그 외에 교육기관 평가, 교원, 교육과정, 인적자원개발, 사학, 취학전교육, 교육과 성별 등이 학술대회 주제로 선정되었다.

〈표 4-5〉 교육정치학회 학술대회 주제 분류

주제 영역(빈도)	구체 항목
교육정책(8) 교육개혁(4)	교육정책, 미래 교육정책, 교육정책결정, 교육정책변동, 교육정책평가, 교육정책리더십, 교육개혁
대학평가(2) 대학재정(2) 대학 기타(6)	대학평가, 재정, 의사결정, 체제, 구조조정, 국제화, 선진화, 총장선출
교육정치학(7)	교육정치학 연구, 학문적 성격, 인접 학문, 교육정치학 교육
교육자치제(4)	지방교육자치, 지방교육행정
거버넌스(3)	지배구조, 거버넌스
대통령 선거 공약(2)	대통령 선거, 교육공약
정치학(2)	거시정치권력, 교수와 관료의 정치행태
기타(8)	교육기관 평가, 교원, 교육과정, 인적자원개발, 사학, 취학전교육, 교육과 성별, 자유주제
48	

미국교육정치학회는 학술지를 발간하면서 주제를 정하고 논문을 모으는 성격이 있어 연보의 주제를 매년 제시하였다. 〈표 4-6〉에서 보여 주듯이, 최근에

는 2회의 발간 실적도 있다. 1987년도 창간호 이후 1호씩 발간하다 2001년에는 합본호가 나왔고, 2015년, 2017년, 2019년에는 2회 발간되었다.

〈표 4-6〉 미국의 『교육정치학회 연보』 주제

학술지 연보	학술지 주제명	발행 연도
1	교육수월성과 선택의 정치학	1987
2	학교행정 개혁의 정치학	1988
3	새로운 세기의 교육정치학	1989
4	교육과정과 시험의 정치학	1990
5	미국 도시교육의 정치학	1991
6	인종과 성별의 정치학	1992
7	학교와 사회 서비스 연계의 정치학	1993
8	교육정치학 연구	1994
9	교육정치학과 새로운 기관 운영 철학	1995
10	아동세계에서의 전문성과 책임	1996
11	책무성의 정치학	1997
12	교육연구의 정치학: 정밀성 대 정책 옹호	1998
13	교사교육의 정치학	1999
14	미국교육에서의 이익집단	2000~2001
15	선거와 교육	2002
16	고등교육의 정치학	2003
17	다문화 미국에서의 교육과정 정치학	2004
18	교사와 행정가 양성과 전문성 개발의 정치학	2005
19	권력, 교육, 사회정의의 정치학	2006
20	민영화의 정치학	2007
21	공포와 교육개혁의 새로운 정치학	2008
22	교육에서의 신념 옹호의 정치학	2009
23	교육정치학에 대한 국제적 관점	2010
24	유치원 교육에서 충돌과 경계 초월의 정치학	2011
25	교육 관련 정부 간 관계에서 일관성과 통제의 정치학	2012
26	책무성의 새로운 정치학	2013

27	연구결과 활용의 정치학	2014
28	교육정책 집행에 대한 재조명	2015
29	불평등, 사회정책, 교육변화의 정치학	2015
30	교육정책과 인종에 대한 문화 정치학	2016
31	교육과 이민의 관계 정치학	2017
32	주 교육정책 부문에서 신자유주의 정책 네트워크와 반작용 네트워크의 정치학	2017
33	교육에서 노동조합과 단체 교섭의 정치학	2018
34	비판 정책이 교육정치와 부합하는가?	2019
35	캘리포니아주의 라틴계 학생에 대한 책무성과 교육청 재정지원의 정치학	2019

미국교육정치학회가 연보를 35회 발간하면서 선정한 주제들을 구분해 보면 교육정책 및 교육개혁에서 9주제, 교육정치학에서 6주제, 교육연구 및 교사에서 6주제, 교육기관 운영에서 7주제, 교육 관련 이슈 7주제로 분포되었다. 각각의 주제 영역의 구체 항목을 살펴보면 〈표 4-7〉과 같다.

〈표 4-7〉 미국의 『교육정치학회 연보』 주제 분류

주제 영역(빈도)	구체 항목
교육정책 및 교육개혁(9)	교육정책(2), 교육수월성과 선택, 도시교육, 책무성의 정치학(2), 정부 간 관계에서의 일관성과 통제, 교육개혁(2)
교육정치학(6)	교육정치학 연구(3), 이념 관련 정치학(2), 민영화의 정치학
교육연구 및 교사(6)	교육연구(2), 교사교육, 교사와 행정가 전문성 개발, 교육과정(2)
교육기관 운영(7)	유치원 교육 전문성(2), 기관 운영 철학, 학교와 사회서비스 연계, 고등교육, 이익집단(2)
교육 관련 기타 이슈(7)	선거와 교육, 인종과 성별(2), 권력, 교육, 사회정의, 교육과 이민 관계(2), 불평등, 사회정책, 교육변화
35	

교육정책 및 교육개혁 주제 영역에서는 교육정책(2), 교육수월성과 선택, 도시교육, 책무성의 정치학(2), 정부 간 관계에서의 일관성과 통제, 교육개혁(2) 등

이 다루어졌다. 교육정치학 주제 영역에서는 교육정치학 연구(3), 이념 관련 정치학(2), 민영화의 정치학 등이 있다. 교육연구 및 교사 주제 영역에서는 교육연구(2), 교사교육, 교사와 행정가 전문성 개발, 교육과정(2) 등이 다루어졌다. 교육기관 운영 주제 영역에서는 유치원 교육 전문성(2), 기관 운영 철학, 학교와 사회서비스 연계, 고등교육, 이익집단(2) 등이 논의되었다. 교육 관련 기타 이슈로는 선거와 교육, 인종과 성별(2), 권력, 교육, 사회정의, 교육과 이민 관계(2), 불평등, 사회정책, 교육변화 등이 주제로 등장하였다.

4. 교육정치학 연구의 발전과제

교육정치학의 연구 동향을 분석하기 위하여『교육정치학연구』논문집의 논문 415편을 분류하여 연구 논문 수, 연구주제의 영역 및 세부 분야를 검토하였다. 연구들이 주제별로 1994년부터 2018년까지 5년 단위로 다섯 번에 걸쳐 어떻게 변화했는가를 살폈다. 동시에 우리나라의 학술대회 주제와 미국의 교육정치학회 연보의 주제를 비교·분석하였다.

선행연구의 분석에서는 7편의 논문들을 통해서 교육정치학의 연구 방향과 과제, 학회 10주년을 기념하여『교육정치학연구』의 74편 분석, 교육정치학의 지식 구조와 범위의 한계점과 발전과제, 미국『교육정치학회 연보』논문 259편의 분석, 교육정치학의 연구 동향 분석 틀, 교육정치학회 창립 20주년 학술대회에서의 교육정치학 학술지 논문 292편 분석, 한국 교육정치학의 학문적 정체성 확립을 위한 노력의 필요성과 대안 제시 등에 대하여 살펴보았다.

연구방법에서는 학회지의 논문 415편을 18개 세부분야로 구분하여 시기별, 주제별 연구 동향을 분석하였다. 동시에 한국교육정치학회의 학술대회 48회와 미국『교육정치학회 연보』35권의 주제를 비교·분석을 하였다.

분석의 결과에서는『교육정치학연구』논문의 주제 동향을 학교급별, 교육행정, 주요 영역으로 분류하고, 하위 세부 분야로 유아, 초등, 중등, 고등교육, 조직, 인사, 재정, 교육과정, 장학, 교육정책, 교육정치학, 교육복지, 평생교육 및 교육사회, 교육 관련 법률, 사교육, 남북한, 외국, 기타 등으로 구분하여 연구 동향의 실태를 파악하였다. 한국교육정치학회의 학술대회 연구주제는 교육정책, 교육개혁, 대학평가, 대학재정, 대학 기타, 교육정치학, 교육자치제, 거버넌스, 대통령 선거 공약, 정치학, 교육기관평가, 교원, 교육과정, 인적자원개발, 사학, 취학전교육, 교육과 성별 등이었다. 미국의『교육정치학회 연보』의 주제는 교육정책 및 교육개혁, 교육정치학, 교육연구 및 교사, 교육기관 운영, 교육 관련 이슈 등으로 구분되었다.

이러한 분석 내용을 중심으로 연구 동향에 대한 개략적인 내용을 정리하였다. 이를 바탕으로 교육정치학이 통치, 권력, 갈등, 정책의 문제를 중심으로 논의된다는 전제하에 시사점이나 발전과제의 관점에서 다음과 같은 제언을 하고자 한다. 첫째, 우리나라의 교육정치학의 특성을 살릴 수 있는 대안 제시와 실천적 성과가 필요하다. 이를 달성하기 위해서는 연구분석 패러다임의 변화, 필요한 연구주제의 설정, 연구방법의 개발 노력이 필요하다.

둘째, 교육정치학의 지식의 구조, 연구의 범위에 대한 명료화 작업이 있어야 할 것이다. 관련 학회들과 학문의 영역 구분과 핵심 지식 구조에 대하여 논의하고 있으나 분과 학문별 연구방법, 핵심 연구 질문 등과 같은 주제에 대한 공통적 관심과 차이점이 명확해져야 할 것이다.

셋째, 학술대회의 주제가 현실적 관련 변인들의 관계성 속에서 정치적 관점에서 심층적으로 다루어져야 한다. 학회 차원에서 학술대회의 주제를 선정할 때 단편적인 현상 분석보다는 다양한 변인의 본질적 관계 규명이 되도록 정치적 혜안을 발휘해야 한다. 현실 문제의 실질적 대안 제시를 하여 결과적으로 성과를 얻을 수 있어야 한다.

넷째, 대학에서의 교육정치학 관련 입문서의 개발과 대학원 교육에 힘써야 할 것이다. 교육정치학을 가르치고 있는 대학이나 대학원이 많이 없을 뿐만 아니라 사용할 만한 교재의 부족으로 현실적 문제 해결의 대안을 찾는 훈련이 성공적으로 이루어지기 힘들다.

다섯째, 우리나라의 교육정치 문제인 통치, 권력, 갈등, 정책 주제들을 해결하기 위하여 연역적 접근보다는 귀납적 접근을 해야 한다. 현실 주제에 대한 다학문적 접근으로 문제의 본질에 접근할 수 있도록 토론이 이루어져야 한다.

제2부

교육정치학의 수준과 쟁점

제5장 국가 수준 교육 거버넌스의 정치학

제6장 지방 수준 교육 거버넌스의 정치학

제7장 단위학교 수준 거버넌스의 정치학

제8장 교육과 선거의 정치학

제9장 교육과 이익집단의 정치학

제10장 교육재정의 정치학

제11장 고등교육의 정치학

제12장 한국교육정치학의 현안과 과제

제5장

국가 수준 교육 거버넌스의 정치학

1. 거버넌스 개념과 특징

거버넌스(governance)는 일반적으로 '과거의 일방적인 정부 주도적 경향에서 벗어나 정부, 기업, 비정부기구 등 다양한 행위자가 공동의 관심사에 대한 네트워크를 구축하여 문제를 해결하는 새로운 국정운영의 방식'을 의미한다. 기존의 정부 주도의 정책 추진 형태를 거버먼트(government)라고 지칭하던 것과 차별적 의미를 두고 있다. 정책의 과정에서 정부뿐 아니라 민간의 다양한 행위자가 참여하는 것을 강조하는 것이다. 하지만 거버넌스라는 용어를 다양한 학문 분야에서 서로 다른 맥락으로 쓰이고 있어, 아직 정의에 대한 명확한 학문적 합의는 이루어지지 않았다고 볼 수 있다.

거버넌스가 국가 정책의 새로운 패러다임으로 부상된 것은 다양한 이유가 있다. 정용덕(2003)은 이전보다 거버넌스에 대한 관심이 높아진 이유에 대해 서구 국가가 직면한 재정적 위기, 시장 지향적 이데올로기의 대두, 전 지구화 현상의 가속화, 복지국가의 실패, 신공공관리의 출현, 사회적 변화와 복잡성의 증가, 광역적 · 국제적 조직의 증가 등으로 설명하고 있다. 최성욱(2004)은 거버넌스가 서방 선진국의 심각한 재정위기로 인해 새로운 공공서비스의 생산과 전달 전략을 개발할 필요성에서 시작되었다고 보고, 세계화·정보화 그리고 신자유주의의 확산이 변화의 동인이라고 해석하였다. 행정 환경의 변화에 직면한 전통적 행정 패러다임이 한계를 노정함에 따라 대안적인 방식으로 거버넌스가 등장한 것이라는 관점이다.

거버넌스 개념은 시대적으로 변화해 왔는데, 이를 네 가지 시기로 나누어 볼 수 있다(은재호, 이광희, 2009). 첫 번째 시기는 1970년대 관리 중심의 시대에서 등장한 '관리 중심 거버넌스'의 개념이 적용된 것으로 볼 수 있다. 전 세계는 두 차례의 오일 쇼크와 스태그플레이션을 거치면서 Keynes 경제학파의 큰 국가에 의한 개입주의가 비판을 받은 시기라고 할 수 있다. 복지정책의 확대와 막대한 국가 재정의 투입은 결과적으로 누적적 재정 적자를 초래했고, 이로 인해 미국과 서유럽의 선진국들은 재정적 위기에 봉착하게 된 것이다. 1970년대에 등장한 거버넌스의 개념은 기존 관료제적인 통치구조를 기업과 시민사회의 활발한 참여를 보장하는 협치(協治) 구조로 전환하여야 한다는 것이다. 전통적인 중앙 정부의 체제를 새로운 공공서비스 공급체계로 전환하는 대안적 모델로 거버넌스가 등장한 것이다. 이에 따라 조세 감면, 규제 완화, 공공부문의 비효율성 제거 등의 공공관리 개혁이 이루어졌다. 이 시기의 거버넌스는 정부 내부의 업무 처리 방식의 혁신으로 요약해 볼 수 있다.

두 번째 시기는 1980년대 '시장 중심 거버넌스'의 개념이 적용된 것으로 볼 수 있다. 이 시기에는 특히 국제 수준에서의 거버넌스가 강조된 것이 특징이다. 제3세계 국가들의 경제적 발전에 필요한 사회통합체계 구축과 이를 위한 초국가적인 국제기구들의 역할이 강화된 것이다. IMF, World Bank, UNDP 등의 국제기구는 '좋은 거버넌스(good governance)' 모형을 제시하면서 전 지구적 발전을 강조하였다. 세계화에 따른 전 지구적 수준의 경제적 경쟁 상황을 '나쁜 거버넌스(bad governance)'로 규정하고 미국, 영국과 OECD 회원국을 중심으로 전 지구적인 발전을 위한 새로운 의미의 거버넌스를 강조해 나간 시기다. 국가 수준의 경제적 성장과 더불어 지역 경제의 활성화를 위한 민관 파트너십을 강조한 것으로 볼 수 있다.

세 번째 시기는 1990년대의 '시민사회 거버넌스'의 개념이 적용된 것으로 볼 수 있다. 거버넌스의 개념을 시민사회를 포함한 참여와 합의 형성으로 보고 참여적인 민주주의의 특징을 강조한 것이다. 정부 주도와 시장 주도의 거버넌스를 넘어서 의사결정 과정에 대한 시민사회의 참여와 합의 형성을 강조한 것이다. 이 시기는 NGO(Non-governmental organization)의 역할에 대해 새롭게 인식하고 그들의 참여와 협력이 특히 강조된 시기다. 또한 대안적인 국가 거버넌스가 세계적으로 부상한 시기라고 할 수 있다.

네 번째 시기는 2000년대의 '네트워크 거버넌스'의 개념이 적용된 것으로 볼 수 있다. 21세기에 접어들면서 세계화와 신자유주의의 확산으로 국민국가의 역할이 축소되고, 정부를 비롯한 공공부문이 감축되기 시작하였다. 국가, 시장, 시민사회 및 세계체제의 긴밀성이 높아지면서 관계의 재정립이 시도되었다. 정보통신 기술의 급속한 발전으로 사회적으로 교류의 속도가 빨라지고, 관계의 복잡성이 높아졌으며, 다양성과 역동성이 증가하였다. 기존 대의 민주주의의 기능이 축소되고 시민사회의 참여와 영향력이 급속하게 높아진 시기다. 정부는 공공문제의 해결자, 관리자의 독점적 역할에 대해 심각한 도전에 직면하게 된 시기이며, 이러한 상황에서 기능적 변화는 필수적으로 요구되었다(박재창, 2007).

〈표 5-1〉 거버넌스 개념의 시대적 변화와 특징

개념	시기	거버넌스의 특징
관리 중심 거버넌스	1970년대	• 정부와 같은 의미 • 국가 수준의 관리 역할 강화 • 공공서비스 공급체계의 변화
시장 중심 거버넌스	1980년대	• 거버넌스에 대한 국제적 관심 증대 • 국가 차원의 사회통합과 경제적 발전에 대한 관리 능력 강화 • 지역 경제 활성화를 위한 민관 파트너십 강조
시민사회 거버넌스	1990년대	• 시민사회를 포함한 참여와 합의에 대한 민주주의 강조 • NGO의 역할에 대한 인식 제고 • 새로운 제도와 정부의 기능에 대한 필요성 인식
네트워크 거버넌스	2000년대	• 세계화, 지방화, 정보화 등 전 지구적 통합과 분화의 확대 • 정보통신 기술의 발전에 의한 참여와 네트워크 강화 • 간접 민주주의의 기능이 약화되고 직접 민주주의적 네트워크 참여 확대

출처: 은재호, 이광희(2009: 28)의 내용을 수정함.

국가와 사회의 관계가 수직적 · 위계적인 형태에서 수평적이고 네트워크 관계로 변화된 것이다(서창록, 이연호, 곽진영, 2002).

　최근의 연구들은 거버넌스의 다양한 요소를 강조하고 있다. 하지만 선행연구의 내용을 종합해 보면 거버넌스는 세 가지 특징을 찾아볼 수 있다(은재호, 이광희, 2009). 거버넌스의 가장 핵심적인 특징은 사회적 협의와 조정, 권위와 자원의 배분, 네트워크 등이다.

　첫째, 거버넌스는 정부가 정책의 결정과정에서 시장이나 시민사회와 협의와 조정을 활성화한다는 것이다. Jessop(1999)은 시장의 무정부 상태(anarchy)와 계층제적 정부(hierarchy)의 양극단의 사이에 복합조직(heterarchy)이라는 중간적 개념을 제시하였다. 이는 국가가 시장과 시민사회의 참여를 통해 상호 의존적인 수평적 거버넌스가 필요하다는 것을 강조한 것이다. Hirst(2000)는 거버넌스가 국가, 지역, 국제관계 등 다양한 수준에서 이루어지는 국가와 비정부 집단 간의 조정과 협력을 의미한다고 강조한다. Kooiman(2003)은 다양하고 역동적이며 복잡한 사회활동에서 정부가 유일하게 정당하고 효과적인 통치를 할 수 없기 때문에 상호작용에 의해 정책의 질을 높여야 함을 강조하였다.

　둘째, 거버넌스는 정부가 독점적으로 향유하던 권위와 자원을 시민사회에 배분하여 공유하는 것을 의미한다. 정용덕(2003)은 국가가 정책적 의사결정 과정에서 다양한 행위자의 참여를 보장하며 협력을 지향하는 것이 거버넌스의 특징이라고 제시하였다. 특히 이 과정에서 이해관계자들 사이에서 참여를 통해 정부는 의사결정의 조정 · 조절이 이루어질 수 있는 역할을 수행해야 한다는 것이다. 결과적으로 국가가 독점적인 의사결정의 권한과 자원을 시장과 시민사회에 나누어 주고 참여를 기반으로 함께 의사결정하는 것을 의미한다.

　셋째, 거버넌스는 사회 구성원의 참여를 기반으로 하는데, 가장 중요한 부분이 네트워크라고 할 수 있다. 기존의 네트워크는 사회활동의 장(field)과 사회적 부문(sector)을 연결해 주는 역할을 의미하였다. 정보통신의 발달로 인해 이제 네트워크는 더 복잡하고 빠르게 연결되고 있다. 소셜 네트워크 서비스(SNS)의 발달로 인해 이제 사회 구성원은 정보의 소비자에서 생산자나 유통자의 역할을 다양하게 수행하게 되었다. 정책의 과정에서 의제설정, 의사결정, 집행, 평가의 과정에 이르기까지 시장과 시민사회의 역할을 매우 확대되고 있다. 특히 다양한 네트워크를 활용한 개인의 정책 참여 확대는 결과적으로 거버넌스의 질적 전환을 가져오고 있다.

2. 국가 수준의 교육 거버넌스 구조와 구성원

교육 거버넌스는 '교육정책에 있어서 정부, 기업, 비정부기구 등 다양한 행위자가 공동의 관심사에 대한 네트워크를 구축하여 문제를 해결하는 새로운 국정운영의 방식'으로 정의할 수 있다. 정부의 측면에서 본다면 행위자는 행정부, 입법부, 사법부로 고려해 볼 수 있다. 이종재, 이차영, 김용, 송경오(2012)는 교육 거버넌스의 비정부 행위자를 언론기관, 시민단체, 정당 및 이익집단으로 제시하였다. 국가 수준의 거버넌스를 도식화하면 [그림 5-1]과 같다(이종재 외, 2012).

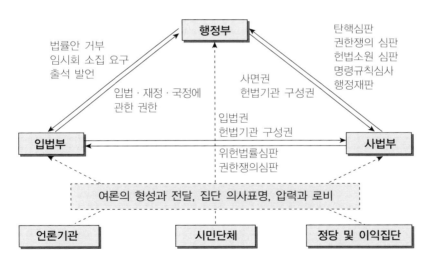

[그림 5-1] 국가 수준의 거버넌스 구조

출처: 이종재, 이차영, 김용, 송경오(2012: 231).

1) 행정부의 역할

우리나라는 대통령중심제이기 때문에 국정운영의 행정적 권한과 책임은 최종적으로 대통령이 갖고 있다. 「대한민국헌법」 제66조 제4항에서는 "행정권은 대통령을 수반으로 하는 정부에 속한다."라고 규정하고 있다. 하지만 대통령이 모든 정책의 과정에서 권한을 행사할 수 없기 때문에 정책의 영역을 나누어 행정각부를 두고 정책을 추진하고 있다. 「대한민국헌법」 제89조에 '제10호 행정각부 간의 권한의 획정, 제11호 정부안의 권한의 위임 또는 배정에 관한 기본계획, 제12호 국정처리상황의 평가·분석, 제13호 행정각부의 중요한 정책의 수립과 조정'에 대해서는 국무회의의 심의를 거치도록 하고 있다. 「정부조직법」 제26조 제1항에서 행정각부에 대해 규정하고 있는데, 교육부는 기획재정부에 이어서 제2호에 규정되어 있다. 제28조 제1항에서 "교육부장관은 인적자원개발정책, 학교교육·평생교육, 학술에 관한 사무를 관장한다."라고 하여 교육부의 권한과 책임을 명시하고 있다.

교육부는 역사적으로 수차례의 변화를 거쳐 왔다. 대한민국 정부가 수립된 1948년 7월 17일에 교육행정을 담당하는 문교부를 설치하였다. 이 당시에는 교육뿐만 아니라 문화, 예술 및 체육행정에 대한 업무도 모두 담당하였다. 1990년 12월 27일에 교육과 학예에 대한 업무만을 담당하는 교육부로 개편되었다. 2001년 1월 29일에는 교육인적자원부로 개편되어 교육뿐만 아니라 국가인적자원개발 정책을 총괄하는 부총리 부서로 격상되었다. 이후 2008년 2월 29일에는 과학기술부와 통합하여 교육과학기술부가 되었다. 특히 과학기술정책뿐 아니라 산업자원부(현 산업통상자원부)로부터 산업기술인력 양성에 관한 업무까지 이관받았다. 이후 2013년 3월 23일에 미래창조과학부(현 과학기술정보통신부)가 분리되면서 다시 교육부로 전환되어 현재에 이르고 있다. 2014년 11월 19일에 교육부가 사회부총리 역할을 겸하도록 하여 부총리겸 교육부장관으로 역할을 수행하고 있다. 정부의 조직과 역할은 정권의 국정 철학에 따라 변화해 왔으며, 향후에도 변화는 계속될 것으로 예상된다.

교육부와 그 소속기관의 조직과 직무 범위, 그 밖에 필요한 사항을 규정함을 목적으로 하는 대통령령으로 「교육부와 그 소속기관 직제」를 두고 있는데, 제3조에서 교육부의 직무에 대해 "교육부는 교육·사회·문화 분야 정책의 총괄·조정, 인적자원개발정책, 학교교육·평생교육 및 학술에 관한 사무를 관장한다."라고 규정하고 있다. 제2조에서는 교육부의 업무 중에서 특별히 별도로 운영되어야 할 업무를 담당할 소속기관을 규정하고 있다. 제1항에서는 교육부 장관의 관장사무를 지원하기 위하여 교육부 장관 소속으로 국사편찬위원회 · 국립특수교육원 및 중앙교육연수원을 두도록 하고 있고, 제2항에서는 각급 학교 교원의 소청심사청구사건의 심사 · 결정과 교육공무원의 고충심사에 관한 사무를 처리하기 위하여「교원의 지위 향상 및 교육활동 보호를 위한 특별법」제7조 제1항에 따라 교육부에 교원소청심사위원회를 두도록 하고 있다. 제3항에서는 교육부 장관 소속의 책임운영기관으로 국립국제교육원을 두도록 하고 있다.

교육부 장관을 보좌하기 위해 차관을 두고 있으며, 차관보의 경우에는 정권의 변화에 따라 두기도 하고 없애기도 한다. 행정적 지원을 위해서 교육부의 인사와 총무 업무를 담당하는 부서로 운영지원과를 두고, 대변인과 감사관 등을 두고 있다. 정책업무를 총괄하는 조직으로 기획과 조정, 대학업무, 초 · 중등교육 업무를 총괄하는 실(室)을 두고 있다. 실 아래에는 교육복지, 학교와 학생 정책, 평생교육과 미래교육 등을 담당하는 국(局)을 두고 있으며, 국에서 담당하는 정책 영역을 다시 과(課)를 두고 있다.

국가 수준에서 교육부는 주요 교육정책의 과정을 총괄하고 있다. 교육정책 의제의 설정, 정책의 결정, 정책의 집행, 정책의 평가와 환류의 과정에서 주도적인 역할을 수행하고 있다.

2) 입법부의 역할

국가 수준의 교육 거버넌스에서 입법부의 역할은 매우 중요하다. 우리나라에서 교육제도와 정책은 법령에 근거하고 있는데 가장 상위에 해당하는 교육관련 법령은 국회에서 결정되기 때문이다. 교육 예산 및 결산과 관련된 중요한 의사결정도 국회에서 이루어지고 있다. 또한 국회는 교육부가 집행하는 교육정책의 진행과정과 결과에 대해 다양한 방식으로 관리와 통제의 역할을 수행하고 있다.

입법과 관련하여「헌법」을 포함하여「교육기본법」「유아교육법」「초 · 중등교육법」「고등교육법」「평생교육법」등 교육과 관련된 법률의 제정과 개정의 권한을 갖고 있다. 또한 국회는 교육과 관련된 중요한 국제조약에 대해서도 체결하고 비준하는 과정에서 동의권을 갖고 있다.「헌법」과 법률은 행정부나 지방정부에서 규정하는 하위 법령에 대해 상위법의 효력을 갖고 있어서 영역이나 내용 등의 기준 역할을 한다고 할 수 있다.

교육재정과 관련된 국회의 권한은 교육 예산안을 심의하고 확정하는 권한과 함께 이미 집행한 예산에 대해 심사하는 결산권을 갖고 있다. 우리나라의 교육 예산은 매우 규모가 크기 때문에 이에 대한 적절한 견제가 필요하다고 할 수 있으며 집행한 결과에 대한 통제도 매우 중요하다.

국회는 행정부의 국정 운영에 대한 국정 감사권, 장관에 대한 탄핵소추권 등을 갖고 있다. 국정감사는 정기회 기간 중에 국정 전반에 대해 실시하는데, 1년에 1회 실시되는 교육부 국정감사는 한 해 동안 교육부의 정책집행 과정에 대해 종합적으로 평가하는 과정이다. 정기회나 임시회 기간 중에 교육정책을 담당하는 상임위원회에서는 수시로 이슈가 되는 교육정책에 대해 질의하고 방향에 대한 조율을 하는 역할도 수행하고 있다. 교육부 장관이 직무를 수행함에 있어서 헌법이나 법률에 위반하였을 경우에는 탄핵소추를 하거나 대통령에게 해임을 건의할 수 있다.

3) 사법부의 역할

사법부는 각종 심판과 재판권을 통해 입법부와 행정부를 통제하는 역할을 수행한다. 사법부가 보유한 심판권은 위헌법률심판권, 탄핵심판권, 권한쟁의 심판권, 헌법소원 심판권이 있다. 재판권에는 각종 쟁송에 대한 재판권과 명령규칙심사권이 있다.

사법부는 교육과 관련하여 명령이나 규칙, 처분이 헌법이나 법률에 위반되었는지 여부가 재판의 전제가 된 경우에는 이에 대해 심사할 권한을 갖고 있다. 심사의 대상이 되는 명령은 대통령령, 부령 등의 법규명령을 의미하며, 기관 내규의 성격을 갖는 행정명령은 심사의 대상이 되지 않는다. 사법부가 내린 판결은 교육제도나 정책에 상당한 영향을 미치고 있으며, 이러한 교육정책에 대한 사법 통제는 그 역할이 지속적으로 늘어나고 있다.

특히 헌법재판소에서 이루어지는 위헌결정은 교육 관련법과 제도의 변화를 초래하고 있다. 과외 금지에 대한 위헌결정(헌재 2000. 4. 27. 98헌가16)은 20년

간 금지되어 왔던 과외에 대해 전면적으로 허용된 사례다. 1980년 7월 30일 정부는 과도한 사교육비의 문제를 해결하기 위해 과외를 전면 금지하는 정책을 추진하였다. 헌법재판소는 2000년에 과외를 금지한 입법은 「헌법」 제31조에 대한 위헌이라는 결정을 내렸다. 헌법재판소 결정의 요지는 "자녀의 양육권과 교육권은 일차적으로 부모의 천부적인 권리인 동시에 부모에게 부과된 의무다. 이는 비록 「헌법」에 명문으로 규정되어 있지는 아니하지만, 국민의 자유와 권리는 「헌법」에 열거되지 아니한 이유로 경시되지 아니한다고 규정한 「헌법」 제37조에 포함되는 중요한 기본권이다.

또한 여러 판례 등에서 자녀의 교육권은 본래 학부모에게 포함되는 것으로 학교교육은 부모로부터 위임받은 교육권에 의한 것이라고 명시되어 있는 것을 확인할 수 있다. 즉 부모는 자녀의 특성에 따라 교육수단을 선택할 권리를 가지고 이러한 해석은 누구보다도 부모가 자녀의 이익을 잘 보호할 수 있다는 사고에 기인한 것이다. 국가의 교육권과 학부모의 교육권은 서로에게 공동으로 부과된 과제로 학교의 교육은 헌법적인 독자적 지위를 부여받지만, 학교 밖의 교육영역에서는 부모의 교육권이 우위를 차지한다고 볼 것이다. 따라서 「헌법」 제31조는 사인 간의 출발기회에서 불평등을 완화해야 할 국가의 의무를 규정한 것이지 개인에게서 별도로 이루어지는 교육을 국가가 금지하거나 제한하는 근거를 부여하는 수권 규범이 아니다."라고 보았다. 결론적으로 과외 금지 입법은 자녀 인격의 자유로운 발현권과 부모의 교육권이 제한되고 부차적으로는 과외교습을 직업으로 삼고자 하는 사람의 자유권 또한 제한하고 있다고 보았다. 헌법재판소의 결정에 의해 과외 금지 정책은 폐지되고 전면적으로 허용하게 되었다.

교육분야에서 제도의 전환에 큰 영향을 준 판례를 살펴보면, 1990년 10월 8일에 국공립대학 교원양성기관 출신자 우선채용에 대한 「교육공무원법」 제11조 제1항에 대해 위헌 판결한 것이다(89헌마89). 이 판례로 인해 사립대학의 교원양성기관 출신자에 대한 차별이 해소되었다.

4) 비정부 행위자

교육제도나 정책에 있어서 비정부 행위자는 공식적으로 참여할 수 있는 권한

이 부여되어 있지 않다. 하지만 교육 거버넌스에서 비정부 행위자의 참여와 역할이 점차 높아지고 있는 추세다. 이러한 세계적인 경향은 우리나라에서도 마찬가지의 상황이라고 할 수 있다. 비정부 행위자는 주로 언론기관, 시민단체, 정당, 교육 전문가 및 학회, 이익집단, 그리고 최근에는 개인의 참여도 늘어나고 있다. 이러한 비정부 행위자에 대해서는 별도의 장에서 다루고 있으므로 여기서는 간략하게 설명하고자 한다.

TV, 신문 등의 언론기관은 교육과 관련하여 다양한 방식으로 영향을 미치고 있다. 언론기관은 교육 이슈와 관련하여 여론을 주도하거나 새로운 이슈를 발굴하는 역할을 수행한다. 또한 교육제도나 정책의 문제점에 대해 건전한 비판을 통해 개선이 이루어지도록 하는 역할도 한다. 최근에는 기존의 언론기관 외에도 인터넷을 활용하여 다양한 언론기관이 새로 생겨나고 있다. 교육분야의 제도나 정책만을 다루는 언론기관도 새로 생겨나서 역할을 수행하고 있다. 하지만 언론기관이 해당 기관의 관점만을 강조하거나 편향된 시각이 반영된 경우에는 여론이 잘못 형성되는 부작용도 발생할 수 있다. 특히 언론기관에서 객관적이고 공정한 보도를 하는 것이 매우 중요하다고 할 수 있다.

교육 분야에서 다양한 목적의 시민단체가 활동을 하고 있다. 대표적으로 사교육에 대한 문제를 중점으로 다루는 시민단체는 교육제도나 정책에 의해 유발되는 사교육을 없애기 위해 대입제도, 평가제도 등에 대해 지속적으로 전문적 의견을 제안하고 있다. 다양한 시민단체의 활동은 교육 이슈에 대한 여론을 형성하고 교육의 문제를 제기하며, 정책적 개선 방안을 제안하는 활발한 활동을 펼칠 수 있으며 일정 부분 영향력을 발휘하고 있다.

정당은 정권을 획득한 여당과 다수의 야당으로 구성되어 있다. 정당은 선거를 통해 다양한 교육정책 공약을 제안하고, 국민의 선택을 받아서 권력을 획득하게 되면 공약이 제도와 정책으로 구현된다. 결과적으로 선거의 과정을 통해 국민의 지지를 많이 받은 정당의 공약이 정책화되기 때문에 유권자인 국민은 선거의 과정에서 교육 관련 공약에 대해 세밀한 검토와 분석을 해야 한다. 특히 대통령 선거의 경우에 교육 관련 공약이 미치는 영향력이 매우 크기 때문에 다양한 방식의 토론과 언론 보도를 통해 국민에게 설득을 하고 지지를 얻게 된다.

전문가 집단으로서 교육 관련 학회는 활발한 교육 연구와 논의를 통해 영향력을 발휘하고 있다. 학회는 교육학 전공 교수, 연구자, 교원, 학생 등이 참여하고 있으며, 학술대회, 학술지 등을 통해 다양한 의견을 제안할 수 있다. 때로는 교육부를 통해서 정책 이슈에 대한 연구를 의뢰받아서 수행하기도 한다. 교육 전문가는 학회를 기반으로 개인과 집단 수준에서 방송 출연, 언론 기고, 인터뷰, 논문이나 저서 집필 등을 통해 교육정책에 영향을 미치고 있다.

교육과 관련된 다양한 이익집단이 존재하는데, 민주주의의 속성상 한 명보다는 다수의 목소리가 교육정책에 더 많이 반영될 수 있다. 교사는 교직의 전문성 신장과 교사의 처우 개선을 위해 집단을 구성하여 활동을 하는데, 우리나라에서는 한국교원단체총연합회화 전국교직원노동조합이 가장 대표적이라고 할 수 있다. 최근에는 교과와 직군에 따른 교직원 단체를 구성하여 활동하는 경향이 높아지고 있다. 학부모도 교육의 문제를 제기하고, 새로운 교육정책에 관한 의견을 제안하기 위해 학부모단체를 구성하여 활동하고 있다.

3. 국가 수준의 교육정책 과정

교육정책이 형성되고 집행되는 과정을 살펴보면 교육정책이 마치 살아 있는 생명체와 같이 생성되고 소멸되는 단계를 거치는 것을 확인하게 된다. 개인은 일상생활에서 어떤 목적을 달성하기 위해서 계획을 세워서 일을 진행하고 결과에 대해 평가하는 과정을 거치게 된다. 이렇게 일상적인 생활에서 흔히 경험하는 계획(plan), 집행(do), 평가(see)의 과정을 정책의 과정에 적용해 보면 정책형성(policy formulation), 정책집행(policy implementation), 정책평가(policy evaluation)의 과정으로 구분할 수 있다. 하지만 실제 교육정책의 과정에서는 이렇게 단순한 과정을 거치기보다는 다양한 유형의 참여자들이 복잡한 과정을 거치게 되는 경우가 더 많이 발생하게 된다. 정책을 연구하는 학자들이 과정을 설명하기 위해 구체적인 이론과 모형들을 제시해 왔다.

Lasswell(1971)은 정책과정을 7단계로 구분하였는데, 정보의 수집(intelligence), 주장(promotion), 처방(prescription), 행동화(invocation), 적용(application), 종결(termination), 평가(appraisal)로 정책과정 모형을 제시하였다. Lasswell의 정책과

정 모형은 정책과정의 연구 분야에 대한 기본적인 틀을 제시하고, 정책과정 연구의 출발점이 되었다(남궁근, 2008). 이후 여러 학자들에 의해 정책과정의 단계가 제안되었다. Anderson(2002)은 정책과정을 5단계로 구분하였는데, 문제규명, 정책형성, 채택, 집행, 평가로 제시하였다. Jones(1984)는 정책과정에서 민간과 정부의 경계를 중심으로 4단계로 구분하였는데, 정책문제의 정부귀속 단계, 정부 내의 행동단계, 정부의 문제해결 단계, 추진정책의 재검토 단계다. 실제 문제가 존재하고 정책이 집행되는 민간의 영역과 정책이 결정되는 정부의 영역 간의 역할을 구분한 것으로 볼 수 있다. Dye(2007)는 5단계의 정책과정 모형을 제시하였는데, 문제 확인, 정책대안의 형성, 정책의 합법화, 정책 집행, 정책 평가의 단계다. Dye는 정책과정에서 정치적인 역동을 특히 강조한 것으로 볼 수 있다. Dunn(2008)은 정책을 5단계로 구분하였는데, 의제설정, 정책형성, 정책채택, 정책집행, 정책평가의 단계다. Dunn(2008)은 정책평가 이후 정책적응, 정책승계, 정책종결 등 3단계를 추가하여 총 8단계로 구분하였는데, 추가된 3단계는 정책평가의 결과를 반영한 환류에 해당한다고 할 수 있다(남궁근, 2008).

정책의 순차적인 단계를 강조하는 정책과정론은 일반론에 가까우며 현실의 정책을 설명하는 기술적(descriptive)인 관점이라기보다는 규범적(normative)이거나 처방적(prescriptive)인 관점에 가깝다. 이러한 관점은 실제 교육정책의 과정을 설명하는 데 일정 부분 한계를 보여 준다. 현실적인 설명력이 적다는 이유로 여러 가지 비판이 존재한다. 첫째, 각 단계는 인과적인 관계를 갖고 있지 못하다. 둘째, 각 단계에서 설명하는 순서가 현실에서는 반드시 일관되지 않다. 셋째, 정책의 결정과정과 입법과정에 초점이 맞추어져 있다. 넷째, 다양한 이해관계집단 간의 정치적인 상호작용이 적절하게 반영되지 못하고 있다.

여러 가지 비판이 존재함에도 불구하고 정책과정론은 여러 가지 장점을 갖고 있기 때문에 아직까지 다양하게 활용되고 있다. Anderson(2002)은 정책과정론이 네 가지 장점을 갖고 있다고 제시하고 있는데, 첫째, 실제 정책과정에서 단계별 활동 과정을 순차적으로 밟고 있으며, 둘째, 단계적 접근방법은 폐쇄적이지 않고 환경 변화에 개방적이며, 셋째, 정책과정의 동적, 발전적 측면이 반영되어 있으며, 넷째, 정책과정론은 한 사회나 특정 문화에 종속적이지 않기 때문에 여러 나라의 정책결정 체제를 비교 연구하는 데 유용하다는 것이다. Dunn(2008)

은 정책과정의 각 단계별로 여러 가지 정책분석 기법을 활용할 수 있다고 보았는데, 이를 통해 정책의 내용과 결과를 발전시키는 데 도움이 된다고 보았다.

앞에서 살펴보았듯이, 교육정책은 다양한 의사결정의 상황에서 교육 거버넌스에 여러 종류의 이해관계 집단이 참여하고 있어서 정치적인 역동성을 내포하고 있다. 한편, 교육정책의 중요성에 대해서는 시민 대부분이 동의하고 있다. 시민은 교육정책의 과정에 다양한 방식으로 참여를 원하고 있다는 점에서 다른 정책 분야보다 정치적인 속성을 강하게 갖고 있다. 종합적으로 살펴보면, 교육정책의 과정을 다음의 네 단계로 나누어 살펴볼 수 있다. 첫째, 교육문제가 제기되고 정책의제로 채택되는 과정을 '교육정책 의제설정 단계'라고 할 수 있다. 둘째, 다양한 정책적 대안 중에서 최적의 대안을 찾아서 교육정책으로 결정되는 과정을 '교육정책 결정단계'라고 할 수 있다. 셋째, 교육정책이 결정된 이후에 실제 교육의 현장에서 집행되는 과정을 '교육정책 집행단계'라고 할 수 있다. 넷째, 교육정책이 집행된 이후에 그 결과에 대해 평가하고 평가된 결과를 반영하여 새로운 정책으로 개선하는 '교육정책 평가와 환류 단계'로 구분할 수 있다.

4. 교육정책 과정과 교육 거버넌스

1) 교육정책 의제설정의 정치학

교육과 관련된 문제는 매우 다양한 수준과 양상으로 존재하고 있다. 개인적으로 누구나 교육과 관련하여 문제 인식을 갖고 있는데, 이러한 개인 수준의 교육 문제를 넘어서 다수의 사람들에게 영향을 미치는 문제를 공공의 교육문제 (public educational problems)라고 할 수 있다. 정책의제는 여러 가지 공공의 문제 중에서 정부가 공식적으로 해결 방안을 마련하기 위해 선택한 것을 의미한다. 수많은 공공의 교육문제가 모두 정부의 교육정책 의제(educational policy agenda)가 되는 것은 아니고, 특정한 문제만이 정부의 정책의제가 되기 때문에 정부의 정책의제가 된다는 것은 매우 의미 있는 것이다. 정책의제의 개념을 조금 더 구분해 보면 정부 당국이 선택하여 채택한 의제를 정부의제(government agenda)라고 하고, 이를 확장하여 많은 국민이 '정부가 해결해야 한다고 생각하는 정책문제'까지 포함하면 이를 공공의제(public agenda)라고 할 수 있다(남궁근, 2008).

교육정책 의제는 다양한 수준으로 존재하고 있다. Birkland(2005)는 의제화의 진행 수준에 따라 의제모집단(agenda universe), 공공의제(public agenda), 정부의제(government agenda) 그리고 결정의제(decision agenda)로 구분하였다. 의제모집단이란 다양한 교육의 문제들을 의미한다. 교육의 문제는 개인적인 수준에서 사회적인 수준으로 다양한데, 많은 사람에게 영향을 미치고 관심을 받고 있는 교육문제들을 공공문제(public problem) 또는 사회문제(social problem)라고 하고, 의제모집단은 이러한 공공의 문제들로 구성된다.

교육과 관련된 의제의 모집단에서 일부의 문제들만이 정부의 공식적인 의제로 전환된다. 공공의제가 되기 위해서는 많은 국민이 그 문제를 인식하고 있고, 문제의 해결을 위해 정부의 조치가 필요하다는 공감대가 형성되어 있고, 정부의 법적 권한이 명확하게 설정되어 있는 문제의 경우에 한하여 공공의제가 된다(Cobb & Elder, 1983). 다시 말해서, 상당한 정치적 과정을 거쳐서 정부의 공공의제가 된다는 것을 의미한다.

정부의제는 공식적인 권한을 가진 정책결정자가 문제의 해결을 위해 관심을 갖는 문제를 의미한다. 정부의제를 결정하는 정책결정자는 대통령, 국회, 행정부, 법원 등이 해당하는데, 예컨대 국가 수준에서 교육과 관련된 정부의제는 주로 교육부의 담당자가 적극적으로 문제를 해결하기 위해 관심을 갖는 문제들이 해당된다. 결정의제는 법률적으로 결정의 권한을 가진 기관에서 구체적인 정책적 대안을 확정하기 직전의 의제를 의미한다. 예를 들면, 국회에서 의결을 앞두고 있는 법률안, 대통령과 부처의 장관이 결정하기 위해 최종적으로 검토하고 있는 의제를 의미하는데, 대통령령안, 부령안, 정부의 정책안 등이 이에 해당된다. 따라서 결정의제는 정부의제가 다양한 논의와 검토의 과정을 거쳐서 심화시킨 정책의제라고 할 수 있다.

교육정책의 의제설정 과정을 살펴보면 정치적 영향력을 확인할 수 있다. May(1991)는 의제설정 과정을 네 가지 모형으로 유형화하였는데, Cobb, Ross와 Ross(1976)가 제안한 외부주도(outside-initiation) 모형, 동원(mobilization) 모형,

내부접근(inside-access) 모형 등 세 가지 유형에 공고화(consolidation) 모형을 추가한 것이다. 첫째, 외부주도 모형에서 외부는 정책결정자를 의미하는 정부 이외의 집단에서 정치적 영향을 미친 것을 의미한다. 다양한 비정부 집단에 의해 제기된 이슈가 공공의제가 되었다가 정부의제로 진입한 경우에 외부주도 모형에 해당한다고 할 수 있다. 둘째, 동원 모형은 정책결정자에 의해 제기되어 자연스럽게 정부의제가 되고 성공적인 집행을 위해 공공의제로 전환되는 유형을 의미한다. 특히 선거 등과 관련하여 정치적으로 제기된 의제의 경우에 정부 의제가 선거 과정을 통해 공공의제로 전환되는데 이처럼 일반 국민의 지지를 얻는 과정을 강조하기 때문에 동원 모형이라고 하며, 여기에는 이 과정을 통해 정책의 성공적 집행에 긍정적인 영향을 미치고자 하는 의도가 반영되어 있다. 셋째, 내부접근 모형은 정부기관 내부 집단이나 정책결정자와 밀접한 관계가 있는 집단에 의해 제안되는 의제설정 모형이다. 의제를 제안하는 집단은 대부분 정부기관이거나 전문가 집단이라고 할 수 있으며, 전문연구기관도 포함된다. 여기에는 광범위하게 공공의제로 제안되지는 않지만 일반 국민에게 미치는 영향이 크지 않거나 관심을 받기 어려운 경우도 포함된다. 넷째, 공고화 모형은 이미 일반적으로 국민의 관심과 지지가 높은 정책문제에 대해 정부가 관여하여 문제를 해결해 가는 유형을 의미한다. 이미 국민적 지지를 받고 있기 때문에 이러한 지지를 공고화하는 과정을 강조하는 경우라고 할 수 있다. 정책의제가 이미 국민적인 지지를 받고 있다는 것은 정책이 결정된 이후에 집행과정에서 정부의 노력과 비용을 상당히 절감할 수 있으며 더 많은 지지를 얻을 수 있음을 의미한다.

　일반적인 정책문제가 정부의제로 진입하는 기회는 항상 열려 있는 것이 아니라 정책과정의 흐름 속에서 특정한 시점에 정부의제로 진입할 수 있는 기회가 생긴다는 것을 설명하는 이론이 Kingdon의 정책흐름 모형이다(Kingdon, 2011). 실생활에서는 다양한 수준과 양상의 교육문제가 존재하고 있지만 다양한 문제 중에서 정부의제로 진입하기 위해서는 치열한 경쟁이 이루어지게 된다. 학교에서의 폭력 문제는 오래 지속되어 왔음에도 불구하고 사회적으로 주목을 받는 이슈가 된 것은 커다란 사건이 발생하여 언론을 통해 소개될 때라고 할 수 있다. 하지만 사회적 이슈가 되었다고 하여 모두 정책의제(policy agenda)로 채택되는 것은 아니다. 학교폭력과 관련하여 심각한 사건이나 사고가 발생한 후에 사회

〈표 5-2〉 의제설정 모형의 유형 구분

구분		일반 국민의 관여 정도	
		높음	낮음
의제설정의 주도자	민간	외부주도 모형	내부접근 모형
	정부	공고화 모형	동원 모형

출처: May (1991).

적 이슈가 되지만, 시간이 흘러서 다른 사회적 이슈가 발생하면 사회적 관심도가 낮아지는 상황이 반복된다.

Kingdon(2011)은 Cohen, March와 Olsen(1972)의 '쓰레기통 모형(garbage can model)'을 발전시켜서 정책의제 설정 및 정책결정 과정에 대한 '정책흐름 모형(policy stream model)'을 제시하였다.

정책의제는 정책문제나 정치의 흐름에 따라 우연히 설정되지만, 정책결정은 실행 가능한 대안에 초점을 맞추게 된다(Kingdon, 2011). 문제의 흐름, 정책대안의 흐름, 정치의 흐름 등 세 가지 흐름이 동시에 결합될 때 정책결정이 이루어질 확률이 높아지게 된다. 하나의 정책 영역에서 성공적으로 정책이 결정되면 그와 인접한 영역에서도 정책결정이 이루어질 가능성이 높아진다. 왜냐하면 정치적 연합을 통해 하나의 정책을 성공적으로 결정한 경우에는 그 정치적 연합을 활용하여 관련된 다른 정책들도 결정함으로써 이익을 얻으려 하기 때문이다(정제영, 이희숙, 2015).

중요한 교육문제라 하더라도 정책적 관심이 오래 유지되지 못하고, 주기적으로 문제가 발생하는 시점에서 다시 새로운 정책이 결정되고 발표되는 과정이 반복되고 있다. Kingdon의 정책흐름 모형에서는 정책문제의 흐름, 정치의 흐름, 정책대안의 흐름이 결합되어 정책의 창이 열리고, 이때 정책활동가의 역할을 통해 정책이 결정되는 과정을 강조한다(Sabatier, 1991). 하지만 정책의 창이 열리는 기간이 오래 지속되지 않는다는 것이 중요하며, 사회적 관심을 잃게 되면 결합되었던 세 가지 흐름은 분리되어 독자적인 흐름으로 바뀌게 된다. 이 경우에는 다시 정책의제로서 관심을 받지 못하는 상태라고 할 수 있다.

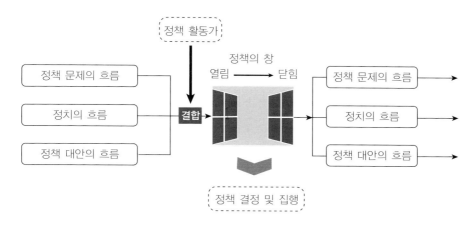

[그림 5-2] Kingdon의 정책흐름 모형

2) 교육정책 결정의 정치학

교육정책의 의제가 선정되면 교육정책의 목표를 설정하게 된다. 이는 교육문제의 해결 방향이라고 할 수 있는데, 문제를 해결하는 방법은 다양하게 존재할 수 있다. 여러 가지 정책적 대안 중에서 문제를 가장 효과적으로 해결할 수 있는 최적의 대안을 결정해야 하는데, 이를 '교육정책 결정과정(educational policy making process)'이라고 한다. 정책결정 과정은 일종의 의사결정 과정(decision making process)이라고 한다.

실제 교육정책의 결정과정은 하나의 이론에 의해 결정되기보다는 다양한 요인들의 영향을 받아서 복합적으로 이루어진다고 할 수 있다. 우리나라의 교육정책은 특히 국민적인 관심 분야이기 때문에 정치적 영향력을 많이 받게 되고, 다양한 수준의 선거에 의해서도 변화가 이루어지는 상황이다. 정책으로서 갖추어야 할 다양한 가치를 충족시키기 위해서는 정책결정 과정에서 국민과의 소통을 통해 민주적으로 이루어지고 잦은 정책 변화보다는 법령에 의해 제도화됨으로써 국민적 신뢰를 높여 나가야 할 필요가 있다.

교육정책이 정부의 일방적인 결정에 의한 것이 아니라 국가 수준의 교육 거버넌스에 의해 이루어진 사례는 매우 많이 살펴볼 수 있다. 정치적 영향력을 강하게 받아 온 우리나라의 대표적인 교육정책 중의 하나는 외국어고등학교(이하 '외국어고') 정책이라고 할 수 있다. 「초·중등교육법 시행령」에 규정된 특수목적고 등학교인 외국어고는 일반적으로 명문대학 진학률이 높은 명문고등학교라는 인 식과 함께 사교육비 증가의 원인이 되고 우리나라 교육을 혼란하게 만드는 학교 라는 인식이 공존하고 있다. 외국어고에 대한 문제제기가 지속적으로 제기되어 온 반면(강영혜, 2009; 정제영, 이희숙, 2011; 채창균, 2010), 학생과 학부모의 외국어 고 입학을 위한 경쟁이 나날이 심화되고 있는 이중적인 현상이 지속되어 온 것 이다. 2007년 참여정부 시절에 외국어고 폐지의 논란이 있었으나 정부와 교육 청의 관리와 규제를 강화하는 것으로 결론이 났다(교육인적자원부, 2007). 하지만 2008년에 정권이 바뀐 후인 2009년에 외국어고 폐지론은 새로운 여권을 중심으 로 다시 등장하였다가 2010년에 제도적 개선으로 정책이 발표되었다. 2017년 제19대 대통령 선거에서 문재인, 안철수, 유승민, 심상정 등 네 후보가 자사고와 외국어고를 사실상 폐지하는 공약을 내놓았다. 2017년 5월 취임한 문재인 정부 의 교육 정책은 이전부터 계속 논란이 있었던 자율형 사립고(이하 '자사고')와 외 국어고를 폐지하고 과학고, 영재고, 예술고, 체육고는 존속한다고 정책 방향을 발표하였다. 2019년 11월 7일 교육부에서 「초·중등교육법 시행령」을 개정하여 2025년부터 자사고, 외국어고, 국제고 폐지 방침을 확정지었다. 결론적으로 외 국어고의 위상은 정치적 변동에 의해 많은 영향을 받아 왔다고 평가할 수 있다 (김현주, 정제영, 2018).

외국어고와 자사고 제도는 매우 정치적인 교육 이슈라고 할 수 있다. 수월성 교육을 강조하는 보수적 정치 집단에서는 외국어고와 자사고가 고교 평준화의 문제를 해결해 줄 수 있는 정책 대안으로 선호하고 있다. 하지만 진보적인 정치 집단에서는 외국어고와 자사고가 형평성 교육을 저해하고 경쟁을 부추기는 문 제의 제도라고 보고 있다. 이러한 정치적 관점의 차이가 교육제도와 정책에 투 영되고 있다. 이러한 정치적 이슈가 되는 교육정책은 결과적으로 선거라는 민 주적 절차를 통해 결정되고 있다. 국민이 선거에 참여하여 정책적 방향을 결정 하는 것이 교육정책의 결정에 지대한 영향을 미치고 있는 것이다.

문재인 정부에서 교육 거버넌스를 활용하여 실험적으로 시행한 정책 결정의 대표적인 사례는 '대학입학제도 개편방안 및 고교교육 혁신 방향' 결정을 국민 이 참여하는 공론화의 과정을 통해 수행한 것이라고 할 수 있다. 2017년 교육부는 대입제도 공론화를 시행하는 것을 발표하였다. 교육부에서 밝히고 있는 대입제도 공론화는 사회적 요구와 교육과정에 부합하는 대입제도와 교육혁신 방향을 설정하는 것을 목적으로 하고 있다. 교육부는 "미래 사회에 대비해 융합적 사고를 통해 새로운 가치를 창출하고 빠르게 변화하는 지식과 사회에 적응할 수 있는 인재 양성 필요, 창의융합형 인재 양성을 목표로 하는 2015 개정 교육과정을 고시(2015년 9월)하고, 교육과정에 맞는 수능 개편을 추진하였으나, 의견 수렴 과정에서 충분한 소통과 공론화 과정을 통해 합리적 대안을 모색할 필요가 있다고 판단하여 수능 개편을 1년 유예(2017년 8월)하고, 2015 교육과정 취지를 반영하고, 학교교육이 모든 학생의 잠재력을 키워 줄 수 있도록 대입제도와 고교교육 혁신방향을 마련할 필요(교육부, 2018)로 인해 공론화를 추진한다."고 발표하였다. 교육부는 "단순 · 공정하고 투명하며, 계층 이동 사다리 역할을 할 수 있는 대입제도에 대한 국민적 요구를 반영하고, 국민의 눈높이에 맞는 제도 개

〈표 5-3〉 교육부의 대입제도 공론화 추진과정

단계		주요 활동
1	교육부, 국가교육회의 이송안 마련	• 정책자문위원회(입시제도혁신분과) 구성 · 운영(2017. 11.~) • 전문가 자문(2018. 1.~) • 현장 소통과 공론화를 위한 대입정책포럼 개최(4회, 2017. 12.~2018. 2.) • '대학입시제도 국가교육회의 이송안' 발표(2018. 4. 11.)
2	국가교육회의, 숙의 공론화 추진	• 대입제도개편특별위원회(2018. 4. 23.) 및 공론화위원회 구성(2018. 4. 30.) • 공론화 추진계획 확정(2018. 5. 16.) 및 공론화 범위 결정(2018. 5. 31.) • 공론화 의제 선정(2018. 6. 20.) 및 토론회 개최, 시민참여단 숙의(2018. 7. 11.~24.)
3	국가교육회의, 공론화 결과 발표	• 공론화 결과 발표(2018. 8. 3.) • 대입특위 및 국가교육회의 전체회의 개최(2018. 8. 6.) • 최종 권고안 발표(2018. 8. 7.)
4	교육부 최종 정책 발표	• 대학입학제도 개편방안 및 고교교육 혁신 방향(2018. 8. 17.)

출처: 교육부(2018).

편을 위해 국민이 직접 참여하는 숙의 공론화 과정을 거쳐 개편 방향 도출하겠다.”라는 취지를 발표하였다. 대입제도 공론화는 대통령 자문기구인 국가교육회의에서 논의하여 2018년 8월 7일에 최종 교육부 권고안을 발표하였다. 교육부는 2018년 8월 17일에 최종 대학입학제도 개편방안 및 고교교육 혁신 방향을 발표한 것이다.

국민이 참여하여 주요 교육정책을 결정하는 과정으로서 공론화는 매우 중요한 정책적 실험으로 볼 수 있다. 하지만 대학입시는 우리나라에서 가장 중요한 교육정책이며 이에 영향을 받는 학생과 학부모의 수가 매우 많기 때문에 안정성도 매우 중요한 가치라고 할 수 있다. 우리나라의 대학입시 제도의 변천사를 보면 대한민국 정부 수립 이후 12명의 대통령이 바뀌는 사이에 대학입시는 14차례 이상의 큰 변화를 거쳤다. 「대한민국헌법」 제31조 제6항에 교육제도에 관한 기본적인 사항은 법률로 정하도록 하고 있다. 이것을 ‘교육제도 법정주의’라고 부른다. 2018년 공론화를 거친 대입제도의 주요 결정사항이 2019년 또 다른 정치적 이슈로 인해 다시 변경된 사례를 보면 교육의 정치적 속성을 피할 수는 없지만, 가장 근본이 되는 제도의 경우에는 안정성과 제도적 신뢰를 높이기 위한 노력도 필요하다는 시사점을 얻을 수 있다. 안정적인 제도의 운영을 위해 대입제도와 같은 주요 교육제도는 법률로 정하도록 하는 것도 논의가 필요한 부분이라고 할 수 있다.

3) 교육정책 집행의 정치학

교육정책의 집행은 결정된 정책을 구체적으로 실현시켜 나가는 과정이라고 할 수 있다. 정책결정 과정에서 다양한 정책대안 중에서 최선의 방안이라고 선택된 것이 정책으로 결정된다. 정책집행은 결정된 정책대안이 계획된 대로 실현되도록 하는 과정이라고 할 수 있다. 정책으로 결정된 대안의 경우에도 추상성의 수준이 매우 다양하기 때문에, 집행은 정책을 구체화·실체화하는 과정이기 때문에 매우 중요한 의미를 갖는다.

결정된 교육정책이 국민에게 발표된 후에도 집행과정에서 정책의 목표가 달성되지 못하는 경우를 종종 볼 수 있는데, 정책목표와 정책대안 사이에 처음부터 인과관계가 존재하지 않는 경우를 '정책의 실패'라고 하고, 정책집행 과정에서 예상치 못한 문제가 발생하여 의도한 정책목표를 달성하지 못하는 경우를 '집행의 실패'라고 구분할 수 있다(정정길 외, 2010). 전자의 경우에는 정책결정 과정의 오류로 인한 것이라 할 수 있지만, 후자의 경우에는 집행과정에서 조금 더 신중한 판단과 실행이 필요했던 것으로 볼 수 있다. 이러한 집행의 실패는 집행 과정에 대한 철저한 모니터링이 필요하다는 것을 의미한다.

집행의 실패를 예방하기 위해서는 관점의 전환도 필요하다. 정책집행에 있어서 가장 전통적인 방식은 국가 수준의 정책 결정 사항에 대해 하향적 접근(top-down approach)으로 현장에 전달하여 집행하는 것이다. 이와 반대로 정책집행 현장의 행태와 상황을 이해하는 것이 필요하다는 상향적 접근(bottom-up approach)이 있다. Elmore(1979)는 하향적 접근을 전향적 접근(forward mapping)이라고 하고, 상향적 접근은 후향적 접근(backward mapping)이라고 하면서 후향적 접근의 중요성을 역설하였다(정일환, 주철안, 김재웅, 2016). 집행의 실패를 살펴보기 위해서는 상향적 접근을 통한 문제의 관찰과 개선이 요구된다고 할 수 있다.

하향적 접근방법을 따르고 있는 정책요인에 대해 정일환(2000)은 정책변인, 집행변인, 환경 및 맥락 변인 그리고 문제 관련 변인으로 정리하였다. 첫째, 정책변인은 정책내용과 정책집행 수단을 들 수 있다. 둘째, 집행변인은 집행자의 능력과 태도, 집행조직의 구조 등이 관련되어 있다. 셋째, 환경 및 맥락 변인은 사회경제, 정치적 상황, 대중 및 매스컴의 반응, 정책결정자의 지지 및 태도, 정책대상의 태도 등이 해당된다. 넷째, 문제 관련 변인은 문제상황의 복잡성, 동태성, 불확실성 등이 있다. 위 요인 중에서 특히 정책대상의 태도가 최근 더욱 강조되고 있는데, 교육정책에 대한 순응과 불순응 등의 반응은 교육정책 집행에 가장 영향이 큰 요인의 하나로 자리잡고 있으며, 이 역시 정치적 영향력으로 해석할 수 있다. 하향적 접근에서는 정책 현장의 문제에 대해 간과할 수 있다는 약점을 안고 있다.

상향적 접근은 일선 행정관료와 대상 집단의 행태를 특히 강조하고 있다. Lipsky(1980)는 정책집행 현장 연구를 통해, 일선 공무원이 정책의 집행과정에서 인력부족, 예산부족, 시간부족, 초과수요의 발생 등의 문제에 봉착하게 된다고 설명한다. 일선 공무원은 정책의 집행과정에서 봉착하게 되는 여러 가지 문제점을 해소하기 위해 대체로 업무의 단순화나 정형화라는 방법을 동원하게 된다는 것이다. 그들은 규정의 철저한 준수, 절차의 복잡화, 은행의 순번 대기표와 같은 행정 편의적인 제도의 도입, 금전적 부담의 부과 등의 방법을 동원하여 행정 수요를 줄이게 된다는 것이다.

정책집행에 있어서 하향적 접근방법으로 연구를 진행하게 되면 정책결정 과정의 정치적 속성을 강조하게 된다. 정책결정이 잘 이루어지면 된다는 접근은 실제 정책집행 과정의 문제를 소홀하게 볼 수 있다는 문제를 안고 있다. 최근 교육정책의 거버넌스 논의에서 정책집행 과정에 대한 중요성을 강조하는 이유는 실제 정책집행 과정상에서의 문제에도 교육 거버넌스의 개념이 도입되어야 함을 의미한다. 정책집행에 대한 체계적인 모니터링과 참여가 좋은 정책을 구현하는 데 중요한 요인이 될 수 있음을 의미한다.

정책의 경우에는 생명체와 같아서 끊임없이 관리가 이루어지지 않으면 생명력을 유지할 수 없다. 중앙정부 수준에서 아무리 합리적인 의사결정을 했다고 하더라도 집행과정에서 왜곡되는 현상을 방지하지 못하면 정책집행의 성공을 보장할 수 없다. 따라서 정책담당자의 관점에서는 정책이 집행되는 과정에서 교육 거버넌스의 작동을 통해 끊임없는 현장 모니터링을 통해 제대로 집행되고 있는지를 점검해야 할 필요가 있다.

4) 교육정책 평가의 정치학

정책이 집행된 이후에 목표를 달성했는지를 분석하는 것을 정책평가(policy evaluation)라고 한다. 교육정책은 주로 다양한 교육현장에서 이루어지는 경우가 많고, 그 교육정책의 단일한 효과를 측정하기 어려우며, 정책의 효과가 장기간에 걸쳐서 나타나는 경우가 많기 때문에 단기간에 교육정책을 평가하는 것은 쉽지 않은 일이다.

정책의 결과는 산출(output), 성과(outcome), 영향(impact)으로 구분할 수 있는데, 산출은 측정 가능한 가시적 결과를 의미하고, 성과는 비가시적인 결과를 포함하며, 영향은 사회에 미치는 장기적인 효과를 포함한다. 최근에 정책평가는 해당 정책의 담당자에 대한 책무성을 높이는 수단으로 활용되기도 하며, 정책담당자 개인과 조직에 대한 평가로 연계하는 경향을 갖고 있다.

정일환(2000)은 교육정책의 평가를 목표지향적 평가, 관리지향적 평가, 소비자 지향적 평가, 전문가 지향적 평가, 상반접근 지향적 평가의 다섯 가지로 구분하였다. 첫째, 목표지향적 평가는 구체적으로 규정된 성과를 측정하는 것으로 총괄적 평가의 성격을 지니며, 정책이나 사업이 종료된 이후에 이루어지는 평가라고 할 수 있다. 교육부에서는 이러한 목표지향적 평가의 과정을 하고 있는데, 교육부 자체적으로 이루어지는 자체평가와 국무조정실에 의해 이루어지는 정부업무평가로 구성되어 있다. 둘째, 관리지향적 평가는 새로운 교육정책의 개발이나 정책과정의 모든 단계에서 이루어지는 과정적·순환적인 평가를 의미한다. 교육부는 이러한 결과를 활용하여 정책과정의 개선에 활용하게 된다. 셋째, 소비자 지향적 평가는 특정의 교육정책이나 프로그램의 대상이 되는 고객이나 수혜집단을 대상으로 이루어지는 평가라고 할 수 있다. 최근 소비자 지향적 평가는 비용-편익분석(cost-benefit analysis)에 많이 활용되고 있다. 특히 설문조사의 방식으로 이루어지는 소비자 지향적 평가는 교육부에서 이루어지는 정책평가의 방식인 목표지향적·관리지향적 평가의 요소로 활용되고 있다. 넷째, 전문가 지향적 평가는 전문가 집단의 다양한 평가를 통해 정책의 개선에 활용하는 방법이라고 할 수 있다. 교육부에서는 중요한 교육정책의 추진과정에서 관련 전문가들로 구성되는 자문위원회를 활용하고 있는데, 이러한 방식이 전문가 지향적 평가라고 할 수 있다. 다섯째, 상반접근 지향적 평가는 이해관계가 상반되는 쟁점이 있는 정책에 대한 평가의 방식으로 논의되는 여러 가지 측면을 고려하기 위한 방법이다. 우리나라의 교육정책이나 제도 중에서는 상반된 입장을 갖고 있는 이해관계 집단이 등장하고 있는데, 이러한 경우에 다양한 의견을 반영하기 위한 방법이 될 수 있다.

정책평가를 위한 중요한 방법 중의 하나는 교육정책의 성과에 대한 평가 연구라고 할 수 있다. 교육부는 중요한 정책에 대해 전문가 집단을 활용하여 정책연구의 형태로 성과에 대해 분석을 의뢰하고 결과를 반영하고 있다. 정책평가의 과정에서도 정치적 영향력이 작용하는 과정이라고 할 수 있다. 교육부에서 발주한 정책연구의 경우에는 대부분 교육정책의 긍정적 성과에 대해 부각하는 경우가 많은데, 정책연구진은 해당 정책의 문제와 성과에 대해 객관적 시각을 유지하는 것이 중요하다. 우리나라에서도 고등학교 평준화 제도의 성과, 외국어고나 자사고의 정책 효과, 영어교육의 효과, 방과후 학교의 효과 등 정치적 관점이나 연구방법에 따라 상반된 결과를 보여 주는 연구들이 있다. 이렇게 쟁점이 있고 정치적 관점이 반영되는 연구의 경우에는 정책평가가 더욱 신중하게 이루어져야 할 것이다.

정책평가 결과는 다음 해의 정책이나 유사한 정책의 추진에 참고자료로 활용되는데 이 과정을 정책 환류(policy feedback)라고 한다. 교육정책의 평가 결과를 활용하는 방식은 무조치, 소규모의 수정, 대규모의 수정, 정책이나 프로그램의 폐기 등으로 반영된다. 최근 정책의 효과성에 대해서 연구적 접근을 통해 평가하는 경향이 나타나고 있는데, 이는 연구와 자료 기반 정책(data driven policy)의 의미를 갖고 있다. 즉, 과학적 정책과정을 실현하기 위해 정책의 효과를 평가하는 것이 강조되고 있는 추세다. 정책평가가 강조되면서 정책의 기획과 결정 단계에서 정책의 목표를 구체적인 성과목표로 설정하는 경우가 많아지고 있다. 하지만 성과목표 설정의 과정 자체가 중요한 정치적 과정이라고 할 수 있기 때문에, 성과목표는 타당성, 신뢰성, 객관성, 효율성 등의 가치가 종합적으로 반영되어야 할 것이다.

5. 국가 수준의 교육 거버넌스 발전 방안

정보통신 기술의 급격한 발전으로 인해 교육정책의 변동이 더욱 빠르게 이루어질 것으로 예상되고, 이에 따라 시민의 교육정책 참여는 더욱 활발해질 것으로 예상된다(정제영, 2018). 2000년대 들어서면서 시작된 '네트워크 거버넌스'는 더욱 빠르게 확산될 것이며, 이에 따라 기존 대의 민주주의의 기능이 축소되고 시민사회의 참여와 영향력이 급속하게 높아져서 참여 민주주의의 시대가 도래할 것으로 보인다.

정보통신 기술의 급속한 발전으로 사회적으로 교류의 속도가 빨라지고, 관계의 복잡성이 높아졌으며, 다양성과 역동성이 증가하였다. 교육부는 공공의 교육문제의 해결자, 관리자로서의 독점적 역할에 대해 심각한 도전에 직면하게 될 것이다. 이러한 상황에서 국가 수준의 교육정책에 대한 교육부의 기능적 변화는 필수적으로 요구되고 있다. 국가 수준의 정책과정에서 교육 거버넌스의 활용은 이제 반드시 확대되어야 할 상황이다. 교육정책 분야에서 국가, 시장, 시민사회 및 세계체제의 긴밀성이 높아지면서 관계의 재정립이 시도되어야 할 것이다.

교육 거버넌스는 교육정책의 네 가지 과정에서 모두 더욱 영향력이 확대될 것으로 예상된다. 첫째, 교육문제가 제기되고 정책의제로 채택되는 과정을 '교육정책 의제설정 단계'에서는 개인들의 요구가 빠른 시간 안에 집단을 형성하여 표출될 것으로 보인다. 문재인 정부에서 시도되고 있는 청와대의 국민 청원제도도 이러한 의제설정의 대중화라고 해석할 수 있으며, 다양한 교육의제가 제기되고 있다. 둘째, 다양한 정책적 대안 중에서 최적의 대안을 찾아서 교육정책으로 결정되는 '교육정책 결정단계'에서도 공론화의 과정이 다양하게 시도될 것으로 예상된다. 셋째, 교육정책이 결정된 이후에 실제 교육의 현장에서 집행되는 과정을 '교육정책 집행단계'에서도 다양한 모니터링의 참여가 이루어질 것으로 보인다. 넷째, 교육정책이 집행된 이후에 그 결과에 대해 평가하고 평가된 결과를 반영하여 새로운 정책으로 개선하는 '교육정책 평가와 환류 단계'의 단계에서도 교육 거버넌스의 영향력이 더욱 커질 것으로 예상된다. 변화하는 정책 상황에 따라 교육 거버넌스의 성공적인 역할 수행을 위해서는 이제 시민사회가 정책의 대상이 아니라 교육정책의 주체라는 점을 지각하고 정책과정의 공유가 필요하다는 인식의 공유가 필요하다.

제6장
지방 수준 교육 거버넌스의 정치학

우리나라 교육행정은 교육부-교육청-교육지원청-단위학교의 다층적 구조 속에서 운영되고 있다. 지방 수준 교육정치학을 다루는 이 장에서는 교육청, 교육지원청 수준의 지방교육 행정을 거버넌스의 관점에서 접근한다. 교육 거버넌스는 아직 개념이 분명하게 정립되어 있지 않지만 정책 및 정치과정에서 기존의 국가 중심이 아닌 다양한 주체의 네트워크 형성과 상호작용을 강조한다.

우리나라 지방 수준 교육 거버넌스의 틀은 지방교육자치제도를 근간으로 한다. 1952년에 시작된 지방교육자치제도는 교육의 자주성, 정치적 중립성, 전문성을 보장하기 위해 중앙정부로부터의 분권화와 일반행정으로부터의 분리·독립을 주요 원리로 하는 제도다. 역사적 변천을 거듭한 끝에 현재는 지방교육자치단체의 의결기구인 교육위원회가 지방의회에 흡수되고 집행기구인 교육감만 존재하고 있어 일반행정으로부터의 분리·독립이 저해되는 상황에 있다. 그런 가운데 2010년부터 교육감이 직선제로 선출되면서 교육감의 권력과 정치적 성격이 유례를 찾기 어려울 정도로 강해졌다. 교육지원청은 시·도 교육청의 하부기관이므로 결국 시·도에서 선출되는 교육감이 지방교육 거버넌스의 중심 역할을 하고 있다.

이 장에서는 먼저 지방 수준 교육 거버넌스의 기본 틀이 되고 있는 지방교육자치제도에 대해 살펴본다. 지방교육자치제도의 역사적 변천 속에서 교육 거버넌스 측면의 특징이 무엇인지 알아보고 관련 쟁점을 검토한다. 다음으로 현재의 지방교육자치제도하에서 교육 거버넌스의 중심이 되고 있는 교육감을 둘러싼 정치적 역동성을 알아본다. 2010년 직선제 이래 어떤 정치적 성향과 배경을 가진 인사들이 교육감으로 선출되었는지, 그들의 역할 수행에서 어떤 특징이 나타나고 있는지, 그리고 교육감의 권력관계와 정치적 역동성에 관한 쟁점 사례들로는 어떤 것이 있는지를 구체적으로 검토한다. 나아가, 교육감을 둘러싼 정치적 역동성의 결과로 지방 수준 교육 거버넌스에서 심각한 갈등관계가 주목되고 있으므로, 지방교육행정을 중심으로 중앙정부, 일반 지방자치, 단위학교 간에 나타나는 갈등관계를 역시 대표적 사례를 중심으로 살펴보고자 한다.

1. 지방 수준 교육 거버넌스의 틀: 지방교육자치제도

1) 교육행정의 다층적 구조와 지방교육자치제도

우리나라의 교육행정은 중앙정부에 교육부가 있고 17개 특별시, 광역시 및 도 지역에 시·도 교육청이 있으며 각 시·도 교육청은 하부기관으로 교육지원청을 두고 있다.[1] 그리고 전국 11,600개에 달하는 단위학교에서 학교행정이 전개된다. 교육부에서는 교육부장관이, 시·도 교육청에서는 교육감이, 교육지원청에서는 교육장이, 단위학교에서는 교장이 행정의 책임을 맡고 있다. 물론 이 다층적 행정구조의 최상위에는 대통령이 있으며 교육의 최고위 정책 결정자로서 권한을 행사한다. 이러한 교육행정의 다층적 구조는 거버넌스 이론에서 말하는 계층적·수직적 거버넌스의 전형적 방식이라고 할 수 있다.

거버넌스의 개념은 아직 확립되어 있다고 보기 어렵다. '행정' 또는 '정책결정'이라는 용어 대신에 사용되는 '거버넌스'는 정책의 수립과 집행과정에서 과거처

---

[1] 시·도 교육청 본청은 해당 지역의 교육정책을 수립·집행하면서 고등학교를 관장하고 하부기관인 교육지원청은 중학교와 초등학교를 관장한다. 교육지원청은 교육청의 하부기관이므로 지방교육 거버넌스를 다루는 이 장에서는 교육청 수준의 거버넌스를 중심으로 살펴본다.

럼 관료에 의해 일방적으로 혹은 수직적으로 의사결정을 하는 것이 아니라 정책 커뮤니티 내에 존재하는 다양한 이해관계자들을 정책과정에 실질적으로 참여시켜서 문제를 함께 해결하는 공공의사결정의 한 형태 혹은 상호협력적 조정양식을 말한다. 그러므로 공공의사결정이 국가나 지역 등 다양한 수준에 걸쳐 존재하고 있는 정책 네트워크 내의 여러 행위 주체 간 상호관계 속에서 전개된다는 점을 강조한다. 거버넌스는 1970년대 여러 국가에서 재정 위기가 나타나고 국가기능을 민간과 공유할 필요성이 발생하면서, 즉 국가의 관여와 통제가 이전에 비해 약화되는 환경이 조성되면서부터 등장하였다. 1980년대 세계화 시대를 거쳐 1990년대에 NGO와 시민사회의 비중이 높아지고 정부 중심의 배타적 국정 운영 또는 시장 중심 의사결정에서 벗어나게 되면서 확산된 개념이다(정지윤, 박성호, 2017; Pierre & Peters, 2000). 거버넌스 관점에서는 권력의 집중과 동시에 분산이 이루어지며, 독점적이고 절대적인 국가권력을 부정하고 국가도 하나의 행위자로 간주한다(오승은, 2006). 과거에는 정부의 공공 업무만을 대상으로 하는 입장이 강했으나 현재는 '대학의 거버넌스 구조'라는 표현에서 알 수 있듯이 기업 등 일반 조직에도 적용되는 개념으로 확대되는 추세라고 할 수 있다(이종재, 이차영, 김용, 송경오, 2012).

서구 공공행정에서 주목하는 거버넌스의 세 가지 유형은 계층제 거버넌스, 시장(시민) 거버넌스, 네트워크 거버넌스다(Fumasoli, 2015). 이 세 유형은 거버넌스 개념의 등장 시점부터 존재해 왔고 현재도 혼재하지만 강조된 시점이 다르다. 즉, 1980년대 초까지는 계층제 거버넌스 시대, 1980년 초부터 1990년대 중반까지는 시장 거버넌스 시대, 1990년대 이후를 네트워크 거버넌스의 시대라고 하는데, 현재로 올수록 시장과 네트워크를 계층제의 대안으로 중시하는 경향이 있으며 경우에 따라서는 네트워크 거버넌스만을 거버넌스로 인정하기도 한다(이종재 외, 2012).

우리나라 교육행정도 정부 혼자서 모든 정치적 의사결정과 집행을 하는 시대가 더 이상 아니라는 점에서 거버넌스의 관점에서 설명할 수 있다. 교육 거버넌스란 교육에 관한 의사결정과 집행에 있어 교육행정의 위계적 구조에 따른 권력관계가 존재하고 행정 주체가 중심적 역할을 수행하지만 과거와 달리 다양한 이해관계자들이 그 과정에 역동적으로 참여하고 관련 주체들 간의 상호작용 속에서 권한 행사가 이루어지는 것을 의미한다(박남기, 2018; 반상진, 2013; 신현석, 2010). 지방 수준 교육 거버넌스는 우리나라 교육 전체의 거버넌스에 있어 중요한 구성요소다. 과거에는 중앙정부의 교육 거버넌스가 지배적 역할을 했지만 지방자치 시작과 동시에 지방교육자치가 활성화되면서 시·도 교육감과 교육청의 정치적 역할이 획기적으로 변화되었다는 점에서 그렇다. 교육 거버넌스는 네트워크 거버넌스 개념을 포함하고 있지만 소수 집단이 권력을 독점하여 행사한다는 의미의 고전적 권력 개념이 폐기되는 것으로 보지는 않는다. 기존의 권력개념으로 설명 가능한 국가 혹은 정부의 지배적·중앙집권적 행태는 여전히 존재하고 있으며, 향후에도 지속될 것으로 보이기 때문에 고전적 개념과 현대적 개념은 혼용될 수 있다고 하겠다.

우리나라 지방 수준 교육 거버넌스를 나타내는 중요한 틀이 바로 지방교육자치제도다. 해방 이후 미국의 제도를 도입해 시작된 지방교육자치제도는 지방 수준에서 이루어지는 교육행정이 자치적 구조를 가지고 운영되도록 고안된 특별한 제도를 말한다. 이형행과 고전(2006: 337)은 '교육자치란 교육행정에 있어서 지방분권의 원칙 아래 교육에 관한 의결기관으로서의 교육위원회와 당해 교육위원회에서 의결된 교육정책을 집행하는 집행기관으로서의 교육감제를 두고, 민주적 통제와 전문적 지도 사이에 조화와 균형을 얻게 하며, 인사와 재정을 비롯하여 행정의 제도와 조직 면에서 교육의 자주성을 보장하려는 제도'라고 정의하였다. 지방 수준 교육 거버넌스에서 나타나는 정치적 속성과 과정도 이 제도를 중심으로 발현되고 있다고 할 수 있다.

지방교육자치제도는 두 가지 중요한 운영 원리를 가지고 있다. 하나는 중앙정부 행정으로부터 지방교육자치단체로 분권화되는 구조를 통해 지방자치의 정신을 구현하는 것을 가리킨다. 지방의 특성에 적합한 행정을 민주적으로 구현하기 위해 지방 분권이 필요하다는 취지다. 교육행정에 있어서도 교육부는 유·초·중등교육 운영에 대한 권한과 책임의 상당 부분을 시·도 교육청으로 위양하고 있는데, 이는 지방분권화의 원리를 반영한 것이다.

다른 하나는 일반행정으로부터 분리·독립의 원리로서 시·도 지사가 다른 부문의 행정은 모두 관장하되 교육행정만은 분리된 기구인 지방교육자치단체가 관장한다는 의미다. 지방 수준에서 이루어지는 교육행정을 굳이 일반행정에서 분리하여 운영할 필요가 있는가에 대해서는 교육의 특수성에 대한 깊은 이해가 필요하다. 교육은 그 어느 부문과 비교할 수 없을 정도로 효과가 장기적으로 나타나는 특징이 있으며, 성과를 측정하고 평가하는 것이 지극히 어렵고 곤란하다. 뿐만 아니라 재정 투입에서의 비긴요성, 비긴급성이 일반적이며 관련 집단이 대단히 이질적이기 때문에 조정이 매우 어렵다는 특징이 있다(연세대학교 교육학과 교수진, 2019). 교육의 이러한 특수한 성격 때문에 교육행정은 일반행정과 분리된 별도의 구조를 가지고 있어야 교육행정의 합리적 운영과 본연의 목적 달성이 가능하다고 할 수 있다. 경제 상황 등 제반 여건이 안정적이고 평화로울 때는 시·도지사가 교육시장, 교육도지사를 표방하며 교육에 관심을 기울일 수 있지만, 상황이 나쁠 때는 교육이 우선순위에서 밀려날 수밖에 없는데 그 결과는 장기적으로 국가발전에 악영향을 미칠 것이므로 교육의 특수성은 교육행정에서 중요한 기반이 된다.

2) 지방교육자치제도의 변천과 교육 거버넌스의 변화

우리나라가 일제강점기로부터 해방되면서 3년간 지속된 미군정 시기에 군정청이 일본 식민주의 사상의 불식과 민주주의를 표방하면서 신생 독립국에 자신들 모국의 교육행정 형태를 도입하고자 시도함으로써 지방교육 거버넌스의 새로운 구조가 시작되었다. 그것이 바로 분권화되고 민주적 주민 참여를 지향하는 새로운 거버넌스 모델로서의 '지방교육자치제도'다. 1945년 이후 지방교육자치제도의 변천을 살펴보면 지방교육 거버넌스에서 참여자가 누구인가, 참여자들이 어떤 과정을 거쳐 거버넌스에 참여하며 그들 간의 권력관계는 어떻게 변화되었는가, 누가 더 많은 영향력을 행사하는가 등에 있어 역동적인 변화가 나타난다(〈표 6-1〉 참조).

먼저 1945~1948년 대한민국 정부 수립까지의 시기(제1기)에 미군정은 교육자치 관련 3법, 즉「교육구의 설립」「교육구회의 설치」「공립학교 재정경리」제정을 통해 식민시대의 중앙집권적 교육행정 체제를 불식하고 미국식의 분권화된 체제를 도입하고자 시도하였다. 이 법들은 군정 종식으로 폐기되었으나, 1949년 제헌국회에서「교육법」이 제정될 때 지방교육자치에 관한 조항 삽입으

〈표 6-1〉 지방교육자치제도의 변천과 시기별 거버넌스 구조의 특징

시기	시기별 주요 내용 및 거버넌스 구조의 특징
제1기 지방교육자치 제도도입 준비기 (1945~1948년)	• 해방 후 미군정청이 교육행정에서 중앙집권적 구조를 변화시키고자 분권화된 미국식 지방교육자치제도 구상 • 지방 수준에서 일반행정으로부터 분리·독립되어 자치적으로 운영되는 교육행정 구조 지향 • 교육자치 3법 제정을 통해 제도 도입 준비
제2기 지방교육자치 출발기 (1949~1960년)	• 1949년 제헌국회를 통해 「교육법」에 교육자치 조항 포함 • 1952년 5월 24일 선거를 통해 17개 시교육위원회, 123개 교육구 교육위원회 구성으로 역사적 출발 • 도를 제외한 시·군 단위 교육자치 실시 • 군에 특별교육법인으로 교육구, 시에 합의제 집행기관으로 교육위원회 설치 • 행정 단위에 따라 교육위원회와 교육감 위상이 상이한 복잡한 구조
제3기 지방교육자치 중앙 예속기 (1961~1990년)	• 1961년 5·16군사정변으로 제도 폐지 • 1962년 개정 「헌법」에 교육의 자주성, 정치적 중립성 조항 삽입 • 1963년 「헌법」 개정으로 교육자치 부활 • 광역 단위에 의결기관으로 교육위원회(시·도 의회 선출), 집행기관으로 교육감(대통령이 임명), 시·군에 교육장(대통령이 임명) • 일반행정으로부터의 분리·독립은 이루어졌으나 지방자치 미실시로 교육자치는 중앙정부에 예속됨.
제4기 지방교육자치 실질 운영기 (1991~2010년)	• 1991년 「지방교육자치에 관한 법률」 제정 • 일반 지방자치제도의 출범과 함께 중앙정부 예속을 벗어남. • 광역 시·도 단위(교육위원회는 지방의회의 위임형 심의·의결 기구) • 교육위원회 위원 및 교육감 선출: 시·도 의회 → 학교운영위원 대표 → 학교운영위원 전체로 방식 변경 • 2006년 「지방교육자치에 관한 법률」 개정에 따라 제도 변형이 예고되고, 2007~2010년 과도기를 거친 후 변형기로 넘어감.
제5기 지방교육자치 변형기 (2010년~현재)	• 2010년부터 독립된 교육위원회 제도 폐지, 교육감 직선제 도입 • 지방교육자치제도상 독립된 의결기관 없이 집행기관인 교육감 제도만 존속 • 교육위원회는 시·도 의회 내 교육상임위원회로 통합·흡수됨. • 2010년 지방선거 단회에 한해 교육상임위원회를 시·도 의회 의원과 별도 선출된 교육의원으로 구성, 교육의원 일몰제 시행으로 인해 2014년 7월부터 교육의원제도 폐지 • 교육감의 권한 강화 및 타 주체들 간의 갈등관계 다수 발생

출처: 김혜숙, 김종성, 장덕호, 조석훈, 홍준현(2011: 22-28), 나민주 외(2018: 25)의 내용을 재구성함.

로 당초의 의도가 계승되었다. 지방교육자치제도가 우리 문화에 기반하여 자생적으로 발생한 거버넌스 모델이 아니어서 우리나라 실정에 적합하지 않다는 일부 시각은 사회가 발전할수록, 현재로 올수록 지방교육자치제도가 지향하는 교육의 자주성, 주민 참여를 통한 민주성, 집권과 분권의 적정화를 향해 분권화의 원리를 중시하는 방향으로 나아온 것을 감안하면 전향적 접근이 필요하다.

1949년 「교육법」에 교육자치 조항이 포함된 이후 지방교육자치제도가 본격적으로 시작되었다(제2기). 1952년 5월 24일의 선거를 통해 17개 시교육위원회, 123개 교육구 교육위원회를 구성함으로써 지방교육자치단체가 존재하게 되었다. 이 시기의 특이점은 현재의 광역 단위와 달리 도 지역을 제외하고 시·군 단위에서 교육자치가 실시된 점이다. 이는 당시 미국에서 우리의 시·군과 유사한 수준인 학교구(school district)에서 실질적인 교육 거버넌스가 이루어진 것과 맥을 같이한다고 할 수 있다.[2] 다른 하나의 특징은 교육위원회와 교육감의 위상이 상이한 매우 복잡한 구조를 가진 점이다. 결과적으로 한국전쟁 이후 사회적 혼란기가 이어짐으로써 새로 출범한 지방교육자치제도는 초창기 10여 년 동안 안정적으로 정착할 기회를 갖지 못했다.

제3기는 1961년부터 1990년까지 약 30년에 달하는 시기인데 이때는 지방교육자치단체는 있었으나 지방교육 거버넌스가 중앙에 예속되어 지방교육자치제도가 형식적으로만 존재하였다.[3] 1961년 5·16 군사정변으로 정치적 격변이 시작되면서 1952년에 출범한 지방교육자치제도가 폐지되었다가 1963년에 다시 부활하게 되었다. 부활된 제도는 몇 가지 변경이 있었는데, 광역 단위에 의결기관으로 교육위원회를, 집행기관으로 교육감을, 시·군에 교육장을 둠으로써 문제가 되었던 제도의 복잡성을 줄였다. 그런데 이 시기의 문제점은 교육감이나 교육장을 추천 절차를 거쳐 결국 대통령이 임명하도록 함으로써 지방교육 거버

---

2) 미국에서는 교육에 관한 사무가 주 정부의 책임으로 명시되어 있지만 주 정부의 역할이 강화되기 시작한 것은 1980년 이후다. 이후 학교구의 역할과 권한은 상대적으로 감소하고 주정부의 역할과 권한은 급격히 확대되어 적정점을 향해 변화하고 있는 것이 미국 지방교육 거버넌스의 중요한 경향이라고 할 수 있다(Campbell, Cunningham, Nystrand, & Usdam, 1985; Sergiovanni, Kelleher, McCarthy, & Wirt, 2004).

3) 당시 구조상으로는 교육위원회와 교육감을 두고 있으나 교육감과 교육장을 중앙정부가 임명한다는 점에서 '불완전한 명목상의 제도'라고 불리기도 한다(김혜숙, 1981).

넌스에 중앙정부의 영향력이 절대적으로 강화된 것이다. 경제발전과 효율성이 중시되던 시대상이 지방교육 거버넌스에도 투영된 시기였다. 그러므로 지방교육자치의 중앙정부 예속기라고 표현할 수 있을 것이다.

　우리나라 지방교육 거버넌스에서 지방교육자치의 정신이 비교적 잘 구현된 시기는 1991년부터 2010년까지 약 20년간이다(제4기 실질 운영기). 88올림픽을 전후로 민주화가 추진된 사회변화와 함께 일반행정에서 지방자치제도가 출범함으로써 중앙정부 예속을 벗어난 지방행정 시대를 맞게 되었다. 지방교육 거버넌스에서도 1991년에「지방교육자치에 관한 법률」제정을 통해 광역 시·도 단위 교육위원회는 지방의회의 위임형 심의·의결 기구로 자리매김함과 동시에 교육위원회 위원과 교육감을 민주적으로 선출하는 변화를 통해 명실공히 분권화의 가치를 구현할 수 있는 체제가 마련되었다. 특히 교육감을 대통령이 임명하는 것이 아니라 민주적 절차를 거쳐 선출하게 된 것은 획기적인 변화였다. 그러나 교육위원회 위원과 교육감 선출을 둘러싸고 몇몇 사회문제가 발생함에 따라 시·도 의회 → 학교운영위원 대표 → 학교운영위원 전체가 선출하는 방식으로 변경되었다. 학교운영위원 전체 선출 방식은 소수 집단에 의한 선출의 문제점을 방지하면서 교육현장에 관심이 큰 학부모가 일정 규모 이상으로 참여하는 방식으로 기대되는 제도였으나 1회 실시 후「지방교육자치에 관한 법률」개정에 따라 주민 전체 직선제 거버넌스 구조로 변형되었다.

　2010년 이후 현재는 교육위원회가 시·도 의회 내 교육상임위원회로 통합·흡수되어 지방교육자치제도상 독립된 의결기관 없이 집행기관인 교육감 제도만 존속하고 있다(제5기 변형기). 2006년「지방교육자치에 관한 법률」개정에서 의결기관인 교육위원회가 일반행정에 통합되고 집행기관인 교육감 제도만 남는 형태로 바뀌게 된 것이다.[4] 이러한 변형은 지방 수준 교육 거버넌스에 대해 교육계의 시각과 일반지방자치 분야 혹은 일반행정학계의 시각이 완전히 다른 데 기인한다. 이는 1961~1990년 시기 동안 일반행정으로부터의 분리·독립은 있었으나 중앙정부로부터의 분권은 갖지 못했던 중앙 예속기와 반대되는 방향,

---

4) 2006년 개정된「지방교육자치에 관한 법률」은 교육의 자주성 및 전문성과 지방교육의 특수성을 살리기 위해 지방자치단체의 교육, 과학, 기술, 체육, 기타 학예에 관한 사무를 담당하는 기관을 설치 운영하며 시·도 교육청, 지역교육지원청, 각급학교를 둔다고 규정하고 있다.

즉 분권은 있으나 일반행정으로부터의 분리·독립은 반만 갖춘 형태로의 변형이라고 할 수 있다. 한편, 2010년 지방선거 당시 단회에 한해 교육상임위원회를 시·도 의회 의원과 별도의 자격조건을 가지고 선출된 교육의원으로 혼합 구성하였으나 교육의원 일몰제 시행으로 이 제도도 폐지되었다. 독립형 의결기구가 없고 집행기구만 있다는 것은 지방교육자치의 완전한 구현이 불가능하다는 의미다. 또한 2010년 지방선거부터 교육감 직선제가 도입되었다. 이른바 민선교육감 시대 지방교육 거버넌스에서는 광역시·도 단위에서 선출된 교육감의 영향력이 절대적으로 강화되었다. 시·도 의회의 교육상임위원회는 지방 정치인이 배정받는 위원회의 하나일 뿐이고 지방교육자치의 가치 구현과는 원칙적으로 관계가 없다. 따라서 현재는 교육감이 지방교육 거버넌스에서 절대적 위치로 확실히 자리매김하게 되었다.

3) 지방교육자치제도 거버넌스 관련 쟁점

지방교육자치제도의 거버넌스 관련 쟁점으로는 지방교육자치 원리의 문제, 중앙과 지방의 관계, 교육자치와 일반자치의 관계, 집행기관의 선출 및 권한, 의결기관의 위상 및 구성 등 여러 가지가 있다(박수정, 2013). 다른 각도에서 쟁점사안을 검토해 보면 우선, 지방교육자치제도의 역사와 전개과정을 통해 볼 때 이 제도는 지배적·강제적·국가 중심적인 특징을 지닌 고전적 권력 작용을 강하게 받고 있는 점에 주목할 필요가 있다. 도입과정에서는 미군정, 5·16 군사정변 이후부터 1991년까지는 중앙정부, 2006년 지방의회 상임위원회화의 과정에서 중앙정부, 2010년 교육의원 일몰제 결정에서의 중앙정부와 국회 등 변곡이 발생한 주요 단계에서 국가권력이 주도적으로 제도의 변화를 강제하였다. 제도와 관련한 중요한 변화를 결정하는 과정에서 단위학교, 교사, 교육학자, 교직단체 등 교육계 관련 주체들의 참여는 최소화되었고 형식적인 공론화 과정만 있었다(김용일, 2009). 이러한 성격은 협력적 네트워크 중심의 교육 거버넌스에서 기대할 수 있는 정책결정 및 집행이 이루어지지 못했음을 의미하는 것이며 「헌법」이 추구하는 교육의 민주성, 전문성 모두에서 문제가 된다.

둘째, 광역 단위 지방교육자치에 대한 비판이나 지방교육자치의 실시 단위가 일반지방자치와 다른 데 대한 일부 논란은 현실성 측면에서 적절하지 않아 보인다. 우리나라의 지리적 여건뿐만 아니라 제도의 변천과정에서, 특히 현 제도가 성립되기까지의 과정에서 행정 효율성 논란이 크게 표출된 점 등을 감안한다면 현재의 광역 단위 지방교육자치제도가 보다 타당하다고 할 수 있다(김혜숙 외, 2011). 2006년 교육위원회가 지방의회의 상임위원회로 통합되는 의사결정 과정에서 행정 효율성 문제가 중요한 요인으로 제기되었으며 러닝메이트제 선출 주장 등 교육감까지 일반행정에 통합되어야 한다는 시각이 여전히 존재하고 있음을 주목할 필요가 있다.

셋째, 지방교육자치제도를 줄여서 '교육자치제도'로 부르기도 하는데 학교자치가 이 제도의 꽃이므로 거버넌스 구조 문제는 그다지 중요하지 않다는 주장이 있으나 이는 지방교육자치제도 자체가 지역 수준에서의 교육행정 구조를 말하는 것이기 때문에 타당하지 않다. 통합행정의 원리를 강조하며 지방교육자치제도를 원천적으로 부정하는 일반자치 쪽에서 지방 수준에서의 교육행정을 일반행정과 통합하고 대신에 학교자치를 강화하는 방향이어야 한다는 주장을 할 때도 학교자치를 내세우는 점을 간과하지 말아야 한다. 학교 단위에서의 자치적 성격은 물론 중요하고 필요한 것이나 오해를 피하기 위해 '자율적 운영'이라는 용어로 접근하는 것이 보다 적합하다고 할 것이다.

넷째, 지방 수준 교육 거버넌스에 있어 현재 과다한 갈등이 발생하고 있으므로, 지방교육자치의 주요 행위자인 대통령, 교육부 등 중앙정부, 시·도 교육감, 지방의회, 지방정부(시·도지사) 간의 갈등 발생을 최소화하기 위해 각 행위자들의 역할과 책임, 갈등 해결 경로를 명확히 규정할 필요가 있다. 예를 들어, 국가가 추진한 누리과정 지원사업, 교육청 주도 무상급식 사업 등에서 예산 부담을 둘러싸고 큰 혼란이 발생하였다. 현재 의결기구인 교육위원회가 지방의회의 상임위원회로 존재하고 있는데 정치가인 의원들이 의사결정을 하는 만큼 예산 편성 과정에서 이들의 정치적 개입을 최소화하는 문제도 중요하다. 또한 대부분 지역에 지방교육행정협의회, 교육협력관제, 교육지원조례 등이 마련되어 있으나 그 실효성에 대한 객관적 검토가 필요하다.

마지막으로, 교육감의 권한과 선거제도 관련 문제 역시 쟁점으로 남아 있다. 법적 권한은 민주적 정당성에 비례할 것이므로 주민 직선으로 당선된 교육감은 민주적 정당성이 시·도지사에 준하고 행사하는 권한도 막강하다. 그러다 보니 교육감의 권한을 둘러싼 갈등이 과도하게 발생하고 있어 관련 주체 간 권한의 조정이 필요하다. 교육감 선거의 과열과 함께 선거 비용이 수십 억에 달하여 적격 인사의 교육감 진출을 저해하는 문제도 해결되어야 할 과제다.

2. 교육감 정치학

1) 교육감의 권력과 정치적 성격

교육감 제도는 유·초·중등교육에 관한 행정은 중앙 부처인 교육부의 직접 관리에서 벗어나 지방 교육의 특수성을 반영해야 한다는 분권화 원리와 교육 자체의 특수성에 따라 교육행정을 일반행정에서 분리하여 특수하게 취급해야 한다는 필요성에서 출발하는 지방교육자치제도에 근간을 둔 것이다. 교육감은 특별시, 광역시·도 지역에서 운영되는 유치원 및 초·중등 교육행정의 총괄책임자다. 교육감은 「지방교육자치에 관한 법률」 제18조를 설치 근거로 교육·학예에 관하여 당해 지방자치단체를 대표하며 관련 교육행정 사무를 관장한다. 또한 조례안의 작성 및 제출에 관한 사항, 예산안의 편성 및 제출에 관한 사항, 소속 국가공무원 및 지방공무원의 인사관리에 관한 사항 등 17개의 고유한 사무를 담당하며 교원 임용 등 국가행정사무 중 시·도에 위임한 사무도 맡고 있다. 실제에 있어 교육감은 '교육 소통령'으로 불릴 정도로 막강한 권력을 가지고 지방 수준 교육 거버넌스의 정점에서 활동한다고 할 수 있다.

그런데 교육감직의 속성과 관련하여 주목하여야 할 점은 2010년 직선제 이후 권한이 막강해진 교육감 임기와 5년 임기의 대통령, 즉 정부의 성격이 엇갈리며 정치적 측면에서 큰 갈등이 예견되었던 부분이다. 교육감 직선제 이전에도 중앙정부와 교육감의 정치적 성향이 존재하고 구분될 정도였으나 그로 인한 갈등이 첨예하지는 않았다. 그러다가 보수 성향의 이명박 정부가 2008년에 시작되었는데 2010년 교육감 선거에서 아직 보수가 주류이기는 하나 처음으로 진보 교육감 6인이 당선됨으로써 이명박 정부 후반기에 중앙정부의 시장 중심적 교육정책과의 충돌이 불가피한 여건이 조성되었다. 2014년은 보수 성향 박근혜 정부의 초반기인데 13인의 진보 교육감이 당선됨으로써 대 격돌이 나타날 수밖에 없는 상황이었다. 반면에 진보 성향의 문재인 정부는 2017년에 출범하였고 2018년 선거에서 당선된 교육감은 진보가 14인으로 대다수를 차지함으로써 중앙정부와의 갈등 가능성은 그만큼 줄어든 환경이 되었다. 이러한 측면은 뒤에서 살펴볼 교육감을 둘러싼 정치적 역동성과 그로 인한 갈등관계가 첨예하게 폭발했던 사안들의 발생 시기와 맞물려 있다. 이는 지방 수준 교육 거버넌스를 살펴봄에 있어 교육감을 중심으로, 특히 정치학적 시각에서 갈등관계에 초점을 두게 되는 배경이기도 하다(〈표 6-2〉 참조).

〈표 6-2〉 문민정부 이후 중앙정부 집권세력과 직선제 교육감의 임기 및 성향

정부명	대통령 임기[5]	정부 성향	직선 교육감 임기	교육감 성향 분포
김영삼 정부	1993. 2.~2008. 2.	보수	–	–
김대중 정부	1998. 2.~2003. 2.	진보	–	–
노무현 정부	2003. 2.~2008. 2.	진보	–	–
이명박 정부	2008. 2.~2013. 2.	보수	2010. 7.~2014. 6.	보수 10, 진보 6
박근혜 정부	2013. 2.~2017. 3.	보수	2014. 7.~2018. 6.	진보 13, 보수 4
문재인 정부	2017. 5.~2022. 5.	진보	2018. 7.~2022. 6.	진보 14, 보수 3

교육감 직선제가 2010년에 실시되면서부터는 교육감 직에 진출하기 위한 선거과정에서 과열양상을 보여왔거니와 정치적 중립성의 문제, 고비용 등 여러 가지 사회적 문제가 제기되었다(김혜숙, 2014). 지난 3차례의 지방선거를 통해 선출된 교육감이 어떤 배경을 가진 인사들인가를 중앙선거관리위원회 정보와 언론 자료를 통해 살펴보면 정치 성향 면에서 극적인 변화가 나타났다. 정치 성향 면에서 2010년에는 보수 10 대 진보 6이었다가, 2014년부터 상황이 역전되어 진보 13 대 보수 4, 그리고 2018년에는 진보 14 대 보수 3의 지형도를 갖게 됨으로써

---

5) 대통령 임기는 1988년 「헌법」 개정부터 2월 25일로 고정되었으나, 문재인 정부는 전임 대통령 탄핵 (2017. 3. 10.) 사태로 5월 10일부터 시작되었다.

2014년 이후 이른바 진보교육감 시대가 되었다고 볼 수 있다.[6]

　3차례 직선제 선거에서 당선된 교육감들의 교육 관련 경력을 교수(총장 포함), 교사(교장 포함), 교육위원, 교육감으로 구분하여 살펴보면[7] 최소한 1개 이상의 교육 관련 경력을 가지고 있는 것으로 나타났다. 2014년 선거의 경우 교육 관련 경력 조항의 삭제로 우려가 많았으나 실제로는 기업인, 정치인, 법조인 등 교육 관련 경력이 전혀 없는 인사가 당선에 이르지 못했다. 이를 두고 교육 관련 전문성 부분이 투표 시 주민의 의사결정에 반영되어 걸러지므로 자격 요건에 두지 않아도 된다는 주장이 있을 수 있으나 이는 거꾸로 교육감 선출에 있어 교육 관련 전문성이 주민의 의사결정에 중요한 기준이 된다는 사실을 보여 준 것으로 해석하는 것이 보다 타당할 것이다. 이러한 문제의식을 반영하여 2018년 선거부터는 교육 관련 경력 조항이 복원되었다. 〈표 6-3〉은 예시적으로 2018년 선거 결과 교육감 당선자의 정치 성향과 교육 관련 경력을 보여 준다.

〈표 6-3〉 2018년 교육감 선거 당선자의 정치 성향과 교육경력(당선인명부 기준)

지역	성명	정치성향	교육경력				주요 경력
			교수	교사	교육위원	교육감(재선)	
서울	조희연	진보	○	-	-	○	성공회대학교 교수
부산	김석준	진보	○	-	-	○	부산대학교 교수
대구	강은희	보수	-	○	-	-	중학교 교사, 국회의원, 여성가족부장관
인천	도성훈	진보	-	○	-	-	참교육장학사업회 상임이사
광주	장휘국	진보	-	○	○	○	광주시교육위원, 고교 교사
대전	설동호	보수	○	-	-	○	한밭대학교 교수, 총장
울산	노옥희	진보	-	○	○	-	친환경무상급식 울산공동대표, 고교 교사
세종	최교진	진보	-	○	-	○	노무현재단 대전충남지역위원회 공동대표
경기	이재정	진보	○	-	-	○	성공회대학교 교수

6) 3차례 각 선거에서 당선된 교육감의 정치적 성향은 언론에서 분류한 기준 및 후보자가 중앙선거관리위원회 '정책공약알리미(http://policy.nec.go.kr)'에 등록한 선거공보 자료를 참고하여 분류하였다. 그러나 이러한 성향 분류는 편의적인 것으로 정확한 사실의 분류라고 보기에는 한계가 있다.
7) 3차례 각 선거에서 당선된 교육감의 경력, 직업 정보는 중앙선거관리위원회 '후보자 정보 보기'에 등록되어 있는 내용을 기본으로 하고 네이버 인물 검색 결과와 비교하였다(http://info.nec.go.kr).

강원	민병희	진보	–	○	○	○	강원도 교육위원
충북	김병우	진보	–	○	○	○	충청북도 교육위원
충남	김지철	진보	○	○	○	○	충청남도 교육위원, 중·고 교사
전북	김승환	진보	○	–	–	○	전북대학교 교수
전남	장석웅	진보	–	○	–	–	전남교육포럼 혁신과미래 대표
경북	임종식	보수	○	–	–	–	경북대학교 겸임교수
경남	박종훈	진보	○	–	○	○	고교 교사
제주	이석문	진보	–	○	○	○	제주특별자치도 교육위원

2) 교육감 선거의 정치학과 쟁점[8]

우리나라의 교육감 선출은[9] 1952년 지방교육자치제도 출범 이래 1990년까지는 임명제가 근간이었다. 1991년 「지방교육자치에 관한 법률」 제정과 함께 지방교육자치 시대가 열리면서부터 선거가 시작되었는데, 처음에는 지방의회, 학교운영위원회 위원 등을 통한 간접선거 형태였다가 2010년 6·10 지방선거 때부터 선거권을 가진 전체 지역 주민이 교육감 선거에 참여하는 직선제에 의한 교육감 선출이 이루어지게 되었다. 직선 교육감 선거과정에서는 공약의 현실성 문제, 투표권자의 무관심, 합리적 판단 기준 부재 및 정보 부족, 과다한 선거 비용 등 허다한 논란이 제기되었다. 2010년 선거의 경우 기호 효과에 의한 로또 선거 논란이, 2014년에는 교육경력 배제 자격 조항이 특별한 관심사가 되었다. 가로열거형 순환배열 투표용지 사용, 지방자치단체장 후보자와의 동반 선거 운동 금지, 교육경력 조항 복구 등 일부 문제가 완화 또는 해결되기는 하였으나 선거비용 과다와 10% 이상의 득표자만 선거 보전금을 지급받는 데 따른 적격 인사의 출마 회피 문제, 여성 교육감 비율이 극소수에 불과한 문제 등 개선할 점들이 많이 남아 있다.

---

8) 김혜숙의 「한국교육학회 뉴스레터」(2014)의 현안 쟁점 내용의 일부를 수정·보완하였다.

9) '선출'의 사전적 의미는 '여럿 가운데서 가려낸다.'는 것이므로 민주주의 선거제도에 의한 선출뿐만 아니라 임명에 의한 선출도 포함할 수 있다. 여기서는 선출을 선거제도에 국한하지 않는 포괄적 의미로 사용하였다.

　그중에서도 교육감 선거에서 특히 주목해야 할 쟁점은 2010년 직선제부터 급부상한 교육감의 정치 성향 과다 문제로서 당선 이후 정책 추진에서도 정치적 성향에 따른 속성이 지나치게 강하고, 이로 인해 상당한 사회적 논란을 불러오고 있기 때문이다. 선거과정에서 후보자의 정치 성향이 주요 변수가 되는 한편으로 후보 단일화 여부가 당선의 열쇠로 인식되었기 때문에(조선일보, 2014. 5. 20.) 2018년 선거에서도 후보 단일화를 위한 정치적 활동이 진보와 보수 모두에서 보다 적극적으로 전개되었다. 가장 덜 정치적이기를 희망하는 교육 분야에서 정치적 성향과 활동이 지나치도록 왕성하게 나타나고 있다는 점에서 '교육의 정치적 중립성' 원리에 위배되는 현상이라고 할 수 있다. 이는 실제 교육현장에서 교육감 리더십 발휘에서의 정치성 과다로 인한 갈등이 야기되는 배경이기도 하다.

　다음으로, 직선제와 관련한 쟁점이다. 2014년 선거 직후 한국교원단체총연합회는 직선제가 「헌법」 제31조 제4항의 교육의 정치적 중립성에 위배되는 정치성 과다를 불러온다면서 대대적인 직선제 폐지 주장을 펼쳤다(경향신문, 2014. 6. 5.). 또한 당시 정부·여당 일각에서는 직선제의 문제점을 강조하면서 러닝메이트제 등 교육감 선거제도를 바꾸려는 시도가 나타나기도 하였다. 직선제 방식과 관련해서 교육감 선출에서의 정치성은 피할 수 없으므로 교육감도 정당원이 되도록 하고 시·도지사와의 협력을 강화하자는 러닝메이트제, 그보다는 약하지만 공동등록제를 통해 정당과 연계된 현실을 어느 정도 인정하는 방식, 학부모나 교사 등의 교육 관련자가 참여하는 제한적 직선제로 갈 것인가의 논란이 여전히 잠재되어 있다. 그런데 우리나라의 독특한 정치사회적 상황으로 인해 직선제에 대한 국민적 요구가 높을 뿐만 아니라(김혜숙 외, 2011) 직선제를 통해 교육감의 위상이 획기적으로 강화되는 결과를 가져온 것도 사실이다. 현재 각각에 대한 반론과 함께 어느 안도 특별한 공감대를 끌어오지는 못하고 있으나 현실적인 대안이 될 수 있는 것은 직선제를 유지하되 유·초·중등교육과 관련을 가진 주민이 교육감 선출에 참여하는 제한된 직선제가 아닌가 한다(김혜숙 외, 2011). 제한된 직선제는 유·초·중등교육과 관계없는 주민이 무관심하게 투표에 참가하게 될 때 주민의사의 왜곡 현상이 발생하는 문제를 방지할 수 있다. 또한 정보통신의 발달에 힘입어 이미 모든 교사와 학부모가 개인 아이디를 가지고 정보망에 들어가고 있으므로 선거 자체에 큰 비용을 들이지 않고도 실시할 수 있다.[10] 특히 일반 지방자치단체 선거와 함께 실시하지 않아도 되므로 앞서 논의한 정치적 중립성 논란을 약화시킬 수 있는 장점도 있다.

근본적으로는 교육이 '백년지대계(百年之大計)'라고 하면서 장기성 추구에 역행할 가능성이 높은 선거를 통해 교육감을 선출하는 것이 타당한가의 문제가 지속적으로 남아 있다. Meier(2002)는 선거제도는 그 자체로 교육적 이슈와 같은 복합적이고 복잡한 문제를 단순하게 만들고, 선출된 사람이 장기적 관점이 필요한 부분에서도 즉각적인 결과를 위해 정책과정을 빠르게 만들 수 있다는 문제가 있다고 지적하였다. 제도 개선이 어느 방향으로 가든 급진적 개혁 방식보다는 작용과 부작용을 엄밀하게 검증해 가면서 점진적으로 이루어져야 하는 것은 분명하다. 장기적으로는 선거제도를 지양하고 민주성만이 아니라 전문성을 더욱 확고히 할 수 있는 교육감 공모제, 초빙제 등을 부작용이 최소화되는 여건 조성을 전제로 검토할 필요가 있다.

교육감의 교육 관련 전문성 문제는 2018년 선거부터 3년 이상의 교육 관련 경력을 요하는 최소 자격 기준을 두고 있는데, 이 자격기준은 지방 수준 교육 거버넌스의 최고 책임자로서 전문적 관리의 원리를 구현하도록 하기 위해 필요한 것이다. 이는 기본적으로 교육 관련 경력이 있어야 교육행정에서 최소한의 전문성이 담보될 수 있다는 가정을 담고 있다. 사실 전문성주의(professionalism)와 민주주의(democracy)의 가치가 공존할 수 있는가는 매우 어려운 주제다(Bjork & Kowalski, 2005). 교육감의 전문성은 2010년부터 교육위원회가 지방의회에 통합되어 교육위원회의 전문성 측면이 완전히 배제된 현재의 환경을 감안할 때 오히려 보다 강화하는 방향으로 나아가는 것이 필요하다. 교육 관련 경력의 연한 요건을 최소한 5~10년으로 늘리고 교육경력 또는 교육행정 경력의 내용에 있어 유·초·중등교육과의 연계성을 보다 강화해야 할 것이다.

---

10) 사교육 및 평생교육 관련자, 자녀가 고등학교를 졸업했으나 참여를 희망하는 주민 등에게도 별도의 등록 절차를 통해 투표권을 부여할 수 있다.

3) 교육감 정치학의 주요 사례

지방교육 거버넌스에서 교육감을 중심으로 관련 주체 간에 역동적 정치 현상
이 나타난 주요 사례로 무상급식, 국가 수준 학업성취도 평가, 혁신학교 정책을
살펴본다. 이 사례들은 교육에 관한 이데올로기 문제, 정치 성향의 문제와 관련
되어 있으며, 밀도 높은 정치적 역동성을 나타내면서 혼란과 정책 안정성 논란
을 불러온 대표적 사안들이라고 할 수 있다.

(1) 무상급식 논란(2010~2011년)

이명박 정부 당시인 2010년 서울시 지방선거에서 복지에 대한 이념 성향이
확연히 다른 시장과 교육감이 당선되었다. 당시 서울시의회에서는 '친환경 무상
급식 지원에 관한 조례안'을 제정하고자 하였는데, 곽노현 교육감은 무상급식에
찬성하고 오세훈 시장은 선별적 복지를 주장하며 반대하였다(김경회, 2012). 두
거버넌스 주체의 갈등은 개인 특성이라기보다는 정책에 대한 지향성, 이데올로
기와 밀접한 연관을 가진다고 할 수 있다. 시장, 교육감, 의회의장, 구청장협의
회장 등으로 구성된 협의회에서도 입장 차이가 좁혀지지 않았고 갈등이 대외적
으로 표출되기에 이르렀다. 보수 성향의 시장은 당시 시의회 의원 대다수가 진
보 성향인 점을 고려하여, 주민투표라는 방법을 통해 자신의 신념에 대한 정당
성을 확보하고자 하였고, 진보 성향의 교육감은 투표에 반대하며 투표 거부 독
려 등 다양한 활동을 전개한다. 결과적으로 시장이 제안한 주민투표는 개표 투
표율에 미치지 못함으로써 부결되었으며, 그에 따라 시장은 사임하게 되었고 보
궐선거에서 진보성향의 박원순 시장이 당선되었다(김경회, 2012).

박원순 시장의 당선 이후 서울시의 무상급식 지원은 시장 1호 결재안이 되고
서울시장과 서울시 교육감 간의 갈등이 종식되었다. 이 사례는 지방 교육사무의
권한 배분에 있어서 언제든지 시·도지사와 교육감 간에 갈등이 증폭될 수 있음
을 잘 보여 준다. 표면적으로는 일반행정(시장)과 교육행정(교육감) 간의 갈등으
로 보이지만 그 근간에는 정치 성향과 이데올로기, 즉 정책의 정향(orientation)에
따른 정치적 역동성이 내재되어 있으며, 언론, 교직단체, 시민단체, 정당 등 다
양한 주체가 적극적으로 논란에 참여함으로써 교육감을 둘러싼 정치적 역동성

이 엄청난 사회적 혼란을 가져온 사례가 되었다(김경회, 2012).

(2) 국가 수준 학업성취도 전수평가 논란(2014~2017년)

이명박 정부 초기인 2008년부터 교육부는 기초학력 진단 및 학력 향상 지원 체제 구축 등을 목적으로 국가 수준 학업성취도 평가를 전수평가 방식으로 실시하였다. 또한 자율·경쟁·수월성·책무성을 강조하는 정부의 정책 기조 및 국제적 교육개혁 흐름과 병행하여 평가 결과를 공공에 공개하거나 학교 및 교사 평가의 근거로 삼고, 동시에 학력향상중점학교 사업 등 관련 정책을 시행하였다. 그 과정에서 평가 방식, 결과 공개 및 활용 등과 관련하여 여러 갈등이 발생하였는데, 특히 전수평가 실시 시기에는 시험 거부, 금품 제공 등의 문제 상황이 발생하였다. 이 시기에는 정부와 기조를 같이하는 보수 성향의 교육감이 다수를 차지하고 있었고 소수였던 진보 성향 교육감은 전수평가가 서열화를 조장하므로 폐지해야 한다는 입장을 취하기는 했으나 이 문제가 주요한 정책대안 및 의제로서 부각되지는 않았다.

2014년에는 보수 성향의 박근혜 정부가 집권하고 진보 성향 교육감이 대거 당선되었다. 그러나 초등학교는 전수평가 폐지로, 중·고등학교는 전수평가 유지라는 방식을 통해 당장 큰 흐름이 바뀌지는 않았다. 흥미로운 점은 2017년에 문재인 정부가 시작되자 같은 구성원으로 존재하고 있던 진보 성향의 시·도 교육감협의회가 당시 실질적 정책결정 역할을 했던 국정기획자문위원회(이하 국정자문위)에 전수평가 폐지를 골자로 하는 정책대안을 적극적으로 제시하였다는 사실이다. 당시 국정자문위는 전수평가 폐지에 대한 정책안을 가지고 있지 않았다는 점, 단기간에 국정자문위와 시·도 교육감협의회 간 단발적 상호작용을 통해 해당 정책대안이 수용되었다는 점은 여러 가지를 시사한다. 표면적으로는 국가 수준 학업성취도 평가 정책의 변동이 단순히 행정부의 교체에 의한 것으로 보인다. 그러나 그 이면에는 교육감 집단 사이에 형성되는 정치 성향이 교육부(행정부)의 교육통치이념과 일치하는 정도에 따라 교육감은 지향하는 이해관계를 위해 적극적으로 또는 소극적으로 행동할 수 있음을 보여 준 것이다(모영민, 이한결, 김은수, 2019).

(3) 진보교육감의 혁신학교 정책 확산(2009～2020년 현재)

혁신학교 정책은 2009년 경기도 교육청에서 시작한 정책으로, 새로운 학교를 세우는 방식이 아니라 기존의 학교(주로 공립)를 자율학교로 지정하여 교육청, 교육지원청, 지역사회 차원의 행정적·재정적 지원을 제공하는 방식으로 학교혁신을 추구한다. 경기도 내 혁신학교 수는 전체 2,397개교 중 2019년 현재 801개교로서 약 33%의 학교가 참여하고 있다. 기본적으로 혁신학교로 지정된 학교는 교장의 자율성이 강화되지만, 교육청이 제시한 학교혁신의 가치와 방침에 맞게 자율성을 발휘하도록 되어 있다. 즉, 교장은 교과과정이나 학교의 운영방침을 교사 및 학부모와 협의하여 수정할 수 있지만, 이후 교육청에서 시행하는 자율학교 평가에 맞춰 학교를 운영해야 한다(경기도교육청, 2020).

혁신학교는 2009년에 김상곤 경기도 교육감이 13개교를 지정하면서부터 시작되었고 2010년 6개 시·도에서 진보 교육감이 당선되면서 이들 간에 연대가 추진되었다. 2012년에는 서울시교육감 재선거가 있었는데 당선된 보수 성향의 문용린 교육감은 수월성 저하를 이유로 혁신학교 정책에 반대하였고 당시 박근혜 정부 역시 반대 입장을 분명히 하였다(강은숙, 이선옥, 2015). 그러다가 2014년과 2018년 지방선거에서 이른바 진보 성향 교육감이 대거 당선되며 혁신학교 정책은 전국적으로 확산되었다. 그리고 진보 성향 교육감이 당선되지 않은 지역에서는 다양한 명칭의 자율학교 방식으로 혁신학교를 벤치마킹하기도 하였다.[11]

현재 혁신학교는 진보 성향 교육감들이 공동공약 형식으로 추진했기 때문에 전국적으로 확산되어 있다. 그런데 학교급이 올라갈수록 확산이 더딘 양상이 공통적으로 관찰된다. 이는 혁신학교 정책이 추구하고 있는 반(反)수월성 교육철학과 맞닿아 있다. 초등학교에서는 상대적으로 대학입시 성공에 대한 부담이 적고 현장 체험 중심 교육과정을 통해 학생의 학습 흥미를 제고하고자 하는 의도에 대해 학부모나 학생의 호응이 좋은 편이다. 그러나 중·고등학교의 경우 대학입시가 중요한 목적이 되는 우리 사회에서 혁신학교 정책을 두고 학교 구성원과 교육청 간 갈등이 표출되는 사례가 종종 보고된다. 또한 교육청 차원에서 혁신학교 정책을 제대로 지원하지 못하는 상황이 발생할 경우 재정적 지원이 끊

---

11) 예를 들어, 대전의 창의인재씨앗학교를 들 수 있는데 2018년에 당선된 현 설동호 교육감은 중도 성향으로 분류된다.

긴 상황에서 기추진되던 교육과정을 지속할 가능성이 낮아지는 문제 및 그로 인한 형평성 논란이 발생할 가능성도 있다(김남식, 2020).

4) 교육감의 이념 성향과 정책 안정성: 자사고 정책 사례

앞에서 교육감의 이념 성향이 지방 수준 교육 거버넌스의 성격을 결정하는 주요 변수임을 보았는데, 그로 인해 교육정책의 안정성 논란이 제기되고 있는 대표적 사안으로 자율형 사립고 정책을 들 수 있다. 이명박 정부 시기는 시장경제 원리를 중시하는 가운데 자사고 제도를 적극 추진하였고, 진보 교육감 세력도 상대적으로 약했기 때문에 전라북도를 제외하고는 교육감의 자사고 지정 취소 건으로 인한 갈등문제가 크게 부각되지는 않았다. 박근혜 정부 시기는 자사고 제도를 적극 추진하지는 않았으나 진보 교육감이 다수를 점하는 상황에서 서울시를 중심으로 자사고 지정취소 건이 문제되었다(김민희, 김민조, 김정현, 박상완, 박소영, 2018). 문재인 정부 시기는 진보 교육감이 역시 주류인 가운데 중앙정부와 교육감이 함께 제도를 폐지하고자 하는 확고한 정책방향을 가지고 움직임으로써 자사고 및 관련 학부모와의 갈등이 증폭되고 있다.

(1) 이명박 정부 시기[12]

2008년에 출범한 이명박 정부는 교육 부문에서도 시장원리를 추구하면서 '고교 다양화 프로젝트' 정책을 추진하였다. 그 일환으로 2009년부터 자율형 사립고 제도를 도입하고 지정 자사고 수를 확대하였다. 자사고 지정 취소와 관련한 갈등은 2010년 8월에 전라북도에서 처음 발생하였다. 당선된 진보 성향의 전북 교육감은 2010년 6월에 자사고로 지정된 전북 군산중앙고등학교와 남성고등학교를 교육감 당선 2개월 후인 8월에 지정 취소하였다.[13] 당시 「초·중등교육법 시행령」 제91조의 3 제1항을 보면 자사고 지정권한이 교육감에게 부여되는 한

---

12) 정부 시기별 자사고 정책 내용은 김민희 등(2018)의 내용을 주로 참고하고 네이버 신문기사 검색을 병행하여 작성하였다.
13) 당시 전북 교육감은 지정 취소의 이유로서 자사고가 고교평준화에 미치는 악영향, 불평등 교육 심화, 학교법인의 법정부담금 납부 가능성 불확실 등을 들었다.

편, 자사고 지정을 위해 교육감이 의무적으로 교육부 장관과 협의 절차를 거치도록 되어 있었다(김민희 외, 2018).

그에 따라 당시 교육과학기술부는 전북 교육감의 자사고 지정 취소 처분에 대해 재량권 남용을 이유로 시정명령을 하였다. 전북 교육감은 교육부의 시정명령이 자치권을 침해한다고 보고 헌법재판소에 권한쟁의 심판을 청구하였는데 각하되었고, 대법원도 교과부의 시정명령이 가능하다고 판결하였다. 두 학교는 자사고 지정 취소 처분에 대해 취소를 구하는 소송을 제기하였고 법원은 전북 교육감의 처분이 재량권의 한계를 일탈하여 위법의 소지가 있다고 보고 1심과 항소심 모두 원고인 학교 측에게 승소 판결을 하였다(김민희 외, 2018). 이명박 정부 시기에 그 밖의 몇몇 자사고에 대한 지정 취소가 이루어졌으나 지속적인 정원미달로 인한 문제였기 때문에 교과부와 교육감의 협의가 원만히 이루어져 큰 갈등은 발생하지 않았다(연합뉴스, 2012. 8. 28.).

(2) 박근혜 정부 시기

2014년 6월 교육감 선거 결과 13개 지역에서 진보 성향의 교육감이 선출되었다. 진보 성향 교육감 후보들은 자사고의 일반고 전환을 공약으로 내세움으로써 보수 성향 중앙정부와의 갈등이 예고되었다. 그런데 선거 전부터 일부 자사고의 정원 미달 문제나 성적 평가를 통한 선발이 중학교 교육의 황폐화를 불러온다는 비판이 제기되고 있었다. 이에 교육부 장관은 2013년에 일반고 역량 강화 방안을 제시하며 자사고의 학생 선발을 2015년부터 선추첨 후면접 방식으로 전환한다고 발표하였다(교육부, 2013).

한편, 진보 교육감이 다수를 점하게 된 상황에서 서울시 교육감은 취임 전인 2014년 6월 초에 자사고 운영성과 평가가 완료되었음에도 새로운 지표를 추가하여 자사고 재평가를 실시하였으며 8개 자사고에 대하여 지정 취소를 발표했다. 최종적으로는 6개교를 지정 취소하고 나머지 2개교의 지정 취소는 2년간 유예한다고 결정했다. 이에 서울시 자사고 학부모연합회의 거리행진, 서울 자사고 교장들의 법적 대응 예고 등 자사고 측의 항의가 격렬하게 전개되었다. 결국 교육부가 11월에 서울시 교육감의 지정 취소 처분을 취소하여 해당 6개교가 자사고 지위를 유지할 수 있게 되었으나 이번에는 서울시 교육청이 법적 대응을 예고하였다. 경기도에서도 1개교를 지정 취소한다고 발표하였으나 교육부에서 동의하지 않았고, 경기도 교육청이 교육부의 결정을 수용하면서 다행히 원만하게 해결되었다(경향신문, 2014. 10. 31.; 연합뉴스, 2014. 11. 17.).

교육감과 교육부 간 권한을 둘러싼 힘겨루기가 지속되자 박근혜 정부는 2014년 12월 「초·중등교육법 시행령」 제91조의 3항을 개정하여 교육감의 자사고 지정 및 취소 시 교육부와 협의가 아닌 '동의'를 얻도록 변경하였다. 그 과정에서 양측 간에 합의를 이루지 못했지만 이를 대통령령으로 규정함으로써 교육감에 대한 교육부의 견제가 강화되었다고 볼 수 있다. 2015년에도 자사고 지정 취소 관련 평가가 있었는데 서울시에서 4개교 중 1개교만 최종 취소 결정되었다. 이 과정에서 4개교의 청문회 거부 및 해당 학교 학부모연합회의 격렬한 항의가 있었고 혼란 속에서 자발적으로 일반고로 전환한 자사고도 나타났다(경향신문, 2015. 8. 13.).

(3) 문재인 정부 시기

2017년 5월 대통령 선거를 통해 보수에서 진보 성향으로 정권 교체가 이루어진 후, 2018년 6월 교육감 선거가 실시되었으며 3개 지역을 제외한 14개 지역에서 진보 성향 교육감이 당선되었다. 문재인 정부는 특목고·자사고 폐지를 국정과제로 내세웠고 이후 교육부와 교육감 간 충돌은 발생하지 않고 있는데, 이는 2014년 이래 교육감들도 대부분 진보 성향인 것과 관련이 있다고 볼 수 있다. 이 시기에는 일반고의 자사고 전환을 적극 지원하는 정책이 추진되는 가운데 울산의 한 자사고가 일반고로 전환하였고 대구, 광주 등 다른 지역에서도 자사고 지정 취소를 신청하는 사례가 점차 나타났다. 2017년 6~7월 동안 서울과 대전에서 자사고 평가가 이루어졌으나 모두 재지정되었고, 2018년 교육감 선거 당시 김상곤 교육부 장관은 자사고 지정 취소에서 교육감의 의견을 최대한 반영하겠다고 발표하였다. 한편, 대법원은 지난 정부 당시 서울시 교육감의 자사고 지정 취소에 대한 교육부 장관의 직권 취소를 다시 취소해 달라는 서울시 교육청의 소송에 대해 교육부 장관이 직권으로 자사고 지정 취소 처분을 취소한 것은 적법하다고 판결하였다(조선일보, 2018. 7. 12.).

2019년 1월에 서울시 교육감은 이미 진행된 자사고 재지정 평가를 다시 하겠다고 발표하였고 서울 자사고 교장들은 강력하게 거부하였다. 전국적으로는 24개 자사고에 대한 재지정 평가가 이루어졌고[14] 정치권, 학부모, 교육단체의 반발이 확산되었다. 서울시 교육청은 7월 9일에 13개 평가대상 자사고 중 8개 교를 지정 취소 대상으로 발표하였고, 다시 시민단체 및 자사고 학생, 학부모 등 관련자들의 격렬한 반대집회가 이어졌다. 그러다가 7월 26일에 일부 취소 대상 자사고에 대한 교육부의 동의결과가 발표되었는데 3개교는 교육청 폐지 방침에 동의하고 전북 상산고등학교에 대해서는 전북 교육청의 평가과정상 문제가 있다는 이유로 부동의하였다. 교육부는 서울과 부산의 10개 자사고에 대해서는 모두 교육청의 지정 취소에 동의하여 대규모 일반고 전환이 이루어졌다. 결국 취소가 확정된 자사고 관계자들은 강하게 반발하면서 행정소송 등을 제기함으로써 또 다른 갈등 상황이 진행 중이다(유동훈, 박건영, 2020). 이처럼 자사고 도입 또는 폐지라는 학교제도의 근간을 둘러싼 정책이 중앙정부나 교육감의 이념 성향에 따라 너무 자주 변경됨으로써 교육현장은 극심한 혼란을 겪고 있다. 자사고 정책 사례는 주요 정책 주체들에게서 과도하게 표출되는 이념 성향이 교육정책과 학교현장의 안정성을 어떻게 저해하는가를 잘 보여 준다고 할 수 있다.

3. 지방 수준 교육 거버넌스에서의 갈등관계

1) 교육 거버넌스에서 갈등의 문제

지방 수준 교육 거버넌스에 존재하는 권력과 정치는 갈등을 유발할 수밖에 없고 이는 당연한 수순이라고 할 수 있다. 조직의 정치적 속성과 관련한 갈등에 대해 없을수록 좋다는 선입견을 가지는 경향이 있지만 나쁘거나 파괴적이

---

14) 당시 취소 대상은 전북 상산고, 군산 중앙고(자발적 신청), 경기도 안산 동산고였고, 이후 부산 해운대고도 지정 취소가 결정되었다. 관련 학교의 학부모 및 관계자들은 강력한 집단 대응을 하였다. 반면, 대구 계성고, 강원 민족사관고는 재지정되었다.

기만 한 것은 아니다. 갈등은 더 열성적인 참여(authentic involvement)나 힘 실어 주기(empowerment)를 위해 오히려 필요할 수 있다는 학자들의 견해도 있다. 갈등을 관리 혹은 해결하는 방식에 대한 Kenneth Thomas의 모형은 회피형(avoiding style), 타협형(compromising style), 경쟁형(competitive style), 수용형(accommodating style), 협력형(collaborating style)으로 나뉘는데, 상황에 따라 각기 다른 유형이 효과적이라고 알려져 있다(Hoy & Miskel, 2013).

우리나라 지방 수준 교육 거버넌스에서 가장 강하게 나타나고 있는 갈등은 정치적 갈등이라는 특징이 있다. 그리고 갈등 관리에서는 앞서 제시한 여러 사례에서 살펴본 바와 같이 경쟁형이 자주 나타난다. 경쟁형 갈등 관리에서는 양측의 주장이 확고하고 상대측의 비용으로 목적을 달성하려고 치열한 경쟁을 벌이며 상호 협조적이지 않다. 이때 승리하기 위해 권력을 사용하며 연합이나 동맹 맺기, 환심 사기, 정보관리, 네트워킹, 인상 관리, 연합 구축, 희생양 만들기, 긴요성 증대하기, 비위 맞추기, 상위자 관심 획득하기 등 다양한 정치적 전술을 구사한다(Hoy & Miskel, 2013). 우리나라 지방 수준 교육 거버넌스에서도 경쟁형 방식이 많다 보니 권력의 사용과 다양한 전술이 자주 목도된다.

미국에서도 교육감의 직무 수행에서 역할 자체에 있어 정치적 속성과 갈등의 문제가 분명하게 존재한다. 이러한 속성은 교육위원회(board of education)나 교원노조(teachers' unions)와의 관계에서 잘 드러나며 교육감은 정당과의 성공적인 연계, 우호 집단을 통한 정치, 다양한 이해관계 집단과의 연대 등을 통해 평형 상태를 유지하고자 노력한다(Sergiovanni et al., 2004). 미국 유·초·중등교육에 대해 책임을 갖는 주교육감(chief state school officer)은 대부분 교육전문가로서, 35개 주에서는 주교육위원회가 공개 경쟁을 통해 교육감을 임명하는데, 이렇게 임명된 교육감은 일반행정의 주체인 주지사나 주의회에 대항하기도 한다. 관련 주체들의 교육에 관한 정치적 영향력에 관한 연구를 보면 1순위는 주의회 개별 의원, 2순위는 주의회 전체, 다음으로 주교육감, 교육 이익집단, 교직단체, 주지사, 보좌관 등 의회 스태프, 주교육위원회, 학교구위원회협회, 학교행정가협회, 법원 등으로 알려져 있다(Fowler, 2009). 이처럼 관련 주체들의 활동이나 영향력 행사의 과정에서 갈등관계는 불가피하다고 할 수 있다.

여기서는 우리나라 지방 교육행정을 중심으로 나타나는 갈등관계를 중앙정부, 일반 지방자치, 단위학교와의 관계로 나누어 구체적인 사례 중심으로 검토한다. 갈등관계의 불가피성을 전제로 갈등관계의 유형, 경쟁형이 많이 관찰되지만 이념 성향이 비슷할 때는 협력형도 나타나고 있는 점 등 사안별 성격과 함께 전반적 추세를 파악해 보고자 한다. 또한 권력관계가 어떻게 형성되고 있는지, 누가 얼마나 많은 영향력을 행사하는지, 그리고 갈등관계의 결과가 어떠한지 등을 핵심 내용 중심으로 살펴본다.

2) 지방교육행정과 중앙정부 간 갈등관계

교육감 주민직선제 도입 이후 지방 교육행정과 중앙정부, 곧 교육감과 교육부의 갈등은 확대되는 추세다. 이명박 정부의 경우 단위학교의 자율성을 중시하는 '학교자율화' 정책을 기조로 삼은 것을 계기로 지방분권적인 경향이 가속화되었다. 그러나 교육감과 교육부장관의 권한 관련 법령의 정비가 적절하게 이루어지지 못했고, 그 결과 교육권한의 불명확한 경계로 두 기관의 충돌이 야기되었다. 또한 교육부가 중심이 되어 학교자율화와 지역교육청 기능 개편을 추진하면서 비판이 제기되기도 하였다. 게다가 2010년과 2014년에 중앙정부와 다른 정치 성향을 가진 교육감들이 대거 당선되는 변화가 발생하였다. 주민직선제로 선출된 교육감은 대표성과 책임성을 동시에 획득하면서 교육부 장관과 대립이 가능할 정도로 권력이 강해졌다. 보다 강력한 권한을 갖게 된 교육감과 중앙정부의 정치적 성향이 불일치함으로써 교육부 권한과 교육감 자율성의 충돌이 자주 발생하였다. 그 사례들을 보면 국가 수준 학업성취도평가와 같이 교육부 정책을 교육감이 거부하거나 학생인권조례와 같이 교육감의 정책을 교육부 장관이 반대하는 경우 등 다양하다. 향후 양자 간 권력관계의 변화에 대한 규명이 명확하게 이루어질 필요가 있다.

2020년 현재에는 중앙정부와 교육감의 정치 성향이 대부분 일치하기 때문에 중앙정부와 교육감의 정치 성향 차이로 인한 갈등은 거의 나타나지 않는다. 그러나 두 기관 간 정치 성향의 차이로 인한 갈등 발생의 가능성은 항시 존재한다고 볼 수 있다. 지방교육행정과 중앙정부 사이에 발생한 대표적인 갈등 사례로 누리과정 예산편성, 학생인권조례, 교원능력개발평가의 내용을 살펴본다.

(1) 누리과정예산 관련 갈등 사례

누리과정은 2011년 5월부터 시작된 정책으로, 가정의 양육비 부담을 줄이고 저출산 문제를 해결하고자 도입되었다. 점차 지원 대상이 확대됨에 따라 지역 예산안에 누리과정예산을 편성할지를 두고 2014년 10월 논란이 시작되었다. 교육부는 누리과정예산이 의무지출경비이므로 교육감이 편성할 의무가 있다고 보는 동시에 중앙에서 보내는 재정교부금이 증가했으므로 시·도 교육청의 협조가 있으면 예산편성이 충분히 가능하다고 주장하였다. 반면, 교육감은 지방교육재정의 불충분성·비건전성을 들어 반대하면서 누리과정 자체가 법률적으로 시·도 교육청의 의무라기보다는 대통령의 공약이므로, 중앙정부가 책임을 다해야 한다고 반발하였다. 논란 중에 정부가 누리과정예산을 시·도 교육청으로 하여금 책임지도록 하는 시행령을 개정함으로써 교육부와 시·도 교육청 간 갈등이 격화되었다.

갈등 끝에 2016년 1월, 누리과정에 소요될 예산 2조 1천억 원 중 3천억 원을 국회가 우회지원하기로 하였고, '유아교육지원특별회계'가 2016년 말에 신설되어 교부금의 일부를 누리과정에 한정하여 편성할 수 있게 되었다(서울신문, 2015. 12. 3.). 이 「유아교육지원특별회계법」은 3년 한시법이었는데, 그 연장 법안이 2019년 말 본회의를 통과함에 따라 2022년까지 지속된다. 그에 따라 누리과정예산과 관련된 갈등이 표면적으로 드러나지 않고 있으나 한시적 법률을 통한 임시방편적 해결일 뿐이어서 갈등관계는 수면 아래 여전히 숨어 있다고 할 수 있다.

(2) 학생인권조례 관련 갈등 사례

경기도 교육청이 2009년에 처음으로 학생인권조례를 발표한 이래 진보 교육감을 중심으로 광주(2012년), 서울(2012년), 전라북도(2013년)의 순서로 학생인권조례를 제정하여 시행하였다. 학생인권조례와 관련한 갈등관계는 교육감과 교직단체 간에 주로 나타났으나 교육부와도 상당한 갈등관계가 조성되었다. 구체적으로 전국적인 학생인권조례 제정 및 시행의 확대 경향에 대해 교육부는 서울시 교육감을 상대로 권한쟁의심판 청구, 전라북도 학생인권조례에 대한 조례 무효 확인 소송 등 법적 대응을 하였다. 그러나 대법원은 학생인권조례가 상위법령을 위반하지 아니하였다는 취지로 판결하였고, 헌법재판소 역시 교육부의 권한쟁의심판 청구를 기각하면서 갈등은 일단락되었다(양승일, 2017; 정순원, 2011). 이는 교육청과 교육부가 갈등관계를 자체적으로 해결하지 못하고 사법적 판단을 통해 종결한 사례다.

(3) 교원능력개발평가 관련 갈등 사례

2011년 교육과학기술부는 교원능력개발평가를 전국 모든 학교의 교사를 대상으로 시행하고, 평가결과를 통해 교사 개인별로 맞춤형 연수를 지원하겠다는 정책을 발표하였다. 서울, 경기, 강원, 전북 지역에서 2010년에 선출된 진보 정치 성향의 교육감들은 교원능력개발평가 실시에 대해 전면적인 재검토 또는 평가방식의 변화를 주장하였다. 특히, 전라북도 교육청은 교육부의 자체 평가계획 요구에 대해 자체 평가계획을 제출하였는데, 교육부는 그 계획에 대해 시정을 명령하였고 수정안 제출, 시정명령이 반복되었다. 전라북도 교육청은 교육부의 시정명령을 받아들이지 않았고 시정명령취소청구 등 법적으로 대응하였다. 결국 대법원이 교원능력개발평가 사무는 국가사무이나 교육감에게 위임된 기관위임사무라고 판시하면서 갈등관계가 일단락되었다. 이 사례 역시 지방 교육행정과 중앙정부가 첨예한 갈등관계를 조성하였고 사법적 판단을 통해 종결된 안타까운 현실을 보여 준다(박효원, 2018; 한상윤, 전제상, 2012).

3) 지방교육행정과 일반 지방자치 간 갈등관계

지방교육자치와 일반 지방자치의 갈등은 지방정부, 지방의회, 교육감, 교육위원회를 중심으로 표출된다. 현재 지방교육자치단체의 의결기구인 교육위원회는 폐지되어 지방의회의 상임위원회로 통합되었기 때문에 지방의회와 교육위원회의 대립은 존재하지 않는다. 통합 이전에는 교육위원회가 교육 관련 조례에 대한 심의 및 의결권이 있었기 때문에 일반자치 측에서는 그러한 구조의 비효율성을 지적하면서 지방의회로의 통합을 시도해 온 것이고 통합으로 귀결되었다. 그러나 독립된 교육위원회로의 원상 복귀 주장과 함께 현 통합체제의 문제점에 대한 비판이 지속되고 있다.

반면, 교육감과 시·도지사의 갈등은 중앙정부와의 갈등과 마찬가지로 교육감 주민직선제 이후 심화되었다. 시·도지사의 권한과 교육감 권한에 중복되는 부분이 거의 없고 지방정부의 재정지원도 크지 않기 때문에 지방정부는 교육감을 직접적으로 견제하기 힘들다. 그러다 보니 시·도지사는 교육감 주민직선제의 폐지와 시·도지사가 교육감을 임명하는 방식을 주장하기도 한다(김혜숙 외, 2011). 무상급식을 둘러싸고 서울과 경상남도에서 발생한 갈등 사례는 선거로 인한 권력관계의 변동, 이념의 차이, 예산 지원 구조 등이 관련 주체들의 갈등관계를 어떻게 표출시키는가를 잘 보여 준다. 현재는 이들 간의 갈등이 부각되지 않고 있지만 교육감과 지방정부의 정치 성향이 다르게 될 경우 언제든지 재발할 개연성이 있다.

(1) 서울시 무상급식 도입 갈등 사례

앞의 교육감 정치학 사례에서 살펴본 서울시 무상급식 도입 문제는 지방교육행정과 일반 지방자치 간 갈등의 대표적 사안이기도 하다. 2010년 6월 지방선거를 앞두고 본격적으로 시작된 갈등은 보수 성향 시장이 지향하는 선별적 무상급식과 진보 성향 교육감이 지향하는 보편적 무상급식 정책의 방향성 설정이 핵심이었다. 당시 선거과정에서 서울시장은 선별적 무상급식을, 서울시 교육감은 보편적 무상급식을 주장하며 공약으로 제시하였기 때문에 갈등은 예견되어 있었다.

결국 2011년 8월에 무상급식의 방향을 결정하고자 실시한 주민투표에서 개표가 이루어지지 못하고 서울시장이 사퇴하는 초유의 사태가 발생하였고 무상급식은 도입되었다(김경회, 2012). 이는 양측의 갈등이 첨예한 경쟁형 갈등관리 방식으로 귀착됨으로써 학교 현장에 극심한 혼란을 불러온 사례라고 할 수 있다.

(2) 경상남도 도지사, 교육감, 지방의회 간 무상급식 갈등 사례

무상급식을 둘러싸고 경상남도에서는 도지사, 지방의회, 교육감 사이에 보다 복잡한 갈등관계가 표출되었다. 2015년에 경남도지사는 저소득층 학생에 대한 무상급식을 유지하고 서민 자녀에게 연간 약 50만 원씩 지원하되, 전반적으로는 유상급식 체제로 전환한다는 계획을 발표했다. 경상남도가 무상급식 중단을 선언하면서 교육청은 643억 원(시·군 386억 원+도 257억 원)을 지원받지 못하게 되었고 그 결과 큰 혼란이 발생하였다.

　무상급식 중단 선언을 촉발한 요인은 감사의 권한에 대한 것이었다. 도지사는 무상급식에 경상남도의 예산 일부가 들어가는 만큼 감사를 해야 한다는 입장인 반면, 경남교육청은 교육감과 도지사는 대등한 관계로서 경상남도의 감사를 받을 필요가 없다는 입장이었다. 이후 도의회가 '소득별 선별적 무상급식' 중재안을 냈지만 이번에는 경남교육청이 이를 거부해 무상급식을 둘러싼 논란은 계속되었다. 또 진보·보수단체들이 각각 보수 성향의 경남도지사와 진보 성향의 교육감을 상대로 동시에 주민소환을 추진하는 사태도 발생하였다. 진보 성향 시민사회단체와 학부모들은 무상급식 중단과 진주의료원 강제폐업 등의 책임을 물어 지사의 주민소환을, 보수 성향 시민사회단체는 경상남도 학력이 꼴찌 수준이고 교육청을 전교조 측근 인사들로 채웠다며 교육감의 주민소환에 나섰다. 이러한 격렬한 갈등은 2018년 선거에서 진보 성향의 지사가 당선되자 바로 종결되었다(국민일보, 2010. 5. 20.; 2016. 1. 2.; 2016. 1. 20.; 2018. 10. 31.).

4) 교육감과 단위학교 간 갈등관계

　교육감과 단위학교와의 직접적인 갈등은 교육감이 지도·감독 기능을 가지고 있기 때문에 그동안 별로 노출되지 않았다. 최근에 자율형 사립고 지정 취소와 유치원총연합회를 매개로 한 사립 유치원들과의 갈등이 크게 부각되었고 현재도 진행 중에 있다.

(1) 자율형 사립고 지정 취소 관련 갈등 사례

　법령상 교육감은 자율형 사립고 지정 취소 권한을 지니고 있지만 최종적으로 교육부의 동의가 필요하다. 이와 관련한 교육감, 교육부, 자사고 사이의 갈등은 지속적으로 있었으나 2019년에는 전국적으로 대규모 지정 취소가 이루어짐에 따라 갈등의 정도가 심했다. 즉, 전국 24개 자사고를 대상으로 한 재지정 평가에서 교육부 동의까지 절차를 거쳐 최종적으로 서울과 부산의 10개 자사고에 대해 지정 취소가 결정되었다. 이로 인해 해당 자사고 관계자와 학부모들은 법적으로 대응하여 지정 취소 처분에 대한 집행정지신청을 하였는데, 각 지역 행정법원에서 이를 인용함으로써 현재는 자사고 지위를 유지하고 있는 상태이며 현재 본안소송을 진행 중이다(유동훈, 김종규, 박건영, 2020).

(2) 한국유치원총연합회 법인설립 허가 취소 관련 갈등 사례

정부가 2019년 2월에 국가관리회계시스템인 '에듀파인'의 의무화 계획을 발표하자 국내 최대 사립유치원 단체인 한국유치원총연합회(이하 한유총)는 크게 반발하였고, 이 단체에 소속된 약 1,500개 사립유치원들은 개학 연기를 추진하였다. 이에 대해 교육부와 일부 교육감은 엄정하게 대응하였고, 한유총은 개학 연기를 철회하였다(국민일보, 2019. 3. 4.). 이후 2019년 3월 서울시 교육감은 사태의 책임을 물어 한유총의 법인설립 허가를 취소하기로 결정하였다. 이에 대해 한유총은 서울시 교육청 처분의 취소를 구하는 행정소송과 집행정지신청을 진행하면서 법적 대응하였다. 2020년 1월 서울행정법원은 서울시의 한유총 설립 허가 취소를 위법으로 판결하였으나 서울시 교육청이 항소함으로써 갈등관계가 지속되고 있다(파이낸셜뉴스, 2020. 2. 17.; 한국일보, 2020. 1. 31.).[15]

4. 지방교육 거버넌스의 발전 방향

앞에서 지방교육자치제도를 근간으로 하는 우리나라의 지방 수준 교육 거버넌스는 지방교육자치단체 중 독립된 의결기구가 없이 집행기관인 교육감만 존재하는 상황에서 교육감을 중심으로 전개되고 있음을 살펴보았다. 그리고 교육감 선거과정에서는 물론 이후 교육정책의 결정과 집행에 있어 역동적인 정치성이 나타나고 있음을 무상급식 등 구체적 쟁점 사례를 통해 검토하였다. 그런데 과도한 정치적 역동성으로 인해 교육의 자주성 및 정치적 중립성을 지향하는 「헌법」 정신과는 반대로 정치적 성향, 이념 여하가 지방 수준 교육 거버넌스의

---

15) 유치원 3법(「유아교육법」「사립학교법」「학교급식법」의 각 개정안)이 2020년 1월 13일에 국회를 통과함으로써 에듀파인 도입을 둘러싼 갈등 촉발 요인이 원천 상쇄되었다고 할 수 있다(뉴시스, 2020. 1. 13.).

핵심 방향타가 되고 있는 문제점을 지적하였다. 주요 쟁점 사례와 문제점을 중심으로 향후 우리나라 지방 수준 교육 거버넌스의 발전 방향을 정리해 보면 다음과 같다.

첫째, 바람직한 지방 수준 교육 거버넌스를 위해서는 교육감의 권한이 교육지원청과 단위학교로 현재보다 더 많이 위양될 필요가 있다. 교육감을 둘러싼 논란 사안들을 살펴볼 때 갈등관계가 일반적 수준을 넘어서고 있는 점은 교육정책의 안정성과 신뢰성을 저해하고 있으므로 개선되어야 하는데, 우선 고려할 사안이 교육감 권한의 적정화다. 교육감 권한의 적정화는 중앙정부, 즉 교육부와의 관계에서도 필요하지만 하부기관이나 단위학교와의 관계에서도 필요하다. 중앙으로부터의 분권화는 지방교육자치제 실시 이후 꾸준히 지속되어 왔고, 교육감 직선제 이후 더욱 확립된 측면이 있다. 여전히 교육부 장관과 교육감의 권한 범위에 대해 양측이 다르게 해석함으로써 혼란이 있고 그로 인한 갈등관계가 발생하고 있으나 큰 흐름으로 볼 때는 정리되어 가는 추세라고 하겠다. 물론 중앙정부와 대다수 교육감의 정치적 성향이 같기 때문에 갈등 발생의 소지가 원천적으로 줄어든 현재의 상황이 항존적이라고 할 수는 없기 때문에 향후 추이를 지켜볼 여지는 있다.

둘째, 직선제 교육감의 이념적·당파적 성향을 최소화하기 위한 장치의 마련과 다방면의 노력이 지속되어야 한다. 교육의 자주성, 정치적 중립성, 전문성을 지향하여 교육감 제도를 운영하고 있지만 '진보 교육감' '보수 교육감'이라는 통칭이 사회적으로 인정되는 상황일 뿐만 아니라 많은 교육정책이 이념적 기반에 의해 수립되고 집행되는 모순적 현실이 교육에서 많은 문제점을 야기하고 있음은 주지하는 바와 같다. 교육감의 이념 성향이 모든 것을 덮는 상황이다 보니 그 결과로 정책의 안정성이 현저하게 손상되고 교육현장에 큰 혼란을 초래하고 있는 것이다. 무상급식, 국가 수준 학업성취도 평가, 자사고 정책 등 대표적 사례만 보아도 각각의 사안이 교육에 미치는 파급 영향은 너무나도 크다. 우리나라에서 중앙 수준 교육 거버넌스의 경우에도 축적된 연구와 장기적 관점에서의 논의를 통해 정책이 수정되는 정책환경이 되지 못하는 낮은 안정성의 문제는 상존해 왔다. 그에 더해 지방 수준 교육 거버넌스의 핵심이라고 할 교육감의 정치 성향에 따른 잦은 정책 변동 문제는 해결해야 할 과제다. 여러 사례에서 살펴보았듯이, 대통령을 정점으로 한 중앙정부의 성향과 직선 교육감의 성향이 다를 경우에 극도의 갈등이 표출되는 문제를 완화하는 과제가 우리 앞에 놓여 있다. 특히, 지방 수준 교육 거버넌스에서 교육감을 중심으로 한 정치적·이념적 성향의 과도화를 막을 장치가 필요하다. 우선은 교육감 자격 조건에서 비정당원 기간을 5~10년으로 확대하고 선거과정에서 정당과의 연계를 철저히 차단하는 조치를 비롯하여 교육감 직선제 자체에 대한 재검토 등을 생각해 볼 수 있다. 그러나 정치성 과다로 인해 합리적 의사결정이 저하되는 문화가 바뀌지 않고는 이 문제를 풀기가 쉽지 않을 것으로 보인다.

셋째, 2014년 이후 지방교육자치단체의 의결기구인 독립된 교육위원회가 존재하고 있지 못한데, 교육위원회의 지방의회로의 흡수·통합의 공과에 대한 철저한 연구와 평가가 우선적으로 필요하다. 2007년 당시 통합 행정과 효율성의 원리를 내세우며 정치적으로 결정되었던 사안이었던 만큼 현재의 기형적 체제로 잃고 있는 것이 무엇인가를 검토해야 할 시점이다. 또한 그 평가를 바탕으로 제도의 취지를 살릴 수 있도록 원상 복구를 포함하여 전면적 재검토가 필요하다. 지방교육자치제도가 제대로 기능하기 위해서는 의결기구인 교육위원회에서도 교육의 특수성에 대한 인식이 체화되어 있어야 한다. 그런데 정치가인 지방의회 의원들이 의결기구의 역할을 수행함으로써 전문성 부족으로 교육감 견제가 제대로 되기 어려울 뿐만 아니라 정치적 이해관계에 따른 의사결정의 가능성이 극대화된 구조이기 때문이다. 과거 독립된 의결기구로 있었을 때 예산에 관한 심의·의결에서의 효율성 문제가 제기되었지만 이는 다른 장치를 마련하여 풀 수도 있을 것이다.

넷째, 교육감 선거제도를 둘러싼 논란이 남아 있는데 최선의 대안을 찾기 위한 노력을 지속할 필요가 있다. 교육계와 사회 일반에서는 대체로 교육감 직선제를 선호하는 경향이 있는 것이 사실이다(김혜숙 외, 2011; 나민주 외, 2018). 그러나 집행기구인 교육감까지도 일반지방자치 안에 통합되어야 한다는 주장으로 지방교육자치제도 자체를 부정하는 일반지방자치 쪽에서는 러닝메이트제 혹은 그보다는 약한 공동등록제 등을 계속 요구할 가능성이 남아 있다. 현재의 직선 교육감은 광역 단위에서 동일한 선거권자들을 통해 선출됨으로써 시·도지사와 같은 수준의 민주적 정당성을 가진다. 이 점은 교육감에게 강력한 권력을 부여함으로써 일반지방자치로의 흡수를 제어하는 효과를 갖는 측면이 있다. 그럼에도 불구하고 정치적 성향의 과도함에 따른 문제, 지방 수준 교육에 무관심한 선거권자들의 참여에 따른 민의의 왜곡 문제 등이 남아 있어 직선 제3기가 끝나는 2022년 이후에는 새로운 대안 찾기가 시작되기를 기대한다.

다섯째, 중앙 수준 교육 거버넌스는 물론 지방 수준 교육 거버넌스에서도 나타나고 있는 사법부 영향력의 지나친 확대 추세는 경계할 부분이다. 지방 수준 교육 거버넌스에서 정치 과잉 상황이 전개되고 합리적 거버넌스의 성격이 약화되다 보니 중앙, 일반지방자치, 단위학교를 막론하고 거버넌스의 관련 주체들 간, 특히 교육감을 중심으로 갈등관계가 고조되고 있음을 살펴보았다. 그 결과로 셀 수도 없을 정도의 많은 사안들이 소송·고발 등을 통해 사법부의 판단을 구하고 있고, 불가피하게 사법부의 판단이 교육정책의 최고 결정권자 역할을 맡는 일이 증가하고 있다. 최근의 전국교직원노동조합(이하 전교조) 법외노조 건, 자사고 폐지 관련 소송 등이 대표적이다. 이는 상호작용과 협력·조정 등을 통한 거버넌스의 기능이 제대로 작동하지 못함을 의미하는 것이다. 또한 교육만의 고귀한 목적과 특수성에 기초하여 장기적으로 결정되어야 할 사안에 대해 법을 기반으로 하는 사법적 판단이 방향과 실제를 규율하는 것이므로 타당하다고 보기 어렵다.

여섯째, 향후 지방 수준 교육 거버넌스에서는 계층제 거버넌스의 관련 당사자들뿐만 아니라 이익단체 등 타 주체의 건강한 참여를 촉진하는 방향으로 나아갈 필요가 있다. 네트워크 거버넌스 관점이 강화되는 추세임을 살펴보았듯이, 교직단체, 학부모단체, 일반 시민단체 등 다양한 주체들의 거버넌스 참여를 보다 확대하되 합리적인 방식에 대한 합의를 만들어 나가야 한다. 한국교총, 전교조 등 교직단체, 참교육을위한전국학부모회, 인간교육실현학부모연대 등 학부모 단체, 사교육걱정없는세상, 교육을바꾸는사람들 등 대표적인 이익집단뿐만 아니라 학습공동체 등 다양한 주체들이 거버넌스의 일원으로 역할을 할 때 보다 타당하고 합리적인 지방 수준 교육 거버넌스가 가능할 것이다. 다만, 다양한 주체의 참여 역시도 정치적·이념적 성향에 따라 과대 혹은 과소 대표되지 않도록, 정치 과잉 현상이 나타나지 않도록 경계하는 것은 중요하다.

제7장

단위학교 수준 거버넌스의 정치학

1. 새로운 학교 운동과 거버넌스

　기존 전통적인 관료화의 이데올로기를 기반으로 통제되었던 학교교육에 대한 변화 내지 혁신의 요구는 1980년대에 학교 민주화 운동과 함께 학교 교실 중심의 참교육운동으로 나타났으며, 정부 중심이 아닌 교사 중심의 학교개혁 운동은 아래로부터의 학교변화를 추구하며, 기존 교직 사회에 많은 영향을 끼쳤으며, 많은 학교 안팎의 관련자들로부터 많은 관심을 얻었다. 그러나 한편으로는 학교 개선을 위한 변화의 실질적 대안 제시라기보다는 전통적 관료주의 청산과 교실 수업에서의 교사 수준에서의 실천 운동으로서의 한계를 보였으며, 일부 정치적 대립과 학교 구성원들 간의 갈등을 야기한 것 역시 사실이다.

　물론 학교 개선이나 학교 혁신의 과정에서는 학교교육과 관련한 다양한 갈등 요인들이 있다. 교육문제를 둘러싼 다양한 갈등은 표면적으로는 진보와 보수, 국외 여당과 야당, 교육 당국과 교육지자체, 시·도 교육청과 단위학교, 단위학교와 학교 구성원, 그리고 학교 구성원들 간의 대립과 갈등 양상으로 보일 수 있지만, 이들 집단 상호 간의 갈등은 사실 교육의 국정 운영 내지 통치 구조, 교육 당국의 통치이념, 지방자치의 권한, 교육 구성원들 간의 의사결정 및 의사소통의 구조 등에 의한 이념과 가치 견해의 차이에서 비롯되고 있다는 것을 알 수 있다(신현석, 2010b). 특히 중앙·지방 정부 그리고 단위학교 차원에서 다양한 맥락으로 이루어지는 교육 전반에 대한 통치구조와 그것의 활동과정을 총칭하는 교육 거버넌스는 종래 폐쇄적·전통적인 교육행정 구조 혹은 체제에 대한 논의를 정치·행정으로 확장시켰다는 점에서 그 의의를 찾을 수 있다(안기성, 1997). 따라서 교육 거버넌스는 교육문제에 대한 다양한 논의 구조를 교육계를 넘어 광범위하게 확산하고 교육 관련 이해 당사자들의 요구와 주장에 대한 이해의 지평을 넓힐 수 있다는 장점을 갖고 있다(신현석, 2010b).

사실 그간의 교육운동은 이해 당사자들만의 방식으로 인해 다양한 교육 주체들 간에 갈등과 반목이 있었던 것이 사실이다. 그러나 새로운 학교 운동은 교육 주체들 간의 협력과 적극적 참여를 통한 구성원 모두 함께하는 교육운동으로, 최근 강조되고 있는 혁신학교 운동 역시 교육활동에 대한 철학과 가치를 공유하며, 교육활동이 확산될 수 있도록 노력함을 강조하고 있으며, 또한 학교 내 주요 의사결정의 민주화를 통하여 학교혁신에 관심을 지닌 교사들의 적극적인 활동을 유도하는 접근으로 소정의 성과를 보이고 있다.

따라서 새로운 학교 운동은 관료주의에 의존하는 기존 개혁의 한계를 극복하고 미래지향적인 실천적 대안을 제시할 수 있을 것인가가 중요한 과제일 것이다. 또한 학급 수업 수준을 넘어 학부모와의 연대와 동료교사와 학교 단위의 공동의 협력적 실천이 이루어질 수 있는 교육 전반에 걸친 운동이어야 할 것이다. 이러한 점에서 새로운 학교 운동을 단위학교를 단지 공급자와 소비자 교육의 관계를 넘어 함께 배움이 이뤄지는 새로운 자치공동체를 형성하는 길이며, 교사·학부모·지역의 협력관계, 학교 구성원들 간의 거버넌스를 통하여 미래 지향적인 교육의 방향을 제시하고 실천해 나가는 것이 중요한 관건이 되고 있다. 따라서 기존의 새로운 학교 운동 역시 교육가치를 공유하기 위한 구성원들과 협력과 함께, 구성원들 간에 네트워크와 교류와 학부모와 지역사회 연대를 통한 학교 거버넌스의 구체적인 실천을 통해서 학교 개선 내지 혁신은 구체화될 수 있다.

2. 단위학교 거버넌스의 의미와 성격

우리나라의 경우 1990년대부터 소규모 학교 통폐합이라는 학교의 절박한 상황과 학교혁신을 위한 교육 주체들의 노력과 헌신, 그리고 구성원들 상호 간 협력의 학교문화 등을 통하여 '작은학교운동'이 있었으며, 일련의 성과를 통하여 기존 공교육에 대한 대안 가능성이 제기되어 왔다. 이러한 이면에는 교사와 학부모, 지역사회의 상호 적극적인 협력을 통한 민주적 학교 거버넌스가 있었으며, 학교 거버넌스에 기초한 집단 지성의 문화가 형성되어 다양한 교육적 실험과 시도가 있었기에 가능한 일이었다. 특히 최근에는 학교교육에 있어서 학부모·학생·지역사회가 적극적으로 참여하는 거버넌스 체제가 강조되고 있는데, 이러한 학교 거버넌스는 학교 자체가 외부에 적극적으로 개방되고, 학교 차원에서 학교, 지역 시민사회, 학부모와 연대적 협력 주체로서 그 역할을 하고 이를 토대로 새로운 학교 거버넌스에 대한 필요성이 끊임없이 요청되고 있다. 이를 위해 교육 관련자들 중심으로 하는 공적 교육의 협력적 구축을 마련하고 민주적인 학교 거버넌스를 통한 학교교육에의 참여 역할을 확대하고, 지역사회 차원의 협력적 거버넌스 체제를 마련해야 한다. 따라서 교직원과 학부모, 학생, 지역사회의 협력을 통한 민주적 학교 거버넌스에 기초한 집단 의사결정 및 의사소통 문화가 형성되는 새로운 학교문화 모델이 창출되어야 한다.

거버넌스(governance)라는 단어는 1970년대 이후 서구의 사회경제적 재구조화 과정에서 나타난 정치적·경제적·사회적 변화를 사회과학으로 설명하고자 시도된 다양한 연구를 통해 등장한 개념이다(엄태석, 2005). 이러한 거버넌스 단어 자체의 개념은 과거 수직적이고 위계적·계층적 권위에 기반을 둔 전통적인 국가(정부) 주도의 접근에 대한 다양한 대안들 중 한 가지로서 다양한 학문적 배경과 영역에서 강조되고 있으며, 학자들마다 다양한 의미로 좋은 거버넌스(good governance), 협력적 거버넌스(collaborative governance) 등 거버넌스 개념이 다양하게 해석되고 있다(Pierre, 1999). 따라서 거버넌스의 개념은 다양한 학문과 적용 범위에 따라서 매우 다르게 정의되고 그 적용 분야도 다양하다.

이와 같이 거버넌스는 시공간적으로 다양한 변화에 맞게 논의되어 온 담론 성격의 개념이면서도 다양한 맥락에서 조작적으로 정의되고 있다. 이러한 이유로 'governance'에 대한 영어 단어에 대한 번역도 '국정관리(체계)' '통치방식' '국가경영' '협력적 통치' '합치' '지배구조' '통치와 공치' '동반자 통치' '네트워크 통치' 등으로 다양하고, 이들이 원래의 의미를 정확하게 달하지 못한다는 측면에서 외래어로 그냥 '거버넌스'라는 말을 일반으로 사용하는 경향이 있으며(신현석, 2010b), 학문 분야와 관심 영역에 따라 거버넌스 개념은 다양하게 해석되고 있다(김석준, 이선우, 문병기, 곽진영, 2000).

이러한 거버넌스 패러다임이 출현하게 된 배경을 살펴보면 다음과 같다. 첫째, 국가와 사회의 경계가 점차 모호해지고 있다. 둘째, 사회조직의 개방체제로 인하여 정부 외부에 존재하는 다양한 행위자들의 주체적 노력으로 통하여 정부정책에 관여하고 있다. 셋째, 정부가 다루어야 할 다양한 사회쟁점들이 복잡하게 연결되어 있어서 공공정책에 대한 의사결정이 증가하고 있다. 넷째, 정부만이 중요한 사회쟁점이나 이슈를 결정하는 유일한 행위자가 아니라는 인식이 확산되고 있다. 다섯째, 정부와 사회가 상호작용하는 새로운 접근은 다양한 사회쟁점들을 다루는 데 매우 요긴하다. 여섯째, 문제해결을 위한 거버넌스의 접근과 기제는 사회 수준이나 영역마다 서로 다르다(Kennis & Schneider, 1991). 특히 교육 분야에서 거버넌스의 개념을 도입한 학자는 Sergiovanni로, 그는 교육 거버넌스를 연방정부, 주정부, 지방정부에서의 교육정책 형성과정과 정치체제로서의 학교를 포괄하는 교육 전반에 관한 국정운영 혹은 통치를 의미하는 것으로 보고 있다(Sergiovanni, Burlingame, Coombs, & Thurstone, 1980). 따라서 교육 거버넌스는 중앙정부와 지방자치단체, 다양한 교육 이해관계자가 다양한 교육문제 해결을 위한 정책적 결정과정과 그에 따른 행정과정에서의 다양한 구성원 참여방식 혹은 권력관계, 행정운영 방식 등이 역동적으로 작용하는 과정이나 구조로 이해될 수 있다(반상진, 2013).

한편, 거버넌스는 기본적으로 거버넌스하는(governing) 과정에서 누가 주체적으로 참여하는지, 그리고 그러한 참여 과정에서 어떤 방식으로 다스리는지와 관련된 거버넌스의 '주체'와 '접근방식'이라는 두 가지 측면에서 설명되고 있다. 인간이나 물체를 어떤 방향으로 나아가게 한다는 거버넌스의 어원으로 보면, 전통적으로 거버넌스 개념은 통치 행위 · 방식 · 운영체제 등으로 해석되지만, 새로운 관점에서의 거버넌스 개념은 시장화·분권화·국제화·네트워크화의 진전에 따른, 전통적 관료주의와 구분되는 분권과 협치 체제를 의미하기도 한다. 특히 학교 거버넌스의 주체와 관련하여 학교교육을 담당하는 주체를 특정하기보다는 다양한 행위자들로 그 범위를 확대하고 있다는 점에서 교육문제를 해결하기 위해 교사, 학부모, 학생, 지역사회(시민단체)가 참여하는 상호작용의 총체라고 볼 수 있다.

이러한 관점에서 거버넌스를 특정 가치를 지향하는 개념으로 보기보다는 가치중립적인 개념으로 보는 시각도 있다. 따라서 거버넌스는 다양한 맥락에 따라 거버넌스 단어에 일정한 수식어를 표기하기도 하는데, 예컨대 뉴 거버넌스(new governance), 모던 거버넌스(modern governance), 시민 거버넌스(civil governance), 시장 거버넌스(market governance) 등이 있다(강용기, 2008). 이러한 맥락에 따라 단위학교 거버넌스라는 개념도 거버넌스 자체가 내포하는 광의의 개념에 기반하여 단위학교에서의 의사결정 과정에 있어 '협력'의 규범적 가치를 통하여 교육 주체적 행위자들 간의 일련의 협력적 노력이라는 점에서 단위학교의 상황과 맥락이 고려될 수밖에 없다.

이와 관련하여 Gash(2016)는 [그림 7-1]과 같이 협력적 거버넌스의 개념을 협력과정과 절차의 흐름을 종합적으로 정리하고 있다(박상필 외, 2018: 15에서 재인용).

광범위한 협력적 의사결정	행위자 또는 기능 중심의 의사결정	융통적·적응적인 창발적 메커니즘
• 다양한 이해를 대표하는 파트너와의 대화를 통한 정책개발 • 광범위한 협력적 의사결정 • 합의 지향적 숙의 과정 • 집합적 의사결정	• 파트너와 목표전략의 공동 생산 • 책임과 자원을 공유하는 공동 활동 • 목표 설정에서 결과의 평가에 이르는 의사결정과 집행	• 융통성 있고 적응적이며 창발적인 메커니즘을 통한 정책결정과 프로젝트 관리 • 다수의 참여에 의해 필요를 충족시키고 문제해결을 위한 자원을 연계 • 절차적 신축성, 윤리, 지향성 강조

[그림 7-1] 협력적 거버넌스의 정의

또한 거버넌스는 행위자들이 추구하는 가치에 따라 구분되기도 하지만 관련 행위자들의 수준과 범위에 따라서도 구분될 수 있는데, 예컨대 글로벌 거버넌스 (global governance), 내셔널 거버넌스(national governance), 로컬 거버넌스(local governance), 사이버 거버넌스(cyber governance) 등이 있다(김석준 외, 2000). 이러한 점에서 단위학교 거버넌스 역시 단위학교 수준에서의 거버넌스에 대한 철학과 가치 그리고 관련 조직 행위로 볼 수 있다. Peters와 Pierre(2005: 11-12)도 국정운영의 중심이 정부 혹은 (시민)사회 쪽으로 얼마나 이동했느냐에 따라 국가통제 모형, 자유민주주의 모형, 국가 중심 조합주의 모형, 사회 중심 조합주의 모형, 자기조정 네트워크 모형 등 다섯 가지 거버넌스로 모형을 제시하고 있다(신현석, 2010b). 첫째, 국가통제 모형은 정부의 통치과정에서 사회 행위자들의 참여가 배제되어 있는 것으로 '정부 없는 거버넌스'를 반대하는 전형적인 국가 중심성과 강한 정부 역할을 상정하는 모형이다. 둘째, 자유민주주의 모형은 사회 행위자들이 국가에 영향을 미치기 위해 다양한 형태로 경쟁하지만 최종 선택의 정책 권리는 국가가 갖는 모형이다. 셋째, 국가 중심 조합주의 모형은 국가는 사회 행위자 파트너들과의 관계에서 실질적인 권력을 갖지만 국가와 사회 간 사회작용이 많이 강조되는 모형이다. 넷째, 사회 중심 조합주의 모형은 국정운영에 있어 사회 네트워크의 역할에 크게 의존하며, 국가운영 과정에 있어 다수의 행위자가 수반되는 형태의 모형이다. 다섯째, 자기조정 네트워크 모형은 국가가 국정운영의 능력을 잃었으며, 사회 행위자들이 자기조정 네트워크를 통해 스스로 거버넌스를 조정하는 형태의 모형이다. 따라서 거버넌스의 수준은 국가 수준에서 시행되는 거버넌스의 하위 수준별로 이루어지는 거버넌스라고 할 수 있다.

단위학교의 교육공동체와 관련하여 거버넌스는 교육공동체의 이념과 정신 그리고 협력 거버넌스의 원리를 지향하고 있다고 본다면, 단위학교 거버넌스에는 세 가지 중요한 요소를 갖는데, 이는 모형의 전략이기도 해서 모형을 제도화하여 운용할 때 반드시 갖추어야 할 요인이기도 하다(신현석, 2010a). 첫째, 구성원들 간 상생의식의 공유다. 교육과 관련한 공동운명체로의 의식과 같은 목표를 공유하는 것이 중요하다. 둘째, 구성원의 자발적인 참여가 필요하다. 정부는 구성원의 능동적인 참여를 유도할 수 있는 기회를 제공하고 보장해야 한다. 셋째, 구성원이 민주적이고 합리적으로 의사소통을 할 수 있는 구조의 창출이 필요하다.

이러한 점에서 단위학교 거버넌스에는 '철학'이 개입될 수밖에 없다. 즉, 인간 삶과 관련지어 궁극적이고 전체적인 성찰을 통하여 정립된 근원적 원리가 철학이라면, 거버넌스 역시 그러한 근원적 원리에 의거하여 단위학교가 운영되어야 한다는 맥락에서 보면 단위학교 거버넌스는 철학과 불가분의 관계가 있다. 따라서 단위학교에서 교육에 대한 철학이나 가치 신념의 체계가 없다면 거버넌스는 있을 수 없다고 할 수 있다. 이러한 점에서 교육 거버넌스에서도 교육 관련 기관 및 조직의 운영에 적용될 원리·원칙의 교육철학이 필요하며, 그 철학적 원리·원칙을 성찰하는 일이 곧 단위학교라는 교육조직에서의 거버넌스인 것이다. 따라서 단위학교에서의 교육철학이란 교육영역에서의 근원적 원리를 인간 삶과 관련하여 궁극적·전체적으로 탐구하는 활동이나 그 결과물이라는 점에서 이러한 교육철학이 교육 거버넌스의 존립과 성공에는 반드시 필요한 것이다(목영해, 2017).

3. 단위학교 거버넌스 구축의 조건과 운영 원리

1) 단위학교 거버넌스 구축의 조건

학교 변화나 혁신을 위해서는 학교, 지역 시민사회, 학부모와 지역 연대적 주체를 형성하고, 이를 기초로 새로운 민주적인 학교 거버넌스가 필요하다. 왜냐하면 현대 사회에서 학교조직은 혼자 독립적으로 존재할 수도 없을 뿐만 아니라, 학교조직이 사회조직과 분리되어 배타적인 집단이 되는 것은 학교 변화의 과정에서 바람직하지 않기 때문이다. 따라서 학교는 구성원들과의 협력의 의거한 거버넌스를 통하여 해서 학교교육을 더욱 풍부하고 다양하게 발전시켜 나갈 수 있다. 이러한 학교 구성원들 간의 협력을 통한 단위학교 거버넌스가 지속적으로 발달하고 확대되어야 교사와 학부모, 지역사회의 협력을 통한 민주적 학교 거버넌스가 구축되고, 그것에 기초한 집단 지성의 문화가 형성될 수 있다. 이러한 단위학교 거버넌스는 다음과 같이 '학교조직'의 '공동의 문제해결'을 위한 '다양한 참여 주체'의 '교육적 조정 방식'이라는 개념적 특징을 가지고 있다(강충열, 권동택, 2014).

① 학교조직: 공동의 교육목적을 추구하는 구성원들 사이의 모든 결합체를 통칭

② 공동의 문제: 하나의 학교조직을 운영하고 관리하는 과정에서 대두되는 여러 가지 문제 가운데 학교조직 전체의 공통 관심사와 관련된 문제

③ 다양한 참여 주체: 학교조직의 공동의 문제를 해결하는 일과 관련하여 제도적인 권한이나 전문적 식견 혹은 정치경제적 이해관계를 가지고 그 해결과정에 참여하는 모든 집단이나 구성원

④ 교육적 조정 방식: 문제해결 과정에 참여하는 다양한 집단과 구성원의 사고와 행위를 규율하고 안내하는 여러 가지 방식

또한, 민주적 자치공동체의 이념과 정신, 그리고 단위학교 거버넌스의 원리와 지향성을 고려해 볼 때, 다음의 세 가지 중요한 요건들이 마련되어야 한다(강충열, 권동택, 2014).

① 구성원 간 상생의식의 공유: 교육과 관련한 공동운명체로의 의식과 같은 목표를 공유하는 것이 중요함.

② 구성원의 자발적인 참여: 학교는 구성원의 능동적인 참여를 유도할 수 있는 기회를 제공하고 보장해야 함.

③ 구성원이 민주적이고 합리적으로 의사소통할 수 있는 구조의 창출: 상호 협동하고 협력하여 네트워크, 파트너십 등 자발적인 상호작용에 의한 문제해결 방식(co-governing)을 추구하는 구조여야 함.

이러한 단위학교 거버넌스가 성공적으로 구축되기 위해서는 민주적 학교 풍토의 문화가 조성되어야 하는데, 다음의 조건들이 선결되어야 한다(강충열, 권동택, 2014).

(1) 학교장의 높은 질의 리더십

단위학교 거버넌스가 성공적으로 구축되기 위해서는 무엇보다도 최고관리자의 높은 질의 리더십이 요구된다. Hunt(1993)는 리더십을 학교행정에 있어서 최고관리자의 핵심 역할이며, 특히 질 관리에 있어서 학교장은 과업 이행을 위한 전반적인 신념체계를 만들어 내는 양질의 비전과 목표 및 실제 방침을 수립해야 한다는 점에서 더욱 중요하다고 강조하고 있다. Sallis(1993) 역시 리더십은 질 관리의 필수적 구성요인이며, 조직의 리더는 미래의 비전을 가지고 있어야 하며, 그 비전을 구체적 이행 목적으로 적절히 전환할 수 있어야 한다고 하였다. 따라서 학교장의 리더십은 단위학교 거버넌스의 성공에 있어서 중요한 조건이다.

(2) 구성원들의 총체적 참여 및 헌신

학교조직도 다른 일반 조직들과 마찬가지로 일련의 목적을 가지고 있으며, 조직의 목적을 달성하기 위해 조직 구성원 모두의 공동의 노력을 필요로 한다. 단위학교 거버넌스가 성공적으로 이해되기 위해서는 학교 구성원 모두의 만족을 통하여 학교교육의 질에 있어서는 모든 교육 구성원들의 책임이 있다는 전제하에 학교 구성원 모두가 학교교육에 총체적으로 참여하도록 해야 한다. 따라서 단위학교 거버넌스의 성공은 학교조직을 구성하는 안팎의 모든 구성원의 총체적 참여와 헌신을 통해 이루어진다.

(3) 학교 질 개선 문화의 조성

모든 학교조직은 그 나름대로의 풍토를 가지고 있으며, 조직의 독특한 풍토는 다른 조직과 구별되는 조직문화를 형성하게 되는데, 학교조직 역시 다른 조직과 마찬가지로 학교교육의 본질적 목적을 성취하기 위해서는 학교조직의 학교규율과 질서를 유지하며, 교육의 질을 개선하기 위한 교육적 분위기를 조성해야 한다. 특히 학교조직에서의 거버넌스의 성공적인 이행을 위해서는 분명한 조직의 목표와 가치의 공유를 통하여 구성원들 사이의 공동체 의식을 강화하고 변화와 변혁의 시기에 부응할 수 있는 학교조직의 질 개선 문화가 조성해야만 한다.

(4) 교직원에 대한 권한 부여

단위학교 거버넌스에 있어서 중시되는 것은 구성원들에 대한 권한 부여 (empowerment)다. 권한 부여의 목적은 조직 구성원들로 하여금 스스로 사고하고 판단할 수 있는 기회를 부여하고, 동시에 책임의식을 제고하여 조직의 발전에 많은 기여를 하도록 한다는 점에서, 학교조직의 구성원들이 책임성 있게 과업을 수행하리라 신뢰하고, 그들에게 자신들이 작업의 질을 개선할 수 있는 적절한 권한을 부여해 주어야 한다(Bradley, 1993).

(5) 학교 운영의 자율성 확보

단위학교의 자율경영은 학교 거버넌스의 중요한 조건이 된다. 교육행정기관에 귀속되어 있던 학교교육과 운영에 관한 중요한 권한을 단위학교에 위임하여, 학교 구성원들이 자율적으로 단위학교에 필요한 결정을 하고 그에 따라 운영하며 결과에 대해 책임을 지게 하는 의미를 지닌 학교 자율성은 자기결정(자기규제)이라는 절차적 자율성과 그 내용의 정당성을 충족시킬 때 타당한 교육정책으로 성립될 수 있다. 학교 자율화의 기본 원칙(절차적 민주성과 내용적 보편성)과 자율화 비전의 공유는 단위학교의 성공적인 거버넌스 차원에서 시급한 과제다. 따라서 '학교 자율화'가 실질적으로 작동하여 단위학교 거버넌스가 작동하기 위해서는 구성원들의 주인의식과 자율성 신장이 요구되며, 자율적인 인간 육성을 위해 학교급에 비례하여 학생의 자율성도 높여 가야 한다. 즉, 단위학교 거버넌스를 통한 학교 자율경영은 학생과 가장 가까이 있는 사람들이 의사결정을 내릴 때 가장 적절한 의사결정을 내릴 수 있다는 전제와, 변화는 단위학교 구성원들이 주인의식을 가질 때 더욱 잘 일어나며, 이러한 주인의식은 단위학교 구성원들이 학교 경영에 대한 의사결정 권한을 가질 때 가능하다는 전제에서 출발한다.

(6) 전문성 개발과 훈련

교직원은 학교교육의 지속적인 질 관리 및 개선에 있어서 매우 중요한 인적자원이기 때문에, 단위학교의 거버넌스를 위해서는 인적 자원 개발의 차원에서 교직원의 능력 개발을 위한 적절한 교육과 훈련 프로그램이 마련되어야 한다.

이를 위해 교직원 개개인에게 여러 가지 형태의 교육과 훈련을 제공하여 욕구를 충족시킬 수 있어야 하며, 교직원의 잠재능력을 끊임없이 개발하고 창의력을 발휘할 수 있는 기회를 제공해 주어야 한다. 또한 다양한 장학의 본질적 목적을 활성화하여 교직원의 전문성을 계속적으로 향상시키기 위해 일정 주기의 연수를 강화해야 한다.

2) 단위학교 거버넌스의 운영 원리

거버넌스는 기관ㆍ기구의 하드웨어적인 성격보다는 그 기관ㆍ기구의 소프트웨어적 운영 및 작동이 강조되는 개념으로, 기관이나 기구의 설립 단계에서도 원리나 원칙이 필요하지만, 그 기관의 운영과 작동에는 원리ㆍ원칙이 반드시 필요하고 더 중요하기 때문에, 이해관계에 따라 임시변통식으로 운영되는 기관이나 기구는 그 구성원들 이 직무를 어떻게 수행해야 할지를 알 수 없게 된다. 따라서 민주적 자치공동체를 통한 단위학교 거버넌스는 학교조직의 여러 요건이 마련되어야 가능한 일이다. 또한 어느 한 개인의 노력에 의해서 달성되는 것 역시 아니다. 따라서 혁신적 변화가 가능한 학교문화의 총체적 변화와 함께 이루어져야 한다(강충열, 권동택, 2014).

첫째, 성공적인 민주적 자치공동체는 혁신적 변화의 주체들인 학교장을 포함한 모든 학교조직 구성원들의 노력과 헌신이 있다. 학교경영의 혁신은 특정 개인, 특정 단체가 아닌 변화 담당자와 변화 수용자 상호 간에 공평한 권한을 가지고, 신중한 전략적 변화의 목표를 설정ㆍ추구하는 일련의 노력이 있어야 한다.

둘째, 성공적인 민주적 자치공동체는 기존 학교조직의 내적 가치와 인식의 공유를 함께 하고 있다. 이러한 가치와 인식의 공유는 조직변화를 위해 구성원 모두를 참여하게 하고 헌신하게 만드는 데 중요하기 때문이다. 학교경영 혁신을 위한 학교문화의 공유는 학교교육 목적 달성에 부합되어야 하며, 학교조직의 모든 구성원들은 교육목적의 달성이라는 동일한 가치 문화를 공유하고 있다.

셋째, 성공적인 민주적 자치공동체는 이러한 가치와 인식의 공유를 통해 발달적으로 지속 가능한 변화의 과정으로 학교를 운영하고 있다. 학교경영이 학교라는 조직체를 효과적으로 목표 달성을 하기 위해 조직을 통하여 지속적으로 활동하는 과정이라고 한다면, 자율경영 체제를 통한 학교경영의 혁신은 갑작스런 일시적 변화이기보다는 연속적인 과정의 결과로서 일어나야 한다. 즉, 자율경영 체제는 신속 처방의 일시적인 것이 아니라, 변화하는 사회에 따라 계속적으로 개선해 가는 노력의 과정인 것이다.

넷째, 성공적인 민주적 자치공동체는 변화에 대한 촉진요인을 조장하고 저항요인을 잘 극복하고 있다. 조직변화에는 전략적이고 인위적인 작용을 전제하기 때문에, 변화에 대한 상당한 저항이 있을 수 있다. 자율경영 체제를 성공적으로 도입하기 위해서는 변화과정에서 자연스럽게 저항요인이 나타날 수 있음을 인식하는 것이 중요하다. 변화를 추진하고 학교경영의 효과를 극대화하기 위해서는 변화의 부정적인 저항요인을 극복해야만 한다.

따라서 단위학교 거버넌스의 운영을 위해서는 학교의 행정·재정 운영은 학생의 학습활동을 돕고, 교사의 교수-학습을 지원을 최우선적으로 고려하여야 하며, 구성원들의 자발적인 헌신과 민주적 리더십에 의하여 구성원들의 잠재된 역량을 극대화해야 하며, 교원의 전문성에 의한 자발적인 교육활동을 존중하고, 이들에 대한 동기 부여와 참여 의지를 고양시켜야 한다. 또한 학교 구성원 간의 소속감과 연대감을 바탕으로 상호 간의 신뢰와 협동적 관계를 형성하고, 모든 구성원들이 동등한 권리로서 학교 참여를 보장하고, 민주적이고 합리적인 의사소통체제 마련해야 한다. 특히, 학교장에게 집중된 권한을 대폭적으로 위임하고, 구성원 각자가 부여된 권한을 행사하되 이에 대한 책임성을 부과하고 교육의 과정과 질적 수준, 참된 학업성취에 대하여 학교 공동체가 책임을 저야 한다.

4. 성공적인 단위학교 거버넌스를 위한 구성원의 역할과 과제

1) 단위학교 거버넌스를 위한 구성원의 역할

단위학교 거버넌스의 한계와 어려움은 학교 변화를 위한 시도가 상위로부터의, 중앙정부의 관 주도 방식으로 인해 기인하는 경우가 많은데, 학교의 변화나 교육의 변화를 위한 어떠한 시도든지 간에 학교현장의 공동체성과 이들의 자발적이고 주체적인 참여 없이는 단위학교 거버넌스는 불가능하다. 따라서 단위학교 거버넌스는 일선 현장의 학생 · 교사 · 관리자 · 학부모와 지역사회가 추진의 주동력이 되어야 하며, 이 추진 주체들은 관주도를 벗어나 새로운 교육운동으로서의 정체성을 분명히 해야 한다. 즉, 단위학교 거버넌스를 위해서는 구성원들이 공통적인 가치와 철학을 공유하되 다양한 전략을 통한 의사결정이 가능해야 하며, 학교현장에서의 주도성과 헌신성, 자발성을 기초로 지속 가능하고 역동적 잠재력을 발휘해 가도록 해야 한다. 이러한 차원에서 민주적 학교 풍토 조성과 함께 단위학교에서의 거버넌스의 성공을 위해서는 다음과 같이 구성원 모두의 역할이 제고되어야 한다(강충열, 권동택, 2014).

(1) 학생의 역할

단위학교 거버넌스를 위한 학생의 역할로는 먼저 자신과 다른(능력, 성적, 사회적 배경, 성격, 지역 등의 분야에서) 학생에 대한 이해와 관심을 가지고 배려하는 태도를 가져야 한다. 특히, 소통과 협력의 능력은 자신과 다른 것을 수용하고 인정하는 태도로부터 길러지게 된다. 이러한 태도의 기본은 다른 학생의 의견이나 발표를 경청하고 그 입장에서 바라보고 존중하는 자세다. 또한 교사와 학생 간의 신뢰와 친밀감이 없이 좋은 수업이 이루어질 수 없으며 학생의 진정한 배움이 일어날 수 없다. 다양한 생각의 발현과 소통과 협력은 상대방에 대한 존중과 인정이 바탕이 된 민주적이고 평화로운 교실의 문화가 형성될 때 극대화될 수 있다. 교실의 평화로운 문화는 학생에 대한 교사의 애정과 존중, 교사를 존경하고 믿고 따르는 학생의 태도에 달려 있다. 따라서 학생은 교사가 자신을 가장 사랑하고 헌신하는 존재로 인식하고 교사에 대한 존경과 신뢰를 가져야 한다. 마지막으로, 스스로에 대한 자신감과 자존감은 강한 소속감과 자신이 속한 공동체에 대한 애정과 자부심으로부터 나오게 된다. 학교는 학생들이 공동체에 대한 소속감, 즉 우리라는 감정이 형성될 수 있도록 다양한 활동을 지원해야 한다.

(2) 교사의 역할

단위학교 거버넌스를 위해 교사는 끊임없이 수업개선을 위한 전문성 향상에 노력을 기울여야 한다. 이러한 수업개선은 교사 개개인의 노력으로 이루어 내기에는 한계가 있다. 즉, 학교 구성원들이 함께 참여하고 동의하는 가운데 학교 전체의 교육과정과 수업 문화를 바꿀 때 학교에서의 수업혁신이 가능해진다. 이를 위해서 교사는 학교공동체 구축을 위한 자발적·적극적 자세를 보이며, 관리자 및 학부모를 포함한 학교 구성원 전체와의 긴밀한 협조관계를 유지하기 위한 지속적인 노력이 필요하다. 특히, 학교 내에서의 문제뿐 아니라 수업의 질을 높이기 위해서는 교육과정에 대한 근본적인 분석과 이해, 교육과정의 재구성 및 수업 설계와 평가에 대한 고민과 연구가 필요하다. 이것은 교사 개인이 혼자서 풀어내기 어려운 문제이며, 그래서 교사에 대한 연수와 다양한 지원이 필요한 이유이기도 한다. 특히 이런 노력은 교사 동료들 간에 자발적으로 이루어질 때 더 큰 효과를 얻을 수 있다. 그러므로 학교 내의 교육과정협의회, 동아리, 수업협의회 등의 활성화, 그리고 지역이나 전체 교과 단위의 교과교육연구회의 참여를 통해서 함께 성장하는 경험이 필요하다.

(3) 학교장의 역할

단위학교 거버넌스를 위해 교장은 학교의 비전을 이끌어 내고 이를 교육을 통해서 실천하고 달성할 수 있도록 학교의 조직을 운영하고 지원하며, 그 결과에 대해 책임을 지는 역할을 한다. 이런 과정에서 학교경영자는 강력한 리더십으로 학교를 이끌어 가야 하지만, 그것이 독단이나 강제적인 방법이 아니라 구성원의 동의와 자발성에 기초해서 구성원들 스스로 이루어 가도록 격려하고 지원하는 역할을 해야 한다. 또한 학급 간, 학생 간, 교사 간의 협력과 경쟁을 조정하는 조정자와 리더로서의 학교경영자는 학교의 전반적인 발전을 위해서 때로는 학급 간, 학생 간, 교사 사이에서의 긍정적인 경쟁을 유도하기도 하고, 상호 협력을 통한 성장을 이끌어 내기도 해야 한다. 경쟁의 과정에서 뒤처지거나 포기하는 구성원이 없도록 세심히 살피고, 협력의 과정이 지나친 상호배려로 인해서 앞으로 나아가지 못하고 정체로 이어지지 않도록 조정하고 방향을 제시하는 리더의 역할이 요구된다. 한편, 학교는 고립된 섬으로 존재할 수 없다. 또한 사회의 변화와 교육 패러다임의 전환으로 실생활과 연계된 교육, 학생의 진로와 연계한 교육이 핵심적인 교육 내용이 되고 있다. 이러한 변화로 인해 학교는 학교 내부의 자원만으로 교육의 수준을 높이고 교육 내용을 풍부하게 할 수 없다. 즉, 지역사회와의 긴밀한 유대, 학부모의 적극적인 참여를 통한 학교교육에 대한 이해를 높이지 않으면 학교교육을 발전시키기 어렵다. 따라서 학교를 지역사회와 연결하고 학부모의 이해와 참여를 통해서 학교의 교육인프라를 확대하는 정치적 지도성(political leaderchip)을 발휘하는 통합적 경영자의 역할을 담당해야 한다. 학교경영자는 교육행정기관과의 긴밀한 협조관계를 통해서 다양한 정책적 지원을 받고, 이러한 지원에 대해서 학교가 교육발전을 위한 역할을 충실히 할 수 있도록 노력해야 한다. 즉, 교육행정기관은 정책을 추진함에 있어서 학교교육에 제대로 정책이 반영되는 것을 기대하고, 학교는 이러한 정책들이 학교교육의 내실화에 기여하기를 기대한다. 따라서 교육행정기관과 학교가 서로 긴밀하게 협력하면서 정책의 실효성과 현장성을 높이기 위해서 함께 노력해야 한다.

(4) 학부모의 역할

단위학교 거버넌스를 위한 학부모의 역할은 학교운영에 적극 참여하는 공동체의 구성원으로서 학부모가 학교교육에 대해서 제대로 이해하고 이를 지원하는 것이다. 이는 학교교육의 효과를 높이기 위한 중요한 요소다. 학교의 교육과정 운영에 참여하고 함께 학교의 교육목표를 설정하고, 학교와 가정이 함께 협력해서 교육적 목표를 실천하는 가운데 학생의 성장은 더욱 빨라진다. 따라서 학부모는 수동적인 학교교육의 소비자가 아니라 공동의 책임을 지는 학교교육의 구성원으로서 역할을 담당해야 한다. 또한 학교의 교육활동이 다양해지고 국가나 지방정부의 지원에만 의존하는 것이 한계를 보임에 따라, 학부모가 더 실질적인 학교교육에 참여해야 한다. 즉, 학부모의 전문성을 살린 다양한 활동을 통해서 학교교육을 깊이 있게 이해하고 학교교육에 능동적으로 참여해야 한다. 또한 '내 아이' 중심에서 '우리 아이들'을 위한 교육으로의 인식 전환이 필요하다. 학부모가 교육의 문제를 객관적으로 바라볼 때 학교교육이 학생의 다양한 가능성을 발견하고 재능을 키워 가는 진정한 배움을 일으키는 교육이 되어야 한다는 것에 동의하지만, 자신의 자녀 문제가 되면 더 이상 이성적인 판단이 이루어지지 않는다. 따라서 학부모가 교육의 문제를 내 자녀의 문제가 아닌 우리

자녀들의 문제로 바라보아야 한다. 즉, 이런 인식의 전환을 통해서 학생들 간의
경쟁이 아닌, 배려하고 협력하는 문화의 형성이 무엇보다 중요하다는 것에 동의
하게 될 것이다.

(5) 지역사회의 역할

단위학교 거버넌스를 위한 지역사회의 역할에 있어서 학교의 교육과정은 학
교현장 및 지역의 교육적·문화적 자산을 활용하고, 이를 교육과 연계시킬 수
있도록 설계되어야 한다. 또한 교육은 학생의 삶의 실천의 과정이며 학교는 구
성원들의 경험을 위한 공유의 장이므로, 학교가 위치한 지역적 특성은 학교교육
에서 고려해야 할 매우 중요한 요소 중 하나다. 따라서 지역적 상황을 반영하고
그 지역의 역사적·지리적·문화적·사회경제적 특수적인 자산을 활용한 혁신
학교 구축 전략을 추진해야 한다. 특히, 단위학교 거버넌스를 추진함에 있어서
농산어촌, 도시 주변부, 전통적 도심지역, 저소득 지역, 신흥 도시주거 지역, 중
산층 지역 등 지역에 따른 문화적 배경이나 성장배경의 특징이 잘 반영되어야
그 지역 학생의 특성에 제대로 적합한 교육 체제를 구축할 수 있다. 이 과정에서
학교가 지역사회의 다양한 활동의 중심으로 자리 잡고, 지역의 자원들은 학교교
육을 지원하고, 학교는 이들이 학교를 중심으로 학생뿐만 아니라 지역의 주민까
지 지원하는 유기적 관계를 형성하는 구심점의 역할을 해야 한다.

(6) 교육행정기관의 역할

단위학교 거버넌스를 위한 교육행정기관은 학교에 보다 많은 자율권을 부
여하고 적극적 지원을 하여야 한다. 교육행정기관의 역할은 단위학교가 자율
성·책임성을 갖고 학생의 진정한 배움을 위한 교육활동을 전개할 수 있도록
조언하고 지원하는 것이다. 물론 큰 틀과 방향에서의 정책을 수립하고, 이를 학
교현장에서 정착하도록 안내하고 지원하는 것은 교육행정기관이 해야 할 일이
지만, 구체적인 학교 단위의 실천은 단위학교의 구성원이 자신들의 교육목표에
맞게 재해석해서 가장 적절한 방안으로 추진해야 한다. 그것이 진정한 의미의
단위학교 자율경영이며, 단위학교의 자율성이 보장될 때 다양하고 창의적인 교
육정책의 운영 사례를 만들어 낼 수 있다. 한편, 교육행정기관은 단위학교에서

올바르게 교육정책을 이해하도록 돕고 학교를 신뢰하며, 단위학교에서 자율적인 학교 운영이 정착되도록 지원하는 역할을 해야 한다. 특히 공동체 구축을 지원하는 제도 개선을 위하여 공동체로서의 학교 상(像)에 대한 학교의 이해를 유도하고, 학교의 공동체성을 가로막는 여러 가지 제도적·행정적 한계를 개선해 나가야 하며, 또한 교사의 교육과정 편성 운영의 독립성을 강화하고 관리자의 과감한 권한 위임, 수업 개선을 위한 행정업무 경감과 같은 행정 개선을 추진해야 한다. 그리고 교사의 수업 개선 노력을 지원하기 위한 전보 유예, 보상 강화 등의 제도 개선에 대한 노력도 동시에 이루어져야 한다.

2) 성공적인 단위학교 거버넌스를 위한 과제

민주적 자치공동체를 위한 단위학교 거버넌스의 과제는 다음과 같다(강충열, 권동택, 2014).

첫째, 학교 거버넌스의 원리를 적용하여 학교교육의 다양한 문제를 해결하는 경험을 쌓아 나가는 것이 중요하다. 학교 거버넌스의 원리 가운데 가장 중요한 것은 '참여의 확대'와 '민주적 의사결정'으로 참여의 확대는 결정과정에 참여할 합법적 자격이 누구에게 있는지를 사전에 미리 정해져 있는 관례를 극복해야 한다. 또한 민주적 의사결정은 참여 주체 사이의 갈등을 극복하고, 정책 대안을 확장하며, 중지를 결집하는 데에 도움이 된다. 참여와 민주적 의사결정을 확장함으로써 소통 구조를 쌍방향적으로 전환하고 이해 당사자 사이의 합의 기반을 보다 원활하게 마련해야 한다.

둘째, 학교 거버넌스를 뒷받침하는 제도적 장치를 마련해야 한다. 참여와 민주적 의사결정을 위해 각종 협의기구를 마련하는데, 그러한 협의기구들의 위상이 분명하지 않을 때 참여와 심의는 형식적인 겉치레만으로 끝나고 만다. 다양한 참여 주체 사이의 사회적 조정을 원만하게 이끌어 내기 위해서는 참여자 사이의 역할과 권한 관계 및 책임의 범위 등을 가급적 명료하게 하고 그를 제도적으로 뒷받침할 필요가 있다.

셋째, 학교 거버넌스 방식을 통한 학교조직 내 갈등해결 역량을 강화하는 다양한 방안들이 필요하다. 갈등 문제를 해결하고 의사결정의 질을 높이는 것은 학교 거버넌스에 참여하는 주체의 역량이다. 역량 강화를 위해서는 각 행위자의 자율성 존중 및 행위자 사이의 신뢰 구축, 문제해결에 도움이 되는 충분한 정보의 제공, 사안별 전문가 풀을 중심으로 한 시민조직 형성, 성공적 거버넌스 경험의 축적을 통한 자신감 형성 등이 있다.

넷째, 참여와 민주적 의사결정의 확산에 따른 책무성 장치를 마련하는 것이 중요하다. 전통적 의미의 책무성은 특정 행위 주체가 일정한 역할을 수행할 권한을 갖고 있을 경우에 그에 대해 요구하는 것이지만, 학교 거버넌스는 제도적 권한을 갖지 못한 자의 참여를 허용하는 것이므로 권한 없는 자, 곧 책임을 물을 수 없는 자를 행정에 끌어들임으로써 전통적 의미의 책무성을 확보하기 어렵게 만드는 문제가 있다. 따라서 거버넌스 개념을 적용하는 경우, 학교조직의 다양한 행위 주체의 책무성을 어떻게 확보할 것인가에 대한 세심한 배려가 필요하다.

제8장
교육과 선거의 정치학

1. 교육정책과 선거

선거는 '민주주의의 꽃'이라고 불리는데, 교육정책에 정치적인 영향력을 미치는 가장 큰 사건 중의 하나라고 할 수 있다. 민주주의의 본질은 국가권력의 원천이 국민이고, 민주정치는 국민의 지배여야 하고, 국민의 정치여야 한다(안선회, 2016). 민주주의는 기본적으로 법과 제도에 기반하여 국민 다수의 지지가 모아지는 의견을 가진 집단이 권력(power)을 갖게 되는 정치체제를 의미한다. 직접 민주주의에서는 투표권을 갖는 모든 국민이 의사결정에 참여하는 형태다. 하지만 일정 수준이 넘는 규모에서는 직접 민주주의의 실행이 어려워서 대표를 선출하여 국민적 의사를 모을 수밖에 없는데, 이를 대의제 민주주의 또는 간접 민주주의라고 한다.

선거는 국민적 합의를 바탕으로 하는 국가적 정책의 방향과 구체적 내용을 결정하는 대의제 민주정치를 구현하기 위해 주권자인 국민이 그들을 대표할 국가기관을 선임하는 행위를 의미한다. 선거에서 누구를 대표자로 선택할 것인가에 대한 의사표시를 투표라고 한다. 선거는 법적으로 유권자 집단인 선거인단이 국가를 대표하는 대통령이나 국회의원 등 국민을 대표할 국가기관을 선임하는 집합적 합성 행위라는 성질을 가지며, 단순한 지명 행위라는 점에서 특정의 공무수행기능을 위임하는 행위와도 구별된다(권영성, 2010).

대통령과 국회의원 선거는 정권과 정부의 선택을 의미하며, 따라서 후보자가 국민을 대표할 능력과 더불어 후보자와 소속 정당이 국가운영 능력과 정권담당 능력이 있는지 검증하는 것이 중요하다(김왕준, 2014). 특히, 대통령에게 필요한 핵심적인 역량은 국정을 책임지고 수행할 수 있는 능력이며, 이는 바람직한 교육을 포함한 국가 수준의 정책을 형성하고 집행하는 데 필요한 도덕적 · 철학적 기초와 정치적 · 행정적 능력이다. 대통령 선거 공약은 대통령 후보와 소속 정당이 대통령 당선을 목적으로 하여 국민에게 제시한 모든 약속으로 다양한 형식과 내용으로 표현되는데, 그중에서 중요한 영역이 교육정책 분야라고 할 수 있다. 대통령 후보의 선거 공약은 정치철학, 국정이념, 국정방향, 국정지표, 기조정책, 정강, 정견, 방침, 계획, 전략, 과제, 약속, 다짐, 견해, 생각 등의 방식으로 다양하게 표현된다. 대통령 선거에서 후보자의 공약은 대통령의 국정수행 능력을 드러내 보이는 매우 중요한 내용이다(허범, 1997). 대통령 후보자의 공약은 선거 과정에서 다양한 토론과 검증의 과정을 거치게 되는데, 선거 결과 당선된 후보자의 공약은 대통령 취임 후에 국정과제로 전환되면서 교육정책의 방향과 내용을 결정하게 되는 중요한 역할을 하게 된다.

대통령과 국회의원 선거 결과는 국가 수준의 교육정책에 큰 영향을 미치게 되는데, 교육감 선거의 경우에는 그 결과가 시 · 도 교육청 수준의 교육정책에 영향을 미치게 된다(고전, 2019). 교육감 선거과정에서 출마한 후보들은 해당 시 · 도 교육청의 교육정책에 대한 혁신적인 교육비전과 정책과제를 제시하는데, 역시 선거과정에서 토론과 검증의 과정을 거치면서 선거 결과 당선된 후보자의 공약은 교육감 취임 후에 교육청의 정책과제로 전환되면서 교육정책의 방향과 내용을 결정하게 되는 중요한 역할을 하게 된다(김민희, 2017).

이 장에서는 교육과 선거의 정치학이라는 주제로 논의를 진행하고자 한다. 국가 수준에서는 대통령과 국회의원 선거의 과정은 정당의 정책이념이 국민으로부터 선택받는 과정이라는 점에서 중요하다고 할 수 있다(김시진, 엄기형, 2017). 시 · 도 교육청 수준에서는 교육감 선거와 지방의원 선거가 교육정책에 영향을 미치게 된다고 할 수 있다. 국가 수준과 지방 수준으로 나누어 교육과 선거의 정치학을 살펴보고자 한다. 국가 수준의 선거는 대통령 선거를 중심으로 살펴보고, 시ㆍ도 교육청 수준에서는 교육감 선거를 중심으로 살펴보고자 한다.

2. 선거와 교육정책의 관계

1) 선거와 정책의 변동

일반적인 정책문제가 정부의제로 진입하는 기회는 항상 열려 있는 것이 아니라 정책과정의 흐름 속에서 특정한 시점에 정부의제로 진입할 수 있는 기회가 생긴다는 것을 설명하는 이론이 Kingdon의 정책흐름 모형이다(Kingdon, 2011). 실생활에서는 다양한 수준과 양상의 교육문제가 존재하고 있지만 다양한 문제 중에서 정부의제로 진입하기 위해서는 치열한 경쟁이 이루어지게 된다. 정책흐름 모형은 다양한 정책의 교육의 문제 중에서 선거와 같은 정치적 변동과 사회적으로 큰 이슈가 되는 사건이 발생할 때 정책의 변동이 일어난다는 것을 설명하는 이론이라고 할 수 있다. 예를 들어, 외국어고, 자사고 제도의 도입과 폐지와 같은 교육제도의 변화는 상당히 관심을 받는 교육정책의 주제이지만 제도의 변동은 선거와 같은 정치적인 사건과 연결되어 있음을 알 수 있다. 학교폭력 문제는 오래 지속되어 왔음에도 불구하고 사회적으로 주목을 받는 이슈가 되는 것은 커다란 사건이 발생하여 언론을 통해 소개될 때라고 할 수 있다. 2011년 발생한 심각한 학교폭력으로 인한 중학생의 자살 사건과 같이 심각한 사건이나 사고가 발생한 후에 사회적 이슈가 되어 정책이 변동된 사례에 해당한다. 이와 같이 정치적 변동이나 사회적 사건에 의해 정책의제로 다루어지는 상황을 '정책의 창(policy window)'이 열렸다고 표현한다(Kingdon, 2011). 하지만 정책의 창은 새로운 정책이 발표되면 어느 정도의 시간이 흐르면 닫히게 되고, 다른 사회적 이슈가 발생하면 사회적 관심도가 낮아지게 된다.

Kingdon(2011)은 Cohen, March와 Olsen(1972)의 '쓰레기통 모형(garbage can model)'을 발전시켜서 정책의제 설정 및 정책결정 과정에 대한 '정책흐름 모형(policy stream model)'을 제시한 것이다. 쓰레기통 모형은 정책의 과정을 '문제,

해결책, 선택기회, 참여자'의 네 가지 흐름으로 구분하고 있는데, Kingdon(2011)의 정책흐름 모형은 '정책문제의 흐름, 정치의 흐름, 정책대안의 흐름'의 세 가지의 흐름이 있다고 보는 점에서 차이가 있다.

정책흐름 모형에 따르면, 일상적으로 정책문제, 정책대안, 정치의 흐름은 각각 분리되어 독자적으로 흘러가지만 결정적인 순간에 결합(coupling)하게 된다. 정책대안들이 정책문제와 결합되고, 두 개의 결합은 다시 정치적으로 우호적인 세력과 결합하게 된다. 정책의 창은 심각한 정책문제가 발생하거나 정치의 흐름에서 중요한 변화가 일어날 때 열리게 된다. 심각한 정책문제가 발생한 경우를 '문제의 창(problems windows)'이 열렸다고 하고, 정치적인 변화가 일어난 경우를 '정치의 창(political windows)'이 열렸다고 표현한다. 정책의 창이 열린 경우에는 정책문제의 흐름이나 정치의 흐름이 정책대안의 흐름과 결합하여 정책의제가 설정되고, 새로운 정책이 결정될 가능성이 높아진다. 특히, 정치의 창이 열리는 것은 교육정책의 정치적 속성을 매우 잘 포착하여 설명한 것이라고 할 수 있다.

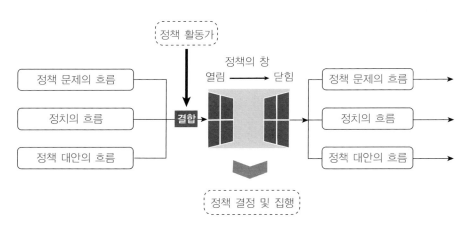

[그림 8-1] Kingdon의 정책흐름 모형

교육정책 분야에서는 학교폭력 관련 정책의 흐름(이희숙, 정제영, 2012), 자율형사립고와 외국어고(김수진, 2020; 정제영, 이희숙, 2015), 교원능력개발평가제(박균열, 2012), 교장공모제 정책(이광수, 김도기, 2010), 사학정책의 변동(김보엽, 2008; 양승일, 2007), 고교평준화 정책(임준희, 2006), 교원정년 정책(공병영, 2003)

등 교육정책의 변동과정에 대한 연구가 이루어졌다. 우리나라 교육분야 연구에서 2000년대 이후 Kingdon(2011)의 이론은 정책을 분석하는 모형으로 꾸준히 활용되고 있는데, 이는 교육정책이 정치적 영향을 많이 받고 있다는 점에 대해 정책흐름 모형이 잘 설명해 주고 있음을 보여 준다. 특히 선거의 과정을 통해 우리나라의 교육정책이 정치적 영향을 받고 있음을 설명하는 것이다.

2) 선거로 인한 정책변동 사례: 외국어고 정책을 중심으로

대통령, 국회의원, 교육감 선거로 인한 정치적 변동은 교육정책의 변동을 초래해 왔는데, 이에 대해 다양한 주제로 연구가 이루어져 왔다. 선거에 주로 등장하는 교육공약을 살펴보면 대입제도를 포함해 고등학교 유형과 고입 제도, 학제 개편과 교육부 폐지 등 교육제도의 전면적인 변화를 포함하고 있다. 유아교육, 초등교육, 중등교육, 대학교육, 평생교육, 직업교육에 이르기까지 여러 교육영역에서 공약으로 제시되는 다양한 정책이 모두 중요하고 국민의 관심이 큰 내용들이다(신현석, 2017).

여러 차례의 선거과정에서 자주 등장했던 교육공약은 대학입시와 고등학교 정책이다. 교육 분야에서 국민의 관심이 가장 뜨거운 제도이기 때문에 유권자를 겨냥한 공약으로 선정되는 영역이다. 대학입시는 대통령이 교체되는 과정에서 지속적으로 변동이 있었다. 대입 전형의 요소는 정부가 관리하는 국가고사, 대학의 자율성을 존중하는 대학별 전형, 고등학교 교육의 정상화를 위한 내신 성적 반영으로 구성되는데, 전형 요소의 비중을 달리하는 것이 핵심이라고 할 수 있다. 국가고사는 연합고사 · 자격고사 · 예비고사 · 학력고사를 거쳐 수능시험으로 변해 왔다. 대학별 전형은 대학별 고사, 본고사, 논술, 면접, 입학사정관제, 학생부 전형으로 바뀌어 왔다. 2010년에는 내신, 수능, 논술 등 세 가지 전형 요소를 고르게 반영하기도 했는데, 학생의 입장에서 세 가지를 모두 준비해야 한다는 점 때문에 '죽음의 트라이앵글'이라고 불렀다. 최근에는 대학입시가 교육공약으로 설정될 때 중요한 논점은 전형 요소와 결합된 전형 방법으로 수시 선발과 정시 선발의 비중을 어떻게 할 것인지라고 할 수 있는데, 결국 국가고사와 대학별 고사의 비중에 관한 논쟁이라고 할 수 있다. 이러한 대학입시 정책과 관련된 선거과정의 논쟁은 향후 지속될 것으로 예상된다.

외국어고, 자사고 등 고등학교 유형과 입학 전형의 전환은 선거의 공약으로 자주 등장하였다. 1974년 고교평준화 제도의 도입부터 시작해 과학고·외국어고·국제고 등의 특목고 제도 도입, 자립형 사립고, 공영형 혁신학교, 개방형 자율고, 자율형 사립고, 자율형 공립고, 기숙형고, 마이스터고 등 많은 고등학교가 생겼다가 사라졌다. 외국어고, 자사고를 중심으로 한 고교체제 관련 논쟁은 선거의 과정에서 국민적 결정을 받게 되고 선거 이후에 정책변동으로 이어지는 과정이 반복적으로 이루어져 왔다. 정제영과 이희숙(2015)은 2004년부터 2013년까지 10년간 발표되어 온 외국어고 관련 정책의 변동을 분석하여 정치의 흐름에 매우 민감하게 반응해 왔음을 제시하였다. 외국어고 관련 정책은 국민적인 관심사라는 점에서 상당히 정치적 영향을 많이 받은 것으로 분석하였다.

여기서는 외국어고 정책이 선거의 과정과 연계되어 변동되는 과정을 살펴보고자 한다. Kingdon(2011)에 따르면, 문제의 창이 열리거나 정치의 창이 열릴 때 정책의 창이 열리게 되고, 이 시점에서 정책이 만들어지게 된다. 외국어고 정책의 변동을 살펴보면 정책이 결정되는 시기는 정치의 흐름과 맞닿아 있음을 확인할 수 있다. 교육부에서 발표한 외국어고 정책은 대부분 선거의 전후에서 결정이 이루어지고 있다. 선거와 같이 정치의 창이 열리는 시점이 선거과정과 결과, 국회 다수당의 교체, 나아가 정권의 교체 시기라고 할 수 있다.

우리나라에서 외국어고 제도는 정치적 논쟁이 가장 뜨거운 교육정책의 하나다. 선거의 과정에서 외국어고 제도의 폐지가 공약을 여러 차례 등장하였다. 2000년대 들어서서 크게 4차례의 외국어고 관련 정책의 변동이 있었는데, 2007년, 2009년, 2012년 그리고 2017년이라고 할 수 있다. 외국어고 폐지와 관련된 선거 공약이 등장하고, 선거 전후에 관련 정책이 발표되는 과정을 거쳐 왔다.

첫 번째 시기는 2007년을 전후로 외국어고 폐지 논란이 발생한 시기다. 이 시기는 2007년 12월에 제17대 대통령 선거를 앞두고 있었고, 2008년 4월에는 제18대 국회의원 선거를 앞둔 시점이었다. 이를 통해 정치의 창이 열린 상황이라고 할 수 있다. 이에 더하여 2007년 11월에는 경기도에 소재한 외국어고에서 입학시험 문제지 사전 유출 사건이 발생하였다. 이 사건은 사회적 이슈로 부각되어 문제의 창이 동시에 열린 상황이 되었다. 2007년 10월의 정책 발표에 이어 11월에 문제지 유출로 인해 이슈화가 더욱 심화되었으나, 12월에 또 한 번의 정책 발표로 인해 정책의 창이 닫히고 이슈에서 벗어나게 되었다.

정책의 창이 열리게 되어 정책 산출물로서 발표된 2007년 12월의 정책은 외국어고 제도의 폐지와 관련하여 2008년 이후에 고등학교 체제에 대한 전반적인 개편방안에 포함하여 마련하는 것으로 결정함으로써 사실상 폐지가 보류되었다. 외국어고 폐지의 결정 대신에 주로 입학제도 개선을 중심으로 하는 관리 강화 방안에 초점이 맞추어졌다. 지필고사 형태의 입학전형 요소를 금지하고, 중학교 교육 정상화를 위해 3학년 2학기 내신성적을 포함하여 입학전형 시 내신성적의 실질 반영 비율을 30% 이상으로 높이도록 하는 내용 등을 제시하였다. 교육부가 2007년에 발표한 외국어고 개선방안은 외국어고 폐지 논란을 해소하였다기보다는 폐지의 결정을 선거 이후로 유보한 것으로 볼 수 있다.

〈표 8-1〉 2004~2008년 정치의 흐름과 외국어고 정책의 변동

정치의 흐름	시기	외국어고 정책의 변동
제17대 국회의원 선거	2004. 04. 15.	
	2004. 10. 25.	사교육 경감대책 일환, '특수목적고 운영 정상화 방안' 발표
제4회 전국동시지방선거	2006. 05. 31.	
	2006. 06. 19.	'외국어고 설립·운영 개선 방안' 발표(외국어고 등 학생모집 지역 제한, 지정·고시 사전협의제 도입)
	2007. 10. 29.	'수월성 제고를 위한 고등학교 운영 개선 및 체제 개편 방안' 발표
제17대 대통령 선거	2007. 12. 19.	
	2007. 12. 26.	'외국어고 등 특목고 입시 개선안' 발표(내신 실질반영 비율 30% 이상, 중학교 3학년 2학기 성적 반영, 지필고사 형태의 입학전형 요소 제외 등)
제18대 국회의원 선거	2008. 04. 09.	

　두 번째 시기는 2009년을 전후로 다시 한번 외국어고 폐지 논란이 발생한 시기다. 2010년 6월에 실시되는 제5회 전국동시지방선거를 앞두고 있었던 시기로 정치의 창이 열린 시기라고 할 수 있다. 당시 교육과학기술부에서는 2009년 6월 3일에 외국어고 입학전형에서 중학교 교육과정 범위 내에서 출제하는 내용을 법제화하는 내용을 포함한 '공교육 정상화를 통한 사교육 경감 방안'을 발표하였다. 2009년 10월 국회 교육과학기술위원회의 교육과학기술부 국정감사에서 여야 국회의원들이 모두 "외국어고가 사교육 유발의 주범이며, 설립목적에 맞지 않게 '귀족학교'로 변질되었다."라고 지적하면서 본격적으로 외국어고 폐지 논란이 불거진 것이다. 이후 2개월간 정책의 창이 열렸으며, 외국어고를 설립 목적에 맞게 운영할 수 있도록 하는 정책이 2009년 12월에 발표되면서 정책의 창이 닫히게 되었다.

　정책의 창이 열리게 되어 정책 산출물로서 발표된 2009년 12월의 정책은 기존의 외국어고 정책과는 상당히 차별성을 갖고 있다고 평가할 수 있다. 기존의 정책들은 입시제도 등 외국어고와 관련하여 제기된 문제들을 부분적으로 개선하는 방식으로 이루어져 왔기 때문에 선거 등 정치적 변동이 있을 때마다 외국어고 관련 문제가 공약으로 제시되어 왔다. 그러나 2009년의 외국어고 정책은 외국어고와 관련하여 제기된 다양한 문제를 종합적으로 고려하여 새로운 외국어고 제도의 틀을 제시했다는 점에서 기존의 정책과는 차별성이 있다. 입학전

〈표 8-2〉 2008~2010년 정치의 흐름과 외국어고 정책의 변동

정치의 흐름	시기	외국어고 정책의 변동
제18대 국회의원 선거	2008. 04. 09.	
	2009. 06. 03.	'공교육 정상화를 통한 사교육 경감 방안' 발표 (외국어고 입학전형에서 중학교 교육과정 범위 내 출제 법제화)
국회 국정감사에서 외국어고 문제 지적	2009. 10. 06.	
	2009. 12. 10.	'고등학교 선진화를 위한 입학제도 및 체제 개편 방안' 발표
제5회 전국동시지방선거	2010. 06. 02.	

형에 입학사정관제 형태의 자기주도 학습전형을 도입하고, 학급당 학생 수를 감축하였으며, 교육과정에 대한 관리를 강화하고, 5년 주기의 재지정 평가를 받도록 하는 방안이 포함되었다. 2009년 정책은 학교가 판단하여 새로운 제도를 따라 외국어고로 존속하거나 다른 유형의 고등학교로 전환하도록 하는 정책 방식을 적용하였다(정제영, 이희숙, 2011).

세 번째 시기는 2012년 대통령 선거를 맞이하면서 외국어고에 대한 문제가 다시 등장한 시기다. 대통령 선거 결과 박근혜 후보의 당선으로 외국어고에 대해 상대적으로 호의적이라고 할 수 있는 정부가 등장하였다. 2013년에 박근혜 대통령이 취임한 이후에 2014년 교육감 선거를 포함한 지방선거를 앞두고 외국어고 관련 정책이 결정되어 발표되었다. 교육부는 2013년 8월 16일에 국제중, 특목고, 자사고에 대해 지정 기간 내 직권 취소가 가능하도록 정책을 발표하여 선제적으로 외국어고에 대해 제도 정비를 시행하였다. 외국어고로 5년 단위로 지정되어 운영되는 기간 중에도 입학 또는 회계 부정이 있거나 교육과정을 부당 운영하는 경우에는 교육감이 직권으로 지정을 취소할 수 있는 근거를 마련하기 위하여「초·중등교육법 시행령」을 개정하도록 하였다.

2013년 10월 29일에 교육부는 '일반고 교육역량 강화 방안'을 발표하였다. 일반고의 교육역량을 강화하는 방안에 외국어고에 대한 정책을 포함한 것이다. 이 방안에서는 대부분 일반고의 교육역량을 높이기 위한 다양한 정책을 담고 있지만 우수학생 선발의 부분은 여러 유형의 학교들이 제로섬(zero-sum)의 방식으로 나누기 때문에 자사고와 외국어고 학생선발 방식에 대한 제한을 통해 일반고의 역량을 강화하는 방안을 구현하고자 하는 내용으로 담겨 있다. 이 시기에는 외국어고보다는 자사고에 대한 사회적 비판이 컸기 때문에 자사고에 대한 정책적 규제를 많이 반영하고 있다. 외국어고와 관련해서는 성과평가 기한(5년)이 도래하기 전이라도, 이과반, 의대준비반 운영 등과 같이 교육과정을 부당하게 운영하는 경우에는 제도적 기반을 마련하여 지정을 취소할 방침임을 다시 확인하였다.

2014년 1월 8일에 교육부는 '2015학년도 외국어고·국제고, 자사고 입학전형 개선방안'을 발표하였다. 교육부는 입학전형 개선의 목적은 "외국어고가 외국어 분야의 꿈과 끼를 가진 학생들을 선발하여 이러한 꿈과 끼가 외국어 분야의 진로 선택으로 이어질 수 있도록 한다."는 설립 목적에 맞도록 유도하기 위함이라고 천명하였다. 입학전형의 개선 내용은 외국어고에서 시행하는 자기주도 학습 전형 1단계에서 영어 내신성적을 산출하는 방식을 기존 상대평가에서 절대평가인 성취평가제의 방식으로 전환하여 학생의 학습 부담을 줄여 주는 방향으로 개선하도록 하였다. 외국어고의 2단계 면접에서 그 절차를 간소화하고 공정성을 강화하는 내용을 포함하였다.

〈표 8-3〉 2012~2014년 정치의 흐름과 외국어고 정책의 변동

정치의 흐름	시기	외국어고 정책의 변동
제19대 국회의원 선거	2012. 04. 12.	
제18대 대통령 선거	2012. 12. 19.	
	2013. 08. 16.	'특성화중, 특목고, 자사고 지정기간 내 직권취소 근거' 마련
	2013. 10. 29.	'일반고 교육역량 강화 방안' 확정 발표
	2014. 01. 08.	'2015학년도 외국어고·국제고·자사고 입학전형 개선방안' 발표
제6회 전국동시지방선거	2014. 06. 04.	

네 번째 시기는 2017년 대통령 선거를 맞이하여 다시 외국어고 폐지 논란이 발생한 시기다. 대통령의 탄핵이라는 헌정 사상 초유의 상황을 맞이하여 실시된 제19대 대통령 선거에서 주요 5명의 후보들은 홍준표 후보를 제외하고 외국어고와 관련하여 공약을 제시하였다. 당시 문재인, 유승민, 심상정 후보는 외국어고를 일반고로 단계적 전환을 하는 공약을 제시하였다. 안철수 후보는 외국어고를 선지원 후추첨 제도로 전환한다고 제시하였다. 선거 결과 문재인 대통령의 당선으로 외국어고는 일반고로 단계적 전환되는 결정이 이루어지게 되었다.

2019년 11월 7일에 교육부는 '고교서열화 해소 및 일반고 교육역량 강화 방안'에서 자사고를 포함하여 외국어고와 국제고를 2025년부터 일반고로 전환한다고 발표하였다. 일반고로 전환되는 외국어고는 교육과정과 명칭을 동일하게 유지하는 것을 허용하였다. 교육부는 외국어고가 일반고로 전환되는 2025년을 고교학점제가 도입되면서 국가교육과정의 개편이 적용되고 대입제도까지 개편

되는 교육혁신의 원년으로 설정하였다.

외국어고는 교육분야의 정책 중에서 정치적 영향력이 매우 크게 받아 왔으며 앞으로도 지속될 것으로 예상된다. 국민의 관심이 많은 정책은 선거의 과정에서 공약으로 제시될 가능성이 높기 때문이다. 정치적 영향력을 많이 받는 정책은 국민의 뜻이 잘 전달될 수 있다는 긍정적인 측면도 있지만 정치변동에 의한 영향력이 커서 안정성이 약하다는 단점도 동시에 갖고 있다고 할 수 있다.

〈표 8-4〉 2017~2020년 정치의 흐름과 외국어고 정책의 변동

정치의 흐름	시기	외국어고 정책의 변동
제19대 대통령 선거	2017. 05. 09.	
제7회 전국동시지방선거	2018. 06. 13.	
	2019. 11. 07.	'고교서열화 해소 및 일반고 교육역량 강화 방안' 발표
제21대 국회의원 선거	2020. 04. 15.	

3. 대통령 선거와 국가 수준의 교육정책

1) 대통령 선거 공약과 정책의제

대통령 선거의 과정에서 국민이 선거 공약만으로 지지 후보를 결정하는 것은 아니지만, 후보에 대한 지지를 결정하는 중요 요인이라고 할 수 있다. 특히 교육 관련 선거 공약은 다양한 정책 분야의 공약 중에서 일부분을 차지하기 때문에 특정 후보를 지지했다는 것이 그 후보의 교육정책 공약을 지지한 것으로 볼 수는 없다. 하지만 대통령 선거에 출마하는 후보는 특정 정당의 교육정책 철학과 이념적 기반을 함께하기 때문에 정책의 방향에 대해서는 전반적으로 동의했다고 간주하는 것이다.

대통령 선거가 교육정책에 미치는 영향력을 살펴보기 위해서는 정책의제의 설정과 관련된 이론의 관점을 활용하는 것이 매우 유용하다. 교육과 관련된 다

양한 의제의 모집단에서 일부의 문제들만이 정부의 공식적인 의제로 전환된다
(Cobb & Elder, 1983). 공공의제가 되기 위해서는 많은 국민이 그 문제를 인식하
고 있고, 문제해결을 위해 정부의 조치가 필요하다는 공감대가 형성되어 있고,
정부의 법적 권한이 명확하게 설정되는 문제의 경우에만 공공의제가 되는 것이
다. 다시 말해서, 교육의 다양한 문제 중에서 아주 일부만이 상당한 정치적 과정
을 거쳐서 정부의제가 된다는 것을 의미한다.

대통령 선거에서 제시되는 후보자의 공약은 후보자가 속한 정당이 채택한 정
책으로 정당정책이 되며, 성격상 공중의제의 단계에 있다. 대통령 선거의 정책
공약은 공중의제이지만 정부의제로 변환될 가능성이 크기 때문에 특별한 지위
와 성격을 가진다. 대통령 선거에서 승리한 후보의 공약은 상당 부분 큰 변화 없
이 대통령 취임 이후에 국정과제의 형태로 정부의제가 되며, 특히 대통령이 직
접 관심을 갖는 주요 정책과제가 된다. 선거에서 패배한 후보의 공약은 여전히
중요한 공공의제로 남게 된다. 사회문제가 사회적 쟁점이 되고 공중의제가 되
는 것은 매우 어려운 상황임을 고려할 때, 대선에서 공약의 중요성은 더욱 부각
된다고 할 수 있다(허범, 1997).

대통령 선거의 과정은 다양한 교육의 문제 중에서 공중의제로 전환될 수 있
는 좋은 기회라고 할 수 있기 때문에 많은 이익집단에서는 원하는 교육정책의
방향과 내용이 선거의 공약이 되기를 희망하게 된다. 따라서 많은 이익집단들
은 자신들의 요구가 대통령 선거의 공약이 되어서 공중의제가 되거나 최종적으
로 정부의제로 전환되도록 노력을 하게 된다. 대통령 후보자의 교육공약이 차
기 정부 교육정책의 근간이 되고, 누가 대통령에 당선되느냐에 따라 그 이념적
성향이 차기 정부 교육의 지향에 영향을 미치기 때문에 대통령의 선출과정은 중
요한 의미가 있다(박수정, 2017).

2) 대통령 선거 공약과 정책의제 제안

19대 대통령 선거과정에서 제시되었던 공약이 대통령 당선 이후 국정과제로
전환되는 상황을 사례로 살펴보고자 한다. 2017년에 실시된 19대 대통령 선거
는 헌정 사상 초유의 대통령 탄핵 사태로 전임 대통령의 임기를 다 채우지 못한

채 조기에 치러졌다. 사전투표는 2017년 5월 4일과 5일, 본 투표는 2017년 5월 9일 실시되었다. 제19대 대통령 선거는 12월이 아닌 5월에 치러진, 제6공화국 최초의 대통령 궐위선거였으며, 입후보자 수가 13명(당초 15인이었으나 2명은 사퇴)으로 역대 최다 출마자 기록을 세우게 되었다.

19대 대통령 선거에 출마했던 후보 중에서 5명의 주요 후보는 문재인, 홍준표, 안철수, 유승민, 심상정 후보라고 할 수 있다. 경제정의실천시민연합(이하 '경실련')에서는 정책 영역별로 대통령 선거 후보자의 공약을 분석하고 평가한 결과를 발표하였다. 〈표 8-5〉는 교육분야에서 국민적 관심을 받고 있는 대학입시, 사교육 대책, 교육체제 개편에 대해 공약을 비교하고 평가를 실시하여 발표한 내용을 보여 준다.

〈표 8-5〉 19대 대통령 선거 후보자의 교육공약 비교

구분	문재인	홍준표	안철수	유승민	심상정
대학입시	• 모든 대학에서 기회균등전형을 의무화				• 고른 기회 대입전형 22%로 확대 • 주요 대학은 고른 기회와 지역균형 합하여 50% 되도록 지원
	• 대학입시 단순화 • 학생부교과전형, 학생부종합전형, 수능전형		(학제개편 시) • 수능을 자격고사로 전환 • 대학수학능력시험(자격고사), 진로탐색학교 이수 기록, 입학사정관, 면접 등으로 신입생 선발 • 직업진로탐색학교를 졸업하고 취업 일정 기간 후 수능 없이 대학 입학 자격 부여 • 진로탐색학교의 진로탐색기록부, 대학의 입학사정관에 의한 평가와 면접 등으로 학생 선발	• 학교생활기록부의 비중을 확대 • 면접과 수능만을 함께 활용 • 학교생활기록부 정착 후 수능은 최소한의 자격시험으로 전환	• 수능 절대평가 • 전형유형 간소화 • 수능전형, 학생부종합전형, 학생부교과전형

대학입시	• 수시 비중 단계적 축소		• 대학별 논술고사 폐지	• 대학별 논술 폐지	
	• 대학입시 투명화 및 공정화 • 입시·학사 비리 행한 대학에 지원 금지		• 대학의 입학사정 기준 공개 • 공정성 훼손 시 대학 엄중 문책 • (가칭) 입시 공정성을 위한 학생·학부모 보호위원회·설치 • 대학의 부당한 입시 행정, 잘못된 정보로 인한 피해 사례 접수와 조사 • 정부의 입시정책 점검과 검토		
	• 로스쿨 입시 100% 블라인드 테스트, 장학금 제도 개선		• 학교의 학생생활기록부 내실화 등 관리 제도 개선 • 교사추천서 폐지 • 고교 프로파일 전사 시스템 구축과 학생생활기록부 연계		
사교육 대책	• 고교 무상교육 실시		• 고교 무상교육 실시		• 고교 무상교육 실시
	• 외국어고·자사고·국제고를 일반고로 단계적 전환 • 일반고·특목고·자사고 고교입시 동시 실시		• 과학고·영재고는 진로탐색학교에서 학생을 위탁받아 교육 • 외국어고·자사고·국제고는 선지원 후추첨 제도로 전환	• 자사고와 외국어고는 폐지, 개별 고등학교의 교육과정은 다양화	• 국제중은 일반중학교로, 자사고·외고·국제고는 일반고로, 전환하고 특목고 선발 시기를 후기로 조정
	• 고교서열화 해소, 문예체 교육 강화, 교육과정 분량과 난이도 완화				• 직업계고 고졸취업 장려금 지원, 직업계고 2배, '학력·학벌차별금지법' 제정
	• 국공립대학교 공동입학·공동학위제 • 지역 국립대 육성 • 거점 국립대의 교육비 지원을 인상	• 연합대학, 공유대학에 대해 초기 시스템 구축 비용이나 구조개혁 평가 등에서 인센티브 부여	• 세계 수준의 지역별 거점 국립대와 지역거점 대학을 지정하고 육성(지역별 2~3개 이상)		• '국립대학법' 제정 • 부실 사립대는 국립화 등 다각적으로 모색

	• 발전 가능성이 높은 사립대학은 '공영형 사립대'로 전환시켜 육성		• 건전한 사립대학에 대한 정부 지원 확대		• '대학 연계협력법' 유연한 시스템, 균형발전 시스템 구축
사교육 대책	• GDP 대비 국가부담 공교육비 비중 임기 내 OECD 평균수준 달성 • 영·유아 과도한 사교육 억제 및 초등학생 놀이 및 독서 시간 보장 • 블라인드 채용제 확대	• 동일 지역 내 대학 간 MOU를 통해 인적·물적 자원 공동활용 • 대학 간 학점교류 등 교육 프로그램 공유 • 도서관, 체육시설, 대형강의실, 연구시설, 기숙사 등 각종 시설 공동 사용 • 취업캠프와 각종 특강, 학생창업 등 다양한 학내외 활동 공동 실시 • 교수, 직원 교류 및 우수 외국인 유학생 공동 유치 등	• 방과 후 지원 체제 구축 시설, 교육 내용, 인력, 예산 지원 확대 • 각 학교에 교육 컨설턴트 배치 • 지역 고교 졸업 후 지역 대학 진학 학생의 지역 공공기관 우선 선발권 확대 • 지방 의과대, 치과대, 한의대와 전문대학원 등의 지역 고교, 지역 대학 출신자 선발 제도화 • 학벌과 지역의 차별을 방지하기 위해 '지역지원 및 격차해소법 제정'	• '교내 수상경력' 학교생활기록부 반영 금지	• '학력·학벌 차별금지법' 제정 • 중학교 내신은 온전한 절대평가 • 3학년 영어교과를 성취평가제 하나로
교육체제 개편	• 대통령 직속 '국가교육회의' 설치	• 단계적 학제 개편 추진을 통한 교육체계 개편 • 위원회 구성하여 사회적 합의	• 대통령 직속 국가교육위원회 설치 • 교육부 폐지 • (가칭) 교육지원처는 국가교육위원회 산하기관으로 설치	• 미래교육위원회 신설 • 유연한 학제 운영	
	• 1수업 2교사제, 고교학점제, 수강신청제 도입 • 자유학기제는 확대 발전	• 자유학기제, 자유학년제 도입	• 무학년 학점제 도입 검토	• 고등학교 '수강신청제' 도입 • (수강신청제 정착 시) '무학년제' 전환 • 자유학기제를 두 학기로 늘려 '자유학년제'로 확대	• 일반고 무학년제 (선택과목 중심), 옆 학교의 좋은 수업 듣는 교육과정 클러스터 확대
	• 중학교 일제고사를 폐지하고 절대평가를 단계적으로 도입	• 초등학교 1학년 과정을 인성교육이나 신체발달 교육 위주로 편성·운영	• 6(초)-3(중)-3(고) 학제를 만 5세 시작의 5(초)-5(중)-2(진학·직업진로 탐색학교)로 개편		• 유보통합으로 유아 3년 공교육화(교육부) 및 학제 포함

출처: 경실련(2017. 4. 28.). 19대 대선 공약 평가 자료.

경실련(2017)의 분석 결과를 살펴보면, 홍준표 후보를 제외하고 4명의 후보가 대학입시, 사교육대책, 교육체제 개편과 관련한 공약을 제시하고 있으나, 생애 단계별 교육이라는 긴 호흡에서 학교교육을 조망하는 관점을 갖지 못한 것으로 평가되었다. 모든 후보는 교육을 제도화된 교육 또는 학교교육에 한정하여 생각하고 있으며, 학교급 내의 문제들에 대한 논의 수준에 머물러 있다. 그래서 학교급 간의 연계 문제나 학교교육과 학교 밖 교육의 통합이나 연계·협력의 문제에 대한 정책방안은 제시하지 못하고 있다고 보았다.

5명의 대통령 후보 모두 교육위원회의 설치를 제안하고 있으나 기능과 역할에 있어서 차이가 있었다. 유아교육에 대한 공약은 문재인, 심상정 후보가 공통적으로 누리과정의 예산을 정부 부담으로 공약하였고, 더 나아가 심상정 후보는 유아교육의 공교육화하여 기본 학제로 편입할 것을 공약하여 공공성을 보다 강화하는 방향을 제시하였다. 안철수 후보는 국공립 어린이집 확대와 병설유치원 학급 확대를 제시하고 있어서 다소 소극적인 입장을 보였다. 대학입시에 대해 입시의 간소화에 대부분 후보가 동의하고 있었다. 문재인, 심상정 후보가 제안한 학생부교과 전형, 학생부종합 전형, 수능 전형의 세 가지로 단순화하되 기회균등전형을 일정 부분 포함시키는 것은 가장 구체적이고 개혁적인 공약이었다.

사교육 대책과 관련하여 공교육 활성화와 경쟁 완화를 위해 문재인, 심상정 후보는 외국어고, 자사고, 국제고를 일반고로 전환하고, 심상정 후보는 국제중도 일반중으로 전환할 것을 제시하였다. 교육재정과 관련하여 문재인, 안철수, 심상정 후보는 고교 무상교육을 제시하였다. 문재인, 심상정 후보는 유아에서 대학까지 공교육 비용을 국가가 책임 부담하되 사립대는 반값 등록금을, 심상정 후보는 국공립대 무료를 공약해 개혁성과 구체성은 높으나 재원 마련이 불투명해 실현 가능성은 낮다는 평가를 받았다(경실련, 2017).

3) 대통령 선거 결과와 정책의제의 채택

대통령 선거가 끝나고 당선인이 결정되면 대통령 당선자의 공약은 구체적으로 정책으로 전환된다. 대통령 선거는 교육공약에 대한 국민적 지지를 확인받는 과정이라고 볼 수 있다. 하지만 대통령 선거에서 국민 과반수의 찬성을 받기도 어려울 뿐더러 과반수의 국민이 지지했다고 해서 모든 교육공약에 대해 찬성한 것도 아니라는 점에서 모든 공약이 그대로 정책으로 결정되는 것은 문제가 있다는 견해도 있을 수 있다. 그렇지만 민주주의의 절차적 정당성을 가진 선거 결과는 국민의 뜻이라는 점에서 대통령의 정책 결정과 추진은 정당화될 수 있다.

제19대 대통령 선거 결과에 따라 교육공약이 교육정책의 공식 의제가 되는 상황을 살펴보고자 한다. 2017년 5월 9일에 실시된 대통령 선거 결과를 살펴보면, 더불어민주당의 문재인 후보가 총 유효투표 수의 41.09%인 13,423,800표를 득표하여 대한민국의 제19대 대통령에 당선되었다. 2위 홍준표 자유한국당 후보(24.04%), 3위 안철수 국민의당 후보(21.42%), 유승민 바른정당 후보는 6.76%, 심상정 정의당 후보는 6.17%를 각각 득표하였고, 그 밖에 8명 군소 후보의 득표 합계는 0.52%에 그쳤다. 대통령이 탄핵된 상황에서 치러진 조기 선거였기 때문에 선거에서 당선된 문재인 후보는 대통령 인수위원회 없이 바로 대통령직에 오르게 되었다. 개표가 최종 완료된 2017년 5월 10일 오전 8시 6분 중앙선거관리위원회에서 대통령 당선자 선언과 동시에 문재인 후보는 대한민국의 대통령이 되었다.

대한민국 대통령 취임식은 1987년 현행 「대한민국헌법」 개정 이후, 취임하는 해의 2월 25일 국회의사당 앞 광장에서 귀빈을 초청해 진행되는 것이 관례적이었다. 전년 12월에 대통령 선거에서 새 대통령이 당선되면 꾸려지는 대통령직 인수위원회(이하 '인수위')가 대통령의 취임을 준비하고 선거 공약을 국정과제로 전환하는 역할을 수행해 왔다. 하지만 제19대 대통령의 경우 박근혜 전 대통령의 탄핵으로 궐위선거를 통해 당선되었기 때문에, 문재인 대통령은 당선과 동시에 임기가 시작되어 「대통령직 인수에 관한 법률」에 근거한 인수위 구성 및 기능을 수행할 수 없었다. 따라서 문재인 대통령은 취임 이후 「국정기획자문위원회의 설치 및 운영에 관한 규정」을 2017년 5월 16일 대통령령으로 제정하여 위원회의 운영 근거를 마련하였다. 국정기획자문위원회는 2017년 5월 22일 업무를 시작해 실질적으로 55일 동안 운영하였고, 7월 15일에 운영을 마무리하였다.

국정기획자문위원회는 2017년 7월에 운영을 마무리하면서 '국정운영 5개년 계획'을 발표하였다. 국정기획자문위원회는 시기의 엄중함을 감안하여 신속하게 국정운영의 방향과 과제를 정립하는 동시에 문재인 정부를 성공한 정부로 만들어 대한민국의 발전에 이바지하기 위해 최대한 치밀하고 효과적으로 임무를 수행했다고 스스로 평가하였다. 국정운영 5개년 계획은 국내외의 상황, 국가발전의 방향 및 방법에 대한 치열한 토론을 통해 문재인 정부가 추진해야 할 과제와 임기 5년간의 국정 추진계획을 담아 수립한 것이다. 일반적으로 대통령직인수위원회가 작성해야 할 대통령 국정과제 작성을 국정기획자문위원회가 수행한 것이다.

국정운영 5개년 계획은 정책의 주체와 객체, 그리고 모든 국민에게 공개함으로써 국정운영의 정당성과 효과성을 높이는 국정운영의 설계도 역할을 수행한

〈표 8-6〉 국정기획자문위원회의 국정운영 5개년 계획

국가비전	국민의 나라 정의로운 대한민국				
5대 국정목표	국민이 주인인 정부	더불어 잘사는 경제	내 삶을 책임지는 국가	고르게 발전하는 지역	평화와 번영의 한반도
20대 국정전략	1. 국민주권의 촛불, 민주주의 실현	5. 소득 주도 성장을 위한 일자리 경제	10. 모두가 누리는 포용적 복지 국가	15. 풀뿌리 민주주의를 실현하는 자치분권	18. 강한 안보와 책임국방
	2. 소통으로 통합하는 광화문 대통령	6. 활력이 넘치는 공정경제	11. 국가가 책임지는 보육과 교육	16. 골고루 잘사는 균형발전	19. 남북 간 화해 협력과 한반도 비핵화
	3. 투명하고 유능한 정부	7. 서민과 중산층을 위한 민생경제	12. 국민안전과 생명을 지키는 안심사회	17. 사랑이 돌아오는 농산어촌	20. 국제협력을 주도하는 당당한 외교
	4. 권력기관의 민주적 개혁	8. 과학기술 발전이 선도하는 4차 산업혁명	13. 노동존중·성평등을 포함한 차별 없는 공정사회		
		9. 중소벤처가 주도하는 창업과 혁신성장	14. 자유와 정의가 넘치는 문화 국가		
100대 국정과제	15개 과제 (71개 실천과제)	26개 과제 (129개 실천과제)	32개 과제 (183개 실천과제)	11개 과제 (53개 실천과제)	16개 과제 (71개 실천과제)

출처: 국정기획자문위원회(2017). 국정기획자문위원회 백서.

다. 주권자인 국민과 정책 수립 및 시행의 주체인 국회 · 행정부, 그리고 기업과 단체 등 각 주체에 국정운영 계획을 투명하고 명확하게 제시함으로써 국가 전체 운영의 예측 가능성을 증대시키는 역할을 하게 된다. 5년간의 국정운영 계획을 공유함으로써 국민에게 국가운영 방향에 대한 정보를 제공하고 국민과 정부 간 소통 기반을 확대하는 것이다(국정기획자문위원회, 2017).

국가 비전은 '국민의 나라 정의로운 대한민국'으로 설정하고, 5대 국정목표를 '국민이 주인인 정부' '더불어 잘사는 경제' '내 삶을 책임지는 국가' '고르게 발전하는 지역' '평화와 번영의 한반도'로 제시하였다(〈표 8-6〉 참조). 20대 국정전략과 100대 국정과제를 제시하였는데, 문재인 대통령의 선거 공약이 구체적으로 실현 가능한 정책의제로 전환된 결과라고 할 수 있다.

4) 국정과제에 반영된 교육정책 의제

문재인 정부에서 설정한 100대 국정과제 중에서 명시적으로 교육부의 업무로 설정된 과제는 6개 과제다. 국정과제 '49번 유아에서 대학까지 교육의 공공성 강화' '50번 교실혁명을 통한 공교육 혁신' '51번 교육의 희망사다리 복원' '52번 고등교육의 질 제고 및 평생 · 직업교육 혁신' '54번 미래 교육 환경 조성 및 안전한 학교 구현' '76번 교육 민주주의 회복 및 교육자치 강화' 등이다. 국정과제는 목표, 주요내용, 기대효과의 순으로 내용을 구성하고 있다.

국정과제 49번인 '유아에서 대학까지 교육의 공공성 강화'의 과제 목표는 '누리과정 지원예산 등에 대한 국가책임 확대 및 경제적 여건에 관계없이 고등교육 실질적 기회 제공'으로 설정되어 있다. 주요 내용은 유아교육 국가책임 확대, 유치원과 어린이집 격차 완화, 온종일 돌봄체계 구축, 고교 무상교육, 대학 등록금 및 주거부담 경감 등으로 구성되어 있다. 기대효과는 누리과정, 고교 무상교육 등 공교육 비용에 대한 국가 책임을 강화하여 출발선 단계부터 균등한 교육기회 보장으로 제시되어 있다.

국정과제 50번인 '교실혁명을 통한 공교육 혁신'의 과제 목표는 '경쟁중심의 교육에서 벗어나 진로 맞춤형 교육으로 학생의 성장 지원, 수업 혁신을 선도하는 혁신학교 · 자유학기제 확대, 대입전형 간소화 등을 통해 교실에서 시작되는 공교육 혁신 도모'로 설정되어 있다. 주요 내용은 학생 중심 교육과정 개편, 고교학점제 도입·확대, 외국어고·국제고·자사고의 일반고 전환, 일반고와 입시 동시 실시, 초·중학교 학생 평가제도 개선, 혁신학교(지구)의 성과 일반 학교 확산, 자유학기제의 내실화 및 자유학년제 확산 등 학교교육의 전반적인 혁신 내용을 담고 있다. 또한 교장공모제 확대, 성과제도 개선 등 교원인사제도 개선, 교대·사대 교육과정(교직과정) 개선방안 마련 등 교원 전문성 신장 계획이 반영되어 있다. 가장 국민적 관심이 높은 대입제도 개선 및 공정성 제고 방안도 여기에 포함되어 있다. 기대효과는 경쟁·입시 중심의 교육에서 벗어나 학생의 핵심역량 함양을 지원하는 학교교육으로 변화하는 것으로 제시되어 있다.

국정과제 51번인 '교육의 희망사다리 복원'의 과제 목표는 '사회적 배려 대상자, 사회 취약계층에 대한 교육 지원 강화와 학력·학벌차별 관행 철폐 및 고졸 취업 지원 확대'로 설정되어 있다. 과제의 주요 내용은 사회적 배려 대상자 대입 선발비율 확대, 사회 취약계층 교육 지원 확대, 고졸 취업자 지원 확대, 학력·학벌주의 관행 철폐 등이다. 기대효과는 소외계층에 대한 맞춤형 교육지원 등으로 교육을 통한 출발점 평등 실현 및 사회에서 격차 해소라고 제시되었다.

국정과제 52번인 '고등교육의 질 제고 및 평생·직업교육 혁신'의 과제 목표는 '거점 국립대·지역 강소대학 집중 육성 등 대학의 공공성·경쟁력 강화와 국가 직업교육 책임 강화 및 성인평생학습 활성화'로 설정되어 있다. 과제의 주요 내용은 거점 국립대 집중 육성 및 지역 강소대학 지원 확대, 대학의 자율성 확대, 직업교육 국가책임 강화, 전문대 교육의 질 제고, 성인 평생학습 활성화를 위한 '한국형 나노디그리' 모델 개발·운영, 성인 비문해자 교육기회 확대, 한국형 무크(K-MOOC) 강좌 확대, 산학협력 활성화 등이다. 기대효과는 고등·직업·평생교육 경쟁력 제고를 통해 효율적인 인적 자원 활용 및 잠재 성장 동력 확충으로 제시되어 있다.

국정과제 54번인 '미래 교육 환경 조성 및 안전한 학교 구현'의 과제 목표는 '4차 산업혁명에 대비한 창의·융합형 인재 육성과 학급당 학생 수 감축 등 교수-학습 활동 개선 및 안전하고 쾌적한 교육환경 조성'으로 설정되어 있다. 과제의 주요 내용은 지식정보·융합 교육 강화, 선진국 수준 교육환경 조성, 학교 노후시설 개선, 학교 주변 교육환경 개선 등이다. 기대효과는 2022년까지

OECD 평균 수준의 교수-학습 여건 및 안전한 교육환경을 조성하는 것이다.

국정과제 76번인 '교육 민주주의 회복 및 교육자치 강화'의 과제 목표는 '역사교과서 국정화 폐지, 사학비리 근절 등 교육의 민주성·책무성을 강화하고, 교육부 개편 등 교육 거버넌스 개편'으로 설정되어 있다. 과제의 주요 내용은 역사교과서 국정화 금지, 교육민주주의 회복, 국가교육위원회 설치, 교육부 기능 개편, 단위학교 자치 강화, 찾아가는 정책 설명회 등 현장 소통 기회를 확산하고, 교육현장과의 교류 활성화 및 교육정책이력제 확대 등이다. 기대효과는 역사교과서 국정화, 사학비리 등 교육현장의 문제를 해소하여, 교육정책 신뢰 회복 및 교육현장의 자율성 강화하는 것이다.

4. 교육감 선거와 지방 수준의 교육정책

1) 교육감 선거 공약과 정책의제

교육감 직선제는 종전 '선거인단이 교육감을 선출하는 간선제 방식'이 실질적으로 교육개혁의 대상이 되는 교사와 교육공무원이 선거를 좌우하기 때문에 교육개혁을 요원하게 한다는 비판에서 탄생하여(정승윤, 2017), 2006년 12월 20일 「지방교육자치에 관한 법률」(이하 「지방교육자치법」)의 개정으로 2007년 2월 14일 부산시 교육감 선거에서 처음 도입되었다. 그 후 과도기적 교육감 선거를 거쳐 2010년 동시지방선거에 의해 전국적으로 처음 실시되었으며, 2014년을 거쳐 2018년 6월 13일에 세 번째 직선제 선거가 실시되었다(양은택, 김왕준, 2018).

교육감은 대통령 선거와 마찬가지로 국민이 직선으로 선출하였다는 점에서 지역 내에서 교육과 학예에 관하여 주민 대표성을 지니며 지역의 교육과 학예에 관한 사무를 집행하고 대표한다. 또한 지방교육자치에 있어 교육감은 교육정책을 수립하고 집행하는 지방교육의 수장이며 지방교육의 발전을 좌우하는 중요한 위치에 있다고 할 수 있다(최영출, 2016). 2014년 교육감 선거에서는 17개 시·도에서 71명의 입후보자가 출마하였고, 2018년 교육감 선거에서는 59명의 교육감 입후보자가 출마하여 각자의 공약을 내세우며 지지를 호소하였다.

교육감 선거의 과정에서 국민이 선거 공약만으로 지지 후보를 결정하는 것은 아니지만, 후보에 대한 지지를 결정하는 중요 요인이라고 할 수 있다. 교육감 선거는 공약이 교육과 학예에 관한 것이기 때문에 특정 후보를 지지한다는 것은 그 후의 교육철학과 함께 정책의 방향에 대한 판단이 더해진 것을 의미한다. 특히 우리나라에서 교육감 선거에서는 정당의 공천을 허용하지 않기 때문에 공약의 중요성이 더 강조될 수 있다. 하지만 일반적으로 교육감 후보에 대한 국민의 인지도가 낮기 때문에 현직 교육감이 유리한 측면이 있기도 하다.

교육감 선거가 해당 시ㆍ도의 교육정책에 미치는 영향력은 매우 크다고 할 수 있다. 해당 지역의 교육과 관련된 다양한 의제의 모집단에서 일부의 문제들만이 교육청의 공식적인 의제로 전환되는데(Cobb & Elder, 1983), 교육감 선거에서 제시되는 후보자의 공약은 성격상 공중의제의 단계에 있다.

교육감 선거의 정책공약은 공중의제이지만 정책의제로 변환될 가능성이 크기 때문에 특별한 지위와 성격을 가진다. 교육감 선거에서 승리한 후보의 공약은 큰 변화 없이 대부분 교육감 취임 이후에 정책의제가 되며, 특히 교육감이 직접 관심을 갖는 주요 정책과제가 된다. 사회문제가 사회적 쟁점이 되고 공중의제가 되는 것은 매우 어려운 상황임을 고려할 때, 교육감 선거에서 공약의 중요성은 더욱 부각된다고 할 수 있다.

교육감 선거의 과정은 다양한 교육의 문제 중에서 공중의제로 전환될 수 있는 좋은 기회라고 할 수 있기 때문에 많은 이익집단에서는 원하는 교육정책의 방향과 내용이 선거의 공약이 되기를 희망하게 된다. 따라서 많은 이익집단들은 그들의 요구가 교육감 선거의 공약이 되어서 공중의제가 되거나 최종적으로 교육청의 정책의제로 전환되도록 노력을 하게 된다.

2) 교육감 선거 공약과 정책의제 제안

한국매니페스토실천본부(2018)에 따르면, 2018년 지방선거에 당선된 교육감 17명 가운데 12명만 유권자에게 배포하는 선거 공약서를 작성한 것으로 나타났다. 특히 선거 공약서를 작성한 경우도 우선순위와 구체적 재원조달 방안을 제시한 교육감은 2명에 불과해 '부실 예약 공약'이라는 비판을 하였다. 예비후보자

공약집을 발행한 후보는 김승환 전라북도 교육감이 유일했다. 「공직선거법」 제 60조의 4항은 공약집 1종을 발간해 판매할 수 있도록 허용하고 있다.

〈표 8-7〉 2018년 교육감 선거에서 공약서를 작성한 당선자

구분	명단
교육감 (12명)	조희연 서울특별시 교육감, 김석준 부산광역시 교육감, 강은희 대구광역시 교육감, 도성훈 인천광역시 교육감, 장휘국 광주광역시 교육감, 설동호 대전광역시 교육감, 노옥희 울산광역시 교육감, 최교진 세종특별자치시 교육감, 이재정 경기도 교육감, 민병휘 강원도 교육감, 김승환 전라북도 교육감, 박종훈 경상남도 교육감

출처: 한국매니페스토실천본부(2018).

한국매니페스토실천본부(2018)의 2018년 지방선거 후보자의 선거공약서 평가 결과를 살펴보면, 평균 총점은 10점 만점에 5.89점으로 확인되었다. 시·도지사의 경우에는 6.36점이었으며, 교육감은 5.83점으로 나타났다. 선거공보 평가 결과는 평균 총점 5.44점으로 확인되었다. 시·도지사의 경우 5.78점, 교육감은 5.72점으로 나타났다.

〈표 8-8〉 2018년 교육감 선거공약서 평가

구분	선거 공약서		선거 공보	
	철학 비전	작성과정	철학 비전	작성과정
시·도지사	5.50	6.10	5.07	6.00
교육감	5.44	5.89	5.00	6.00

출처: 한국매니페스토실천본부(2018).

서울신문(2018. 6. 3.)에서 분석한 2018년 교육감 선거 공약의 3대 키워드는 '안전' '무상' '미래'인 것으로 나타났다. 17개 시·도 교육감 후보로 출마한 59명의 공약집(중앙선거관리위원회 제출본) 빈출 단어 등을 분석한 결과 이런 경향이 확인됐다. 2010년 지방선거 때 '무상급식'이나 2014년 '세월호 참사'처럼 선거 판세를 좌우할 대형 변수가 보이지 않는 상황에서 후보들이 정치적 성향을 떠나 유권자 마음을 사로잡을 비슷한 공약을 쏟아 냈다.

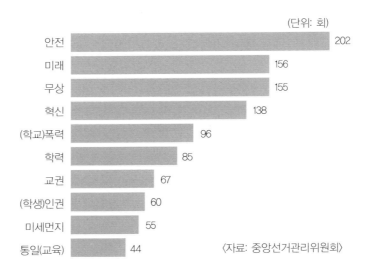

[그림 8-2] 2018년 교육감 선거 공약의 주요 키워드
출처: 서울신문(2018. 6. 3.).

  우선 후보들이 '안전(202회)' 문제를 자주 언급한 건 미세먼지와 지진, 석면 등 환경문제에 대한 학부모 걱정이 커졌기 때문이다. 강원 지역 진보 성향의 민병희 후보는 "급증하는 환경문제에 대비해 환경 전문가를 고용하고, 모든 학교를 미세먼지 · 라돈 · 석면 · 지진으로부터 지켜 내겠다."라고 약속했다. 같은 지역 보수 성향의 신경호 후보도 "권역 · 학교별 체육관을 확충해 (미세먼지가 심할 때) 실내 수업을 하고 교육시설 내진 설계 강화, 스프링클러 확대 등도 하겠다."라고 공약했다.

  학부모 부담을 줄여 줄 '무상(155회) 교육' 확대도 후보자들이 성향과 무관하게 쏟아졌다. 무상 공약이 진보 진영의 전유물처럼 여겨졌던 지난 지방선거 때와는 사뭇 다른 분위기였다. 인천 지역의 진보 성향 도성훈 후보는 최우선 추진할 '1번 공약'으로 고등학교 무상교육과 중 · 고교 무상교복 등을 약속했고, 보수 성향 최순자 후보는 "유치원까지 무상급식을 시행하겠다."라고 밝혔다. 4차 산업혁명을 강조하며 '미래(156회) 맞춤형 교육'을 하겠다는 공약도 진보와 보수 모두 공통적으로 내놓았다.

  반면, 보수와 진보의 입장 차가 드러난 키워드도 있었다. 공약 분석 결과 보수 측은 인성과 교권, 학력 등을, 진보 측은 혁신과 시민, 학생 인권 등을 상대적으로 더 부각시켰다. 예를 들어, 대구의 보수 성향 강은희 후보는 1번 공약 중 하나로 '인성이 먼저인 인재양성'을 언급했고, 진보 성향인 김사열 후보는 '학생의 학습권과 인권 존중'을 첫 번째 공약으로 내세웠다. 또한, 진보 후보들은 교장 공모제와 혁신학교 확대 등을 강조했지만, 상당수 보수 후보들은 두 정책에 회의적 입장이었다.

3) 교육감 선거 결과와 정책의제의 채택

교육감 선거가 끝나고 당선인이 결정되면 교육감 당선자의 공약은 구체적으로 정책으로 전환된다. 교육감 선거는 해당 지역의 교육공약에 대한 국민적 지지를 확인받는 과정이라고 볼 수 있다. 하지만 교육감 선거에서 주민 과반수의 찬성을 받기도 어려울뿐더러 과반수의 주민이 지지했다고 해서 모든 교육공약에 대해 찬성한 것도 아니라는 점에서 모든 공약이 그대로 정책으로 결정되는 것은 문제가 있다는 견해도 있을 수 있다. 그럼에도 불구하고 민주주의의 절차적 정당성을 가진 선거 결과는 국민의 뜻이라는 점에서 교육감의 정책 결정과 추진은 정당화될 수 있다.

2018년 교육감 선거 결과가 반영된 사례를 중앙선거관리위원회에서 제작한 선거 공약 자료집에 포함된 내용으로 살펴보고자 한다. 서울특별시 조희연 교육감은 다섯 가지 공약을 제시하였다. 공약 내용을 살펴보면, "첫째, 4차 산업혁명 시대를 살아갈 힘, 학교에서 키우겠습니다. 둘째, 따뜻하고 정의로운 서울교육을 만들겠습니다. 셋째, 안전하고 쾌적한 학교, 더불어 살아가는 평화로운 세계시민을 만들겠습니다. 넷째, '다시 새롭게' '더 새롭게' 혁신교육을 발전시키겠습니다. 다섯째, 시민과 함께 '교육도시 서울'을 만들어 가겠습니다." 등이다. 부산광역시 김석준 교육감의 공약을 살펴보면, '미래를 준비하는 부산, 아이 키우기 좋은 부산, 교육격차 없는 부산공약, 공부도 잘하는 부산공약, 평화롭고 안전한 부산공약' 등이다. 도지역에서 경기도 이재정 교육감의 공약을 살펴보면, '경기혁신교육 3.0 실현, 4·16교육체제(공정한 교육, 공평한 학교), 학교자치, 학교민주주의 실현, 미래시대 진로·진학교육 강화, 평화통일교육 강화' 등이다.

각 시·도 교육청 홈페이지에서는 교육감의 선거 공약과 그 이행 정도에 대해 지속적으로 업데이트를 하고 있어서 공약이 정책의제로 전환되어 시행되는 정도를 확인할 수 있다. 대통령의 교육공약은 국가 수준의 교육정책 의제가 된다는 점에서 중요성이 매우 높다고 할 수 있는데, 실제 구현에 있어서는 국민적 관심이 높고 쟁점이 더 많아서 시행에 어려움을 겪는 경우가 많다. 반면, 교육감의 선거 공약 중에서 많은 비율은 지역의 교육정책을 결정하는 경우가 많아서 시행되는 비율이 상대적으로 높은 것을 확인할 수 있다. 그래서 실질적인 정책 구현이 많다는 점을 고려한다면 교육감 선거의 중요성이 높다는 것을 알 수 있다.

5. 선거를 통한 민주적 교육정책의 과제

'민주주의의 꽃'이라고 불리는 선거가 교육정책에 미치는 경로와 영향에 대해 살펴보았다. 대통령과 국회의원 선거는 정권과 정부의 선택을 의미하며, 후보자의 역량을 검증하는 과정이라고 할 수 있다. 특히 대통령은 국정을 책임지기 때문에 도덕적·철학적 기초와 정치적·행정적 능력이 강조된다. 국가 수준에서는 대통령과 국회의원 선거의 과정이 가장 중요하다고 할 수 있다. 시·도 교육청 수준에서는 교육감 선거와 지방의원 선거가 교육정책에 영향을 미치게 된다고 할 수 있다. 이 장에서는 국가 수준과 지방 수준으로 나누어 교육과 선거의 정치학을 살펴보았다.

중요한 교육문제라 하더라도 정책적 관심이 오래 유지되지 못하고, 주기적으로 문제가 발생하는 시점에서 다시 새로운 정책이 결정되고 발표되는 과정이 반복되고 있다. Kingdon(2011)의 정책흐름 모형에서는 정책문제의 흐름, 정치의 흐름, 정책대안의 흐름이 결합되어 정책의 창이 열리고, 이때 정책활동가의 역할을 통해 정책이 결정되는 과정을 강조하였다.

대통령 선거에서 후보자의 교육공약이 당선 이후에 교육부의 정책으로 변화하는 과정과 내용을 살펴보았다. 또한 교육감 선거에서 후보자의 공약이 당선 이후에 교육청의 정책으로 변화하는 과정과 내용도 살펴보았다. 대통령 선거에서의 교육공약은 유아교육, 초등교육, 중등교육, 대학교육, 평생교육, 직업교육에 이르기까지 여러 교육영역에서 공약으로 제시되는 다양한 정책이 모두 중요하고 국민의 관심이 큰 내용들이다. 반면, 교육감 선거의 후보자들은 해당 지역의 현안이 되는 문제들을 주로 공약의 내용으로 담고 있다는 점에서 차이가 있다. 특히 교육감은 자신의 권한 내에 있는 정책을 공약에 담고 있어서 실행에 있어서 더욱 가능성을 높일 수 있다는 특징을 보여 준다.

대통령과 국회의원 선거에서 공약은 국민의 관심과 호응을 얻어야 한다. 그래서 국민적 관심이 높은 교육제도와 정책이 공약으로 제시되어 왔다. 교육 분야에서 자주 등장하는 공약은 대학 입시와 고등학교 정책이다. 학부모가 가장 관심을 갖는 제도이기 때문에 유권자를 겨냥한 공약으로는 선정되고 있다. 대학 입시는 11명의 대통령 교체 기간 동안 14차례의 큰 변동이 있었다. 대입 전형의 요소는 정부가 관리하는 국가고사, 대학의 자율성을 존중하는 대학별 전형, 고등학교 교육의 정상화를 위한 내신 성적으로 구성되는데, 전형 요소의 비중을 달리하는 것이 핵심이다. 고등학교 유형과 입학 전형의 변화 역시 선거의 단골 공약으로 제시돼 왔다. 1974년 고교평준화 제도의 도입부터 시작해 과학고 · 외국어고 · 국제고 등의 특목고 제도 도입, 자립형 사립고, 공영형 혁신학교, 개방형 자율고, 자율형 사립고, 자율형 공립고, 기숙형고, 마이스터고 등 많은 고등학교가 생겼다가 사라졌다. 이번 대통령 선거에서도 외국어고와 자사고의 폐지, 고등학교 선발 방식의 변경이 공약으로 제시됐다.

선거 결과에 따라 급격하게 변하는 교육정책은 교육 당사자들에게는 많은 어려움을 주는 경우가 많다. 학부모의 입장에서 교육정책에 대한 예측을 하기 어렵고, 각급 학교와 교사도 끊임없이 변화하는 교육정책으로 인해 개혁 피로감에 빠져 왔다. 실제 교육정책을 담당하는 교육부의 공무원은 정권 변화에 맞춰 정책 방향을 갑자기 바꾸는 경우가 발생하게 된다.

「헌법」제31조 제6항에는 "교육제도와 그 운영, 교육재정 및 교원의 지위에 관한 기본적인 사항은 법률로 정한다."라고 명시하고 있다. 이를 '교육제도 법정주의'라고 한다. 교육제도의 기본적인 사항은 대통령이 정하지 말고 국민의 대표 기관인 국회에서 법률로 정하고 신뢰받는 제도를 만들라는 것이 「헌법」의 명령이라고 할 수 있다. 하지만 많은 교육제도가 대통령령 · 교육부령으로 정해지거나 심지어 교육부의 내부 규정으로 만들어져 시행되어 왔다. 대입 전형은 시행하기 3년 전에 정할 수 있고, 고교 입학 전형은 시행하는 당해 연도에 정하도록 돼 있다. 「헌법」 정신에 맞지 않게 정치적 영향을 심하게 받는 체제는 교육 정책을 급격하게 변화시키고, 결과적으로 교육 당국을 불신하게 만드는 원인이었다.

민주주의의 원칙에 따라 선거의 결과를 정책에 반영하는 구조에 대해서는 존중해야 할 것이다. 다만 교육제도와 정책이 정치적 영향력에 의해 쉽게 변화하는 구조는 개선되어야 할 것으로 볼 수 있다. 장기적인 관점에서 민주주의에 기반한 안정적 교육정책 추진을 위해 다음과 같이 개선이 필요할 것이다.

첫째, 교육개혁을 위해서는 국회의 입법 과정을 통해 안정적인 교육제도의 기반을 만들 필요가 있다. 제19대 대통령 선거에서 교육정책을 기획하는 사회적 합의기구인 국가교육위원회(미래교육위원회, 교육미래위원회)가 제안되었다. 사회적 합의기구를 통해 논의된 교육제도의 틀이 법률로 제정돼 추진되도록 해야 한다. 둘째, 장기적 관점에서 교육제도가 예고되고 안정적으로 지속돼야 한다. 국민의 신뢰를 받는 교육제도의 운영을 위해 최소한 중학교에 입학하는 시기에 그 학생에게 해당하는 고입 전형과 대입 전형이 결정돼 있어야 한다. 이를 위해서는 입학전형에 대해 장기적 관점에서 결정하고 예고하는 것을 법에 명시할 필요가 있다. 셋째, 새로운 정책을 시행할 때에는 우선 교육현장에서 시범 적용을 통해 우수사례를 만들고, 이를 점차 확산해 가는 현장 중심의 정책 추진이 필요하다. 선거에 의해 결정되었다 하더라도 급히 정책화하여 학생과 교사를 대상으로 실험해서는 안 된다. 교육현장에서 검증되지 않은 아이디어들을 정책화하여 전국적으로 시행하는 것은 피해야 할 것이다. 넷째, 선거의 과정에서 미래 사회변화에 대비해 교육의 근본적인 문제를 해결할 수 있는 철학과 비전을 제시하고 이를 시행해야 한다. 국가 수준에서 반드시 추진돼야 할 교육복지 정책, 유아의 교육과 보육의 통합, 4차 산업혁명에 대비한 학교교육의 혁신, 저출산에 대비한 대학 구조개혁, 대학 교육과 연구의 국제 경쟁력 강화 등에 대한 정책 방향을 제시하고 국민적 동의를 구해야 한다. 대통령이나 교육감이 자신의 임기 내에 가시적인 성과를 내려고 급히 시행하는 교육정책은 성공하기 어렵다. 교육에 대한 장기적인 관점에서 정책과 제도를 가다듬어 나가는 자세가 필요하다고 할 수 있다.

제9장

교육과 이익집단의 정치학

　교육 거버넌스에서는 다양한 주체들이 의사결정과 집행에 참여하며 크고 작은 영향력을 미친다고 보는데, 이익집단이 그 주체 중 하나다. 이익집단은 공유된 태도를 바탕으로 집단의 이익을 위해 조직된 개인들의 집합체로서 설득, 항의, 로비, 소송에 이르기까지 다양한 방법과 전략을 동원하여 활동하고 영향력을 행사한다. 교육과 이익집단은 용어의 의미상 어울리지 않는 조합처럼 보이지만 교육 분야 이익집단도 어느 분야 못지않게 활동 반경이 다양하다. 교육 분야 이익집단은 타 분야와 달리 개별 단체의 이해관계를 위한 활동을 드러내기보다 교육발전을 위한 주의·주장을 펴는 활동을 많이 하는 편이다.

　그런데 이익집단은 그 속성상 현황 파악 자체가 쉽지 않은 특징이 있다. 교직단체만 하더라도 오랜 역사를 가진 단체도 있지만 단체의 생성과 소멸이 거듭되고 있어 정확한 상황 파악이 되어 있지 않다. 학부모단체나 일반 시민단체의 경우는 더 잦은 변화가 발생할 뿐만 아니라 정보 공개를 매우 제한적으로만 하는 풍토가 있어 체계적인 현황 파악이 매우 어렵다. 우리나라 교육 관련 이익집단의 또 다른 특징은 정치적·이념적 성향에 따른 분파와 그들 간의 대립이 강한 점이다. 그런데 성향이 중요 변수로 존재하지만 성향 구분이 객관적 기준을 가지고 명확하게 이루어지는 것도 아니다.

이 장에서는 교육 관련 이익집단의 정치학적 성격을 규명해 보고자 한다. 구체적으로 이익집단의 의미와 성격에 대해 알아보고, 교육 관련 이익집단에 어떤 단체들이 있는지, 그리고 우리나라 교육 관련 이익집단의 유형과 특성에 대해 검토해 본다. 교육 관련 이익집단의 유형은 임의적으로 구분할 수밖에 없는데, 우리나라 상황에서의 실제 활동 상황을 중심으로 교직단체, 학부모단체, 시민단체로 구분하여 차례로 살펴본다. 이어서 교직단체의 정치학, 학부모단체의 정치학, 교육시민단체의 정치학을 살펴보는데, 제한적 정보이지만 각각의 최신 현황을 알아보고 일반론 대신 적용을 논하는 이 책의 취지에 따라 해당 이익단체의 활동이 영향력을 행사한 실제 사례들을 검토한다. 경우에 따라서는 교육 관련 이익집단 활동이 활발한 미국의 사례를 비교 관점에서 간략히 알아본다. 마지막으로, 교육 관련 이익집단의 전망과 과제를 정리하여 본다.

1. 교육 관련 이익집단의 이해

1) 이익집단의 의미와 성격

근래에는 '행정' 또는 '정책결정'이라는 용어 대신에 '거버넌스'를 사용하는 경우가 많은데 거버넌스 개념에서는 정책의 수립과 집행과정에 다양한 주체가 참여하여 네트워크 형성과 상호작용을 하는 것을 강조한다(오승은, 2006). 거버넌스의 관점에서 볼 때, 이익집단은 상당한 영향력을 행사하며 거버넌스에 참여하는 중요한 주체다. 근대 교육의 출발에서부터 이익집단이 존재해 왔지만 이익집단을 공식적으로 거버넌스의 중요한 주체로 인식하기 시작한 것은 1980년대 이후 비교적 근래이며 초기에는 '압력집단'이라는 용어를 주로 사용하였다(오일환, 이병기, 1994).

거버넌스 개념이 무엇인가에 대해서는 아직 혼란스럽고 일치된 견해가 있는 것도 아니다. 그럼에도 불구하고 거버넌스를 말할 때는 정책의 수립과 집행과정이 과거처럼 관료에 의해 일방적 · 수직적으로 이루어지는 것이 아니라 정책 커뮤니티 내에 존재하는 다양한 주체가 정책과정에 실질적으로 참여하여 함께 문제를 해결한다고 보고 이러한 형태의 공공 의사결정 혹은 상호협력적 조정 양식을 강조한다. 서구 공공행정에서 주목하는 거버넌스의 유형으로는 계층제 거버넌스, 시장(시민) 거버넌스, 네트워크 거버넌스가 있는데, 이 세 가지 유형은 현재도 존재하지만 시기적으로 강조점이 다르다. 1980년대 초까지는 계층제 거버넌스가, 1990년대 중반까지는 시장 거버넌스가, 그리고 1990년대 이후에는 네트워크 거버넌스가 강조된다. 대체로 현재로 올수록 거버넌스에 있어 시장과 네트워크를 계층제 거버넌스의 대안으로 중시하며 심지어 네트워크 거버넌스만을 거버넌스로 인정하는 경우도 있다(Pierre & Peters, 2000). 그런 의미에서 거버넌스에서 이익집단의 적극적 참여 혹은 영향력 행사는 점점 확대되고 중요성에 대한 인식 또한 높아지고 있다고 할 수 있다. 물론 계층제 거버넌스가 여전히 주류의 위치를 차지하고 있지만 수십 년 전에는 생각할 수 없었던 수준으로 시장 거버넌스나 네트워크 거버넌스의 영향력이 확대되고 있는 것은 틀림없다.

교육조직의 과제 수행이나 문제해결을 위해서도 정부를 포함한 다양한 주체가 참여하여 상호작용하며 조정해 나간다. 엄격하게 말한다면, 공동으로 의사결정을 한다기보다는 의사결정 과정에 무시하기 어려운 목소리를 냄으로써 상호작용을 하고 있다고 보는 것이 타당할 것이다. 이때 상호작용과 조정의 과정에는 여러 정치적 속성, 즉 협상과 회유, 설득 같은 다양한 방식의 사용이 내포되어 있기도 하다(이종재, 이차영, 김용, 송경오, 2012).

이익집단(interest group)이란 공유된 태도를 기반으로 해당 집단 혹은 그 구성원에게 유리한 공공정책이 수립되고 집행되도록 영향력을 행사하려는 행태를 갖는 개인들의 집합체 혹은 조직체를 말한다(오일환, 이병기, 1994; Fowler, 2009). 초창기 학자인 Truman(1951)은 이익집단을 경제적 이익, 주의(主義) 주장, 관심 등에서 공통의 이해를 가지고 주체적으로 모여 자신들의 이익을 극대화하기 위해 사회적 활동을 전개하는 단체로 보았다. 한마디로 이익집단이란 공통의 태도와 이해관계를 가진 인간들이 모인 집단이며 거기에는 경제적 이익이든, 공의적 주장이든 자신들의 공동 이익을 극대화하기 위한 다양한 방식의 활동이 존재한다.

이익집단이 부상하기 시작한 배경에는 다원주의(pluralism)가 있다. 다원주의는 국가가 권력 엘리트에 의해 지배된다는 전통적 관점에서 벗어나 여러 독립적인 이익집단과 결사체가 존재하며 그 집단 간의 경쟁·갈등·협력 등에 의해서 사회가 민주주의적으로 운영된다고 보는 시각이다(두산백과사전). 다원주의적 시각에 따라 전통적인 국가–집단 간의 관계에 대한 개념도 조금씩 달라지기 시작하였다(Mawhinney, 2001).

이익집단은 공유된 태도를 전제하고 있고 공동의 목적이 이해관계에 기반한 경우도 많기 때문에 다른 어떤 조직보다 목적 달성을 위한 적극적 활동이 특징적이다. 이익집단은 목적 달성을 위해 설득과 조정, 경쟁과 연합, 갈등과 협상, 정치적 투쟁 등(이종재, 이차영, 김용, 송경오, 2015) 다양한 형태의 활동을 하며 이들이 중복되어 나타나기도 한다. 우리나라 이익단체가 주로 사용하는 행동 방법으로 최창의(2016)는 정치자금의 공여, 향응, 정보의 제공, 청문회 참석, 선전, 데모, 전화, 편지, 도보 시위 등을 언급하였다. 미국의 경우, 입법기관에 대한 로비활동, 경고 보내기(whistle-blowing), 공공적 관계 유지하기, 연구보고서 배포, 선거에 기여하기, 지역사회 수준 로비활동, 항의, 소송 등의 다양한 전략을 구사한다(Superfine & Thompson, 2016). 사회문화적으로 약간의 차이가 보이지만, 할 수 있는 모든 방식을 동원한다는 점에서 동일하며 이익집단의 활동 방식이 얼마나 다양하고 적극적인가를 알 수 있다. 그런데 대부분 이익집단은 결성 초기에 적극적 활동을 시도하지만 여러 현실적 이유로 활동이 약화되거나 쇠퇴, 심지어 소멸하기도 한다.

한편, 이익집단의 활동 양상을 결정하는 중요한 변인으로 Truman(1951)은 전략적 위치, 응집력, 조직 규모, 사회적 위치, 리더십, 정치적 환경, 정부기관의 특징을 꼽고 있고, 국내 학자들의 경우 특이하게 사회적 명성, 정책결정자와의 친밀 관계, 이데올로기, 대표성 등을 결정 변인으로 추가하기도 한다(김덕근, 2006). 이익집단의 활동 양상 결정 변인과 비슷하지만 약간의 차이가 있는 개념이 정책영향력이다(장욱진, 김왕준, 2018). 이익집단 활동에서는 몇 가지 현실적 문제가 제기되곤 한다. 대표적으로, 과대 대표와 과소 대표의 문제, 공적 이해관계와 사적 이해관계 사이의 불균형 문제, 많은 이익집단이 지역 기반이 아니기 때문에 대의 민주주의와 완전 호환되지 않는 문제의 발생 등이다(신유섭, 2008). 이 중에서도 과대·과소 대표의 문제는 우리나라에서 자주 관찰되는 것으로 위원회 구성, 프로젝트 수행 등의 상호작용 과정에 집단의 규모나 활동 수준보다 더 많이 참여하는 집단이 있는가 하면 반대인 경우도 종종 발생한다. 이는 교육부, 교육청 같은 계층제 거버넌스의 주체들과 이익집단 간의 이념 성향의 일치도, 인맥 등이 영향을 크게 미치기 때문인 것으로 추정된다.

이익집단이 사회에 미치는 영향력에 대해서는 두 가지 관점이 있다. 하나는 이익집단의 활성화가 영향관계의 복잡성으로 인해 사회의 안정성을 떨어뜨리고 민주주의를 저해한다는 것이다. 다른 하나는 이익집단의 활성화 자체가 승자와 패자의 순환 가능성을 열어 놓기 때문에 사회의 안정을 높이는 데 기여한다는 다원주의적 관점이다. 이러한 관점 여하에 따라 이익집단을 긍정적 · 부정적으로 바라볼 수 있으나 이익집단의 존재 자체를 부정하기는 어렵다.

2) 교육 관련 이익집단의 유형과 특성

우리나라의 교육 관련 이익집단에는 교직단체, 학부모단체, 사교육단체, 언론사, 종교단체, 정당, 노동단체 등이 있으며, 이들은 교육 관련 사안에 성명서 발표, 위원회 참여, 시위 등 다양한 형태로 영향력 행사를 시도한다. 교육 관련 이익집단과 관련하여 많이 사용되는 용어로 '교육시민단체'가 있는데, 본래 시민단체란 NGO(Non-Governmental Organization)의 범주에 속하는 것으로, 비정부적이고 비영리를 원칙으로 하는 자발적 · 자율적인 단체를 말한다. 따라서 교육시민단체는 교육에 관한 비정부적이며 비영리를 원칙으로 하는 자발적이고 자율적인 단체를 가리킨다(이경한, 2013). 교육시민단체는 교육 관련 이익집단의 중요한 흐름이 되고 있는데, 우리나라 교육 NGO의 역사는 민주화운동과 맥을 같이한다. 즉, 1980년대 후반 민주화운동이 절정에 달하면서 교육 NGO의 활동도 활발하게 전개되었고, 이때부터 경제정의실천시민연합, 참여연대, 환경운동연합 등의 시민운동이 자리 잡으면서 교육계에도 많은 NGO 단체가 활동하기 시작하였다(양정호, 김성천, 2006).

우리나라 이익집단의 전반적 활동 양상은 1987년 민주화 이후 폭발적으로 확대되었으나[1] 그에 대한 학문적 분석이나 사회적 · 학문적 유형 구분은 미흡하다

---

[1] 우리나라의 정부등록 이익집단은 1956년 426개에서 1988년에는 노동조합만 4,103개로 증가하였다(정상호, 2006).

(정상호, 2006). 교육 관련 이익집단으로 좁혀 볼 때에도 어디까지를 교육 관련 이익집단으로 볼 것인가에 대한 인식과 유형화에 모호함이 있다. 박수정(2017)은 대통령 선거에서 활약한 교육 관련 이익집단을 분석하면서 전문가, 언론인, 정치인, 정당, 교육단체, 시민단체, 종교단체, 학원단체, 학생, 교사, 학부모, 강사의 12개 유형으로 분류하였다. 안선회(2012)는 이익집단의 문제를 시민사회 권력이라는 관점에서 접근하였는데, 정책과정에 참여·개입하여 자신들의 주장을 관철시켜 정책내용의 변화, 정책결정자의 교체, 교육투자의 변화를 이끌어 내는 능력을 시민사회권력으로 정의하면서 교직단체, 학부모 단체, 시민단체를 대표적 유형으로 구분하였다. 교육 관련 이익집단, 교육시민단체, 교육 NGO를 비슷한 개념으로 보고 접근하는 경우가 많지만 교육시민단체를 축소된 의미로 보는 경우도 있다. 교육 관련 이익집단을 우리나라의 실제 상황에 맞추어 유형화한다면 논의 전개와 분석에 도움이 될 수 있을 것이다.

  미국의 경우, 교육 관련 이익집단을 크게 특정 이익집단, 전문가집단, 교직단체, 재단과 싱크탱크로 구분한다. 여기서 특정 이익집단은 주의나 주장을 위해 활발하게 활동을 펼치는 집단으로서 종교, 비만, 약물, 흡연, 언어와 같이 가치를 수반하는 중요 이슈에 집중하여 활동하는 경향성이 강한 집단이다. 전문가집단은 미국교육학회(American Educational Research Association)와 같은 연구단체부터 특정 교과목 교사단체, 그리고 1970년대 이래 양대 교직단체라고 할 전미교육협회(National Education Association)와 미국교사연맹(American Federation of Teachers)의 활약이 괄목할 만하다. 재단과 싱크탱크는 비교적 최근에 부상하고 있는데, 카네기 재단(Carnegie Foundation), 록펠러 재단(Rockefeller Foundation) 등 전통적 재단들은 대체로 진보적 성향의 프로젝트에 대한 지원을 하지만 우파인 헤리티지 재단(Herritage Foundation)의 경우는 학교 선택제와 바우처 제도, 차터스쿨, 학교에서의 기도시간 등을 위한 활동을 지원한다. 싱크탱크는 사람들의 인식에 영향을 미치기 위한 정책보고서와 연구에 주로 자금을 지원한다(정일환 외, 2016). 미국에서는 집단 유형별 영향력에 있어 큰 차이가 없는 것으로 알려져 있다. 다만 2000년대 이후에는 특히 민간재단의 활동이 특기할 만하다. 빌 & 멀린다 게이트 재단(Bill & Melinda Gates Foundation) 같은 민간재단은 약소집단을 위한 옹호 활동, 특히 대도시 지역 학교의 책무성과 학교선택권 관련 활동을 촉진하는 일에 많은 노력을 기울이고 있다(Superfine & Thompson, 2016).

우리나라에서는 미국의 교육 관련 이익집단 유형 중 교직단체, 특정 이익집단에 해당하는 유형의 활동이 두드러지고, 전문가 집단, 재단과 싱크탱크의 활동은 미약한 편이다. 특정 이익집단 중에서는 학부모단체와 NGO로서의 교육시민단체 활동이 특히 활발하다. 전문가 집단의 경우는 단체 결성이 많은 편이지만 이익집단으로서의 활동에서는 상대적으로 덜 적극적이고 영향력 행사도 소극적인 것으로 보인다.[2] 미국식의 재단 및 싱크탱크 유형 이익집단은 아직 우리나라에서 찾아보기 힘들지만 그러한 성격을 제한적이나마 보이기 시작한 단체들이 출현하고 있는 점은 새로운 동향이라고 할 수 있다. 이러한 상황을 반영하여 우리나라 교육 관련 이익단체를 크게 교직단체, 학부모단체, 시민단체로 나누어 살펴보고자 한다. 교직단체가 이익집단으로서의 적극적인 활동을 하고 있음은 어느 나라에서나 공통적 현상인 듯하고, 학부모단체는 미국과 달리 우리나라에서 활동이 특별히 활발한 특징이 있다. 그리고 교직단체와 학부모 단체를 제외한 그 밖의 이익집단을 시민단체의 범주에 포함하는 것이 현 시점에서는 적절해 보인다. 이질성이 큰 시민단체 유형에서는 향후 분화와 진화가 전개될 것으로 보인다.

2. 이익집단으로서의 교직단체

1) 교직단체 현황

우리나라 교직단체의 시작은 1947년에 '조선교육연합회'의 이름으로 출범한 한국교원단체총연합회(이하 교총)로부터였다.[3] 이후 대한사립중고등학교장회 (1956년), 한국중등교육협의회(1960년) 등 여러 교원 관련 단체들이 설립되어 활

---

2) 예를 들면, 많은 학회들이 자체 학술활동에는 대단히 적극적이나 교육정책 관련 특정 문제에 대해 이익집단으로서의 역할은 회피하려는 경향을 보인다. 이는 직접적 이해관계나 관련성이 없고 해결에 대한 다양한 관점이 존재하여 공동의 태도를 갖거나 대안 제시가 어렵기 때문인 것으로 추정된다.
3) 1948~1988년에 '대한교육연합회' 명칭을 사용하였으며, 1989년부터 현재의 명칭으로 변경되었다.

동하였다. 교총은 1949년 제정된 「교육법」 제 80조에 의해 교사들의 단결권이 인정됨으로써 정식 교직단체가 되었다. 교총은 1997년에 전국교직원노동조합 (이하 전교조)이 합법화되기 전까지 교직단체로서 독보적 위치를 점하였다. 전교 조 합법화 이후에는 전문직단체인 교총과 노동조합인 전교조가 양대 산맥을 이 루며 대립하는 구도가 유지되었다.

70여 년의 역사를 가진 교총은 초ㆍ중등교사, 학교행정가, 대학 교원을 포괄 하는 대표 교직단체로서 역할해 왔다. 한때 우리나라 교원의 대다수가 회원으 로 참여하기도 했으나 2017년 기준 교총 회원 수는 161,071명(가입률 33.0%)으 로 알려져 있다. 1998년 당시 회원 수 260,000명(가입률 60.7%)과 비교하면 큰 변화다(한국교원단체총연합회, 2017). 교총은 1991년 제정된 「교원의 지위 향상 및 교육활동 보호를 위한 특별법」(이하 「교원지위법」)에 근거하여 교육정책 및 교 원 지위 향상 관련 사안에 대해 '교섭ㆍ협의'를 진행한다.[4]

전교조는 1989년에 '전국교직원노동조합'의 이름으로 출범하였는데 처음에는 합법화되지 못한 단체였다. 「교원의 노동조합 설립 및 운영 등에 관한 법률」(이 하 「교원노조법」)에 따라 김대중 정부 때인 1999년 7월에 합법화되었다. 전교조 가 합법화되면서 이전까지 존재해 왔던 전문직 단체와는 상이한 노동조합으로 서의 성격을 드러내며 활발히 활동함에 따라 여러 사회적 논란의 중심에 서기도 했다.[5] 그러다가 2013년 9월 박근혜 정부 당시 고용노동부가 해직 교원의 전교 조 가입 허용을 이유로 법외노조임을 통보하였고 이후 소송 등 논란이 지속되고 있다. 전교조가 취소를 구하는 행정소송을 냈으나 2014년과 2016년의 1심 및 2 심 판결에서 전교조가 패소하였고(곽신재, 신혜주, 2017), 2020년 9월 3일 대법원 판결에 따라 노동조합 지위를 회복하게 되었다(연합뉴스, 2020. 9. 4.). 회원 수는 2014년에 약 5만 3천 명까지 증가하기도 하였으나 법외노조 통보 이후 급감한 것으로 추정되며 현재는 정확한 상황을 알 수 없다.

한편, 1999년 1월에 「교원노조법」이 국회에서 통과되자 같은 해 5월 교총에서

---

4) 교총은 「교원지위법」에 근거하여 단체 교섭ㆍ협의를 하고 전교조 등 교원노조는 「교원노조법」에 의 거해 단체 교섭을 하고 협약을 맺는다. 교총의 교섭 협의는 신사협약의 성격이 강하고 교원노동조 합의 단체협약은 강제성을 갖는다.

5) 세계 최대 교원 조직인 '세계교원단체총연맹(Education International: EI)'에 가입된 단체는 교총과 전교조다.

분리하여 제2의 교원노동조합으로 창립된 단체가 한국교원노동조합이다. 한국
교원노동조합은 지부를 중심으로 활동하였고 전교조와 함께 2000~2002년 교
육부와의 단체교섭에 나서기도 하였으나, 그 과정에서 교육부와의 관계 악화로
무단협(단체협약 갱신 못함)이 되었고 이후 같은 상황이 10여 년간 지속되는 가운
데 활동이 급속히 약화되었다.[6] 2005년까지는 전교조와 한교조 두 개의 교원노
동조합이 있었는데, 이 두 단체는 기본적으로 교원노동조합으로서의 공통점이
컸다.

그러다가 2006년에 전교조 대항을 표방하며 뉴라이트 진영의 교원노조가 설
립되었다. 대한민국의 정통성, 자유민주주의, 시장경제, 자유 등 「헌법」에서 강
조하는 가치를 교육현장에서 실현할 것을 목적으로 설립된 자유교원조합이 그
것이다(프레시안, 2006. 1. 11.). 연합체인 자유교원조합은 4개 시·도에 단위조
합을 설립하였으나 연합체를 비롯해 전체 회원 수 및 활동은 미미한 편이다. 그
리고 2008년 11월에는 잠시 존재했던 '뉴라이트교사연합'의 후신으로 대한민국
교원조합이 설립되었다.

우리나라 교원노동조합의 조합원 수는 2003년에 약 10만 명에 달한 이후 지속
적으로 감소 추세를 보이고 있다. 고용노동부 자료(2020)에 따르면, 2005년에 조
합원 수가 106,209명(조직률[7] 27%)이었으나 2015년에 60,284명(조직률 14.5%)으
로 내려간 후 전교조 법외노조 통보 이후인 2016년에는 7,291명(조직률 1.8%)으
로 급감하였다. 다만 2019년에는 전교조 결성 30주년이라는 상황에서 14,516명
(조직률 3.1%)으로 약간의 증가가 있었다.

교원노동조합은 크게 연합단체, 전국단위, 시·도 단위로 구분된다. 연합단
체로는 자유교원조합(2006년 설립), 교사노동조합연맹(2017년 설립)이 있고, 전국
단위 노동조합으로는 한국교원노동조합(1999년), 대한민국교원조합(2008년), 전
국중등교사노동조합(2017년), 전국사서교사노동조합(2017년) 등이 있다. 시·도
단위로는 자유교원조합 계열이 4개 지역(충남, 대경, 울산, 경기)에 있고, 교사노
동조합연맹 계열의 5개 노동조합이 서울(2016년), 광주(2017년), 경남(2018년), 전

---

6) 한국교원노동조합(http://www.kute.or.kr/), 고용노동부(2020)의 교원노조 자료에는 나와 있으나
   최근 활동 상황은 찾기 힘들다.
7) 가입대상 교원 수 대비 가입자 수를 의미한다.

남(2018년, 전문상담교사), 경기(2018년)에 있다. 2018년 말 기준 교원노동조합의 총 수는 15개, 조합원 12,550명이 활동하고 있다. 이 중 연합단체인 교사노동조합연맹(3,074명), 전국단위 노조인 한국교원노동조합(5,609명), 시·도 단위인 경기교사노동조합(1,305명), 서울교사노동조합(970명)이 대다수이며, 나머지 11개 노동조합의 회원 수는 13～363명으로 극히 미미한 실정이다(고용노동부, 2020).

   최근의 동향으로 주목할 만한 것은 2017년 12월에 출범한 교사노동조합연맹이 전교조의 뒤를 이어 노동조합으로 활동하며 영향력을 확대하려는 움직임이다. 교사노동조합연맹은 분권형 노조를 지향하는 연합체 노조로서 지역노조, 급별 노조, 설립자별 노조, 교과별 노조 등 다양한 형태를 두고 있다. 서울, 경기, 광주, 경남 지역에 있는 교사노동조합과 전국중등교사노동조합, 전국사서교사노동조합, 전국전문상담교사노동조합, 전남전문상담교사노동조합 등이 대표적이다. 2019년에 교사노동조합연맹과 교육부 간 단체교섭이 있었으며 2002년 이후 17년 만에 교원노조와 교육부 간 단체협약을 체결하였다. 또한 이 연맹의 지역별 교사노동조합은 해당 교육청과 단체협약을 맺고 있다(교사노동조합연맹, https://ctu.modoo.at/).[8]

   이익집단으로서의 교직단체에 대해 요약하여 보면, 2020년 현재 회원 수나 교육부, 교육청과의 교섭 상황 등을 기준으로 볼 때 적극적 활동을 하고 있는 단체는 전국단위 전문직단체인 오랜 역사의 교총과 전국단위 노동조합 연맹의 성격을 가진 교사노동조합연맹인 것으로 파악된다. 그 밖의 단체들은 명맥은 유지하고 있으나 활동이 미미한 상황이다. 전문직 단체 교총이 교육부와 교섭·협의를 통해 영향력을 행사한다면, 진보 성향의 교사노동조합연맹은 교육부 및 지역 교육청과 「교원노조법」에 따른 단체협약을 맺는 방식으로 영향력을 행사한다. 최근 전교조 법외노조 관련 소송의 최종 결과가 통고처분 취소로 나옴에 따라 향후 전교조와 교사노동조합연맹의 관계 및 역할 설정에 변화가 생길지도 모른다. 그런데 이념 성향이 같은 문재인 정부하에서는 교육감들의 다수도 진보 성향을 가지고 있어 진보 진영 노동조합들과 대체로 원만한 관계를 유지할 가능성이 많다.

---

8) 교총은 물론 전교조와 같은 전국단위 단체는 보통 시·도, 학교급에 각 지부(자치조직), 위원회(집행기구)를 두는 반면, 교사노동조합연맹은 다수의 독립된 노조를 두고 있다.

〈표 9-1〉 2020년 현재 실질 활동 교직단체 개요(2020. 4. 1. 기준)

성격	단체명	정치 성향	설립 연도	법적 기반	활동	비고
전국단위 전문직 단체	한국교원단체총연합회 (1947년 대한교련 계승)	보수	1949년	「교원지위법」 (1991년)	교육부와 교섭·협의 (신사협정)	특별시, 광역시·도 및 학교 단위에 지부
전국단위 노동조합 (연합체)	교사노동조합연맹 (1999년 전교조 계승)	진보	2017년	「교원노조법」 (1999년)	교육부 및 시·도 교육청과 단체교섭 (강제성)	서울, 광주 등 5개 지역단위 노동 조합 별도 존재

2) 교직단체의 정치학

우리나라 교직단체는 이익집단으로서 회원의 복리와 관계된 사안에만 관심을 갖는 것이 아니라 교육 전반, 특히 교육정책이나 제도에 대해 강력한 입장 표명을 해 왔다. 따라서 거의 모든 사안에 대해 의견을 표명하고 영향력 행사를 위한 활동을 함으로써 높은 정치적 역동성을 보인다(김혜숙, 1998). 그런데 지난 20여 년 교직단체 정치활동의 역사를 보면 역동성의 큰 흐름이 보수, 진보의 성향 차이를 바탕에 깔고 있다. 해당 집단의 태도와 추구하는 가치가 현격하게 다르다 보니 주요 정책 사안들에서 교직단체 간 상반되는 입장을 보이고 당시 행정부의 정치 성향에 따라 혼란과 격변이 발생하곤 했다. 여기에서는 지난 10여 년 간 정부와 교직단체 간에 정책적 대립이 나타난 주요 사례들을 살펴봄으로써 교직단체가 갖는 역동성을 가늠해 보고자 한다.

(1) 교장공모제: 교총 반대

교장공모제는 1990년대에 교장 임용제도 개선 논의로부터 시작하여 2000년대 초반 대선에서 주요 공약으로 등장하였고, 2007년 시범운영이 시작되었다. 당초 2006년 6월 노무현 정부 당시, '대통령자문 교육혁신위원회'가 교장공모제 도입을 골자로 하는 교원승진제도를 확정하려고 하자 교육 거버넌스의 큰 변화를 초래하는 사안인 만큼 논란이 시작되었다. 교총이 반대의 선봉에 서게 되었는데, 교장공모제가 과열경쟁, 교직사회의 분열, 교직전문성 하락 등의 문제를 발생시키고 교원승진제도의 근간을 흔들어 교직사회의 대혼란을 가져올 것이라고 주장하였다. 교총은 교장공모제의 전면 백지화, '교육혁신위원회' 해체를 요구하며 정권 퇴진운동도 불사한다는 방침을 밝혔다. 그러나 교육혁신위원회와의 이견은 좁혀지지 않았다. 이에 교총은 교감 · 교장 자격증 반납, 8만 보직교사 사퇴, 전국 규모 교원총궐기대회 개최 등 강력한 투쟁을 전개하는 동시에 교장공모제 도입을 추진하는 정당과 인사에 대해 선거 낙선운동을 전개한다는 방침을 공표하기도 하였다(김경윤, 2010).

한편, 전교조는 기존의 교원승진제도, 교장자격증제도의 패러다임 자체를 반대하면서 폐지를 주장하였다. 그리고 대안으로 당해학교 교사 중에서 교직원회의의 결정과 학교운영위원회 추인 방식을 통해 교장을 임용하는 '교장선출보직제'를 과제로서 부각시키고 있었다.[9] 교장승진제도를 개선할 필요가 있다는 점에서는 양대 단체가 같은 입장이었으나 교총은 수석교사제를, 전교조는 교장선출보직제를 대안으로서 제시하여 왔다는 점에서 차이가 있다. 전교조의 경우는 교장공모제 도입이 자체 대안은 아니었으나 단체의 전반적 기조와 일치하였으므로 별다른 갈등이 발생하지 않았다.

2008년에 이명박 정부 당시 3차 시범적용학교 지정 결과, 평교사도 교장공모에 응할 수 있는 내부형 공모가 이전보다 현저히 감소하자 전교조는 교육과학기술부를 비난하고 교총은 이를 반박하며 양 단체의 대립이 격화되었다. 잠복기를 거쳐 2010년 교육부가 외부 초빙형 교장공모를 본격 확대하는 정책 방향을 발표하자 교총은 교과부에 특별교섭을 요구하고 교원들의 정책 불순응, 침체된 사기 등의 메시지를 전달하였다. 그러나 천안함 사건, 교육비리 문제, 회장직무대행 체제 등과 같은 환경적 상황으로 교총은 강도 높은 저항을 하는 데 제약이 있었고 교총의 대응에 대한 일부 교원들의 반발이 일어났다. 이후 교총은 '교장공모제 확대시행 취소청구 행정소송'과 '효력정지 가처분신청'을 추진하고자 하였으며, 스승의 날 행사 취소, 『한국교육신문』에 백지광고 송출, 홈페이지상 검정색 카네이션 게시 등 높은 수위의 대응을 보이기도 했다(김경윤, 2010).

---

9) 교장선출보직제는 이념 대립이 강한 교육행정 풍토에서 단위학교에서조차 갈등을 유발하며 학교 현장에 혼란을 초래할 것이라는 비판이 많아 실제 실행되지는 못했다. 그에 더해 학교행정에서 중요한 행정전문성의 문제를 간과한다는 점에서 우려가 제기되기도 한다.

2010년에는 행정부 교체에 따라 갈등이 여러 양상으로 증폭되었다. 특히 직선제 시·도 교육감의 등장으로 교육감과 교직단체 간 갈등이 지속되었다. 대표적인 사례로 서울시 교육청과 교직단체 간에 발생한 교장공모 유형을 둘러싼 갈등을 들 수 있다. 2010년 진보 성향의 서울시 교육감은 당선 공약으로 서울 혁신학교 수를 300개로 늘리고 새로 개교하는 '서울형 혁신학교'에 내부형 교장 공모제를 실시하겠다고 발표하였다. 이에 대해 교총은 내부형 교장공모가 학교 현장의 파벌과 대립을 가져오고 학교를 정치화한다는 이유로 강하게 비판하며 제도 자체의 신뢰성을 문제 삼았다(뉴스1, 2018. 7. 20.). 전교조는 내부형 교장공모가 필요하다고 주장하며 서울시교육청 방안을 지지하였다(아시아경제, 2010. 12. 31.). 교육감과 교직단체 간의 이러한 갈등은 정책 내용적 측면에서 타협점을 찾거나 대안을 모색하는 것이 아니라 정치적 논리, 정책의 규범적 타당성만을 부각시킨 특징을 지닌다고 할 수 있다(김경윤, 2010).

(2) 수석교사제: 전교조 반대

2001년에 '교직발전종합방안'이 발표되면서 교총은 교원승진제도의 개혁 과제로 수석교사제 도입을 찬성한 반면, 전교조는 수석교사제를 반대하고 교장공모제를 지지함으로써 잠재적 갈등이 시작되었다. 수석교사제와 교장공모제는 각 교직단체가 추구하는 정책의 방향, 가치관의 차이에서 비롯된 것이다. 그런데 두 교직단체의 의견 차이는 정책 내용에 대한 차이로 그치지 않고 상대 교직단체가 내세우는 정책의 입법을 저해하기 위한 수단으로서 기능하기도 하였다. 수석교사제 법제화를 둘러싸고 전교조의 반대 및 교장공모제 맞대응을 통해 나타난 역동적 정치과정을 살펴보면 다음과 같다.

전교조는 2007년에 교육부가 수석교사 180명 시범 운영방안을 발표하자 중단을 촉구하였으며 이는 2010년까지 지속되었다. 특히, 2010년 6월에 교육부가 수석교사 제도화 방안을 위해 공청회를 개최하고 2011년에 국회에서 수석교사제 법안이 발의되자 전교조와의 대립 정도는 더욱 심해졌다. 이 시기 교총은 수석교사제 도입 지지를 위한 다양한 활동을 전개하였다. 교직단체의 적극적인 활동에도 불구하고, 국회 교육과학기술위원회의 파행으로 법안이 계류함에 따라 수석교사제 법제화가 지연되는 가운데 국회 교육과학위원들 사이에서 교장공모제와 수석교사제 정책을 함께 입법화하자는 의견이 나오게 된다. 이에 대해서 교총은 수석교사제 입법화 약속을 파기하는 교육과학위원에 대해 선거 낙선운동을 벌이겠다는 반응을 보였다. 2011년 4월, 실제 두 정책 관련 법안은 동시에 법안소위 심사를 앞두고 있었으나 별다른 논의 없이 6월 국회로 이관되었으며, 이에 두 교직단체는 각 단체가 지지하는 정책 법안을 6월 국회에서 통과시켜 줄 것을 요구하고 강력히 항의하는 등 대국회 활동을 적극적으로 추진하였다. 같은 해 5월 여야 의원들 사이에서 수석교사제 도입에 대한 이견이 줄어드는 조짐이 있자 전교조는 수석교사제를 실효성이 검증되지 않은 제도라고 강하게 비판하였다. 2011년 6월 국회에서는 실제로 교장공모제와 수석교사제 정책이 모두 입법절차를 거치게 되었다. 입법과정에서 수석교사제가 먼저 입법화되었고, 전교조의 불만이 증폭되자 교장공모제 법안이 재상정되어 수석교사제 입법 약 80일 후에 의결되었다(이상희, 김재웅, 2012).

　상반되는 가치와 방향성을 가진 두 정책이 거의 동시에 법제화되었다는 사실은 그것의 합리성 문제를 떠나 교직단체가 국회의원들이 무시하지 못할 정도로 강력한 힘을 가지고 영향력을 행사했음을 보여 주는 것이다. 또한 의견의 차이가 실질적인 시범운영, 법제화 등과 같은 정책대안으로 표출되었을 때 갈등 양상이 첨예해지고, 각 단체의 입장을 공고히 하기 위한 정치적 행태가 강해질 수 있음을 보여 준다(이상희, 김재웅, 2012). 전교조는 수석교사제 법제화를 강력 반대하는 전략을 통해 교장공모제 법제화를 끌어낸 결과를 만든 셈이다.

(3) 교원능력개발평가: 교직단체 간 차별적 갈등해결 방식

　교원의 책무성을 강조한 2001년의 교직발전종합방안 이래 정부는 교원평가 실행 의지를 가지고 있었고 2005년에는 교원평가 시범학교를 확대하고자 하였다. 그러나 교원평가 정책 시행은 수년간 지연되었고 국회에서의 법 개정도 지연되다가 2010년에 시ㆍ도 교육청의 규칙 제정을 통해 전국적으로 교원능력개발평가가 실시되었다. 정부의 정책집행 계획이 이처럼 지연된 배경에는 교직단체들의 강력한 단체행동이 있었다. 특히 전교조는 일관성 있게 교원평가제에 반대하여 전국 시행 시기를 지연시켰고, 법제화 반대를 통해 결국 상위법이 아닌 대통령령, 시행령만 개정하도록 함으로써 결과적으로 충분한 법적 근거가 마련되지 못하도록 영향력을 행사하였다(박효원, 2018).

　당시 교원평가의 핵심 쟁점은 동료에 의한 다면평가제를 도입하는 것이었다
(한상윤, 전제상, 2012). 교원평가제 개선에 대해 학부모 단체, 언론 등이 찬성하
였지만, 주요 교직단체들은 교원능력개발평가제에 대해 공동으로 반발하였다.
특히 다면평가를 근무성적평정에 반영하기로 한 것에 대해 전교조와 교총이 모
두 불만을 표시하여 정책 초기에는 협력관계를 보였다. 그러나 두 교직단체의
입장에는 미묘한 차이가 있었다. 교총은 교원평가 총론에는 찬성하면서 현장중
심 교원평가 대안을 마련하고 교원평가의 인사 연계를 반대하였다. 교총은 학
생과 학부모가 교사를 평가하는 데 소극적인 반응을 보였으나, 2009년 8월에는
교원평가를 전격 수용한다는 입장을 밝히기도 했다. 이에 비해 전교조는 교원
에 대한 평가는 교사를 경쟁적인 환경으로 내몰아 온전한 교육을 실천하지 못하
게 하며 교사의 전문성을 왜곡하는 부정적 결과가 나타날 수 있다며 교원평가
자체를 반대하였다(서정화, 최재광, 2009). 정부 입장에서는 교직단체가 강하게
반발하는 정책을 실시한다면 교원의 협조를 구하기 어렵고 교육현장에 부정적
인 영향을 미침으로써 정책의 실효성이 저하될 것이라는 판단이 있었기 때문에
지연이 불가피하였다(한상윤, 전제상, 2012).

　2010년에는 언론 및 여론의 사회적 지지에 힘입어 교육의 책무성과 수월성에
대한 공감대가 형성되고 정부 방침이 여론의 지지를 얻는 환경이 조성되었다.
그에 따라 2009년에 교총이 법제화를 조건으로 찬성 입장으로 선회하면서 교원
평가에 대한 팽팽한 균형관계에 변화가 생기게 된다. 이명박 정부에서 추진한
교원평가는 교원의 인사·보수와 연계되는 성격이 있었기에 처음부터 교직단
체의 강한 저항에 직면하게 되었다. 결국 정부는 인사·보수와 관련된 평가 방
향을 철회하고 전문성 개발에 초점을 맞춘 평가로 정책을 선회하였으며 평정자
에 학부모를 포함시켰다가 교직단체의 반발에 따라 배제하는 등 비일관성을 보
이기도 하였다(한상윤, 전제상, 2012). 두 교직단체는 전반적으로 교원평가에 대
해 반대하여 초기 교원평가의 도입 지연에 영향을 미쳤으나 이후의 전개과정
에 있어서 영향력 행사과정은 달랐다. 전교조는 지속적으로 교원평가에 반대하
여 평가의 전국 실시 시기와 법제화를 지연·저지하는 데 영향을 미쳤고 교총은
2009년에 정책에 대한 입장을 선회함으로써 평가의 전국적 시행 및 법적 근거

마련에 있어 전교조와는 반대되는 방향으로 영향을 미쳤다(박효원, 2018).

(4) 학생인권조례 제정: 교육감, 지방의회 및 교직단체들 간 갈등

　2009년에 경기도교육청이 학생인권조례안을 발표하면서 학생인권 문제가 본격적으로 교육문제의 주요 쟁점으로 등장하였다. 특히 2010년 지방선거에서 진보 성향 교육감이 대거 당선됨에 따라 서울, 광주 등 8개 교육청에서 학생인권조례 제정을 추진하며 논쟁이 첨예화되었다. 체벌 금지, 학생의 성적(性的) 지향성 보장, 교내외 집회 보장 등이 포함된 학생인권조례의 내용은 단순히 학생의 인권을 보장하는 차원의 문제가 아니라, 교사의 교육활동과 행동을 일정 부분 제약할 수 있다는 논란 때문이다. 인권 개념의 다양성·복잡성을 고려할 때 학생인권조례 제정 문제에는 충분한 사회적 논의, 조례 제정의 적법성 및 타당성이 요구되지만, 교육감 중심으로 급격히 확산된 조례 제정으로 인해 주체들 간 갈등이 불가피하게 발생하였다(정순원, 2011).

　교총은 학생인권조례가 학생의 책임이나 의무를 포함하고 있지 않다는 점을 들어 교권이 훼손될 수 있으며 생활지도에 큰 어려움이 생길 수 있다는 부정적인 입장을 나타냈다. 반대로 전교조는 교사와 학생 간 신뢰관계가 회복되는 긍정적인 효과가 기대된다며 학생인권조례를 적극 환영하였다(연합뉴스, 2012. 1. 26.). 전교조 등으로 구성된 학생인권조례제정운동 서울본부는 주민발의 조례안을 서울시의회에 제출하였으며, 당시 정치적 성향이 유사하던 시의회 교육위원회에서 조례안의 체계를 상위법에 부합하도록 수정·의결하였다. 이에 교총은 당시 서울시 교육감 직무대행에게 학생인권조례안의 재의를 공식 요구한 반면, 전교조는 시의회에서 의결된 안을 빨리 공포하라고 요구하였다. 양대 단체의 상반된 요구에 대해 교육감 대행은 조례안이 상위법에서 규정하고 있는 학교 자율성에 부합하지 않는다는 점을 들어 교총의 의견과 같이 시의회에 재의를 요구하였다. 그러나 곽노현 교육감의 직무 복귀에 따라 재의 요구가 즉시 철회되고 조례안이 공포되었다. 그런데 최종 3심에서 교육감의 유죄가 확정됨에 따라 이번에는 보궐선거를 통해 보수 성향의 문용린 후보가 당선되었고 교육감은 시의회의 후속 조례제정안 공포를 거부하였다. 이후 대법원이 서울학생인권조례 무효확인소송을 각하 판결함에 따라 서울학생인권조례가 유효화됨으로써 파동이 종결된다(양승일, 2017).

서울시의 학생인권조례는 성향을 달리하는 교육감, 교직단체들의 극명한 신념 차이가 관찰되는 대표적 사례다. 특히 교직단체는 조례 제정이나 내용과 관련한 직접 주체가 아니지만 간접적 방식으로 정책결정에 큰 영향을 미쳤으며 여러 주체 간에 옹호 및 연합을 구축하기도 하는 등 드라마틱한 정치적 역동성을 보여 주었다. 이 파동을 겪으며 전교조의 위상은 상승한 반면 교총의 위상은 약화되었다.

전문직단체와 노동조합이 공존한다는 점에서 유사성을 가진 미국의 경우를 살펴보면 우리와 비슷하게 양대 교직단체인 전미교육협회(National Education Association: NEA, 320만 회원)와 미국교사연맹(American Federation of Teachers: AFT, 130만 회원)이 압도적인 영향력을 행사한다. 그에 미치지는 못하지만 전국학교구협회(National School Boards Association: NSBA), 전국학교행정가협회(American Association of School Administrators: AASA), 학부모-교사협회(Parent-Teacher Association: PTA) 등도 상당한 영향을 미치는 교원 관련 단체로 알려져 있다(Fowler, 2009). 미국에서도 교직단체의 영향력은 우리나라와 비슷하게 강화 국면에 있다가 최근에는 약화되는 추세다. 1960년대에는 AFT가 단체교섭 노력을 시작한 이후 회원 수가 급격하게 증가하였고, 1969년에 NEA가 교사의 파업 권리를 인정하면서 영향력은 확대일로였다. 예를 들면, 2000년대 중반 무렵에 AFT는 민주당 기부단체 7위, NEA는 12위 기부자 순위에 올랐을 정도였다.

그러나 근래 들어 교직단체에 대한 비판이 커지면서 회원 수 감소세도 뚜렷하다. 주된 비판은 교직단체가 교사를 보호한다는 주장하에 교육행정 권한과 융통성을 방해하고 효과적이지 못한 교사를 비호하며 잘 가르치는 교사에 대한 보상에 실패하도록 만들면서 엄청난 비효율성을 초래했다는 것이다. 2011년 이래 최소 12개 주가 단체교섭의 범위를 축소 조정하였는데 평가결과에 따른 교사 보상 동결, 교사가 정년보장을 받기 위한 기간의 연장, 교원 징계 및 해고 절차 간소화 등이 포함되어 있다. 그 결과 교원노조 가입 회원 수가 급격히 감소하여 NEA의 경우 2010~2011학년도와 2012~2013학년도 사이에만 23만여 명, 약 8%의 회원 수 감소를 가져왔다(Superfine & Thompson, 2016). 우리나라와 미국에서 비슷한 경향이 나타나고 있는 점이 흥미롭다.

3) 전교조의 법외노조 통보 및 소송 사례

앞에서 이익단체로서의 교직단체가 역동적 정치성을 나타내는 모습을 사례를 통해 살펴보았는데, 2013년의 전교조 법외노조 통보 관련 사안은 특별히 주목할 만하다. 교직단체를 중심으로 발생한 갈등 사례가 아니고 정부, 그것도 고용노동부와 교원노조 사이에서 발생한 사안으로서 정부와 교직단체의 정치적 관계를 극명하게 보여 준다. 교직단체의 활동 및 초·중등교육 전반에 걸쳐 적지 않은 영향을 미친 사안으로서 개략적인 경과와 배경을 살펴보면 다음과 같다.

전교조는 「교원노조법」 시행에 따라 김대중 정부 때인 1999년 7월에 합법화되었다. 이때 전교조는 규약을 개정하며 부칙 제5조 제1항에 "부당 해고된 교원은 조합원이 될 수 있다."라는 규정을 신설하였으나 설립신고 시 제출한 규약에는 해당 규정이 포함되지 않았다(김희성, 2016). 이명박 정부 때인 2010년에 고용노동부 장관은 노동관계법령에 위반된다고 판단되는 일부 규약을 시정하라고 명령하였으나 전교조는 시정명령이 부당하다는 소송을 제기하였다. 소송 결과, 시정명령 중 제55조 제4항의 이 사안 관련 부분은 취소, 그 외 청구는 기각되었다. 이후 전교조의 두 차례 항소는 각각 항소기각, 심리불속행 기각이 됨으로써 상황이 바뀌지 않았다(곽신재, 신혜주, 2017).

박근혜 정부 때인 2013년 9월 고용노동부는 이전 시정명령과 같이, 전교조에게 '해직자 조합원 인정' 규약을 시정하라고 다시 명령하였으며, 같은 해 10월 규약상 해직 교원의 조합원 자격을 인정하고 해직 교원 9인이 실제 가입되어 있는 점을 들어 전교조를 법외노조로 통보하였다. 전교조는 해당 조치에 대해 서울행정법원에 효력정지신청과 법외노조 통보처분을 취소해 달라는 행정소송을 제기했으나 2014년 6월, 2016년 1월에 1심과 2심 모두에서 전교조가 패소하였다. 소송에서 전교조는 해직 교원의 노조 가입을 제한하는 「교원노조법」 제2조가 「헌법」에 보장되어 있는 단결권, 직업선택의 자유, 행복추구권을 침해하며 타 노조는 해고된 근로자도 가입이 가능한 점을 들어 「헌법」상 평등권이 침해된다고 주장하였다. 그러나 당시 2심 재판부에서는 "근로자가 아닌 자의 가입을 허용하면 노조로 보지 않는다고 규정한 「노동조합 및 노동관계조정법」 제2조에 따라야 하며 실제 전교조가 교원 아닌 자의 가입을 허용하는 것은 분명하므로 고용노동부

처분은 법률에 근거한 행정규제로 볼 수 있다.”라고 판결하였다(매일경제, 2020. 02. 03.).

이후 전교조가 고용노동부를 상대로 제기한 법외노조 통보처분 취소소송 상고심은 2016년 2월부터 약 3년간 계류되었다. 그러다가 문재인 정부가 들어선 이후 행정부와 협조한 사례로 보는 사법행정권 남용사태 중 하나로 거론되면서 2019년 12월 11일 대법원은 사건을 전원합의체에 회부하였다.[10] 2020년 9월 3일 대법원은 법외노조 통보의 근거법규인 노조법시행령 제9조가 행정권이 법률에 근거를 두고 행사되어야 한다는 헌법상 법률유보의 원칙에 반하므로 무효라고 보고, 법외노조 통보처분을 위법으로 판결하였다(연합뉴스, 2020. 9. 4.).[11] 전교조의 법외노조 통보 및 소송 사건은 진보와 보수 성향의 여러 정부를 거치며 고도의 정치성이 내포된 사안으로서 대법관 구성의 정치성조차 언급이 될 만큼 정치적인 사안이다. 따라서 최종 판결에도 불구하고 정치적·이념적 성향의 일치도와 비례해서 나타나는 정부와 이익단체 간의 근원적인 갈등 문제는 여전히 남아 있고 이후에도 다른 방식으로 재연될 가능성이 내재한다고 볼 수 있다.

3. 이익집단으로서의 학부모단체

1) 학부모단체 현황

우리나라 학부모단체는 ‘비영리민간단체 공익활동 지원사업 관리정보시스템’(https://npas.mois.go.kr/)에 등록된 63개 단체 중 지회를 제외하면 43개 정도로 파악된다. 그런데 학부모단체 현황의 전반적 특징은 회원 수 등 기본 정보를 파악하기 어렵다는 점이다. 연구물에 언급되거나 언론기사에서 자주 언급되는 단체를 주요 단체로 보아 13개 단체에 대한 현황을 살펴보면 〈표 9-2〉와 같다.

---

10) 전원합의체는 사회적 영향이 큰 사건에 대해 대법원장이 재판장을 맡고, 법원행정처장을 제외한 대법관 전원(12인)이 심리에 참여하는 재판을 말한다.

11) 2019년 12월 19일, 2020년 1월 22일 두 차례에 걸쳐 심리가 진행되었고, 2020년 5월 20일 공개변론이 실시되었으며, 2020년 9월 3일 최종 판결이 나왔다.

〈표 9-2〉 주요 학부모단체 기본 정보 (설립 연도순, 2020. 4. 1. 기준)

단체명	설립 시기	회원 수	웹사이트 주소	웹사이트 활동	
				보도 자료	활동 공지
참교육을 위한 전국학부모회(사)	1989년 9월	1만 명	www.hakbumo.or.kr	29	10
인간교육실현 학부모연대(사)	1990년 4월	1,000명	http://www.humaned.net	-	-
학부모 정보감시단(사)	1998년 9월	-	http://cyberparents.or.kr	6	7
학교를 사랑하는 학부모모임	2001년 1월	1만 2,000명	http://www.huremo.org/parents.php(독립된 홈페이지 없음)	-	-
좋은학교바른교육 학부모회	2008년 5월	-	https://www.goodparents.or.kr/	2	-
자율교육 학부모연대	2009년 9월	-	http://cafe.daum.net/nredups	0	0
뉴라이트 학부모연합(사)	2009년 9월	1,597명	웹페이지 없음.	-	-
좋은학교만들기 학부모모임	2010년 8월	185명	http://www.goodschool.kr	0	5
평등교육실현을위 한전국학부모회	2011년 8월	-	http://parents.jinbo.net	19	-
공교육살리기 학부모연합	2011년 12월	779명	웹페이지 없음.	-	-
전국학부모교육 시민단체연합회	2016년 5월	-	웹페이지 없음.	-	-
정치하는 엄마들	2017년 6월	-	https://www.politicalmamas.kr	33	130
정시확대추진 학부모모임	2018년 1월	-	밴드로 활동	-	-

출처: 비영리민간단체 공익활동 지원사업 관리정보시스템(2020. 3. 22. 인출), 한국민간단체총람(시민운동정보센터 편집부, 2012). 각 단체의 웹사이트를 종합하여 정리함.[12]

---

12) 뉴라이트학부모연합과 공교육살리기학부모연합의 공개된 회원 수는 2020년 현재 카페 회원 수다. 다른 단체 회원수는 특정 시기에 연구물 등에 개략적으로 언급된 것으로 신뢰할 만한 수치로 보기는 어렵다.

학부모단체 중 1989년에 창립된 참교육을위한전국학부모회와 1990년에 창립된 인간교육실현학부모연대는 1990년대와 2000년대에 걸쳐 각각 보수와 진보 성향 단체를 대표하며 활발한 활동을 펼쳤고 사회적 인지도도 높았다. 근래 이 두 단체의 활동이 약화 기미를 보이는 가운데 최근에는 보수 측의 학교를사랑하는학부모모임이나 공교육살리기학부모연합, 진보 측의 정치하는엄마들, 평등교육실현을위한전국학부모회 등의 활약이 많은 편이다. 기본 정보와 함께 활동 상황 파악도 미흡한 상태이나, 활동의 윤곽을 파악하기 위해 2019년도 언론기사에 언급된 사례를 중심으로 주요 활동을 살펴보면 〈표 9-3〉과 같다.

〈표 9-3〉 주요 학부모단체의 최근 활동 내용

단체명	2019년 기사 수	최근 주요 활동
참교육을 위한 전국 학부모회	32	• KERIS 학부모 의견 청취 협의회 개최(디지털교과서 관련) (2020. 02. 19.) • [성명] '중앙선거관리위원회 모의선거 교육 불허는 가만히 있으라 교육의 또 다른 조치일 뿐이다'(2020. 2. 11.) • [성명] '전교조 해직교사의 삭발과 오체투지, '이게 나라인가를 다시 묻는다'(2019. 11. 20.) • [성명] '서울 교육청은 학원 일요휴무제 조례를 제출하여야 한다'(2019. 11. 26.)
인간교육실현 학부모연대	0	• 2018 서울교육감 시민선택 공약평가 결과발표 기자회견 • 2018년 '함께 크는 성평등 가족문화제' 개최
학부모 정보감시단	0	• KERIS, 학부모 의견 청취 협의회 개최(디지털교과서 관련) (2020. 02. 19.) • 2019년 행정안전부 지정 공익활동 지원사업(스마트폰을 이용한 디지털 공감라이프 교육 활동)
학교를사랑하는 학부모모임	5	• KERIS, 학부모 의견 청취 협의회 개최(디지털교과서 관련) (2020. 02. 19.) • 2018년 경기도 무상교복 현물지급 반대, 현금지급 방식 찬성
좋은학교바른 교육학부모회	1	• 교육부는 조국 '교육비리' 의혹 즉각 감사하라 • 교육부의 교과서 불법수정에 관한 논평
자율교육 학부모연대	4	• 학교 비정규근로자 파업 비판

뉴라이트 학부모연합	0	• 웹사이트 폐쇄, 3년 내 활동 없음
좋은학교만들기 학부모모임	0	• 2019 북한이탈주민 대학입학 상담안내 • 2019 중국 동포 학부모 독서커뮤니티 운영
평등교육실현을 위한전국 학부모회	2	• [성명] '교육부의 대입제도 공정성 강화 방안을 개탄한다' • [성명] '학교 비정규직 처우 개선' • [성명] '교육부는 상산고 자사고 유지 폭거를 철회하고 사죄하라'
공교육살리기 학부모연합	25	• '전교조 해체하라'…합법화 반대 서명운동 • 2015년 이후로 카페에 글 없음. 2016년 이후 전국학부모교육시민단체연합회에 참여하여 활동
전국학부모교육 시민단체연합회	9	• 출범 시 새누리당 의원이 주최, 대표가 2020총선에서 미래한국당 비례대표 공천 신청 • [성명] '유은혜장관 580만 개 마스크 돌려놓고 즉각 물러가라'(2020. 03. 03) • 좌편향 교육계 고발에 앞장선 대표 김수진(인터뷰) • 교총 및 여러 단체와 연합하여 「공직선거법」 개정 규탄 기자회견
정치하는엄마들	268	• 엄마 정치인 조성실 정의당 후보…평범한 엄마들의 진짜 정치 펼치겠다(인터뷰) • 스쿨미투, 사립유치원 비리대응, 핑크 노모어 등 프로젝트 진행
정시확대추진 학부모모임	3	• [성명] '조국 일가 살리자고 우리교육 죽일 셈' • [성명] '조국을 보라! 이 나라서 아이 키우겠나?' • [성명] '정시확대 없는 대입개편안, 학부모는 동의 못한다' (전학연과 연합)

출처: 언론기사 수는 '빅카인즈' 2019년 기준(2020. 3. 22. 인출),[13] 언론기사, 각 단체의 웹사이트 정보를 종합하여 최신의 활동이 드러나도록 정리함.

---

13) 빅카인즈(https://www.bigkinds.or.kr/): 한국언론진흥재단에서 제공하는 뉴스 빅데이터 분석 웹사이트로 1990년 이후부터 최신까지의 언론 기사들을 수집하여 제공하고 있다.

이러한 단체들의 활동 중 2019년에 언론에 소개된 회수를 보면 정치하는엄마들이 단연 많고 참교육을위한전국학부모회, 공교육살리기학부모연합 등이 뒤를 잇는다. 정치하는엄마들은 정당활동과 연계된 특이점이 있다. 그리고 몇몇 단체가 공동으로 한국교육학술정보원(KERIS) 디지털교과서 협의회를 개최한 점, 공공기관 발주 프로젝트 운영을 하는 단체들이 있는 점이 눈에 띈다. 전반적으로는 학부모단체의 활동이 다소 침체된 상태라고 할 수 있다. 학부모단체의 활동에 대한 이명희, 김세현, 김장중, 천세영, 홍성욱(2009)의 연구는 침체가 시작된 이유와 배경을 짐작할 수 있게 한다. 당시 조사된 학부모단체는 37개였고, 14개는 전국규모, 23개는 지역 수준에서 자생적으로 활동하고 있었다. 이들 단체는 대부분 유급 상근직원 부재, 회비 납부율 저조 등 재정과 조직 운영에 어려움을 겪고 있었으며, 특히 지역 자생조직의 경우 대부분 임의단체로서 회원 수도 500명 미만이었다. 연구에서는 학부모단체 활성화의 주요 제약 요인으로 학부모단체의 특수성에 따른 본질적 한계, 학부모의 교육 참여에 대한 제도적 뒷받침 미비, 학부모단체 자체의 운영상 애로와 활동과정상의 문제 등을 지적하였다.

2) 학부모단체의 정치학

학부모단체들은 학생, 학부모와의 직접 관련성 여부와 관계없이 중요한 교육 사안마다 성명서 발표 등을 통해 정치적 영향력 행사를 시도한다. 1990년대와 2000년대 초반까지 참교육을위한전국학부모회와 인간교육실현학부모연대가 우리나라 학부모 운동의 원류로서 적극적 활동을 전개하고 큰 영향력을 행사한 것은 잘 알려져 있다(김장중, 2019).[14] 그러나 근래 들어 주요 학부모단체들의 교육 거버넌스 참여 주체로서의 사회적 인지도는 다소 약화된 가운데 있으며, 이념 성향에 따른 구분과 주장의 명확도는 강화되는 추세라고 할 수 있

---

14) 당시 참교육을위한전국학부모회는 전교조 탄압, 권리의식 각성을 배경으로 하여 촌지 추방, 교육 비리 척결, 전교조 지원에 활동 중점을 두었다. 인간교육실현학부모연대는 성적 비관 자살학생 속출, 교육모순 해결 요구에 대한 문제의식을 가지고 입시위주 교육개혁, 학교폭력 추방 활동에 주력하였다.

다. 근래 이루어지는 학부모단체의 영향력 행사가 실제로 어떤 정치적 과정 속에서 전개되었는가에 대해서는 개별 단체의 홍보 내용 이외에 객관적·실증적 자료를 찾기 어렵다. 다만 2018년 말에 서울시 교육감의 혁신학교 지정에 대한 학부모 반발 사례는 학부모 단체의 정치적 역동성을 보여 주는 사례라고 할 수 있어 살펴보고자 한다.

혁신학교정책은 김상곤 전 경기도 교육감의 핵심 정책으로 시작되었으며, 2014년 이래 다수를 점하고 있는 진보 성향 교육감들이 혁신학교정책을 주요 정책 공약으로 내세움으로써 빠르게 확산되었다. 그러나 혁신학교에 대한 회의감, 비판적 의식도 함께 확산되었고 이는 학부모의 반발로 쟁점화되기에 이르렀다. 그 배경을 보면 2013년 이후 혁신학교가 양적으로 확대되면서 혁신학교의 학력저하 문제에 대한 정치계·언론계의 관심이 급격하게 증가하였다. 혁신학교의 교육성과가 나쁘지 않다는 일부 연구(백병부, 박미희, 2015; 서민희, 전경희, 2018)에도 불구하고 일부 학부모는 교육감의 혁신학교 지정에 대해 강한 반감을 표시하였다. 그러던 중 2018년 말에 서울시 교육감이 송파구 헬리오시티 단지 내 학교를 혁신학교로 지정하려고 하자 갈등이 폭발하였다. 입주 예정 학부모들의 집회, 교육청 청원게시판에 엄청난 수의 민원인 서명, 학부모단체의 성명 등 집단적인 반발이 발생하였고, 결국 서울시 교육감은 3개 학교를 혁신학교가 아닌 '예비혁신학교'로 지정하는 변경 조치를 취하였다.

혁신학교정책은 사회 운동에서 시작되어 정책으로 변환되고, 교육감 직선제 이후 확산된 특징을 갖는다. 이때 정책 수립 및 집행자로서의 교육감과 정책 대상자로서의 학부모 간 갈등이 나타난 것인데, 사실 이러한 정책집행에서의 괴리는 일반적인 현상일 수 있다. 앞으로도 혁신학교 등을 포함한 여러 정책에서 교육감과 학부모 간의 인식 차이에 따른 정책 불순응에 대한 문제는 쉽게 불식되지 않을 것으로 보인다. 문제는 모든 관련 주체들의 추구 가치, 이념 성향 간의 차이가 보다 극명해지면서 조정 기능이 약화되고 갈등과 투쟁, 힘겨루기 양상이 교육현장에서 더 자주 발생하고 있어 교육발전에 저해가 되고 있는 점이다.

4. 이익집단으로서의 시민단체

1) 교육시민단체 현황

교육시민단체란 교육에 관한 비정부적이며 비영리를 원칙으로 하는 자발적이고 자율적인 단체를 말한다. 교육시민단체는 교육권력의 견제와 감시 기능, 교육약자를 대변하는 기능, 교육복지 실현을 위한 기능, 교육 관련 쟁점에 대한 조정 기능, 시민을 대상으로 교육에 관한 의식을 신장시키는 교육기능 등을 갖는다(이경한, 2013). 교육시민단체는 대표적 NGO라고 할 수 있는데, 여기에서는 우리나라의 교육 관련 NGO 중에서 활동이 두드러진 단체들 중 교직단체와 학부모단체를 제외한 단체를 시민단체 범주로 하여 살펴보고자 한다.

우리나라 시민단체의 역사에서는 직능단체가 먼저 형성되었다. 교총(1947년), 대한사립중고등학교장회(1956년), 한국중등교육협의회(1960년) 등이 대표적이고, 이후 민주화를위한전국교수협의회(1987년), 전교조(1989년), 참교육학부모회(1989년), 인간교육실현학부모연대(1990년), 교육개혁심의연대(1998년) 등이 설립되었다. 2003년『한국시민사회연감』에 수록된 모든 분야 총 2,010개 NGO 중 다른 자료들에도 공통적으로 수록된 단체는 12개, 대표자명, 예산, 회원 수 등을 공개한 단체는 60개에 불과했다. 동 연감에는 183개 교육 NGO가 포함되어 있는데 서울 지역에 83개(45%)가 몰려 있고, 1990~1999년 동안 설립된 단체가 41개(24%)이며, 단체 유형으로는 기타 및 임의 단체가 52%, 사단법인이 40%였다. 회원 수로는 1천 명 미만의 회원을 가진 단체가 77%인 것으로 나와 있다(양정호, 김성천, 2006). 그런데 현재 우리나라의 시민단체 현황은 설립 단체 수가 많지만, 한편으로 활동이 중단되거나 사라지는 단체가 많은 특성이 있어 현황 파악 자체가 힘들다. 양정호와 김성천의 2006년 연구 이후 교육시민단체를 체계적으로 조사한 연구도 찾기 어렵다. 안선회(2012), 장욱진과 김왕준(2018)의 연구에 소개된 단체들 중 교직단체, 학부모단체를 제외하고 12개 단체를 선별하여 주요 교육시민단체 현황을 살펴보면 〈표 9-4〉와 같다.

〈표 9-4 〉 우리나라 주요 교육 관련 시민단체 현황(설립연도 순, 2020. 4. 1. 기준)

단체명 홈페이지	설립 시기(대표자) 설립 목적	주요 활동 및 사업
한국지역사회교육협의회 (비영리 민간단체) http://kace.or.kr/	1969년 1월(강전항) 지역사회교육운동	가정과 학교, 지역사회 연계를 통한 평생교육의 장 구축, 프로그램의 개발과 적용, 전문화된 지도자의 양성, 부설기구 운영(부모리더십센터, 인문교육원, 차세대리더십센터, 시민리더십센터, 학교안전센터, 도서관친구, 평생교육원, 아버지다움연구소)
한국교육연구소 (사단법인) http://keri21.kr/	1984년 4월(장석민) 한국교육현실에 대한 조사와 연구를 통하여 자생적인 교육이론의 정립, 교육현장 개선 도모, 민족민주교육의 구현	한국교육이념과 제도 및 교육현장에 대한 체계적이고 전문적인 연구, 교육운동에 필요한 교육 프로그램의 기획 및 협력사업, 수집된 자료의 홍보 및 출판, 기타 연구소의 목적 달성에 필요한 사업
좋은교사운동 (기독교사 단체 연합운동) http://www.goodteacher.org/	1995년 8월(김정태, 김영식) 기독교사를 깨워 좋은교사로 세우고 기독교적 운동을 전개함으로써 복음으로 다음세대를 책임지고 국민에게 희망을 주는 교직사회를 만들고자 함.	인성교육 책임, 교육정책 대안운동, 교육실천(회복적 생활교육 연구회), 행복한 수업 만들기 운동(수업코칭연구소), 좋은학교 만들기 등
공동육아와 공동체교육 (사단법인) http://www.gongdong.or.kr/	1996년 7월(정병호) 공동육아와 공동체 교육	현장지원사업, 연구사업, 회원연대사업, 어린이운동기금지원사업, 모델개발 & 정책제안, 대외연대협력사업, 교육사업, 출판사업, 온라인사업
희망교육(사단법인) (前) 희망을 주는 우리 교육 실현 시민 연대 http://www.himang21.net/	1998년 12월(이정호) 우리 교육을 걱정하고 희망을 찾고자 함.	한국사회 교육 네트워크를 지원하고 일상적인 정보를 나누는 데 기여, 소외 계층과 아동·청소년·학부모를 위한 프로그램 개발과 지원 활동 수행, 다양한 국제 교류 프로그램을 통해 글로벌 시민활동 지향, 나눔과 상생의 교육적 가치 통해 대안적 교육 공동체 실현에 기여
아름다운학교 운동본부 http://www.school1004.net/	2001년 5월(이인규) 학교현장의 변화와 발전을 위한 올바른 철학을 확립하여 학교를 인간적이며 생태적인 아름다운 공간으로 가꾸고 리더로서 올바른 가치관을 정립하여 행복한 교육 공동체를 만들어 가는 것	아름다운교육賞, 아름다운학교 연수, 유해전자파 감시단 활동, 마을이 함께 하는 학습이력 관리, EDUBLOC Platform, School EARTHING

흥사단 교육운동본부 ('흥사단'의 부설조직) http://cafe.daum.net/ eduyka, http://blog.daum. net/eduyka2013/7080881	2002년 10월(한만길) 시민과 청소년이 함께 만드는 희망의 교육	청소년 운동, 민주시민교육, 인성교육, 세계시민교육 관련 프로그램 개발 및 연수, 연구 모임
사교육걱정없는세상 (비영리 민간단체) http://cafe.daum.net/ no-worry	2008년 6월(정지현, 홍민정) 입시 및 사교육으로 인해 고통받는 아이들과 국민의 부담을 획기적으로 경감하기 위해 입시와 사교육 문제의 근원적이며 합리적 해결을 모색하고자 함.	① 문화사업: 수기 공모, 온라인운동 및 상담 등의 다양한 문화 활동을 통해 사교육 관련 국민의 의견을 수렴 확산함. ② 현안대응: 올바른 정책적 관점 및 분석으로 사교육을 유발하는 현 정책과 제도를 개선하는 사업을 전개함. ③ 대안제시: 입시·사교육 문제해결을 위한 합리적이고 근원적인 해법을 개발하고, 보급 확산함. ④ 평가 모니터링: 사교육을 유발하는 정책, 보도, 기관 등에 대한 모니터링과 평가
학벌없는사회를 위한 시민모임 (前 학벌없는사회 광주지부) https://antihakbul.jinbo.net/	2008년 6월(윤영백) (2019년 1월 명칭변경) 학벌주의 개선, 차별 없는 세상 지향	학벌차별 대응(국가, 지방자치단체, 기업 등 각종 임원 출신 학교 분포조사, 특정학교 합격 및 성적차별 게시물 반대운동 등), 교육현안 대응(일제고사, 수능 등 입시경쟁 반대운동, 학생인권·교권 실태조사 및 침해 구제활동, 시민참여 활동–학벌 없는 사회를 열어 가는 시민강좌 등)
교육을 바꾸는사람들 (NPO) https://21erick.org/	2009년 9월(이찬승) 소외와 차별 없는 학교교육의 실현	정의롭고 공정한 교육, 취약계층 아동의 잠재력을 최대로 키워 주는 교육실현을 돕기 위해 연구, 저널 발행, 교원 연수, 토론회 개최, 정책 비평과 대안 제시를 실천함.
공정사회를 위한 국민모임 https://cafe.naver.com/ fair123	2017년 6월(이종배) 공정사회 지향	성명서 발표, 설문조사, 토론회 개최
교육디자인네트워크 (사단법인) http://www.edudesign21. net/	2017년 11월(김현섭) 교육 주체의 연대와 통합 지향, 교육혁신을 위한 싱크 및 액션 탱크 역할 지향(플랫폼 조직)	네트워크 협의회 운영 통한 각 연구소별(교육정책디자인연구소 외 8개 연구소) 소통과 협업, 연대 강화, 교사 성장 단계별 아카데미 공동 운영(예: 새내기, 교사, 전문직원, 학부모 등), 연구소의 성과 및 실천 성과 홍보, 분야별 컨설팅(예: 연구, 수업 등), 정기모임을 통한 학습 등

출처: 각 단체 홈페이지를 참조하여 정리함.

앞에서 살펴본 시민단체들이 각자의 특성을 가지고 활동하고 있는 가운데 현재 두드러진 활동을 보이는 시민단체로 사교육걱정없는세상과 교육을바꾸는사람들이 주목된다. 사교육걱정없는세상은 비영리 대중운동 교육단체로서 회원 수는 4,500여 명이며, 이념 논쟁보다는 통계와 실상을 알리는 데 주력한다는 입장이다(사교육걱정없는세상, https://www.noworryopen.kr/).[15] 교육을바꾸는사람들은 교육기업의 전 대표가 주축이 되어 교육개혁 연구와 실천운동을 하는 공익 시민단체(NPO)다(교육을바꾸는사람들, https://21erick.org/).[16]

한편, 미국에서는 기업, 업계를 대표하는 교육계 밖 이익집단을 'business lobby'라고 부른다. 상업회의소와 같은 일반 산업계 단체, 은행, 농업 등의 업종 별 단체, 제조업 단체, 유통업단체 등이 대표적이다. 2000년대 이후 교직단체 의 영향력은 약화된 대신 일반 산업계 단체인 Business Roundtable, National Association of Manufacturers, U.S. Chamber of Commerce, National Alliance of Business 등이 영향력 있는 집단으로 부상하고 있다. 또한 미국에서는 종교 적·인종적 이익집단도 특정 사안들에 대해서는 영향력을 크게 행사한다. 인종적 이익집안으로 NASSP는 아프라카계 미국인, LaRaza는 히스패닉계의 이익을 대변하며, 그 밖에 Anti-Defamation League(반인종주의 리그) 등이 있다. 종교적 이익집단으로는 Catholic Bishops' Conference(가톨릭 주교회의), Christian Coalition(기독교 연합) 등이 대표적이다(정일환 외, 2016).

2) 교육시민단체의 정치학

교육시민단체는 다양한 색채만큼이나 다양한 방식으로 영향력 행사를 위한 활동을 전개한다. 교육시민단체에 관한 몇몇 연구의 결과는 정치적 역동성을 여러 각도에서 보여 준다. 교육시민단체의 영향력을 형성하는 요인에 대한 장욱진과 김왕준(2018)의 연구는 8개 시민단체의 활동을 구조역량, 운동역량, 여

---

15) 전교조의 이념적 편향성에 반발해 윤지희 씨가 만들어 운영하던 학부모 단체와 기독교계 교사단체인 좋은교사운동모임을 이끌던 송인수 씨가 공동대표로 함께 만들었다. 회원 수는 2017년 9월 『월간조선』에 언급된 수치다. 2020년 회원총회에서 새로운 10년의 운동 방향을 발표하고 이를 이끌어 갈 새 공동대표를 선출하였다.

16) 이찬승 전 대표가 설립한 것으로 NPO(Non-Profit Organization)임을 분명히 하고 있다.

론 지지로 나누어 분석하였다. 연구결과를 보면, 여건을 말하는 구조역량에서 단체들의 회원 수와 예산은 비례하지 않는다. 참교육을위한전국학부모회, 인간 교육실현학부모연대, 학교를사랑하는학부모모임 등 학부모단체들은 과거에 비해 활동 회원 수가 줄었으며 후원금도 충분하지 못해 공공 프로젝트 사업을 통해 재정을 보충하고 있다. 교육디자인네트워크(교사), 사교육걱정없는세상(시민), 좋은교사운동(교사), 흥사단교육운동본부(시민) 등 연간 예산이 비교적 안정된 단체들은 집단의 응집성 강화와 의식 고취를 위한 회원 내부 교육에 힘쓰며 홈페이지 및 SNS를 잘 관리하고 있다. 홈페이지 및 SNS 운영은 중요한 홍보와 참여 수단으로서 대부분 단체들이 홈페이지 및 유명 포털사이트 카페를 기본적으로 운영하고 있으나 홈페이지 관리가 안 되거나 폐쇄된 경우들도 있다. 구조역량에서 안정된 단체들은 성명서, 시위, 기자회견 등 직접적 운동역량과 토론회, 캠페인 활동, 출판 등 간접적 운동역량 모두를 수월하게 발휘하며 영향력을 행사한다. 구조역량이 안정적이지 못한 경우 직접적 혹은 간접적 운동 역량 중 한 방향을 선택하여 힘을 집중하는 경향도 보인다. 여론 지지 요인의 경우 기사나 방송에 일정 수준 이상 노출된 단체는 3개 단체로서 사교육걱정없는세상, 좋은교사운동, 참교육을위한전국학부모회의 순이었다. 특히 사교육걱정없는세상이 대부분의 언론에서 큰 비중으로 다루어졌다.

박수정(2017)은 18대 대통령 선거운동 과정에서 보건 관련 시민단체, 전국민주노동조합총연맹, 인간성회복운동추진협의회, 한국매니페스토실천본부 등을 포함하는 이익집단이 어떻게 영향력을 행사하는가를 분석하였다. 이들 시민단체는 무상보육과 맞춤형 보육, 사교육비 절감 등 다양한 정책이익을 목표로 기자회견, 서명운동, 집회, 인터뷰, 정책요구안, 공개질의 등의 의견 표출 방식을 통해 영향력을 행사하였다. 사교육걱정없는세상의 경우 시민 대상 설문조사를 하였고, 23개의 사교육 경감 대책을 대선캠프에 전달하였으며, 대선 후보자들의 공약을 평가하기도 하였다.

안선회(2012)는 시민사회권력이라는 개념을 사용하며 정부 시기별 시민단체의 활동 성향을 분석하였다. 분석결과에 따르면, 노무현 정부 시기에는 시민단체가 대부분 교원 중심의 단체였고, 학부모단체는 매우 적었으며 교육시민단체도 교원들이 직접 주도하거나 그 영향을 받으면서 활동하였다. 또한 정책갈등이 교직단체 간 이념 대립으로 나타났고 교원능력개발평가 등을 계기로 교육과 시민사회, 인간교육실현학부모연대 등 중도 성향 단체의 활동이 두드러졌다. 이명박 정부 시기에는 학부모단체 활동이 크게 증가하였는데, 대체로 보수적 성향을 지니고 교육수요자 중심 활동을 전개하였다. 그리고 중앙정부의 교육정책을 둘러싼 정책 갈등이 중앙정부와 교육청 간, 지자체와 교육청 간 갈등으로 확산되면서 교직단체, 학부모단체, 시민단체들이 각기 결집하여 정책과정에 개입하는 경향을 보였다.

현 시점에서 교육시민단체 활동의 정치성을 종합하여 볼 때 사교육걱정없는세상은 영향력 행사를 적극적으로 시도하는 단체라는 점에서, 교육을바꾸는사람들은 미국식 싱크탱크의 성격을 일정 부분 보여 준다는 점에서 주목할 만하다. 사교육걱정없는세상의 경우는 외국어고 · 자사고에 대한 2025년부터의 일반고 전환 시행령 개정(2019년) 등을 위해 활동한 사례를 성과로 홍보하고 있을 정도로 이익단체로서의 영향력 행사를 중시한다(사교육걱정없는세상, https://www.noworryopen.kr/). 교육을바꾸는사람들의 경우, 직접적으로 교육정책에 영향력을 행사한 사례는 발견되지 않는다. 주로 책 출간, 교육 칼럼 기고, 온라인 저널을 포함한 다수의 저널 발행, 각종 토론회 발제 및 토론에의 참여, 교육청 자문, 교사 · 교장 · 교감 · 장학사 연수 등을 시행하고 있고 Michael Fullan 등 교육 전문가 필독서들을 번역 · 출간해 왔다(교육을바꾸는사람들, https://21erick.org/). 기존 이익단체들과 달리 장기적 관점에서 교육 환경과 문화를 바꾸려는 시도를 한다는 점에서 미국의 싱크탱크형 이익단체의 속성을 보인다고 할 수 있다.

5. 교육 관련 이익집단의 전망과 과제

앞에서 우리나라 교육 관련 이익집단을 교직단체, 학부모단체, 시민단체로 나누어 각각의 현황을 알아보고 정치적 영향력을 행사하기 위해 노력하는 이익집단의 역동성을 구체적 사례 중심으로 검토하여 보았다. 교직단체와 학부모단체의 활동은 근래에 들어 소강기에 있다고 할 수 있으나 기본적으로 이익집단들은 단체의 성격에 관계없이 각 사안마다 의견을 표출하고 영향력 행사를 위한 활동을 적극적으로 전개하는 특징을 보이고 있다. 2018년에 대입제도 개편을 위한 공론화 과정(2018년 4~8월)에서 보인 다양한 이익집단의 활동 및 대응 사례를 보더라도 학부모단체가 가장 활발하게 활동을 전개했지만 교직단체나 시민단체도 적극적으로 의사를 표현했다. 학부모단체와 시민단체는 대체로 수능 절대평가에 대해 반대 입장, 교직단체의 경우 보수 성향 단체는 신중한 입장, 진보 성향 단체는 대체로 찬성하는 입장이었다(이수정, 2019). 이러한 특징을 염두에 두면서 교육 관련 이익집단의 미래 전망과 과제를 간략히 정리해 보면 다음과 같다.

첫째, 앞서 대입 공론화 과정에서와 같이 우리나라의 교육 관련 이익집단은 해당 집단의 이해관계와 직접 관련된 사안에 적극 대응할 뿐만 아니라 교육적 가치의 구현과 관계된다고 생각하는 거의 모든 정책 사안들에 대해 적극적인 목소리를 내 온 특징이 있다. 이러한 성격은 이익집단의 적극적 활동 의지를 보여 주는 긍정적 측면이 있는 동시에 이익집단의 목소리가 상반되는 방향으로 분산됨으로써 소위 물타기 현상이 발생하고 편가르기가 나타남으로써 실제 영향력 행사를 방해하는 결과를 낳기도 한다. 직접 관련이나 전문성이 높은 집단 중심으로 영향력 행사를 하는 것이 효과적·합리적일 수 있는 만큼 그 방향으로의 개선이 필요하다. 특히 교육부와 교육청 등 의사결정의 핵심 주체가 합리적 수준에서 단체의 성격, 관련성, 전문성 등의 경중을 가려 접근하는 것이 중요하다.

둘째, 우리나라의 교육 관련 이익집단은 이념에 따른 양극화 현상을 보이며 대립해 왔는데, 비생산적 힘겨루기는 교육발전에 도움이 되지 않음을 직시해야 한다. 교직단체의 경우만 하더라도 강력한 두 개의 단체가 여타의 이익집단들을 주도하는 가운데 이념 성향에 따른 거의 모든 사안에서의 정책적 대립이 두드러졌다. 학부모단체와 시민사회단체 역시 진보와 보수 이념선상의 어디인가에 위치하면서 정책연합 양상을 나타냈고 결과적으로 정치적 이념 성향의 대립이 모든 것 위에서 강력한 영향을 미치고 있다(안선회, 2012). 특히, 이익집단이 중앙정부나 교육감의 이념적 성향과 일치하는가 여하에 따라 불일치 시 엄청난 갈등이 발생하고, 일치할 때는 엄중한 정책 검증이나 합리적 판단이 약화되는 경향이 있으므로 양극화 풍토의 개선이 시급하다. 현재 소강 상태에 있는 교직단체 간 첨예한 이념 대립은 향후 재연될 가능성도 있다.

셋째, 이익단체의 활동에서 전문성을 중시하며 중립적·교육적 접근을 시도하는 움직임이 완만하게나마 시작되고 있음은 고무적이다. 교육시민단체 중 사교육걱정없는세상, 교육을바꾸는사람들, 교육디자인네트워크 등을 예로 들 수 있는데, 이념 중심 속성이 존재하는 가운데서도 미국의 싱크 탱크형 이익집단의 가능성을 기대하게 한다. 향후에는 우리나라에서도 이러한 성격의 이익집단들이 부상하고 보다 중요한 영향력을 행사하게 될 것으로 보인다.

넷째, 이익집단에 대한 정보 공개, 정확한 자료 수집 자체가 어려운 상황이다 보니 관련 연구도 미흡하고 개선 방안 마련도 쉽지 않다. 회원 수만 하더라도 교원노조 회원 수 정도를 고용노동부 자료를 통해 개략적으로 파악할 수 있을 뿐 이익단체별 정확한 회원 수 공개는 홈페이지를 참고하거나 직접 연락 등을 통해서도 대부분 파악할 수 없는 것이 현실이다. 많은 연구들이 자료 수집의 문제를 지적하고 있거니와 향후 이익집단 연구의 발전을 위해서는 집단갈등의 해소와 같은 정책적 관심 사안뿐만 아니라 이익집단 자체의 구조와 역동성에 대한 이론적 해명으로 연구의 초점을 전환할 필요도 있으며, 이를 위해서는 투명하고 정확한 정보 확보가 우선 되어야 한다(이경한, 2013; 정상호, 2006).

다섯째, 교육 관련 이익집단의 활동과 관련한 사안에 있어서도 교육정책 전반에서와 같이 사법부의 영향력이 지나치게 확대되는 양상을 보이고 있는 점은 조심스럽지만 우려되는 측면이다. 최근 전교조 법외노조 소송 문제, 한국유치원총연합회 사단법인 취소 판결, 자사고 폐지를 둘러싼 학부모 집단의 소송 등 이익집단과 교육행정기관과의 이념적·정책적 대립이 협력적 상호작용을 통한 자율적 해결에 이르지 못하고 사법적 판단에 더욱 의존하는 경향을 보인다. 집단 간 갈등이 자체적으로 해결될 수 없을 때 사법적 판단을 구하는 것은 현대 민주주의 사회에서 불가피한 일이다. 그러나 개별 사안을 넘어 국가정책적인 사안에서 자주 사법적 잣대로 최종 결론이 나는 것은 교육 거버넌스가 적절히 작동하지 못한다는 의미로 해석될 수밖에 없다. 이는 교육발전과 이익집단의 전향적 역할 수행에 부정적 영향을 미칠 것이므로 다양한 각도에서 다양한 통로로 문제를 해결하는 사전 노력이 강화될 필요가 있다.

제10장
교육재정의 정치학

1. 교육재정의 개념과 정치학

재정(public finance)이란 일반적으로 국가 및 공공단체가 공공욕구를 충족하기 위하여 필요한 수단을 조달하고 관리·사용하는 경제활동 또는 간단히 정부의 경제다(차병권, 1987). 현대국가는 대체로 국방과 치안의 유지, 교육사업의 운영, 국토 개발 및 보존, 경제질서의 유지와 경제성장의 촉진 등의 여러 가지 기능을 수행하며, 이를 위하여 정부는 민간경제와 같이 일정한 자원을 지배하고 사용하지 않으면 안 된다. 뿐만 아니라 국방과 치안, 교육 서비스 등은 민간부문의 공급자에게 일임할 수 없는 공공재이며, 정부가 직접 생산하는 것이 사회복지 증진에 보다 유리하다. 따라서 정부는 소비자인 동시에 생산자이며 고용자라고 할 수 있다.[1]

정부의 경제라는 말에는 계획성의 의미가 내포되어 있다. 재정은 민간기업이나 가계와 달리 원칙적으로 수입과 지출이 미리 숫자로 예정된, 확정된 계획에 의하여 일정한 질서 아래서 운영된다. 이 계획은 정부경제에 일정한 질서와 행

---

[1] 교육재정의 개념과 특성은 윤정일·송기창·김병주·나민주(2015)의 『신교육재정학』(학지사)의 내용을 바탕으로 정리함.

동기준을 부여하고 정부활동을 구속하는데, 이러한 계획을 예산이라고 한다(차병권, 1987). 정부의 경제인 재정은 자원배분기능, 소득분배기능, 경제안정화기능 등 세 가지 기능을 수행하고 있다. 첫째, 자원배분기능이란 어떤 재화와 용역을 얼마만큼 생산할 것인가 혹은 생산자원을 사적 욕구 충족과 공공욕구 충족 간에 어느 정도로 배분할 것인가를 결정하는 것을 말한다. 어떤 재화와 용역이 우리에게 더 필요하고, 이를 획득하기 위하여 어떤 재화와 용역을 포기해야 하는가를 결정하는 것은 재정이 갖고 있는 주요한 기능이며 정책과제인 것이다.

둘째, 소득분배기능이란 개인 내지 가계 간에 생산물을 가급적 공평하게 분배하는 것을 말한다. 소득재분배정책이 없는 순수한 시장경제 아래에서의 소득분포는 개인이 소유하고 있는 자원(생산요소)의 양과 그 자원에 대한 시장의 평가, 즉 그 자원의 한계생산력에 의하여 결정된다. 시장경제에 있어서 소득분배는 개인의 능력, 상속 여부, 교육기회 여부 등과 같은 여러 가지 요인에 의하여 결정되므로 시장기구에 의한 소득분배가 항상 바람직하고 적정 상태라는 보장이 없다. 따라서 자원의 최적배분을 위해서는 소득 및 부의 분배 상태를 조정하는 일이 필요하며, 그러한 조정이 재정적 수단이나 정책수단에 의하여 이루어지고 있는 것이다.

셋째, 경제안정화기능이란 높은 고용과 생산 수준을 유지하면서 물가를 안정시키는 것을 말한다. 자유시장 경제체제는 사실상 불안정한 조직이며 적절한 조정이 가하여지지 않는 한, 물가와 고용의 단기적 변동을 피하기 어렵다. 또한 시장구조의 불균형, 국제수지의 불균형과 같은 장기적 성격의 경제불안정 때문에 실업이나 인플레이션이 발생하는 경우도 있다. 따라서 정부는 지출 및 조세정책으로서 고용 · 산출량 · 물가 등을 조정 · 통제하는 것이다(김동건, 1998).

이와 같은 재정의 개념에 비추어 보면, 교육재정(educational finance)이란 국가 및 공공단체가 교육욕구를 충족하기 위하여 필요한 수단을 조달하고 관리 · 사용하는 경제활동이라고 정의할 수 있다. 즉, 교육재정이란 국가 · 사회의 공익사업인 교육활동을 지원하기 위하여 국가나 공공단체가 필요한 재원을 확보 · 배분 · 지출 · 평가하는 일련의 경제활동을 말한다. 따라서 교육재정은 국공립학교의 교육활동뿐만 아니라 사립학교의 교육활동, 사회교육활동을 지원하는 일까지 포함한다. 이와 같은 정의는 교육재정의 주체를 국가와 공공단체로 한정하고 있으며, 교육재정의 성격을 교육활동 지원을 목적으로 하는 수단 성과 공공성으로 규정하고 있으며, 아울러 교육재정의 영역을 재원의 확보·배 분·지출·평가로 설정하고 있다.

　교육재정이 국가나 공공단체를 주체로 하는 경제활동이라 함은 교육재정이 가계 중심의 사금융(private finance)이나 사기업체 중심의 회사금융(corporation finance)과 구분되는 공금융(public finance)이라는 것이며, 이는 적어도 세 가지 면에서 사경제활동과 다르다(김용갑, 1960; 김종철, 1982). 첫째, 사경제가 개인이 나 사기업체의 이윤추구를 목적으로 하는 영리활동인 데 비해 공경제로서의 재 정은 국민 전체의 공공복지를 향상시키는 데 주안점이 있다. 말하자면, 일반이 익(general benefits)을 추구하는 것을 특징으로 한다. 둘째, 개인의 기업활동이 가격화되고 교환관계를 통하여 보상되는 데 비해 공경제활동으로서의 재정은 국민으로부터 소득의 일부를 조세정책을 통하여 강제적으로 받아들임으로써 성립되는 강제경제를 특징으로 한다. 셋째, 사경제에 있어서는 양입제출(量入制 出)의 원칙에 따라서 수입과 지출관계를 규제하여야 하는 데 비해 재정에 있어 서는 영리를 위주로 하는 것이 아니고 강제경제의 성격을 띠게 되기 때문에 양 출제입(量出制入)의 원칙을 앞세우게 된다.

　교육활동 지원을 목적으로 하는 수단성과 공공성이라 함은 교육재정의 본질 이 교육목적 달성을 위한 수단임과 동시에 공경제활동이라고 하는 것이다. 교 육재정은 교육목적의 달성을 위하여 인적·물적 조건을 정비·확립하는 데 필 요한 경비를 조달·배분·관리하는 활동이므로 수단적·조장적 성격을 지니고 있다. 공공성이란 교육 자체가 사적 영리를 위한 활동이 아니라 공적 비영리 활 동이므로 이를 지원하는 교육재정도 공공성을 지니고 있다는 의미로서 국가와 공공단체의 공경제활동이라는 것이다. 교육은 사회에 미치는 영향이 지대하고 외적 효과와 유출효과가 있기 때문에 사적 부문에 일임하지 않고 국가와 지방 공공단체가 관여하면서 공공투자를 증대시키고 있는 것이다. 교육의 공공성은 국공립학교에만 해당하는 것이 아니라 사립학교에도 적용되는 것이다. 그러기 에 비록 사립학교라고 할지라도 공공성과 자율성이 균형을 이루어야 하며, 사학 의 교육비에 있어서도 수익자부담원칙이나 설립자부담원칙보다는 공비부담원 칙을 확대적용하고 있는 추세다.

교육재정의 영역을 재원의 확보·배분·지출·평가로 한다는 것은 교육재정에 교육비의 수입·지출에 관한 예산, 예산의 집행과 회계, 결산과 감사까지 포함하는 것을 말한다. 교육재정이라고 할 때 흔히 재원의 확보·배분·지출까지를 말하고, 회계·지출의 합법성을 밝히는 감사활동을 제외시키고 있다. 그러나 교육예산의 감사는 공공신뢰를 고취하고, 경영관리를 설명하며, 예산절차를 개선하는 평가활동이므로(Melbo et al., 1970) 교육재정의 중요한 영역이라고 할 수 있다. 재정과 재산 및 피고용자를 보호하고, 설정된 표준과 정책 및 절차를 고수하도록 하며, 재산 및 장비의 상태와 활용을 검사하는 등의 목적을 지니고 있는 감사활동은 계속적인 감사와 정기적인 감사의 두 가지 형태가 있다.

이러한 교육재정의 개념 속에는 여러 가지 가치판단적이고 정치적인 요소가 내포되어 있다. 사적 욕구 충족과 공공욕구 충족 간에 어느 정도로 배분할 것인가를 결정하는 자원배분기능은 이들 간의 균형을 어떻게 맞출 것인가, 어떤 재화와 용역이 우리에게 더 필요하고, 이를 획득하기 위하여 어떤 재화와 용역을 포기해야 하는가를 결정하는 것은 재정이 갖고 있는 중요한 정치적인 기능이며 정책과제다. 개인 내지 가계 간에 생산물을 어떻게 공평하게 분배할 것인가를 의미하는 소득분배 기능 속에는 자원의 최적배분을 위해 소득 및 부의 분배 상태를 어떻게 조정할 것인가에 대한 정치적 판단이 필연적이다. 또한 높은 고용과 생산 수준을 유지하면서 물가를 안정시키는 것을 말하는 경제안정화 기능속에는 자유시장 경제체제에서 지출 및 조세 정책을 어떻게 유지하여 고용·산출량·물가 등을 조정·통제할 것인가에 관한 정치적인 판단이 내포된다.

국가·사회의 공익사업인 교육활동을 지원하기 위하여 국가나 공공단체가 필요한 재원을 확보·배분·지출·평가하는 일련의 경제활동을 영위하기 위해서는 수도 없이 많은 정책적·정치적 판단이 필요하며, 가치 충돌적인 상황이 발생한다. 여기에 교육재정의 정치학이 존재하게 된다.

2. 교육재정의 특성과 정치학

교육활동을 지원하는 교육재정도 재정의 한 분야이므로 우선 국가 및 공공단체의 경제라고 정의되고 있는 재정의 특성을 함께 가지고 있다(김두희, 1974; 차병권, 1987). 첫째, 재정은 가계나 민간기업과 같은 민간개별경제와는 달리 기업과 국민의 소득의 일부를 조세에 의하여 정부의 수입으로 이전시키는 강제적인 성격을 가지고 있다. 경제에는 국민경제와 같은 종합경제와 가계 및 민간기업, 재정과 같은 개별경제가 있다. 재정은 개별경제이지만 가계나 민간기업과 공공경제가 혼합·형성하는 경제이며, 민간개별경제는 시장기구를 통하여 경제활동이 이루어지므로 시장경제라고 한다. 재정은 개별경제라는 점에서는 시장경제와 같지만 강제획득경제라는 면에서는 시장경제와 다르다.

정부경제의 주체는 권력적 통치단체이며 재정권력을 기초로 경제활동을 질서 있게 운영한다. 경비지출 및 수입조달 과정은 이윤기대나 개인의 선호에 의하여 결정되기보다는 일반적으로 정치적 목적·수단 및 행정적 절차 또는 공통적인 사회적 제 목표에 따라 결정된다. 인적·물적 자원의 사용에 대한 대가는 시장경제의 교환원칙에 따라 지급되지만 재산의 강제수용이나 인적 자원 징용 등의 경우에는 국가의 일방적인 결정에 따라 가격이 결정된다. 정부의 경제활동 중에서 강제성이 가장 뚜렷하게 나타나는 것은 조세에 의한 수입조달 과정이다. 조세 이외의 재정수입에 있어서도 강제성 원칙이 적용되고 있는데, 수수료 및 사용료, 강제공채, 재정독점에 의한 수입 등이 그 예다. 따라서 정부경제는 권력단체의 속성인 강제원칙이 지배하고 있으며, 시장경제와 같이 합의원칙에 의한 등가교환의 원리가 적용되지 않는다.

둘째, 재정은 사적 이익을 위해서가 아니라 국가활동과 정부의 시책을 효과적으로 달성할 수 있는 방향으로 사용되어야 하는 공공성을 지니고 있다. 즉, 국가경제의 목적은 집단적 욕구를 충족하는 데 있는 반면, 시장경제는 사적 개별경제 주체의 개별적 효용 또는 이윤을 극대화하는 데 있다. 시장경제는 효용 또는 이윤극대화를 목적으로 하는 소비자 및 생산자인 무수한 개별경제 주체의 상호작용을 바탕으로 형성되며, 수요·공급 관계가 자동적으로 조정되는 시장원리에 따라 움직인다. 생산은 이윤기대에 의하여 결정되고, 이윤기대는 수요에 의존하고, 수요는 생산과정에서 분배되는 소득에 의하여 결정된다. 시장원리는 경제사회에서 필수불가결의 조직 원리이지만 국민복지를 증진시키는 데 필요한 모든 욕구를 충족시킬 수 없다. 예를 들면, 도로 건설, 자원의 다목적 개발,

교육 등의 분야에는 시장원리만을 적용할 수 없고, 또 어떤 영역에서는 시장원리의 적용으로 경기변동, 독과점, 소득의 편중, 경제불안 등 정부의 간섭을 필요로 하는 현상이 나타나게 된다. 따라서 시장원리는 정부활동에 의해 보완되어야 할 필요가 있다.

정부의 경제활동은 이윤기대 또는 정부 서비스에 대한 개인의 선호에 의하여 결정되는 것이 아니라 정치적·행정적 조정 또는 사회의 공통적인 제 목표에 기초해서 결정된다. 즉, 재정은 공공의 경제로서 국가의 목표 내지 정부의 시책을 효과적으로 달성하도록 해야 할 뿐만 아니라, 국민 전체의 욕구를 최대로 충족시킬 수 있도록 해야 한다. 정부경제를 지배하는 이러한 원리를 예산원리라고 하며, 일명 일반이익(general benefits) 또는 재정의 정책적인 특성이라고도 한다.

셋째, 재정에 있어서는 국가활동의 종류와 범위를 결정하고, 이에 필요한 경비를 산출한 후 수입을 확보하는 양출제입(量出制入)의 회계원칙이 적용되는 반면, 민간경제에 있어서는 양입제출(量入制出)의 회계원칙이 적용된다. 즉, 재정에 있어서는 지출액을 먼저 결정한 후 이에 따라 수입을 조정하고, 민간경제에는 그와 반대되는 회계원칙이 적용된다. 그러나 재정에 있어서도 수입을 확정하거나 예측하지 않고 지출을 정할 수는 없는 것이다. 따라서 국가의 재정에서 양출제입의 원칙이 지배한다는 것은 민간경제에 대한 상대적인 입장에서 강조하여 말하는 것이지 절대적인 특성이라고 할 수는 없다.

넷째, 재정은 민간경제보다는 존속 기간이 길다고 하는 영속성을 특징으로 한다. 이는 재정의 존속 기간이 일반적으로 민간경제인 가계와 기업보다 길 뿐만 아니라 무한하다는 것을 뜻한다. 그러나 존속 기간의 영속성도 상대적인 특성이다. 재정의 존속 기간이 무한하다는 것은 무한하다는 사실 자체가 중요하다는 것이 아니라 정부가 주체가 되어 행하는 경제활동은 그 존속이 무한하다고 보는 데서 신빙성·신뢰성이 생기게 된다는 것이며, 이것이 바로 재정의 특성이 될 수 있다.

그 밖에 재정의 특성으로서 무형재의 생산, 수입과 지출의 균형성, 일반보상을 열거하는 학자도 있다. 무형재의 생산이란 재정은 국방·교육·치안·보건 등과 같은 무형재를 생산하고, 민간경제는 유형재를 생산한다는 것이다. 공공경제는 일반적으로 무형재를 공급하며, 그 재화를 분할할 수가 없고, 그 효용은 측정할 수 없는 데 비해 시장경제에서 공급되는 재화는 모두 시장가격을 가지며, 가분적이고, 그 가치는 시장가격에 의하여 평가할 수 있다는 것이다. 그러나 민간기업도 교육·운송 등과 같은 무형재를 생산하고 있으며, 정부는 담배·인삼 등과 같은 유형재를 생산하고 있고, 공적 생산에 의하여 공급되는 생산물과 사적 복지기관에 의하여 공급되는 생산물을 엄격하게 구분할 수 없다. 공공경제의 수입과 지출이 균형을 유지해야 한다는 것은, 재정은 수입상의 잉여가 있어서도 안 되며 적자가 있어서도 안 된다는 것이다. 이에 비해 시장경제에 있어서는 항상 잉여획득을 기본원칙으로 하여 거래가 이루어지고 있다. 그러나 이러한 차이도 불균형 예산의 효과를 인정하는 현대 재정에 있어서는 별 의미가 없다.

공공경제에 있어서는 일반보상의 원칙이 지배한다는 것은 민간경제가 특수보상의 원칙의 지배를 받는 데 대한 상대적인 표현이다. 민간경제에 있어서 특수보상의 원칙이 지배한다는 것은 개개의 봉사와 일에 대하여 개별적으로 그 대가를 지불하거나 받는 것을 말한다. 이에 비해 일반보상이란 개별적 보상을 인정하지 않고 포괄적 보상을 하는 것을 말한다. 즉, 일반보상은 정부가 제공하는 봉사나 혜택의 여부에 관계없이 모든 국민이 일괄적으로 조세의 형태로 대가를 지불하는 것을 말한다. 그러나 개인이 조세를 납부하는 결과로 생기는 희생은 공공서비스의 급부로부터 얻는 이익에 의해 보상되고, 개인의 희생과 개인의 이익이 균등하게 되는 점에서 개인의 조세부담액이 결정된다는 입장에서 보면 정부경제에서도 개별적 보상관계를 인정하고 있는 것이다. 뿐만 아니라 정부가 관장하는 철도사업, 고속도로사업, 연초전매사업의 경우, 철도나 고속도로 이용자와 흡연자에게만 그 대가를 지불토록 요구하는 것은 특수보상의 원칙이라고 할 수 있다.

교육재정은 일반재정이 가지고 있는 이와 같은 특성 이외에도 교육의 특수성으로 인한 비긴요성과 비생산성이라는 특성을 내포하고 있다. 교육의 결과는 교육을 받은 당사자에게만 혜택을 주는 것이 아니라 사회 전체에 그 영향이 넘쳐흐르고 있으므로 국가는 국가재정의 일부 또는 교육세로서 교육을 적극 지원하고 있다. 그러나 교육의 결과가 바로 나타나는 것이 아니라 교육을 받은 자의 전 생애를 통하여 장기간을 두고 나타나므로 교육재정은 긴급한 것이 아니고 또 비생산적인 투자로 여겨져 일반적으로 투자 우선순위의 결정과정에서 하위로

밀려나게 된다. 국가발전과 직결된 인적 자원의 형성을 목적으로 하는 교육을 지원하는 것이 교육재정이므로 이에 대한 새로운 인식이 필요하다(윤정일, 송기창, 김병주, 나민주, 1982).

교육은 미래의 만족과 수입을 발생시킬 수 있는 능력을 갖고 있으므로 자원을 축적하는 활동이다(Rossmiller, 1971). Denison(1974)과 Schultz(1961)는 연구를 통하여 경제성장에 대한 교육의 공헌도가 21~23%가 된다고 밝혔다. 따라서 교육이 비생산적인 투자라고 하는 생각은 잘못된 것이라 할 수 있다. 물적 투자보다도 더 높고 확실한 생산성을 보장하는 것이 교육에 대한 투자인 것이다. 그러므로 교육재정의 특성이라고 믿고 있는 비긴요성과 비생산성은 중요하지 않다거나 생산성이 없다는 의미가 아니라 생산물 산출 기간이 상대적으로 길다는 것을 의미한다.

교육재정이 일반재정으로부터 분리 · 독립하게 된 이유 중의 하나는 바로 교육재정의 이와 같은 특성 때문이다. 교육재정이 분리 · 독립하게 된 이유는 다음과 같다(백현기, 1964). 첫째, 교육이 특정의 정치이념 혹은 정당 · 정파의 정견에 의해서 좌우될 때 교육의 자주성을 유지할 수 없다는 이유에서 교육의 정치적 중립성을 보장하기 위한 것이다. 둘째, 민주적 교육행정체계가 발달함에 따라 교육행정의 개념이 법규해석적 견지에서 인적 · 물적 조건을 정비하는 수단적 견지로 변경되었기 때문이다. 셋째, 의무교육제도의 확립에 따라 막대한 의무교육비 확보를 위한 재정적 조치의 방안으로서 교육재정을 일반재정으로부터 분리하게 되었다. 넷째, 교육경비의 비긴요성과 비생산성이라는 특성 때문에 일반재정에 비하여 경시되기 쉬운 위험을 미연에 방지하고자 하는 이유다.

교육재정의 일반적 성격과 특수한 성격은 모두 교육재정의 정치학적 측면을 잘 보여 준다. 먼저, 조세 등의 수입조달에 의한 강제적 성격은 교육재정의 수입조달 방법에 대한 다양한 쟁점을 제공한다. 교육재정의 공공성 측면은 교육의 단계별로 무상성에 대한 여러 쟁점을 야기한다. 개별보상보다는 일반보상을 강조하는 교육재정의 측면은 사립학교 교육 및 고등교육에 대한 정부지원에 대한 다양한 논의를 유발한다. 개인이 조세를 납부하는 결과로 생기는 희생을 모든 교육에 공공적으로 제공하는 것이 타당한지에 대한 논의는 지금까지도 이어지고 있다.

3. 교육재정의 가치준거와 정치학

교육에 대한 투자가 바로 효과를 가져오지 못하기 때문에 비긴요하고 비생산적이라는 주장은 교육재정에 대한 투자 확대에 대한 중요한 쟁점을 가져온다. 교육재정의 특성이라고 믿고 있는 비긴요성과 비생산성은 중요하지 않다거나 생산성이 없다는 의미가 아니라 생산물 산출기간이 상대적으로 길다는 것을 의미한다.

3. 교육재정의 가치준거와 정치학

일반적으로 민주국가에서 최상의 가치로 믿고 있는 것은 평등(equality), 효율(efficiency), 자유(liberty) 등 세 가지이며, 정부는 이 세 가지의 가치를 극대화하기 위하여 다양한 정책을 수립·추진하고 있다. 그러나 이 세 가지의 가치는 동시에 달성할 수 없으며, 이 셋 중에 하나를 추구할 때 다른 것은 무시되거나 희생되는 상반된 속성을 가지고 있다. 그렇다고 해서 이들 중 어느 하나를 쉽게 포기하거나 희생시켜서는 안 된다. 따라서 정부의 고민은 바로 이들 세 가지의 가치를 어떻게 조화롭게 증진시킬 것인가에 있는데, 교육재정은 이러한 목적을 달성하기 위한 주된 도구의 하나로 활용되고 있다(McMahon & Geske, 1982).

역사적으로 볼 때 교육에 대한 기대는 상당한 변화가 있었다. 즉, 18세기에는 교육을 시민으로 하여금 정부의 일에 동등하게 참여할 수 있도록 보장하는 수단으로 보았기 때문에, 교육은 자유를 보장하기 위하여 필수적인 것으로 간주되었다. 그러나 19세기에는 산업기술의 계속적인 발전과 더불어 교육받은 노동력에 대한 수요가 점증하게 됨에 따라 학교교육은 경제적 효율성을 증진하는 하나의 주요한 요인으로 간주되었다. 20세기에 공학의 가속적인 발전과 경제적 상호의존성은 개인의 경제적·사회적 성공을 위하여 공식적인 준비(교육)를 필수조건으로 하게 되었고, 그 결과 교육은 평등을 극대화하는 역할을 한다는 측면에서 그 중요성이 강조되었다(Garms, Guthrie, & Pierce, 1978). 교육재정의 핵심 가치준거인 평등성과 효율성, 자유에 대해 살펴보고[2], 이들의 정치학적 측면을 논의

---

2) 교육재정의 가치준거에 대해서는 윤정일·송기창·김병주·나민주(2015)의 『신교육재정학』(학지사)의 내용을 바탕으로 정리함.

하면 다음과 같다.

1) 평등성

교육에 있어서 평등은 대부분의 경우에 교육기회의 평등을 의미한다. 교육기회의 평등이 무엇을 말하는가에 대하여는 여러 가지 이론이 있을 수 있으나 대체로 다음과 같이 세 가지로 구분해 볼 수 있다(Garms et al., 1978).

첫째, 교육에 대한 균등접근(equal access to education)이다. 이는 학생에게 적어도 최저 수준의 교육자원을 제공함으로써 교육기회를 균등하게 보장할 수 있다는 것을 가정하고 있다. 즉, 모든 학생에게 적어도 최소한으로 적절한 교육서비스가 동등하게 제공되어야 한다는 것이다. 따라서 주정부는 최저교육비 수준을 보장해야 하며, 이와 같이 주정부가 보장하고 있는 최저 수준에다 지방정부가 추가적으로 지출하는 것은 지방정부의 자유라고 하는 것이다(Lows, 1985). 이러한 개념에 따라 출현한 것이 기본교육비 교부제도(foundation program)와 기본교육비 보조(basic aid)라고 할 수 있다.

둘째, 동등한 교육적 취급(equal educational treatment)이다. 이 정의는 학습자들이 각기 다른 특성과 능력을 가지고 있으며, 교육서비스는 개별 학생의 독특한 상황에 적합하도록 제공되어야 한다는 데 근거를 두고 있다. 따라서 우선적으로 학교교육과 관련된 학생 개개인의 강점과 약점에 대한 평가가 이루어지고, 학습능력에 어떠한 결함이 있다고 판단될 때 이에 대하여 추가적인 서비스가 제공되어야 한다는 것이다. 이 개념에 따라 실천되고 있는 제도는 특수아동에 대한 특별지원과 보상교육(compensatory education) 제도다.

셋째, 교육산출의 평등(equality of educational outcome)이다. 이 개념은 1970년대 초부터 사회학자와 정책분석가들이 사용하기 시작한 것으로서, 교육기회의 평등을 실질적으로 보장하기 위해서는 학업성취가 동등해야 한다는 것이다. 즉, 학생의 학습, 적어도 최소한의 혹은 기초학습에 있어서 학업성취가 동등해야 하며, 학교는 필요한 자원의 수준에 관계없이 동등한 최소한의 산출을 달성하는 데 대한 책임을 져야 한다는 것이다.

2) 효율성

효율성의 개념은 청교도 직업윤리의 요소로부터 발생하여 이윤추구 동기에 의하여 계속적으로 강화되어 왔다. 경제적 효율성이란 간단히 말하여 투입단위당 부가적인 산출단위를 구하려고 하는 노력이라고 할 수 있다. 이는 일정한 산출을 유지하면서 투입을 축소시켜 효과성을 제고하거나 동등한 수준의 투입으로부터 보다 많은 산출, 즉 부가적 생산을 얻음으로써 달성될 수 있는 것이다.

학교에서 효율성이 강조되기 시작한 것은 과학적 관리론이 출현한 1910년대부터다. 1960년대에 들어서 공공분야의 자원에 대한 경쟁이 가열되면서 효율성의 개념은 교육에서 다시 관심의 대상이 되었고, 이에 따라 학교교육의 생산성을 높이기 위하여 책무성이라는 개념이 널리 활용되게 되었다. 그러나 실제 학교 상황은 다음과 같은 이유 때문에 효율성을 증진시키기 어렵게 되어 있다.

첫째, 교육에 대한 투자는 비교적 명확하게 파악할 수 있으나 산출 혹은 생산이 무엇인지 상당히 모호하며, 또한 생산성을 높이도록 하는 유인체제가 부족하다. 생산성을 높이기 위해서는 우선 교육이 무엇인지에 대한 합의가 있어야 하는데 전문가들 간에도 이에 대한 합의가 결여되어 있다. 뿐만 아니라 교육시장이 공립학교에 의하여 실제적으로 독점되어 있음으로 인하여 소비자의 선택권을 제한하고 있으며, 평등을 극대화하려는 노력은 경제적 효율성 증진을 위한 시도와 빈번하게 갈등을 일으키고 있다. 또한, 교육생산을 위한 기법과 자료들은 제조과정과 비교할 때 아주 원시적이라고 할 수 있다. 왜냐하면 기본적인 교수법은 Socrates 이후 별로 변화가 없었기 때문이다. 더욱이 공교육에 있어서는 사적 부문에 있어서의 이윤추구 동기에 상응하는 자극이 결여되어 있다.

둘째, 교육에서 평등이나 자유를 달성하려고 할 때 흔히 효율성을 저하시키게 된다. 예를 들면, 교육평등을 달성하기 위하여 흑백인종을 한 학교에 통합하는 프로그램은 부가적인 교통비를 필요로 한다. 의무교육법령과 공립학교의 독점적인 질은 개인의 자유를 제한하고 있다. 선택 과목을 개설하는 것은 개인의 선택의 자유를 넓혀 주기 위한 것이지만 이것도 결국 예산이 허용하는 범위만큼밖에 제공되지 못하고 있다.

셋째, 민간부문의 유출효과 때문에 교육부문의 인건비는 생산성과 무관하게 증가하고 있다. 교육은 고도로 노동집약적인 부문이기 때문에 노동력을 확보하기 위하여 민간부문과 경쟁을 해야 하는 관계에 있다. 따라서 교육부문은 비록 경제적 효율성이 향상되는 일이 없더라도 유능한 교사를 유치하기 위해서는 민간부문의 보수와 근무조건에 맞먹는 수준까지 향상시켜 주어야만 한다.

3) 자유

자유는 두 가지 의미로 해석되고 있다. 하나는 선택의 자유를 의미하고, 다른 하나는 정부의 권한을 광범하게 분산하는 것을 의미한다. 중앙집권적 체제는 통제와 획일성을 강조하기 때문에 위험스러운 것으로 간주된다. 권력의 집중을 방지하기 위한 수단으로서 많은 수의 교육구를 설치하게 되는데, 이는 비효율성과 불평등을 내포하게 된다. 자유를 보장하기 위해서는 대의정치를 택하게 되는데, 이는 일반적으로 시간을 낭비하게 되고, 타협과 절충을 요구하며, 책임성이 모호해진다는 단점을 지니고 있다. 따라서 상반되는 두 가지 개념인 자유와 효율성 중 어느 것을 추구하느냐에 따라 교육정책은 크게 달라질 수 있다. 미국의 교육정책을 예로 보면 20세기 초에는 자유를 강조하고, 그 후에는 효율성을 위하여 중앙집권, 전문적 관리를 강조하여 왔다.

1932년에 미국의 교육구 수는 128,000개에 달하였으나 소규모의 교육구는 규모의 경제를 달성할 수 없어 비효율적이라는 비판에 따라 점차 교육구를 통합하여 1976년에는 16,000개로 감축되었다. 뿐만 아니라 한 명의 교육위원이 140명의 주민을 대표하던 것도 1976년에는 2,500명의 주민을 대표하게 되었다. 이처럼 교육구의 규모가 커지고 인구가 증대함에 따라서 교육위원이 교육구 조직을 관리하기 힘들게 되었다. 따라서 선출된 교육위원들은 이와 같은 문제를 해결하기 위하여 전문적인 교육감을 고용하기 시작하였다. 전문직 학교행정가를 고용하는 제도는 20세기 초의 과학적 관리운동에 의하여 강력한 지지를 받고 미국 전역에 확산되었고, 사범대학에서는 과학적으로 훈련된 교육행정가를 양성하게 되었다.

1950년대에 교원들은 교육위원회와 단체교섭을 벌이기 위하여 교원노조를 결성하기 시작하였다. 이는 교육조직의 규모가 커짐에 따라 관료화되고 행정가의 권한이 증대되는 데 대하여 교원 자신들의 복지를 보호하고 증진시키기 위한 것이었다. 그러나 그 결과는 오히려 중앙의 교육정책결정을 강화토록 하고 일반인의 정책결정 과정에의 참여를 제한하게 되었다. 따라서 교육에 대한 지방교육위원회의 권한은 점차 확대되게 되었다. 즉, 주 교육위원회가 교육과정, 교원의 보수와 근무조건, 졸업자격기준, 학교시설 등에 관한 결정권을 갖게 되었다.

4) 교육재정 가치준거의 충돌과 정치학

교육재정이란 국가 및 공공단체가 교육욕구를 충족하기 위하여 필요한 수단을 조달하고 관리·사용하는 경제활동, 즉 국가·사회의 공익사업인 교육활동을 지원하기 위하여 국가나 공공단체가 필요한 재원을 확보·배분·지출·평가하는 일련의 경제활동을 말한다. 이는 일련의 교육재정 운용 주체들이 교육비의 수입·지출에 관한 예산, 예산의 집행과 회계, 결산과 감사에 이르는 포괄적 활동을 전개하고 있음을 의미한다.

우리나라의 지방교육재정 구조와 배분 경로를 보면, 국민의 세금을 주 세입원으로 하여 이루어진 정부(교육부)의 교육재정은 그 대부분이 시·도교육비특별회계의 재원이 되고 있으며, 이 재원은 종류별로 각기 다른 방식에 의해 단위학교로 배분되고 있다.

교육재원의 배분은 1차적으로는 교육예산 편성과정을 통해 이루어지며, 2차적으로는 교육예산 집행과정을 통해 이루어진다. 교육예산 편성과정에서 구체적인 교육재원 배분계획이 수립되었을 경우에는 교육예산 집행과정은 기계적으로 이루어지는 절차에 불과하나, 예산 편성과정에서 배분할 재원의 총량 규모만 확정하고, 구체적인 배분계획을 수립하지 않았다면 교육예산 집행과정은 중요한 교육재원 배분과정이 된다(송기창, 2008).

중앙집권적 교육재원 배분구조를 가지고 있는 우리나라의 경우, 같은 재원이지만 해당 운용 주체에 따라서 상이한 확보·집행·평가의 양상을 보이게 되며, 이는 주체별 단계별로 서로 다른 내역과 운용 원리를 의미하게 된다. 대체로 확보단계에서는 충족성과 자구성의 원리가 강조되며, 배분단계에서는 효율성과 공정성이 지출단계에서는 자율성과 적정성이 중요 원리로 강조된다. 마지막 평가단계에서는 효과성과 책무성의 원리가 강조된다. 이러한 원리들은 실제 운용 과정에서 상충되고 충돌하기도 한다. 특히, 교육재정의 확보와 배분, 집행, 평가의 과정에서 평등과 효율, 자유의 가치가 서로 충돌하기도 한다. 여기에 교육재정에 대한 정치학적 측면의 탐구와 논의가 필요하다.

4. 교육재정의 인접 학문과 정치학

교육재정학의 1차적인 인접 학문으로는 교육행정학·교육경제학·재정학·정치학이 있고, 2차적인 인접 학문으로는 교육학·행정학·경영학·경제학 등이 있다. 여기서는 우선 정치학이 포함된 1차적인 인접학문을 정리하고자 한다.[3]

1) 교육재정학과 교육행정학

교육재정학과 교육행정학의 관계를 파악하는 관점에는 두 가지가 있다. 즉, 교육행정과 교육재정을 대등 개념으로 보고 교육행정의 영역 속에 교육재정을 포함시키지 않고 독립적인 영역으로 취급하고자 하는 입장, 그리고 교육재정을 인사행정·시설행정·학생행정·기타 영역의 행정과 마찬가지로 교육행정의 하위 개념으로 취급하고 교육행정의 한 영역으로 간주하려는 입장이다. 교육재정을 교육행정과 대등한 개념으로 보려는 입장은 교육재정이 교육행정의 기반이 되며, 현실적으로 교육재정이 교육행정의 내용과 규모를 결정하고 있다는 점과 교육재정이 실제적으로 교육행정의 권외(圈外)인 정치적 차원에서 규모가 결정되고 운영되고 있다는 데 근거를 두고 있다(김재범, 1977; 김종철, 1982). 한편, 교육재정을 교육행정의 하위 개념으로 보고 교육행정의 한 영역으로 취급하려는 입장은 교육재정이 교육목표 달성을 위한 기본적 지원 조건 중의 하나이므로 마땅히 교육행정의 일부분으로 간주되어야 하며, 교육행정의 운영 실제를 보다

[3] 교육재정의 인접 학문에 대해서는 윤정일·송기창·김병주·나민주(2015)의『신교육재정학』(학지사)의 내용을 바탕으로 정리함.

라도 교육재정은 교육행정의 중요한 일부분으로 간주되고 있다는 데 근거를 두고 있으며(김종철, 1982), 대부분의 학자들이 이 입장을 취하고 있다.

　교육재정은 교육행정 분류체계상 분명히 교육행정의 한 영역이다. 그러나 인사행정·시설행정·장학행정 그리고 기타의 행정 영역과는 그 성격이 다르다고 할 수 있다. 예를 들면, 장학행정은 그 자체가 하나의 독립된 행정 영역이면서 다른 행정 영역에 별다른 영향을 미치지 않고 있다. 그러나 교육재정은 독립된 행정 영역이기는 하지만 다른 행정 영역과 밀접한 관계를 가지고 다른 행정 영역에 지대한 영향을 미치고 있다. 이는 마치 교육행정이 교육의 한 분야이면서 교육의 모든 분야에 지대한 영향을 미치고 있는 것과 동일하다. 흔히 우리는 교육행정이 교육활동의 범위와 질적 수준을 결정한다고 말한다.

　이상적·논리적으로 보면 교육활동이 결정되고 이에 따라 교육행정이 요청되고, 교육행정의 실제가 교육재정의 규모를 결정해야 한다. 이는 국가재정의 특성인 양출제입의 원칙과도 부합하는 것이다. 목적이 교육이고 수단이 행정이며 재정이므로 당연한 논리라고 할 수 있다. 그러나 현실적으로 보면 수단이 목적을 지배하고 있는 경우가 많다. 즉, 교육재정이 교육행정을 결정하고, 교육행정이 교육활동을 결정하고 있다. 이는 교육을 위하여 활용할 수 있는 인적·물적 자원이 크게 부족한 상태에서 발생하는 문제다. 제한된 교육재정 때문에 교육행정과 교육활동이 크게 제약받고 있다는 것을 나타내는 것이다.

2) 교육재정학과 교육경제학

　교육재정학 연구의 초창기에는 교육재정학의 연구가 교육경제학의 연구를 포함하였다. 즉, 교육의 소비가치와 투자가치, 교육의 생산성, 인력개발, 교육투자와 경제성장, 교육의 비용-효과분석, 교육비 분석 등도 교육재정학의 연구영역에 포함되었다. 점차 학문의 세분화가 진척되면서 교육경제학과 교육재정학은 그 분야를 달리하게 되었으나 아직도 교육경제학과 교육재정학의 양자 간에는 내용적으로 중복되는 부분이 상당히 많다. 따라서 교육경제학은 어느 학문보다도 교육재정학에 가장 근접해 있는 학문이라고 할 수 있다.

　대체로 교육경제학은 교육과 국가발전의 관계, 교육이 소득계층에 미치는 영향 등 거시적인 측면을 다루고 있으며, 교육재정학은 교육재정의 확보와 배분, 교육비 이론, 예산기법 등의 미시적 내용을 다루고 있다. 하지만 근본적으로 교육재정학과 교육경제학은 불가분의 관계를 가지고 있다.

3) 교육재정학과 재정학

재정학이란 정부의 조세정책이나 지출정책과 같은 정부의 각종 정책들이 경제에 어떠한 영향을 끼치고, 나아가서 사회 구성원의 후생에 어떠한 변화를 가져다주는가를 연구하는 학문이다. 재정학은 또한 단순히 '정부의 재정'을 연구하는 학문이라고 표현할 수 있겠는데, 정부의 정책을 연구하는 실천과학으로서 성격을 재정학이 가지고 있는 것이다(김동건, 1998).

교육재정학은 교육학의 한 분야라고도 할 수 있고, 또한 재정학의 한 분야라고도 할 수 있다. 교육재정학에서 다루는 이론과 원칙, 연구방법 등의 대부분은 재정학에서 원용된 것들이다. 특히, 조세제도, 교육세, 교육재정 배분의 원칙, 배분의 공정성, 예산제도, 회계제도 등에 관한 개념과 원리는 재정학에서 사용되는 것들을 원용하고 있는 경우가 많다.

4) 교육재정학과 정치학

수세기 동안 많은 사람이 "교육은 정치로부터 보호되어야 한다."라고 믿고 이를 주장하여 왔다. 이는 아마도 "정치가 교육을 간섭하지 말아야 한다."라는 것을 강조하기 위한 것이라고 할 수 있다. 그러나 과연 이 주장이 어느 정도까지 실현 가능한가?

정치는 많은 영역에 있어서 부패하고 냉혹하다. 정치적 정당은 권력과 지지를 확보하기 위한 투쟁에서 냉정해질 수 있다. 교육이 이러한 과정에서 저당물이 된다는 것은 국가발전을 위하여 이롭지 않을 것이다. 따라서 강력한 안전장치가 필요하게 되는 것이다. 여기서 의미하는 것은 교육은 권력과 이권투쟁을 위한 정당의 정치적 투쟁으로부터 보호되어야 하며, 어떠한 종류의 부정이득이나 부패에도 빠져들어서는 안 된다는 것이다. 왜냐하면 국가의 인적 자원개발은 어떤 개인이나 집단의 이익을 위하여 이기적으로 이용될 대상이 되어서는 안되기 때문이다(Johns & Edgar, 1969).

이는 교육이 사회적 · 정치적 과정으로부터 분리되어야 하고 될 수 있다는 것을 의미하는 것이 아니다. Burkhead(1964)는 "교육은 미국생활에 있어서 가장 철저한 정치적 기업의 하나이지만 이상하게도 정치적 현상으로서의 학교체제와 교육문제에 대하여는 충분하게 연구된 바가 거의 없다."라고 하였다. 학교를 위한 재정적 지원은 정치적 과정을 통하여 결정되며, 때로는 정당의 정강에 교육에 관한 사항이 포함되기도 한다. '교육재정 GNP 5% 확보'와 '교육개혁위원회 설치' 등과 같은 대통령 공약도 그 한 예라고 할 수 있다. 그러므로 교육재정학은 정치학과 밀접한 관계를 가지고 있다.

어느 나라에서나 적절한 재원과 자원을 확보해서 현명하게 활용하지 못한다면 좋은 학교를 가질 수 없으며, 교육기회를 만족스럽게 제공할 수 없다. 한 사회에서 수용되는 목표와 가치에 관한 기본적인 의사결정은 정치적 영역에서 만들어진다고 하는 사실은 명백히 이해되어야 한다. 교육체제가 운영되고 있는 문화환경은 지속적으로 체제의 투입(자원, 에너지, 정보 등), 운영 및 성과를 통제하는 정책에 영향을 미친다.

정부예산의 결정은 시장과정보다 정치과정에 관련되어 있다. 따라서 예산결정의 정치적 과정을 이해하기 위하여는 재정에 관한 개개인의 견해가 어떻게 표현되고, 또 어떻게 정치적 활동으로 옮겨지며, 다른 분야에 있어서 재정적 결정이 정치적 결정과 어떠한 관계를 갖고 있는가에 대하여 이해하여야 한다. 뿐만 아니라 정당 · 국회 · 행정부의 역할이 무엇인지, 예산에 관한 결정에 압력단체들은 어떻게 개입하고, 어떠한 편견이 개재되고 있는지를 이해하여야 한다(차병권, 1987). 따라서 전통적인 경제학이 무시하여 온 문제, 즉 모든 사회 구성원이 관계를 가질 수밖에 없는 비시장적 의사결정 내지 정치적 의사결정이 이루어지고 시행되는 과정에 있어 개인, 정치가, 관료 등 참가자의 선택 행동에 관심을 두어야 한다.

특히, 이미 교육재정의 개념과 특성을 정리하면서 논의하였듯이 교육재정 속에는 수많은 가치판단적인 요소가 포함되어 있다. 이는 교육재정의 정치학적인 요소들이 수도 없이 많음을 잘 보여 준다.

5. 교육재정 정치학의 사례

교육재정학 분야는 종종 복잡한 수학 공식과 컴퓨터 시뮬레이션 등을 이용한, 기능적이고 사상이 빈곤한 분야로 간주되어 왔다. 이 분야는 아동, 수업과 학교교육의 질적인 측면을 강조하는 교육인문주의자들을 피하고 방법론에 치중하는 사람들을 위한 안식처로 여겨지기까지 하였다. 아직도 세계 각국의 많은 교육재정학 저서들은 그러한 역할에 강조점을 두고 있다.

그동안 교육재정도 확보 및 배분과정과 함께 경제학적인 측면을 강조해 온 것이 사실이다. 그러나 교육재정은 경제뿐만 아니라 정치의 함수임을 인정해야 한다. 앞으로는 교육재정의 경제적 측면과 함께 정치적 측면에 대한 논의에도 강조점을 두어야 할 것이다. 이러한 맥락 속에서 공립학교 재정정책은 평등성, 효율성, 자유와 정치적 책임성, 정치적 수용 가능성 등과 같은 근본적인 사회가치에 근거해야 한다는 주장도 전개되어 온 것이다. 여기서는 교육재정을 정치학적 측면에서 분석한 두가지 사례를 제시하고자 한다.

1) 유아교육재정의 정치학[4]

영유아기 교육의 중요성에 대한 인식이 높아지면서「유아교육진흥법」(1982. 12. 31. 제정)과「초·중등교육법」(1997. 12. 31. 제정)의 일부를 통합한「유아교육법」(2004. 1. 29.) 및 같은 법 시행령(2005. 1. 29.), 시행규칙(2005. 2. 24.) 제정으로 유아교육 공교육화를 위한 제도적 기반은 마련되었다.「영유아보육법」(1991. 1. 14.)에서도 영유아의 보육 및 그에 대한 국가 및 지방자치단체의 지원 사항을 명시하고 있다.[5]

---

4) 이 내용은 김병주(2011)의 취학전교육 재정지원의 쟁점과 방향. 교육정치학연구, 18(2)와 김병주(2019)의 유아교육재정의 쟁점과 과제(미간행 발표자료)의 내용을 바탕으로 정리함.

5) 1982년 12월 31일 제정된「유아교육진흥법」에서는 제3조에서 유아교육의 진흥을 위하여 유아교육에 소요되는 경비의 일부 지원을 포함한 국가의 임무를 규정하고 있으며, 제4조에서 지방자치단체의 임무를 규정하였다.「유아교육진흥법」이 폐지되면서「초·중등교육법」에서 유치원에 관련된 사항을 포함하여 2004년 1월 제정되어 2005년 1월 30일 시행된「유아교육법」에서는 제3조에서 "국가

정부는 「유아교육법」이 제정된 이래 유치원 교육에 대한 행정적·재정적 지원을 대폭 확대하여 왔다. 앞으로도 유아교육 지원예산은 더욱 큰 폭으로 확대될 것으로 예상된다. 특히 정부가 범정부적으로 추진하고 있는 저출산종합대책의 확대, 그리고 2012년부터 시행되고 있는 만 5세 누리과정 및 2013년 만 3, 4세로의 확대 등으로 유아교육 지원예산은 더더욱 증가할 것으로 예상된다.

이처럼 유치원의 공교육화가 진행되고 유아교육에 대한 재정지원이 큰 폭으로 증가하고 있음에도 불구하고, 우리나라의 유아교육재정은 아직 그리 많지 않은 것이 사실이다. 부족한 재정은 재정 지원의 편중을 가져오고, 부모의 사회경제적 배경에 따른 영유아기부터의 교육 격차를 심화시킬 수 있다. 영유아기는 모든 발달에 있어서 결정적 시기이므로 사회경제적으로 불리한 배경을 가진 취약집단에 속한 가정환경 때문에 적절한 교육적 지원을 받지 못할 경우 그 격차를 보충하는 것은 상당히 어려울 수 있고, 따라서 유아기에 있는 아동을 위한 교육적 지원체제, 특히 취약집단 아동을 위한 교육지원체제를 유아기부터 마련해야 한다(류방란, 허준, 김수영, 최윤정, 2007). 이런 인식을 바탕으로 북유럽 국가들은 유아교육을 무상으로 제공하고 있으며, 이는 필연적으로 정부의 재정 지출을 수반하게 된다. 스웨덴의 경우는 유아교육에서 교육비가 부모의 월급의 1~3%를 넘지 않도록 교육비 상한선제를 도입하여(김병주, 조형숙, 2011), 초과되는 교육비 지출액은 국가가 부담하고 있다. 유아교육이 명실상부한 공교육이 되기 위해서는 정부의 획기적 재정 지원이 필요하며, 이것이 경제적으로도 가장 효율적이고, 사회적으로도 출발점에서의 교육 불평등을 해소할 수 있는 가장 정의로운 길이다(류방란 외, 2007).

2012년부터 만 5세 누리과정이 도입됨에 따라 만 5세 보육시설의 유아에게 지원되는 보육료를 시·도 교육청이 부담하게 되었고, 향후 추가적인 재원부담

및 지방자치단체는 보호자와 더불어 유아를 건전하게 교육할 책임을 진다."라고 규정하였다. 아울러 제37조에서는 "초등학교 취학 직전 1년의 유치원 교육은 무상으로 하되, 대통령령이 정하는 바에 의하여 순차적으로 실시한다."라고 규정하였는데, 이는 이미 1997년 12월 31일에 제정된 「초·중등교육법」 제37조에 명시되어 있었다. 1991년 1월 14일 제정된 「영유아보육법」 제3조에서도 국가와 지방자치단체는 보호자와 더불어 영유아를 건전하게 보육할 책임을 질 것을 규정하고 있다. 또한, 제22조(비용의 보조)에서는 이미 국가 또는 지방자치단체가 대통령령이 정하는 바에 의하여 보육시설의 설치 및 운영 등 영유아의 보육사업에 소요되는 비용을 보조할 수 있도록 규정하고 있다.

소요 및 법적 근거에 대한 문제가 제기되고 있다. 뿐만 아니라 재정 지원의 방식, 무상교육의 범위, 유아교육에 대한 재정 지원 주체 등을 둘러싼 쟁점은 다양하게 제기되고 있다.

2) 유아교육재정의 개념

유아교육재정은 유아의 교육을 위한 재정이며, 이는 대부분 유아교육기관과 넓게 보면 보육시설의 운영을 위해 소요되는 경비를 의미한다. 유아교육기관에는 유치원과 보육시설(어린이집)을 포함할 수 있다. 「유아교육법」 제2조의 2호(유치원이라 함은 유아의 교육을 위하여 설립·운영되는 학교)와 제13조의 1항, 2항(유치원은 교육과정을 운영하여야 하며, 교육부 장관은 그 교육과정의 기준과 내용에 관한 기본사항을 정한다.)에 근거할 때 유치원은 교육기관으로 볼 수 있다. 그런데 보육시설(어린이집)에 관한 법률인 「영유아보육법」(2004. 1. 29. 제정)은 제정 당시 "보육시설이라 함은 보호자가 근로 또는 질병 기타 사정으로 영유아를 보호하기 어려운 경우에 보호자의 위탁을 받아 영유아를 보육하는 시설을 말한다."라고 하였으나, 개정된 「영유아보육법」에서는 "보육이란 영유아를 건강하고 안전하게 보호·양육하고 영유아의 발달 특성에 맞는 교육을 제공하는 보육시설 및 가정양육 지원에 관한 사회복지서비스를 말한다."라고 하여 교육의 개념을 포함하고 있다. 하지만 유아교육과 교육과정이라는 개념은 사용하지 않는다.

유아교육과 보육은 배타적 개념이 아니라 상호보완적 개념이라 할 수 있다. 선진국에서는 여성의 모성권, 노동권 중시 경향('보육')에서 수혜자인 유아 중심(유아'교육')으로 전환하고 있다. 이는 사회복지 개념에서 교육복지 개념으로 전환하는 것이며, 보육과 교육을 통합한 서비스로 발전하는 것이다. 유아교육과 보육은 상호 분리될 수 없는 동전의 앞뒷면이라 할 수 있다. 유치원에서 교육받는 유아도 유아교육과 함께 보육을 받아야 하며, 보육시설에 다니는 영유아도 보육과 함께 유아교육을 받아야 한다. 어머니가 대부분의 시간을 가정에서 보낼 경우 보육보다는 유아교육의 필요성을 더 강조하며, 어머니가 직장을 갖게 되어 가정을 떠나 있을 때에는 보육의 필요성을 더 강조한다. 최근에는 보육과 유아교육을 통합하는 경향이 강하게 나타난다.

현실적으로도 유치원과 보육시설의 파트너십을 인정할 필요가 있다. '유아교육'의 입장에서 보면 교육부가 정하도록 되어 있는 유치원교육과정을 최대한 교육수요자의 요구에 맞추고 적합성을 높임으로써 보육시설에서도 자발적으로 유치원 교육과정을 운영하도록 하는 것이 필요하다. 장기적으로는 취학 전 '교육'에 대한 부분은 통일된 유아교육과정을 통하여 운영되는 것이 필요하다.

3) 유아교육재정 정책의 변화

(1) 2008년 이전의 유아교육재정 지원

1982년 유아교육진흥종합대책으로 사립유치원의 설립요건을 완화한 이래 유치원이 증가하기 시작하였으며, 1982년 유아교육진흥종합계획 추진의 일환으로 「유아교육진흥법」이 제정·공포되면서 유아교육기관을 유치원과 유아원으로 이원화하고 정부의 행정지원 및 재정지원을 체계화하였다. 이는 정부의 책임과 지원하에 확대·발전시킬 수 있는 법적 근거가 마련되었다는 점에서 중요하다.

1991년에는 「영유아보육법」이 제정되면서 현재의 유치원과 어린이집으로 이원화되어, 만 3~5세 유아에 대한 교육과 보육이 교육부와 보건복지부로 구분되었다. 이들 기관은 만 3~5세라는 동일 연령대 유아를 대상으로 하고 유사한 기능을 수행하고 있음에도 「유아교육법」과 「영유아보육법」이라는 다른 법적 근거와 다른 교사양성체계 및 자격기준, 시설기준 그리고 다른 교육과정·보육과정을 운영하게 되었다.

2004년에는 유아교육계의 끊임없는 요구와 노력으로 「유아교육법」을 제정하여, 「초·중등교육법」에 포함되어 있던 유치원에 관한 법률 조항을 별도로 분리하였다. 「유아교육법」에서는 취학 전 만 5세 유아에 대한 무상교육을 2007년까지 단계적으로 실시하도록 명시하였다. 유아교육재정은 국고 부담분인 교육부 예산과 지자체 부담재원으로 시·도교육비특별회계 중 유아교육 관련 예산, 사립유치원 관련 예산 등으로 구성된다. 그러나 사립유치원의 비중이 높은 현실에서 부모로부터 받는 원비 등 사부담교육비의 비중은 과다할 수밖에 없었다.

(2) 2008년 유아교육비 지원사업의 지방교육재정교부금으로의 이양

2008년을 기점으로 유치원의 양적 확대와 함께 그동안 국고와 지방비로 지원되던 유아교육재원을 지방교육재정교부금으로 확보하였다. 2006년 12월 「지방교육재정교부금법」(이하 「지방교육교부금법」)이 개정되면서 학비지원, 무상교육비, 저소득층 자녀 지원, 종일제 지원, 사립유치원 지원 등 유아교육비 지원 예산을 중앙정부에서 확보·배분하던 재정지원 체계가, 2008년부터 국립유치원을 제외한 공립·사립 유치원의 유아교육비 지원 예산을 지방교육재정교부금으로 이양되었다(김동훈, 2017). 또한, 2006년 「지방교육교부금법」 제3조의 2항 개정(법률 제8148호)을 통해 지방교육재정의 안정적 확보를 위하여 2008년부터 내국세분 교부금 교부율을 기존 19.4%에서 20%로 0.6% 인상하여 유아교육 재정을 확보하였다. 「지방교육교부금법」 개정 사유에 명시되지는 않았으나, 국회 회의록에 따르면 인상된 0.6%에는 유아교육지원사업, 방과후학교지원사업, 특수교육지원사업 등 국고보조사업을 지방으로 이양하기 위해 내국세 교부율을 인상한 것이다(송기창, 2009).

이듬해 2월 개정된 「지방교육교부금법 시행령」의 개정 이유에 '지방교육재정교부금의 비율이 상향 조정되어 지방교육재정의 확충기반이 조성됨에 따라 재원 확충분을 시·도별로 균형 배분하고, 유아교육비 지원사업과 방과 후 학교 사업 등 지방이양사업에 대한 근거를 명시하며 기준재정수요 측정항목에 포함시켜 동 사업을 조기에 정착시키려는 것임'으로 명시하고 있어 유아교육비 지원사업의 지방이양을 명확하게 확인하였다.

이후 후속으로 「지방교육교부금법」 시행규칙을 개정하여 지방교육재정교부금의 기준재정수요액 측정 항목을 교원인건비, 교원인건비가산금, 학교신설비, 재정결함보전, 학교운영비 및 그 밖의 경비에서 교직원인건비, 학교·교육과정운영비, 교육행정비, 학교시설비, 유아교육비, 방과후학교사업비, 재정결함보전으로 하였다.

(3) 만 3~5세 누리과정의 도입·확대

유아교육비 지원사업의 지방이양 후 얼마되지 않아 유치원과 유사한 기능을 하는 어린이집에 다니는 유아까지를 포함한 만 3~5세 공통과정인 누리과정이 도입되면서 유아교육재정은 큰 변화를 겪었다. 2011년 '만 5세 공통과정 도입 추진계획'의 관계부처합동 발표(2011. 5. 2.)에 따라, 2012년 3월부터 유아단계에서 양질의 교육·보육 제공을 위해 만 5세 유아의 교육·보육에 대한 국가 책임을 강화하고, 만 5세 학비지원을 전 계층으로 확대하고, 지원 단가 또한 순차적으로 늘려 현실화하는 방안이 마련되었다. 이를 위해 유치원과 어린이집으로 이원화되어 있는 교육·보육과정을 표준화된 공통과정(누리과정) 도입과 만 5세에 대한 유아학비·보육비를 지방교육교부금에서 지원하는 등의 세부 방안이 발표되었다. 이듬해 만 5세 지원 대상이 기존 소득하위 70% 이하에서 전 계층으로 확대되고, 2012년 3월부터 만 5세아 공통과정인 누리과정을 전면 시행하였다. 2011년 월 17.7만 원인 지원단가를 향후 5년간 인상하여 2016년에 월 30만 원까지 인상한다는 계획과 함께 지방교육재정교부금으로 지원할 계획을 발표한 것이다(교육과학기술부, 2011).

이에 따라 무상교육 대상에 어린이집에서 공통과정을 제공받는 유아를 포함하도록 「유아교육법 시행령」을 개정하고, 만 5세 전 계층의 지원 비용을 지방교육재정교부금에서 부담하도록 「영유아보육법 시행령」을 개정하고, 지방교육재정교부금 산정기준에 어린이집에 다니는 5세 유아를 포함하도록 「지방교육교부금법시행령」을 개정하여 재원의 일원화를 도모하였다.

이듬해인 2012년 5세 누리과정이 시행되기도 전에 정부는 대통령 지시사항에 의해 '만 3~4세 누리과정 도입 계획'을 추가로 발표하면서 지원 대상을 기존 만 5세에서 만 3~5세 전 계층으로 확대하였다(교육과학기술부, 2012). 이는 2013년 3월부터 만 5세에서 만 3~4세까지로 유아교육·보육 공통과정인 누리과정을 도입하고, 지원단가는 2013년부터 만 5세 지원단가와 동일하게 월 22만 원을 지원하고, 재원부담은 2015년부터 지방교육재정교부금으로 부담하되 2013년에는 만 3~4세 해당분, 2014년에는 만 3세 해당분에 대한 기존 보육료 국고 및 지방비 부담분은 계속 지원하기로 하였다(교육과학기술부, 2012).

이러한 방안의 발표 이후 무상교육 범위를 초등학교 취학 직전 1년에서 3년으로 하는 등 「유아교육법」 및 같은 법시행령, 「영유아보육법」 및 같은 법시행령을 개정하였고, 지방교육재정교부금 산정기준에 「유아교육법」 개선 사항을 반영하여 어린이집에 다니는 만 3~4세 유아까지로 확대하는 「지방교육교부금법 시행령」을 개정하였다.

(4)「유아교육지원 특별회계법」제정

2008년부터 유아교육비 지원 사업을 지방교육재정교부금 사업으로 이양하게 되고, 2012년 만 5세, 2013년 만 3~4세까지 확대하여 지방교육재정교부금으로 어린이집 누리과정을 지원하도록 하면서 중앙정부와 시·도 교육청은 첨예하게 대립하였다. 중요한 쟁점은 지방교육재정교부금으로 어린이집에 대한 누리과정 보육료를 지원하는 것의 법적 정당성 문제였다.

정부와 시·도 교육청 간 갈등이 지속되는 상황에서 2018년 '유아교육지원 특별회계'라는 임시방편적 처방안이 법제화되었다. 그간의 갈등을 해소하고 유아교육정책에 대한 일관성과 안정성을 기하고 누리과정을 둘러싼 사회적 혼란과 갈등을 방지하기 위하여 당시 국회 여야 3당이 누리과정 운영을 지원하는 '유아교육지원특별회계'를 설치하기로 합의한 것이다. 이후「유아교육지원 특별회계법」이 제정(2016. 12. 20.)되어 누리과정의 안정적 추진을 위해 2019년 12월 31일까지 효력을 갖도록 3년 한시 특별회계를 설치하였고, 재원은 일반회계로부터의 전입 규모를 예산으로 정하는 규모의 교육세와 기타 전입금으로 하도록 하였다. 이에 따라 2017년도 누리과정지원비는 교육세 3조 809억 원, 일반회계 전입금 8,600억 원(어린이집 누리과정 소요분의 45% 수준)으로 하여 3조 9,409억 원 규모가 지원되었다. 이 특별회계법은 2019년 12월 13일에 다시 2022년 12월 31일까지 3년간 연장되었다.

4) 유아교육재정의 주요 쟁점

(1) 유아교육 재정지원과 공공성

정부는 재정지원에 앞서 선 공공성 및 책무성 확보를 요구하는 반면, 유아교육기관들은 공공성·책무성 확보를 위해 선 재정지원을 요구한다. 정부의 입장에서 보면 유치원을 포함한 유아교육에 대한 공공 지원이 확대되고 있지만, 이를 뒷받침할 수 있는 공공성 기제가 미흡하다고 본다. 이의 근거로 다음을 들고 있다(김병주, 나민주, 박동렬, 정성수, 정종철, 최정윤, 2010).

첫째, 기관 운영 및 재정 현황 등이 외부에 공개되지 않고 있다. 물론 재정이 열악하여 공개할 필요도 없다는 주장이 있을 수 있고, 예산·결산을 정리하여 공개할 만한 인력도 부족하다는 주장도 제기될 수 있다. 그러나 예산·결산의 공개는 기관 운영 공공성 증진을 위한 첫걸음이 될 수 있다. 둘째, 대부분의 사립기관에는 외부의 참여 기제가 거의 없다. 학부모가 교육에 참여하는 경우가 있기는 하지만, 이는 운영에 참여하기보다는 자녀 교육에 보조교사로 참여하거나 자원봉사자로 참여하는 경우가 대부분이다. 특히 예산문제에 관한 계획 및 결정 과정에의 참여나, 교육기획·정책을 계획하고 평가하는 과정에의 참여, 특별활동 실시여부 결정, 유아모집에 관한 사항 결정, 비용 징수결정 등 자문 및 정책결정자로 참여하는 경우는 거의 없었다(김선연, 김병주, 2004). 셋째, 사립기관 운영 공공성 증진의 핵심은 재정문제라 할 것이며, 재정문제의 핵심은 회계에 있다고 해도 과언이 아니다. 그러나 사립유치원의 경우 회계연도 말에 시·도 교육청에 결산보고하는 것이 전부이며, 회계에 대한 외부의 검증 기제가 부족하다.

반면, 사립유치원의 공공성을 확보하기 위해서는 우선 재정지원이 전제되어야 한다는 주장도 제기된다(김병주, 김성기, 2006). 사립유치원이 국가를 대신하여 유아교육을 담당해 온 만큼, 그에 대한 인정이 필요하며, 먼저 재정지원을 한 후에 공공성 확보를 유도해야 한다는 것이다.

(2) 유아교육 재정지원의 정당성과 근거

유아교육에 대한 재정지원의 정당성이 확보되기 위해서는 유아교육에 대한 재정지원이 타당한 근거를 가져야 한다. 유아교육 재정지원의 지원에 따른 편익이 사회에 고르게 전달되는가, 유아교육 당사자에게 국한되는가에 대한 논의에 근거한다. Heckman 등(2010)의 교육 투자 대비 효과가 유아기에 가장 크다는 연구결과가 이에 대한 근거를 제공한다. 유아교육 경험은 다양한 측면에 영향을 미치며, 이는 결국 국민 지출을 감소시키는 영향을 가져오게 된다(Conti & Heckman, 2010). Ou와 Reynolds(2004)는 유아교육을 시작한 시기, 기간, 교육의 질이 초등 시기의 학업 동기, 학업능력, 사회적응 및 가정과 학교의 지원을 높이는 결과를 나타냈으며, 청소년기 이후 학업성취, 특수교육 서비스 필요성의 감소와 학교 성취를 향상시키고 청소년 비행 위험을 줄이는 효과를 나타낸 것으로 보고 있다.

유아교육 및 보육의 시장실패 요인으로 외부효과의 발생과 수요자와 공급자 간 정보의 비대칭성을 들 수 있다. 먼저, 유아에 대한 수준 높은 교육은 향후 훌륭한 인적 자본을 형성시켜 국가의 경쟁력과 성장에 긍정적인 영향을 제공한다. 또한, 유아교육 및 보육 서비스의 수요자는 서비스 공급자의 서비스 내용이나 질에 대해 잘 알 수 없고, 따라서 높은 비용을 제공하고 보육 서비스를 이용하는 것을 포기하며 이에 따라 서비스 공급 역시 질이 저하되는 현상이 발생할 수 있다. 수요자 입장에서는 공급자가 제공하는 프로그램의 질이나 내용 등에 대해 제대로 파악하기 힘들어 공급자에게 도덕적 해이가 발생할 가능성이 있다 (김병주, 조형숙, 2011).

유아교육 및 보육서비스를 공공재로 정의하게 되면 정부가 직접적으로 서비스를 공급해야 한다는 결론을 도출할 수 있다. 효율성과 형평성 차원에서 정부 개입은 필요하며, 정부 개입의 형태는 형평성 차원에서 저소득층이나 어려움에 처해 있는 취약계층의 유아에게 교육 및 보육 서비스를 직접 제공하거나 보조하는 형태로 이루어지는 것이 바람직하다는 주장이 가능하다. 긍정적 외부효과를 발생시키는 유아교육 및 보육에 대해 정부는 보조금을 지급하여 사회적으로 적합하다고 생각되는 질적 수준과 양까지 사적인 서비스의 수준과 공급량을 확대시키고, 정보의 비대칭성으로 인한 역선택의 문제나 도덕적 해이 문제를 해결하기 위해 정부는 제약된 수요자에게 정보를 제공하여 정보의 비대칭성으로 인한 시장실패를 교정할 필요가 있다.

유아교육 및 보육 서비스의 공급을 전적으로 시장에 의존할 경우 시장실패에 따른 보육 서비스의 과소공급과 기회의 불평등이 문제된다. 반면, 정부가 시장에 개입할 경우 서비스의 재원조달과 적정 수준의 개입이 문제로 대두된다. 유아교육 및 보육의 공공성 강화하는 정책이 필요하다.

유아교육 및 보육 서비스는 공공재라기보다 사적 재화라는 시각이 있다. 사적 재화일 경우 정부가 시장에 개입할 논리적 이유가 없다. 그러나 유아교육 및 보육은 일반 사적 재화와 달리, 정부가 반드시 시장에 개입해야 하는 필요성으로 세 가지의 시장실패를 들 수 있다.

첫째, 유아교육 및 보육은 경제적 외부효과를 가진다. 유아 시기에 사회적으로 바람직한 수준의 교육 및 보육 서비스를 받지 못하게 되면, 성장 후에 여러 가지 사회적 문제를 발생하게 된다. 따라서 시장에만 맡겨 둘 경우, 소득이 충분하지 않은 저소득 계층의 유아들은 교육 및 보육 서비스를 받지 못하게 되어 미래에 사회적으로 더 높은 비용을 발생하게 된다. Heckman과 Klenow(1997)는 경제적 비용-편익분석을 통해 영유아 시기의 보육투자에 대한 효과를 실증적으로 보여 주었다. 즉, 영유아기에 정부에서 1단계 투자할 경우, 긍정적인 효과가 7, 8배로 나타난다는 것이다. 둘째, 저소득 계층에 대한 자본시장의 불완전성을 들 수 있다. 저소득 계층의 경우에는 교육 및 보육 서비스가 필요하지만, 소득이 없으므로 서비스를 수요할 수 없게 된다. 저소득층에 대한 교육 및 보육 서비스는 근본적으로 정부가 시장에 개입해서 해결할 수밖에 없다. 셋째, 재분배 기능을 달성하기 위함이다. 정부가 유아교육 및 보육 서비스 시장에 당위적으로 개입하기 위해서 유아교육 및 보육 재정의 확충은 바람직하다. 그러나 확대된 재정의 대상 계층을 어떻게 잡느냐가 중요하다.

(3) 공립·사립 간 교육비 지원 격차와 유아교육 기회균등 문제

현재 공립·사립 간 유아교육비 지원 격차가 매우 크다. 유아교육의 상당 부분을 사립에 의존하면서도 공적인 재정지원은 공립유치원에 대해 집중되어 있다. 만 5세 아동 무상교육비, 두 자녀 이상 교육비, 만 3~4세 아동 차등교육비 등 가구에 대한 교육비 지원을 제외할 경우 사립에 대한 지원은 10%에 불과하다. 이와 같이 공립·사립 간 서비스 격차가 크다는 점은 그간 여러 차례 지적되었으며(예: 김병주, 2005; 천세영, 2007 등), 이는 여전히 크게 개선되지 못하고 있다.

이러한 가운데 정부는 2022년까지 국공립유치원 비율을 40%까지 확대하고자 한다. D광역시를 기준으로 한 연구(김병주, 구성우, 2019)에 따르면, 공립 병설유치원 원아 1인당 교육비는 10,041.8천 원, 공립 단설유치원 원아 1인당 교육비는 14,547.1천 원, 사립유치원 원아 1인당 교육비는 6,082.4천 원으로 나타났다. 공립유치원의 교육비에 대해서는 전액 국고로 지원되는 반면, 2019년 기준 사립유치원의 교육비에 대해서는 원아당 월 22만 원과 방과후교육비 7만 원(방과후 교육활동에 참여하는 유아에 대해서만 지원), 그리고 유치원 교사 인건비 지원 월 60여 만 원이 전부다.

현재의 국공립유치원과 사립유치원 비율을 유지한 상태에서 사립유치원에 대한 지원을 확대하는 방향으로, 즉 사립유치원 교육비 중 학부모부담금을 전액 국가(또는 교육청)가 지원하는 방향으로 무상유아교육을 확대할 경우 오히려 적은 금액으로 모든 유아에게 무상교육을 실시할 수 있다. 상대적으로 적은 비용으로 모든 유아에게 무상유아교육을 실시할 수 있고, 사립유치원 학부모가 상대적인 불평등을 느끼지 않도록 하기 위해서는 국·공립유치원의 확대보다는 사립유치원에 대한 지원 확대를 통해 유치원 공교육화 및 무상교육을 달성하는 것이 오히려 타당한 측면이 있다.

기본적으로 사립유치원이 유아교육의 물적 기반과 교육적 기반을 확대하는 데 기여했다는 점에 대해서 반대하는 이는 거의 없을 것이다. 사립유치원은 유아교육에 대한 개인적 교육철학에 근거하여 설립되었다. 국가 교육재정의 한계를 고려할 때 이미 설립·운영되고 있는 사립유치원의 활용을 극대화하는 것이 타당할 것이다. 특히, 고교 무상교육이 시행되고 있는 상황에서 공립유치원 확대는 교육재정과 국가재정에 무리를 가져올 가능성이 적지 않다. 교육의 다양성, 인력수급, 국가 및 교육재정 상황 등을 전반적으로 고려할 때 사립유치원과 국공립유치원이 공존할 수 있는 방안을 모색하는 것이 필요하다.

(4) 아동지원·기관지원의 문제

유아교육에 대한 정부지원이 확대되면서 기관에 직접 지원하기보다 영유아의 보호자에게 지원하는 것으로 원칙으로 하고 있다. 「유아교육법」 제24조에서는 무상교육 등에 필요한 비용은 국가 및 지방자치단체가 이를 부담하되, 유아의 보호자에게 지원하는 것을 원칙으로 하고 있으며, 「영유아보육법」에서도 영유아의 학부모에게 보육시설 이용권(바우처 방식)으로 지원하고 있다. 이는 사립기관의 공공성 및 책무성에 대한 불신에서 출발하며, 기관 간 경쟁을 통한 교육 및 보육의 질 개선을 목적으로 하고 있다.

유아학비 지원 절차를 보면, ① 학부모는 아동 주소지 관할 주민센터에 유아학비 지원 신청, ② 관할 시·군·구청에서 소득조사 및 자격 결정, ③ 지원대상

가구는 지원 금액을 차감한 잔액을 유치원에 납부, ④ 지역교육청이 지원금액을 유치원에 입금하는 과정을 거친다. 뿐만 아니라 사립기관의 교사 처우개선비도 교사의 통장에 직접 입금하는 방식을 취한다.

이러한 바우처 방식 및 교사 직접 지원방식에 대하여 찬반의 의견이 존재한다. 찬성 측의 입장은 사립유치원의 불투명성을 이유로 제시한다(김병주, 김성기, 2005). 하지만 반대하는 측에서는 아동에 대한 직접지원, 교사에 대한 직접지원이 유치원 교육비를 증가시키지는 못하기 때문에 실질적인 유치원 교육의 질적 제고에 기여하지 못한다는 점을 지적한다.

(5) 관리감독 기관의 일원화 문제

현재 유아교육기관의 관리감독은 교육부와 보건복지부로 이원화되어 있다. 교육 및 재정 지원의 효율성을 높이기 위해서는 관리감독 기관을 일원화하는 것이 필요하다는 주장이 제기된다. OECD 국가들의 유아교육과 보육행정 체계를 살펴보면, 유아교육과 보육 간의 중복된 기능을 교육중심으로 일원화하거나 담당 연령을 이원화하고 있다(신은수, 정미라, 박은혜, 2009).

일원화 체계를 운영하는 나라는 노르웨이, 뉴질랜드, 스웨덴, 스페인, 영국(이상 교육부), 핀란드(복지부)다. 이원화 체계를 운영하는 나라 중 대만, 독일, 싱가포르, 이탈리아, 프랑스, 홍콩은 연령별로 교육부와 복지부의 분리체제를 운영한다.

일본과 우리나라는 교육부와 복지부가 병행 중복체제를 운영한다. 미국의 경우, 주에 따라 차이가 있기는 하지만 5세는 교육부과 관리하며, 4세 이하는 교육부와 복지부가 중복 관리한다. 스웨덴의 경우, 1996년 보육담당부서를 보건사회부에서 교육부로 이관되면서 복지 차원에서 보호의 측면을 강조된 초기 보육체제가 교육을 중시하는 공교육체제로 전환되었다. 2000년 영국의 경우 0~4세의 공통교육과정(Early year Foundation Stage: EYFS)을 개발하여 교육부에서 교육강화 및 교육기관 평가를 통해 질관리를 하고 있다(김병주, 조형숙, 2011).

선진국의 교육강화 방향을 살펴볼 때, 미래 교육정책은 초등학교에서 시작하는 것이 아니라 생애 초기부터의 교육이라는 관점에서 복지와 보호 기능도 담아낼 수 있을 때 진정한 유아의 삶의 질 보장과 국가 교육력의 강화를 기대할 수 있다. 따라서 만 5세 공통교육과정 도입에 있어 이에 대한 관리 · 감독을 재정을 지원하는 중앙부처를 일원화하는 체제를 법적으로 명시하는 것이 필요하다. 교육 · 보육의 관리 · 감독 체제가 유치원은 교육부로, 어린이집은 보건복지부로 이원화되어 있어 장학지도 등 교육의 균등한 품질관리에 의문이 제기되므로 교육을 제대로 실시할 수 있는 하나의 중앙부처로 일원화하여 교육의 질을 개선해 나갈 수 있도록 지도해 나가야 한다.

(6) 만 4세 이하에 대한 재정지원의 확대

유아교육 재정지원의 범위를 만 5세 아동을 넘어 만 3~4세까지로 실질적으로 확대해야 한다는 주장이 있다. 현재에도 만 3~4세 아동에 대한 재정지원이 이루어지고 있지만, 범위를 더욱 확대해야 한다는 것이다.

유아교육 재정지원의 범위를 만 4세 이하로 더욱 확대해야 한다는 주장은 다음의 세 가지에 근거한다. 유아교육은 사회에 미치는 외부효과가 크며, 개인의 전 생애 발달에 큰 영향을 미친다. 특히, 저출산에 더 직접적으로 영향을 미치는 것은 만 0~4세 아동에 대한 지원이며, 이의 해결을 위해서도 범위의 확대는 필요하다. 선진국의 국가별 유아교육학제를 살펴보면 만 1~5세를 발달의 연속상에 있는 단계로 보고 유아교육 맥락에서 유아의 삶의 질을 보장하고 유아교육의 효과를 증진하기 위해 유아학교 체제의 교육과정을 공고히 하고 있다. 이러한 맥락에서 장기적으로 만 5세 무상교육을 통한 공통교육과정 체제를 확대하여 만 3~5세 유아교육체제를 정립할 필요가 있다. 반면에 소득과 관계없이 재정지원의 범위를 확대하는 것은 바람직하지 않다는 지적도 제기된다. 비록 유아교육의 중요성이 인정된다 하더라도 소득을 고려하지 않고 모두에게 지원하는 것은 결국 국민에게 적지 않은 부담으로 돌아갈 것이라고 본다.

(7) 기관별 취원영유아 제한의 완화 문제

누리과정의 도입에 따라 유치원과 보육시설의 격차가 허물어지고 있다. 학부모의 요구로 유치원교육에 보육이 강화되고 있고, 종일제 운영 등 보육 서비스가 보편화되고 있다. 이러한 측면에서 차제에 유치원과 어린이집의 벽을 허물 필요가 있다는 주장이 제기된다. 누리과정의 정착과 운영을 위해서는 유치원과 보육시설의 역할 분담이 필요하지만, 그것이 어렵다면 유치원과 보육시설의 역할 분담을 아예 없애는 것이 필요하다는 것이다. 예를 들어, 취원연령을 자유롭게 하여 만 5세 이하 영유아는 어디든 선택할 수 있도록 하는 것이다. 그럴 경우 자연스럽게 일선 유아교육기관 차원에서 일원화가 달성될 수 있을 것이다. 또한, 유아교육과 보육을 국가가 책임지고 있는 OECD 선진국처럼 유·보 통합을 앞당길 수 있으며, 이원화되어 있는 교육과 보육 서비스 체제를 일원화할 수 있어 행정·재정의 중복을 막을 수 있다.

(8) 무상교육비의 범위

무상교육의 범위를 둘러싼 쟁점이 있다. 무상교육의 범위를 교육비에 한정할 것인지, 학부모부담경비까지 포함할 것인지, 더 나아가 필요한 경비를 모두 지원할 것인지에 관한 것이다. 특히 2012년부터 도입된 만 5세 아동 무상교육과 2013년 만 3~4세 누리과정이 실효를 거두기 위해서는 무상교육의 범위를 명확히 하는 것이 필요할 것이다.

누리과정이 도입되어 모든 유아에게 교육비 지원이 이루어진다 하더라도 유치원 표준교육비와 정부 지원액의 차이를 감당할 수 없는 저소득층은 더 소외될 수 있으므로 추가 지원이 필요하다. 유치원이나 어린이집에 다니지 않고 사설 영어학원에 다니거나 전혀 교육·보육의 혜택을 받지 못하는 유아에 대한 지원책이 필요하다. 급식비, 재료비, 현장학습비, 교통비 등을 포함하면 유치원비는 누리과정 지원단가로는 턱없이 모자란다. 따라서 사립유치원에 재원하는 유아의 학부모는 추가적인 금액을 개별적으로 부담해야 하는데 적지 않은 계층에게 이는 여전히 부담이 되고 있어 교육·보육의 혜택을 받지 못하는 사각지대로 남게 된다.

유아교육은 공교육이고 보편교육이라는 데 이의를 제기하는 이는 많지 않을 것이다. 유아교육 재정지원 확대는 국민의 기본권과 연결된다. 균등한 교육기회를 제공받을 권리는 헌법적 권리이며, 유아교육에 대한 재정지원은 교육불평등 해소의 출발점이다. 이것이 유아교육 공교육화를 완성하기 위해 정부가 나서야 할 이유다. 「유아교육법」 및 「영유아보육법」의 제정 취지를 살리고, 낙후된 유아교육을 활성화하기 위해서는 적정 수준의 재정확보가 필수적이다.

유아교육 재정지원을 둘러싸고 그 필요성에 대한 논쟁을 비롯하여 지원 및 관리 주체에 이르기까지 다양한 쟁점이 존재한다. 무엇보다 중요한 것은 그러한 쟁점을 정리하거나 해결책을 찾는 것이 아니라 그것이 어떤 형태가 되었든 모든 취학 전 영유아에게 동등하게 교육기회가 주어지고, 이를 통하여 출발점에 서부터 불평등하게 시작하는 일이 없도록 해야 한다는 것이다.

OECD 선진국에서는 교육 기회비용 효과가 가장 높은 시기를 유아기로 보고, 유아교육에 대한 투자가 국가 경쟁력의 가장 가치 있는 투자라 보고 있다. 유아기의 올바른 교육이 향후 사회 간접 효과에 나타나는 부가가치를 예견한 선진 정책이다. 반면, 우리나라 유아교육은 그동안 상당 부분 보호자에게 맡겨져 왔으며, 유아교육 재정에 대한 권한을 시 · 도 교육청으로 이양하면서 재정 확보에 대한 신뢰 역시 흔들려 온 것이 사실이다. 무엇보다도 유아교육과 보육을 일원화시키고, 일관된 체계속에서 초기 단계부터 교육기회의 형평성을 실현하는 것이 국가적 과제라 할 수 있다.

5) BK21 사업 재정지원의 정치학[6]

1999년부터 추진된 두뇌한국21(Brain Korea 21: BK21) 사업은 세계적 수준의 우수한 대학원을 육성하여 대학의 연구력을 증진시키고 우수한 고등인력 양성 체제를 구축하며, 각 지역에 소재한 대학과 지역 산업을 연계시켜 특성화하고 지역에 필요한 우수인력 양성체제를 구축하는 것을 목표로 하고 있다.

이러한 사업목표를 달성하기 위하여 BK21 사업은 교수 중심의 기존 연구비 지원 사업과는 달리 대학(원)생 및 신진 연구인력 등 장기적인 학문 후속세대의 양성에 역점을 두었다. 또한 선진 우수대학을 벤치마킹(bench marking)하여 세계 수준의 연구 중심대학으로의 전환에 역점을 두었다. 이와 함께 대학으로 하여금 입학 정원 감축, 입학전형제도 개선, 대학원 문호 개방, 세부 유사학과 통폐합 등의 제도개혁을 추진토록 요구하였다.

1단계 BK21 사업은 1999년부터 매년 2천억 원씩 7년간 총 1조 4천억 원 규모

---

6) 이 내용은 김병주(2007)의 'BK21 사업 재정지원정책의 정치학' 교육정치학연구, 14(1)의 내용을 바탕으로 정리함.

의 예산을 대학에 투자하여 대학원 석사·박사과정생 및 박사후과정생, 계약교수 등 학문 후속세대에 대한 안정적인 연구 여건을 조성하는 데 초점을 두었다. 2단계 BK21 사업은 2006년부터 20012년까지 7년 동안 2조 3백억 원(연 2,900억 원)이 투입되었다. 그동안 BK21 사업의 성과에 대해서는 논란이 많았다. 특히 BK21 사업비 집행 및 연구실적과 관련한 논란이 고조되면서 BK21 사업의 타당성 자체에 대한 의문을 제기하기까지에 이르렀다(김병주, 이영, 2005).

BK21 사업에 대하여 다양하게 지적되는 문제점과 비판에도 불구하고, BK21은 국내 고등인력 양성 프로그램을 한 단계 도약시킬 수 있는 좋은 계기를 제공했다는 데에는 대체로 공감한다. BK21 사업은 세계적 수준의 우수한 대학원을 육성하여 대학의 연구력을 증진시키고, 우수한 고등인력 양성체제를 구축하는 데 기여했다는 것이다.

1단계 BK21 사업이 종료되고 4단계 사업이 시작되었지만, BK21 사업의 성공 여부에 대한 논란은 종식되지 않고 있다. 이는 BK21 사업의 성공적 정착을 위해서도 바람직하지 않다고 판단된다. 따라서 여기서는 BK21 사업 재정지원 정책과 관련하여 제기되어 왔던, 그리고 현재 제기되고 있는 여러 가지 논란들의 정치적 측면을 분석해 보고자 한다.

(1) BK21 사업의 도입 배경과 추진 경과

선진 각국은 이미 가시화되고 있는 지식기반 사회를 대비하기 위하여 교육개혁을 가장 핵심사업으로 정의하고 장기적 시각에서 지속적인 교육개혁사업을 진행하고 있다. 그러나 우리의 교육체제는 창의적 인재를 육성하고, 새로운 지식을 창출하기에는 너무도 미흡하며, 현재의 교육체제로는 지식기반 사회에 적응하기조차 어려울 것이라는 절박한 문제의식에서 두뇌한국21 사업이 출발하였다(김병주, 조규락, 이상린, 2006).

세계적 수준의 연구중심대학원 육성사업의 기본 아이디어는 교육개혁위원회의 '세계화·정보화 시대를 주도하는 신교육체제 수립을 위한 교육개혁방안(IV)'(1997. 6. 2.)이라고 볼 수 있다. 이 보고서는 고등교육체제의 개선을 위하여 '연구 중심대학 집중 육성'과 '인재 양성의 지방화 체제 구축'을 제안하였다. 이를 토대로 교육부는 1998년 5월 4일 대통령에 대한 주요현안업무보고에서 고등교육의 구조조정 방향으로 '세계 수준의 연구 중심대학 육성' '지방대학 육성ㆍ특성화' '전문대학원 육성'을 보고하였다.

당시 국민의 정부는 IMF로부터의 경제적 지배를 극복하고 국가경쟁력을 강화해야 한다는 국가적 난제를 안고 출범하였다. 국가경쟁력은 교육경쟁력에 기초해야 한다는 인식하에 우리 고등교육의 근본적인 문제점을 극복해야 한다는 인식이 지배적이었다. 국민의 정부는 출범과 동시에 100대 국정과제를 제시하였고, 그중에서 '대학원 중심대학 집중 육성'(1998. 2.) 의제를 설정하였으며, 이를 구체화하기 위해 '국가경쟁력 제고를 위한 대학 구조조정 방안'(1998. 5. 4.)을 발표하면서 BK21 사업이 본격화되었다. BK21 사업에 대한 기획과 여론 수렴과정을 통해 1999년 6월 4일에 사업 계획이 확정ㆍ공고되었고, 7월 2일에 사업단 심사 및 선정 결과를 발표함으로써 9월부터 7년 사업으로 1단계 BK21 사업이 시행되었다(김병주 외, 2006).

이후 교육부는 사업 추진의 효율성 제고와 우수 사업성과의 도출을 위하여 BK21 사업은 연차평가 및 중간평가를 통한 추진 상황 점검과 평가결과에 따른 국고지원액의 조정을 원칙으로 하였다. 2000년, 2001년 연차평가와 이에 따른 국고지원액 조정이 있었으며, 2002년 10월에는 3년간의 사업추진 상황을 종합적으로 점검하는 2002년 중간평가 시행결과에 따라 성과부진 사업단(4개 사업단)을 탈락조치하였다.

2003년 4월에는 2002년 중간평가 결과 조정된 국고지원액과 삭감된 교육개혁지원비 등을 재원으로 하여 과학기술 분야, 인문사회 분야, 지역대학육성 분야의 중소규모 신규 사업팀(127개)을 추가로 선정하여 지원하였다.

(2) 1단계ㆍ2단계 BK21 사업의 주요 내용

1단계 BK21 사업은 1999년 9월부터 2006년 2월까지 7년간 1조 3,381억 원의 예산을 지원하였으며, 연구중심대학 육성을 위해 주로 대학원생과 신진연구인력의 지원에 중점을 둔 프로젝트였다. '대학원 연구중심대학 육성'(총 1조 1,676억 원, 1999~2005년)과 '대학원 연구력 제고'(총 1,705억 원, 1999~2003년) 등의 세부 사업으로 구분하여 추진하였고, 추진전략으로 국제적 비교 우위 분야 집중 지원, 학문후속세대 지원, 제도 개선과 연계, 산학협동과 국제협력 강화 지원 등에 초점을 맞추어 추진하였다.

BK21 사업을 분야별로 보면, '대학원 연구 중심대학 육성'을 위해 과학기술 분야, 인문사회 분야, 지역대학육성 분야로 나누었고, '대학원 연구력 제고'를 위해서는 특화 분야, 핵심 분야로 나누었으며, 인문, 과학기술 분야의 경우에는 연합사업단을 허용하고, 주관사업단과 참여사업단으로 나누었다.

1단계 BK21 사업은 지난 7년 동안 164개 대학의 564개 사업단(16개 사업팀)에 78,337명의 석사·박사과정의 대학원생과 4,987명의 교수가 참여한 대규모 사업이었고, 이들에게 대학원생 지원, 신진연구인력 지원, 연구력 강화 지원, 국제협력 등의 용도로 지원하였다. BK21 사업은 대학에 대한 연구비 지원사업이 아닌 연구중심대학 구축을 위한 인력지원 사업의 성격임을 명확히 하였다. 따라서 BK21 사업에 기대했던 것은 우리의 대학이 단순한 지식소비 집단이라는 사회적 기제로서의 역할 한계를 극복하고, 대학교육이 새로운 지식과 기술을 창출하는 지식생산 집단으로 거듭나고, 동시에 우수인력 양성이라는 대학의 본질적 기능 회복에 있었다고 할 수 있다.

BK21은 지원금의 70% 이상을 대학원생(석사과정생, 박사과정생) 및 박사후과정생과 계약교수 등의 학문 후속세대가 연구에 보다 전념할 수 있도록 중점적으로 지원하는 사업이다. BK21 사업의 예산 지원 현황을 살펴보면 1999년 0.71%, 2000년 0.91%, 2001년 0.90%, 2001년 0.73%, 2002년 0.77%, 2003년 0.64%, 2005년 0.65%로 매년 교육부 예산의 0.6% 이상을 차지하였다.

BK21 사업에서의 인력 지원 현황 중 참여교수는 우리나라 전체 교수 수 대비 1999년 7.16%, 2000년 7.21%, 2001년 7.34%, 2002년 8.33%, 2003년 8.25%, 2004년 8.15%, 2005년 6.66%의 비율을 보였다. BK21 사업에서의 인력 지원 현황 중 우리나라 전체 대학원 학생 대비 석사과정생은 1999년 13.38%, 2000년 14.99%, 2001년 13.86%, 2002년 16.06%, 2003년 15.54%, 2004년 15.21%, 2005년 11.24%의 비율을, 박사과정생은 1999년 20.56%, 2000년 21.79%, 2001년 20.53%, 2002년 22.52%, 2003년 21.51%, 2004년 20.47%, 2005년 17.19%의 비율을 보였다.

BK21 사업에서의 인력 지원 현황 중 우리나라 전체 학위 취득자 대비 석사학위 취득자는 1999년 6.50%, 2000년 7.21%, 2001년 6.51%, 2002년 6.60%,

2003년 6.00%, 2004년 5.46%, 2005년 3.60%의 비율을, 박사학위 취득자는 1999년 11.06%, 2000년 16.33%, 2001년 17.15%, 2002년 16.68%, 2003년 16.85%, 2004년 16.58%, 2005년 13.72%의 비율을 보였다.

2단계(2006~2012년) BK21 사업에는 2조 3백억 원(연 2,900억 원)이 투입되었다. 2단계 BK21 사업은 전국단위와 지역단위를 구분하여 신청·선정하였다. 전국단위 우수대학원 육성사업(핵심 포함)에는 629개 사업단(팀)이 신청하여 356개 사업단(팀)이 선정되었고(경쟁률 1.8 : 1), 지역 우수대학원 육성사업(핵심 포함)에는 340개 사업단(팀)이 신청하여 213개 사업단(팀)이 선정되었다(경쟁률 1.6 : 1).

(3) BK21 재정지원 정책의 정치학

① 불명확한 목표

BK21 사업을 시작하면서 다양한 이익집단의 의견충돌과 갈등으로 인하여 처음에 시작할 때의 문제의식이 변화됨에 따라 사업의 의도가 불분명해지고 사업목표가 불명확해졌다.

즉, BK21 사업을 통한 재정 지원의 성격이 대학원생과 신진연구자에 대한 장학금 지원제도인지, 아니면 국가적으로 필요한 전략 연구 분야의 학술발전을 위한 연구기금인지, 아니면 그 양자의 성격을 모두 갖는 것인지가 불분명한 것이다. 다만 2단계 BK21에서는 HRD(Human Resources Development) 사업으로의 사업 성격을 명확히 하고 궁극적으로 R&D(Research & Development)에 연계시킨다는 목적을 분명히 하였다.

목표가 불분명하여 쉽게 드러날 수 있는 목표를 찾자니 교육부는 연구업적에 치중하였다. 결국 석사·박사과정 학생과 교수 업적의 평가 시 국외 학술지의 비중이 강조된 나머지 국내 학술지의 발표 논문 수를 포함하여 국내 학회 활동이 전반적으로 위축된 것은 우리나라의 학술 수준 발전에 부정적인 결과로서 나타난 것이다. 또한 취업, 기술이전 등 산학협력보다는 연구를 강조하는 분위기가 팽배하였다.

결국 1단계 BK21 사업단 선정과정에서는 오직 연구자의 연구업적을 중심으로 이루어졌다. 결국 대학원 중심 대학의 성패는 '학생의 수준'이 아니라, '교수의 연구능력과 연구 여건'에 좌우되었다. 우리나라 교수들의 연구 능력은 전국적으로 상당히 평준화되어 있는 반면, 그러면서도 사업단의 선정은 상당 부분 학생의 수준에 의했다는 지적이 많다(김병주 외, 2006).

② 지원 원칙으로서의 선택과 집중

BK21 사업은 재정지원 원칙으로서 '선택과 집중'을 명확히 하였다. 한정된 재원으로 국가 전략상 필요한 분야에 집중 투자하는 것은 불가피한 선택이며, 외국의 경우도 그러한 예는 많다는 것이다. 또한 선택과 집중의 목적이 대학 간 서열화를 고착시키는 것이 아니라 특성화를 유도하고 있는 만큼 정당성이 인정된다고 본다. 한정된 재원으로는 모든 분야를 지원할 수 없으므로 정책적으로 핵심 분야를 집중 육성하여 국가경쟁력을 제고하자는 것이다.[7] 과연 이러한 분야가 어떤 분야인지는 논쟁거리가 될 수 있지만, 원칙 자체는 어느 정도 설득력을 갖는다고 본다(김병주 외, 2006).

'선택과 집중'과 '균형발전'에 대한 정책적 결정의 옳고 그름에 대한 논의는 끝없는 평행선을 달릴 수밖에 없다. 이것은 어떤 선택이 더 현실적으로 필요한지 그리고 그 성과가 좋은지의 여부에 달려 있는 문제일 뿐이다. 다만, BK21 사업을 시작할 당시에는 '선택과 집중'의 원칙을 존중하였으나, 실제로 논의하고 실행하는 과정에서 원칙이 상당부분 훼손되었음이 지적되기도 한다.

반면, BK21 사업을 통하여 연구 중심대학을 집중 육성한다는 큰 방향에는 동의하나, 특정 대학에 집중 지원될 경우 다른 대학이 고사할 수도 있는 만큼 신중히 추진되어야 한다는 주장도 만만치 않다. 대학들이 서로 경쟁하여 대학원 중심대학이 될 수 있는 기회가 열려 있어야 한다는 것이다. 즉, BK21 사업이 극소수 대학에 대한 특혜 지원을 할 뿐이며 독과점적 대학구조와 수직적 대학 서열구조를 고착화시킬 뿐이라는 것이다. "BK21의 근간은 세계 수준의 대학원 육성이라는 미명하에 서울대 등 극소수 대학을 특혜 지원하자는 것이다. 이와 같은

---

7) 정부가 교육투자를 통해 특정분야를 집중 지원하는 외국 사례로는 일본의 '탁월한 연구거점사업(Center for Excellence)', 미국의 '대학원중심 연구거점사업', 대만의 '대학학술 탁월 발전계획', 중국의 '211공정' 등을 들 수 있다.

BK21이 기왕의 대학 간 불공정 경쟁관계를 결정적으로 고착시키고, 서울대 등 극소수 대학을 위주로 한 대학의 독과점 구조와 수직적 서열 구조를 돌이킬 수 없을 정도로 심화시키게 될 것임은 불을 보듯 뻔한 일이다. 대학의 경쟁력 강화를 통한 세계 수준의 대학원 육성은 특혜적 집중투자가 아니라, 대학 간의 공정한 경쟁을 통해서만 가능한 것이다."라고 평가되었다(김병주 외, 2006)

이와 함께 "한국과학기술원은 과학기술발전을 위하여 과학기술부의 특별 지원을 받는 특수목적 대학이므로 과학기술부의 특별한 지원을 받으면서 교육부가 구상 중인 '연구 중심대학 육성사업'에도 참여하여 지원을 받는다는 것은 특혜라 할 수 있다. 따라서 교육부 사업에 참여를 시켜서는 안 된다."라는 주장이 수도권의 사립대학을 중심으로 제기되었다. 그러나 교육부는 "BK21 사업은 21세기 지식기반 사회에 대응할 수 있도록 세계적 수준의 첨단 분야 고등인력을 양성하기 위한 사업으로서, 세계적 수준에 이를 수 있는 역량과 가능성을 지닌 대학을 선정하여 지원하는 사업이다. 한국과학기술원은 첨단분야 과학기술 인력양성을 목적으로 운영되고 있으므로 이 사업의 취지에 부합되며, 특히 이 사업의 참여를 통하여 국가적 차원에서 대학 간 경쟁적인 연구분위기를 조성할 필요성이 크다."라는 이유로 이를 수용하지 않았다(김병주 외, 2006).

③ 분야 선정과 학문의 양극화

BK21 사업의 재정지원을 받는 분야와 그렇지 않은 분야, 재정지원을 받더라도 재정지원 폭의 차이로 인한 학문 간의 양극화 문제도 지적된다. 먼저, 사회적 수요가 큰 학문 분야와 그렇지 않은 학문 분야 간의 재정 지원 폭의 차이로 인한 학문 간의 양극화 문제다. 상대적으로 사회적 수요가 큰 분야인 IT 분야와 기계 관련 분야의 인력 양성(교육)이나 연구 측면에서는 전반적인 여건이 그렇지 않은 분야에 비하여 훨씬 개선되었다. 이와 대조적으로, 수요가 작은 학문 분야는 소외에 가까운 느낌을 받아 왔다. 이는 궁극적으로 바람직하지 못한 것이다. IT나 기계 관련 분야도 순수 과학이나 공학 분야의 인프라 구조의 토대 위에서 성립 가능하다.

BK21 사업에서는 인문사회 대학원 육성사업과 학문 전 분야를 대상으로 한 핵심분야가 추진되었지만, 이는 규모가 작은 수준이다. 결국 상대적으로 수요가 작은 학문 분야, 더 나아가 BK21 사업 지원에서 소외되거나 매우 적은 규모의 지원밖에 받지 못하는 분야는 '잘 나가는' 분야에 비하여 더욱 뒤처질 수밖에 없었다.

④ 이공 분야에 비하여 홀대되는 인문사회 분야

그간 인문사회 분야는 국가적 지원 사업에서 소외를 받아 온 것이 사실이다. 그러한 점에서 1단계 BK21 사업에서 연간 100억 원의 규모로 인문사회 분야의 BK21 사업이 추진된 것은 그 의의를 크게 평가할 수 있다. 그러나 경제적인 규모로만 본다면 이는 제1단계 BK21 사업 전체 지원액인 8,929억 원의 6.7%에 지나지 않으므로 인문사회 분야의 지원에 대한 갈증을 해소하기에는 요원하였다. 그럼에도 불구하고 이 정도의 지원에 대하여도 인문사회 분야에서는 과학 분야와 같은 실용적인 성과를 볼 수 없다는 이유로 지속적인 인문사회 분야에 대한 지원에 대해 회의적인 일부의 시각이 없지 않은 것이 학계의 실정이기도 하다(김병주 외, 2006).

BK21 사업 초창기인 1998년 6월 4일 발표한 당초 인문사회 분야 공고문은 신청분야를 5개 분야[8]로 한정하고, 사업단의 신청 규모를 전임교원 20명 또는 30명 이상으로 제한하는 등 '선택과 집중'의 원칙에 충실하였다. 이에 대해 인문사회 분야 교수는 인문사회 분야 육성에 부적합한 과학기술분야 모델을 따르고 있다며, 다음과 같이 비판하였다(인문사회분야추진위원회, 1999). 첫째, 극소수의 대학원만 참여하게 되어 대학 간 학문발전을 위한 경쟁의 틀 형성이 불가능하며, 이로 인해 대학원 간 서열이 인위적으로 고착화될 가능성이 높다. 둘째, 인위적이고 제한적인 지원 분야 설정으로 다른 분야가 소외된다. 셋째, 최소 전임교수 20인 이상(주관 학과 50% 이상)을 요구하여 규모가 작은 학교는 지원 자체가 불가능해진다. 넷째, 평가기준 등이 인문사회 분야의 특성을 반영하지 못하였다. 즉, 인문사회 분야 발전을 위하여는 '선택과 집중'의 원칙보다는 학문 간 균형 발전과 소수 우수 연구집단에 대한 배려가 보다 중요하다는 것이다.

앞에서 제기한 문제를 해소하고 현실적인 인문사회 분야 지원방안을 마련하

---

8) 한국학, 문화, 동아시아, 사회발전, 정보 · 지식기반사회 등 5개 분야였다. 그러나 예시된 분야는 매우 포괄적이어서 거의 모든 인문사회 분야를 포함할 수 있었다.

기 위하여 1999년 7월 29일 인문사회 분야 교수들로 구성된 '인문사회분야 추진위원회'가 출범하였다. 이 위원회는 대학·학회 등 총 62개 기관의 추천을 받아 학문 분야별, 소속 기관별 1인씩 총 12인의 위원으로 구성되었다. 추진위원회는 당초 공고문을 인문사회 분야의 현실에 적합하게 수정하기 위한 논의를 하였다. 이 위원회는 '사업단'이란 명칭을 '교육·연구단'으로 바꾸고, 지원 기간을 5년에서 7년으로 연장하는 데 합의하였다. 지원 분야를 '인문사회 전 분야'로 확대하고, 주관 학과 비율과 학과 소속 전원 참여 원칙을 폐지하여 진입장벽을 대폭 완화하였다. 또한 중간평가 결과에 따라 지원 대상을 교체하고, 신규 진입을 허용하기로 합의하였다.

⑤ 과도한 제도 개혁 요구

교육부는 BK21 사업을 추진하면서 연구 중심대학 체제 구축과 직접 관련된 제도, 즉 연구비 중앙관리제, 교수업적평가제 등의 개혁을 요구하기로 하였다. "현재 대학은 연구능력이 선진국에 비하여 저조하고, 응용과학의 경우 실용적인 연구 실적이 저조하다. 또한 대학 내의 평가제도와 연구조직화가 결여되어 있다. 대학 내의 책임있는 리더십이 없고, 교수의 자율적 개혁의지 또한 부족하다. 따라서 큰 규모의 연구집단을 구축할 수 있도록 집중 지원이 불가피하며, 대학의 제도개혁을 전제로 한 지원이 되어야 한다."는 것이 주장의 핵심이다(김병주 외, 2006).

그러나 대학들은 BK21 사업의 추진을 각 대학의 제도개혁에 연계하는 것은 최소화해야 한다는 주장을 한다. 재정지원을 교육부가 추진하는 제도개혁과 연계하는 것이 효율적인 정책수단인 것은 사실이지만, 그로 인하여 BK21 사업의 효율성이 저하되어서는 안 된다는 것이다. 효율적인 운영을 위해서는 BK21 사업의 선정과 지원의 조건으로 대학원운영에 지나친 제약을 두는 것은 지양되어야 한다는 점이다. 반대 측은 BK21 사업을 계기로 관료에 의해 대학과 학문이 철저히 통제됨으로써 「헌법」이 보장하는 대학과 학문의 자율성을 질식시켜 버릴 것이라고 비판한다. "BK21 사업은 제도개혁이라는 이름 아래 대학의 핵심적인 사항들에 관한 학칙 개정안을 총장이 작성·제출할 것을 신청요건으로서 못박고 있다. 이것은 대학의 구성원들에 의해 제정·개정되어야 할 대학의 헌법

인 학칙을 교육부가 국민의 혈세를 수단 삼아 자신이 원하는 방향으로 좌지우지
하겠다는 것에 다름 아니다."(김병주 외, 2006)

⑥ 수도권에 비해 홀대되는 비수도권 대학

　BK21 사업은 결국 수도권과 비수도권 대학 간의 격차를 더욱 벌려 놓았다는
주장이 제기된다. 이는 1단계에서도 분명하게 나타났고, 2단계 사업에서도 여
전할 것으로 예상되고 있다. 2012년까지 지원되는 2조 300억 원 중 수도권 대
학이 금액기준 70% 이상 차지할 것으로 전망된다. 수도권에 모든 분야의 우수
시설이 몰려 있듯이, 연구환경 조건이나 우수학생의 집중 면 등에서 지방 대학
은 수도권 대학에 비해 상대적으로 불리한 면을 지니고 있는데, 이러한 점이 고
려되지 않았다는 것이다. BK21 사업지원금을 분석한 최순영 의원에 따르면, 서
울·경기·인천 등 수도권과 지방의 지원 비율이 각각 55%와 45%로 나타났
다. 지방 대학 가운데 다른 정부부처의 재정지원을 상대적으로 많이 받고 있
는 KAIST, 광주과학기술원, 포항공과대학교를 수도권으로 편입시켜 계산하면
69% 대 31%로 나타나, 지방 대학들이 BK21 사업에서 소외되고 있었다.

　1단계 BK21 사업에서 지역대학 육성사업의 지원총액은 1개 대학원 전용시
설 구축 사업비(서울대)에 해당하는 500억 원에 불과하며, 그나마 오로지 '공학
등 지역산업 수요에 적합한 분야'의 '학사과정'에 국한하여 지원하였다. 나중에
RA(Research Assistant) 지원이 일부 가능하도록 수정되기는 하였지만, 이는 "연
구와 연구자 양성은 수도권에서 할 테니 지역 대학은 지역산업체가 필요로 하는
학부교육이나 하라."는 것과 다름없다고 보고, 사실상 지역 대학의 연구기능과
연구자 양성기능을 말살하는 것이라는 주장도 제기된다. 지역대학 육성사업은
'들러리 면피용'에 불과하다는 것이다(김병주 외, 2006). 두뇌 없는 지역, 독립적
인 두뇌 육성권을 빼앗긴 지역 대학은 종속과 전략의 운명을 피할 수 없을 것이
며, 양극화의 모순은 더욱 격화될 것이라는 주장이다.

　실제로 1단계 BK21 지역 대학 육성사업을 통하여 참여 사업단 소속의 학부
생을 위한 적지 않은 장학혜택 사업을 포함하여, 개선된 교육여건 측면에서의
성과와 더불어 대학원 교육과정에 상당 부분 부정적인 결과를 노출하였다. 즉,
1단계 BK21 사업 후반부부터 지역 대학의 대학원 인력(석·박사과정 학생) 확보

문제가 심각하게 대두되었다. 학부 중심의 지역대학 육성사업의 혜택을 받은 학부생들 중에 우수 인력들이 수도권의 대학원(연구)중심 사업단으로 유입되고, 이와 동시에 IMF 사태 이후 '취업 우선'이라는 사회 분위기는 지역 대학원을 더욱 힘들게 만들었다.

⑦ 국립대학 위주의 지원정책

BK21 사업은 국립대학 위주로 지원되었음을 알 수 있다. 과학기술원을 국립의 범주로 넣는다면, 사립대학에 대한 지원은 매우 적다. 지원액을 설립 주체별로 분석해 보면, 국립대 71%, 사립대 29%의 지원을 받은 것으로 나타났다.

사립대학은 한국 대학교육의 약 75%를 사립대학이 담당하고 있다. 그런데 사립대학은 상당 부분 소외되었다. 특히 지방대학 육성분야에서 사립대는 상당부분 소외되었다. 13개 컨소시엄 중에서 주관 대학 중 사립대학은 영남대학교 1개교뿐이다. 그것도 심사과정에서 별도로 심사를 받았던 국립대학 컨소시엄(금오공과대학교, 안동대학교, 상주대학교)을 참여대학으로 받아들여야 했다. 물론 국고지원금이므로 국립대학에 지원하는 비중을 높이는 것이 국가의 재정부담을 줄일 수도 있을 것이다. 그러나 이는 효율성 측면에서 결코 바람직하지 못한 것이다.

(4) BK21 사업의 추진 방향

BK21 사업은 3단계 사업이 종료되고, 3단계를 거치면서 사업이 정착되었고 2020년 4단계 사업에 대한 공모가 시작되었음에도 불구하고, 그에 대한 논의가 끊이지 않고 있다. BK21 사업과 관련된 갖가지 주제에 대하여 찬반의 의견도 끊임없이 제기된다. 그럼에도 불구하고 BK21 사업이 우리나라 대학의 연구력 향상에 긍정적인 기여를 했다는 점에 대해서 부인하는 이는 많지 않을 것이다. 앞에서 살펴본 다양한 논의에 근거해 볼 때, 향후 BK21 사업은 다음의 점을 고려하면서 추진되어야 할 것이다.

첫째, BK21 사업의 성격을 보다 명시화하는 것이 필요하다. 사업의 목표와 추진전략, 평가준거 등 사업에 대한 전체적인 기획을 명확하게 하여 BK21 사업의 정체성을 확립해야 할 것이다. 사업의 기획에 근거하여 성과가 드러나기 때문에 이 사업이 추구하는 점이 무엇인지를 명확히 한 다음 후기 BK21 사업단을 선택하고 집중 지원하여야 할 것이다. 고급핵심 인력의 양성사업임을 명시적으로 표명하고 이에 맞는 사업을 시행하는 것이 바람직할 것이다.

둘째, BK21 사업의 본래의 뜻을 존중하여 '선택과 집중'의 원칙을 지키고, 지원 분야가 너무나 다양하고 세분화되는 것을 지양하여야 한다.

셋째, 사업단의 자율과 책임을 강화하여야 한다. 특히, 예산에 있어서 어느 정도 자율적인 예산 편성권한을 주어야 하며, '과정에 대한 규제'에서 '성과에 대한 평가와 그에 따른 책무성'으로 원칙이 전환되어야 한다. 각 사업단에게 사업단의 성격, 사업단 내의 특성과 역량, 사업단의 환경 등을 고려하여 융통성 있는 사업운영이 가능하도록 자율권을 주어야 할 것이다. 자율권에 대한 책임은 중간 평가 체제를 완벽히 구축하여 책임을 물을 수 있는 체제로 나아가면 될 것이다. 이러한 맥락에서 2단계 BK21 사업에서 평가체제를 강화하고 평가결과에 대한 책무성을 강조하는 것은 바람직한 것으로 판단된다.

넷째, 실제적인 산업·학문·연구의 연계와 협력이 강화되어야 한다. 이를 유도하기 위해서 산학연에 대한 평가가점을 높이는 것이 필요하다. 특히 산업체와 학교가 실질적으로 상호작용할 수 있는 방안을 마련해야 할 것이다. 대응자금의 문제, 산학이 연계된 교육과정 개발, 산업체의 참여의지 확대, 현장중심 공동연구의 인프라 구축, 산학협력에 맞는 학제의 개편 등을 효과적으로 개선해 나가야 할 것이다.

다섯째, 실질적인 국제화 및 국제협력을 유도할 수 있어야 한다. 이를 위해서는 국제협력을 제대로 평가할 수 있는 체제의 개발이 시급하다. 국제적 인력양성을 뒷받침해 줄 수 있는 국제 네트워크를 마련하고, 외국 대학과 연구소와의 공동연구과정 운영, 공동 교육과정 운영, 공동학위제도 운영, 해외인턴십 프로그램, 해외 석학의 고정적인 초빙 등의 구체적인 안을 추진할 수 있는 체제의 구축이 필요하다.

여섯째, 사업시행 단계에서의 책무성을 강화할 필요가 있다. 이를 위해 사업 분야별·특성별 상황에 맞는 다양한 평가기준과 지표를 마련하여 공정하고 객관적이며 투명한 평가 체제의 도입이 필요할 것이다. 각 사업의 특성과 성과를 제대로 살릴 수 있는 평가기준과 세부 평가 지표가 마련되어야 하며, 사업별 특성을 고려하지 않는 평가는 지양되어야 한다.

일곱째, 사업을 통한 대학의 제도개혁을 획일적·강제적으로 무리하게 적용하는 것은 신중하게 고려해야 할 것이다. 제도개혁의 재량을 어느 정도 학교에 넘기고 학교의 특성과 환경, 학교철학에 맞는 발전 방향에 맞추어 개혁할 수 있는 장을 마련해 주어야 할 것이다.

여덟째, 궁극적으로 소외된 계층과 분야에 대한 배려가 필요하다. BK21 사업의 재정지원을 받지 않는 분야, 재정지원을 받더라도 재정지원을 적게 받는 분야에 대한 배려와 대책이 필요하다. 비록 BK21 사업이 이공 분야의 인력양성을 염두에 두고 출발했다 하더라도 미래 사회의 발전을 위하여 인문사회 분야에 대한 배려도 지속되어야 할 것이다. 또한 비수도권 대학이나 사립대학과 같이 상대적으로 소외받는 집단에 대한 배려도 필요하다.

제11장
고등교육의 정치학[1]

1. 세계대학평가의 배경과 절차

대학평가는 대학 자체적으로 또는 외부기관에 의해 대학의 교육 및 연구의
질적 수준을 체계적으로 분석하여 관련 당사자들에게 정보를 제공하는 활동이
다. 그중에서도 세계대학평가는 대체로 2000년대 들어서 등장하였다. 상하이
교통대학(Jiaotong University)은 2003년에 세계대학학술순위(Academic Ranking
of World Universities: ARWU)를 처음 실시했는데, 중국 대학들과 세계 대학들
사이의 학문적 성과 및 연구 성과의 차이를 알아내는 것을 목적으로 하였다
(이영학, 2007; 염동기, 신현대, 2013). 2004년부터는 영국의 고등교육 전문 잡지
발행기관인 The Times Higher Education Supplement(현재 The Times Higher
Education: THES)가 자료 분석 전문기관인 Quacquarelli Symonds(QS)와 함께
세계대학순위평가(The World University Rankings)를 발표하였다. 그러나 이들의
세계대학순위평가는 제한된 소수의 평가지표만을 사용하고, 평가에 활용하는
원자료의 신뢰성 검증이 미흡하며, 특정 국가 또는 특정 대학들이 높은 점수를

---

[1] 이 장의 내용은 유완과 이일용(2015a)의 세계 대학 순위평가(THEWUR)에서 평가준거별 점수가 총
점에 미치는 영향력 분석. 비교교육연구, 25(1) 1-24의 내용을 바탕으로 재구성함.

받는다는 비판을 받았다(이영학, 2011). 이에 THES는 QS와 2010년에 결별하고 Thomson Reuters와 함께 새롭게 세계대학순위를 발표하고 있다. 그 후에는 QS도 독자적으로 세계대학순위를 발표하고 있다.

이러한 상황 속에서 대학순위와 평가준거들 사이의 관계를 알아보는 것은 의미가 있다. 평가준거와 가중치가 타당하다면 대학순위도 유의미하다고 볼 수 있을 것이다. 그런데 김훈호, 이수정, 박현주, 심현기, 이정은, 신정철(2010)에 따르면, 같은 영역을 평가하더라도 평가준거의 구성이 달라지면 다른 결과가 나올 수 있고, 평가준거의 가중치가 바뀌면 순위도 변할 수 있다. 현재 사용되고 있는 평가준거와 가중치가 대학순위를 어느 정도 설명하고 있는지 파악해 볼 필요가 있다.

Soh(2011, 2013a, 2013b, 2014)는 일련의 연구들을 통해서 세계대학평가들이 사용하고 있는 평가준거들의 점수와 총점의 연관성과 그것과 관련된 문제들을 다루었다. Soh(2011)는 ARWU, QS, THE의 평가를 바탕으로 상관관계분석, 다중회귀분석, 위계적 회귀분석을 하였다. Soh(2013b)는 이어서 THE의 2012년 결과의 상위 100대 대학들을 대상으로 다중회귀분석을 실시하였다. 또한 Soh(2014)는 THE의 2013년 결과 중 상위 101개 대학들을 대상으로 상관관계분석, 다중회귀분석과 위계적 회귀분석을 실시하였다. 상관관계 분석 결과 교육여건과 연구 영역은 높은 상관관계가 있었고, 교육여건과 연구 영역은 총점과 높은 상관관계가 있었다. 인용 영역은 교육여건과 총점과 각각 낮은 수준의 상관관계와 평범한 수준의 상관관계를 보이고 있었다. 국제화 영역은 다른 영역들과 총점에 대해 통계적으로 유의미한 상관관계를 보이고 있지 않고, 지식이전수입은 연구와는 양의 상관관계를, 인용 영역과는 음의 상관관계가 있었다. 다중회귀분석 결과, 연구, 교육여건, 인용, 국제화, 지식이전수입 순으로 총점에 대해 영향력이 있었다. 평가에 실제로 반영되고 있는 가중치와 평가기관에서 설정한 명목 가중치에 차이가 지속적으로 있었다. 그러나 2010년 이후에 THE는 평가방식을 한 차례 수정했고 Soh의 연구들(2013b, 2014)은 상위 100대 대학만을 대상으로 했고 가장 최근 순위를 대상으로 한 것도 아니다. 그렇기 때문에 가장 최근에 발표된 2014년도 순위 평가에서 분석 대상을 확장해도 이러한 결과가 나오는지 확인해 볼 필요가 있다.

그러므로 이 장에서는 세계 대학 순위 평가 결과에서 분석 대상을 상위 200위 (활용은 188개 대학)로 확장하여 현황을 알아보고 현재 사용되고 있는 평가준거들이 총점에 대해 어떠한 영향력을 미치고 있는지를 살펴본다. 이를 위해 설정한 연구문제는 다음과 같다. 첫째, THE의 세계대학순위평가(World University Rankings: THEWUR)에서 상위권에 위치한 대학들의 국가별 분포와 평가준거별 평균과 표준편차는 어떠한가? 둘째, 평가준거 간 상관관계와 평가준거와 총점의 상관관계는 어떠한가? 셋째, 평가준거들이 총점에 미치는 상대적 영향력 순서는 어떠한가?

2. 세계대학평가의 선행연구 개관

1) 선행연구 검토

대학평가와 관련된 선행연구들은 정부에 의한 대학평가, 언론사의 국가 내 순위평가와 세계대학순위평가를 다룬 연구들로 나눌 수 있다. 여기에서는 언론사의 대학순위평가를 포함한 연구들을 위주로 검토하였고, 이를 크게 6가지 유형으로 나누었다.

첫째, 각 국가들의 대학평가를 비교·분석한 논문들이 있다. Dill과 Soo(2005)는 호주, 캐나다, 미국, 영국의 대학 평가를 타당성, 포괄성, 분별성, 연관성, 기능성에 입각해 비교·분석하였다. 황현주(2006)는 중앙일보와 US News의 대학평가의 평가방법을 분석하였다. Taylor와 Braddock(2007)은 THES와 ARWU의 대학평가가 어떻게 대학의 우수성과 연관되어 있는지 비교하였고, 이상적인 대학평가 방법을 제안하였다. 이영학(2007)은 국가 내 순위평가와 세계대학순위평가를 내용·형식·방법론에 근거해 분석하고 ARWU를 포함한 3개의 대학 학술역량 순위평가도 비교하였다. 이어서 이영학(2011)은 중앙일보 대학평가, 조선일보-QS 아시아대학평가, THE, ARWU의 점수산출 방법을 비교하였다. Lynch(2014)는 신관리주의(new managerism)의 측면에서 세계대학평가를 분석하여 대학평가에 정치성이 내재되어 있다고 보았다.

둘째, 대학순위평가의 문제점을 지적한 연구들이 있다. Bowden(2000)은 영국 내외의 대학 평가를 분석하고 대학 순위의 타당성과 신뢰도에 문제가 있다고 하였다. Ehrenberg(2002)는 US News의 평가 지표를 설명하였고, 그것의 중요성과 문제점을 논하였다. Marginson(2007)은 호주 대학을 중심으로 THES와 ARWU에서 호주 대학들이 어떠한 상황에 있고 정책에 반영 가능한 내용들을 나열했으며, 각 평가들의 방법론적 문제점을 지적하였다. 신현석, 노명순, 최보윤, 김윤진, 엄준용(2008)은 경쟁력 지표의 문제점으로 경쟁력 기념의 불명확, 평가지표 구성의 타당성 결여, 절대평가 위주의 정성자료 비중 높음, 가중비 부여의 타당성 결여 등을 지적하였다. 김훈호 등(2010)은 THE-QS와 ARWU의 평가방법과 결과의 문제점을 순위평가 결과를 사용하여 실증적으로 연구하였다. 연구 결과에서 ARWU의 순위변화와 질적 수준의 관계를 보면 상위 100위 내 대학들은 순위 변화에 따른 총점 변화가 작은 것으로 나타났고, 가중치의 임의성을 검증하는 과정에서는 THE-QS의 가중치가 변화할 때 100위권 이내에서는 큰 변화가 없었지만 201∼300위권 대학들의 변동 폭이 컸으며, 동일한 영역을 평가하더라도 평가 지표의 구성에 따라 그 결과가 크게 변하는 것으로 나타났다.

셋째, 대학평가의 발전방향이나 평가에 활용될 수 있는 지표 개발을 시도한 연구들이다. 전반적으로 대학평가의 명칭, 필요성, 평가방법과 활용에 문제가 있다고 지적하였고 평가방법의 개선방향을 제시하였다(김병주, 2000; 나민주, 2001; 이석열, 2008). 구체적으로, 나민주(2001)는 대학평가들이 단기적으로는 대학평가의 공정성과 객관성을 높이고 장기적으로는 수요자들이 원하는 정보와 대학 발전과 관련된 사항들 위주로 지표를 축소해야 한다고 제안하였다. 이석열(2008)은 중앙일보 평가를 중심으로 평가의 가치를 명확히 하고 평가지표를 개선하면서 상대평가의 함정에 빠지지 않도록 해야 한다고 하였다. 남수경과 이기석(2012)은 한국, 미국, 영국의 언론기관들이 주관하는 대학평가들의 공통점과 차이점, 쟁점을 논의하고 개선방향을 탐색하였다. 이정미와 최정윤(2008)은 대학의 질 개념에 근거하여 한국, 미국, 영국, 캐나다의 언론기관에 의한 국가 내 대학순위평가를 타당성·포괄성·적합성·기능성을 기준으로 평가했고, 현행 대학평가는 대학의 질을 올바르게 측정하지 못한다고 지적한 다음 이에 대한 개선방안을 제시하였다. Huang(2012)은 학자 생산성 평가지수인 h-지수가 ARWU

와 높은 상관관계를 보여 h-지수를 대학평가에 사용할 수 있다고 보았다. 앞서 언급한 Soh(2013a, 2013b)는 평균이 50이고 표준편차가 10인 T점수를 실제 가중치와 명목 가중치의 차이를 줄일 수 있는 대안으로 제안하였다. 박영선(2014)은 중앙일보 대학평가, 정부재정지원 제한대학평가, THEWUR, ARWU 등을 살펴보고 문제점을 찾아낸 후, 이를 개선할 수 있는 평가모형 개발을 시도하였다.

넷째, 대학평가가 대학 입학 지원 등 수요자들에게 어떠한 영향을 미치고 있는지 분석한 논문들이 있다. Meredith(2004)는 US News에서의 순위 변화가 학교 입학 결과에 영향을 준다고 하였다. Griffith와 Rask(2007)도 US News가 대학선택에 어떠한 영향력을 발휘하는지 1995~2004년의 결과를 바탕으로 분석하였다. Bowman과 Bastedo(2009)는 US News에서 기관의 순위 상승과 입학 지표변화가 어떻게 연관되어 있는지 논하였다. Broecke(2012)는 The Times와 The Guardian, THES, ARWU가 영국 내 대학들의 지원자들에게 어떤 영향을 미치는지 연구하였는데, 대학순위 결과가 지원에 영향을 주지만 그 정도는 크지 않았다고 밝혔다.

다섯째, 자료포락분석(data envelopment analysis)을 활용하여 세계대학평가의 효율성을 분석한 논문들이 있다. 신현대, 권기헌과 서인석(2009)은 자료포락분석과 대학 간의 개체 간 군집분석을 활용해 세계대학순위평가를 시도하고 정책적 시사점을 도출하고자 하였다. 이호섭(2011)은 THE-QS 세계대학평가 100위권에 위치한 대학들 연구 분야의 효율성과 영향 요인을 비교·분석하였다. 염동기와 신현대(2013)는 ARWU, THE, QS의 평가체제를 실증분석하고 세계대학평가체제의 문제점을 고찰하여 현재 평가체제의 한계와 보완점을 방법론적 측면에서 규명하고자 하였다.

여섯째, 세계대학평가의 순위 변화 요인들과 관련된 연구들도 있다. Li, Shankar와 Tang(2011)은 세계 대학평가에서 각 국가들의 순위를 결정하는 사회경제적 요인을 확인하고자 하였다. Bowman과 Bastedo(2011)는 THES의 2004~2006년의 평가 결과를 바탕으로 닻내림 효과(anchoring effect) 검증을 시도하였다. 닻내림 효과를 통해 대학 순위는 기관 평판도 조사에 영향을 줄 것이며, 이 효과는 새 순위 체제가 도입될 때 특히 강할 것이라고 제안하고 있다. 연구결과, 초기 순위는 평판도 조사에 영향을 미쳤지만 그 이후 순위들에서는 동료평가 결과가 순위에 크게 영향을 미치지 않았다. Soh(2014)는 다중공선성을 주제로 연구하여 교육여건·인용·연구 영역에 다중공선성이 있었고 이 문제를 해결하기 위해 일부 영역들을 추가 또는 제거하는 방식으로 회귀분석을 실시하였다. 이호섭(2014)은 2010~2013년에 발표된 THE의 세계대학순위평가를 대상으로 순위 분포와 연도별 순위 변화, 최초 순위와 변화 정도의 유의미성, 순위와 순위 변화에 영향력이 큰 평가 영역 및 요소를 잠재 성장모형을 통해 분석했다. 연구결과, 최초 순위는 교육여건과 연구의 영향을 받았고, 지식이전수입은 최초 순위와 변화량에 큰 영향을 미치지 못하고 있었다. 연구 실적은 순위 상승에 영향을 미쳤고, 연구 영향력은 순위 하락에 영향을 주는 것으로 분석되어 연구 실적의 양적·질적 확대가 순위 변화에 가장 효과적이라고 하였다.

2) 세계대학순위평가 평가준거의 쟁점

선행연구들은 세계대학평가에서 평가준거의 적절성, 평가준거의 획일성, 평가준거의 효용성 등을 문제로 지적하였다. 첫째, 평가준거의 적절성은 선정된 평가준거와 가중치들이 실제로 우수한 대학의 특성을 반영하여 순위를 제대로 측정하고 있는지와 관련되어 있다. Dill과 Soo(2005)는 평가기관들은 평가준거를 선정하고 가중치를 설정할 때 그에 대한 합당한 근거를 제시하지 못하고 있고, 몇몇 평가지표들은 신뢰도와 타당성이 의심된다고 하였다. 가중치와 관련해서는 임의적이라는 비판도 있지만 김병주(2000)는 평가자가 갖고 있는 가치가 가중치에 반영된다고 하였다. 그러므로 평가자의 평가 의도가 제대로 반영이 되려면 평가준거들의 가중치들이 선정된 수치에 맞게 총점에 대해 영향력을 행사해야 한다. 그러나 Soh(2011, 2013a, 2013b, 2014)의 연구에서는 명목 가중치와 실제 가중치에 차이가 있는 것으로 드러났다. 또한, 김훈호 등(2010)은 총점 순위와 하위 평가준거별 순위에서 상당한 차이가 발생할 수 있고, 평가방식을 달리하면 평가결과도 달라질 수 있다고 하였다. 만약 특정 영역의 영향력이 다른 영역들에 비해 과도하다면 그 평가준거의 점수가 높은 대학의 순위 상승이 가능할 것이고 평가가 공정하게 진행되었다고 할 수 없을 것이다. 그러므로 평가기관들은 그들이 채택한 평가준거와 가중치를 타당하게 선정해 그들이 추구하는 가치가 제대로 반영될 수 있도록 노력해야 한다.

둘째, 평가준거의 획일성은 대학평가 문제점에서 가장 많이 언급된 것들 중 하나다(김병주, 2000; 남수경, 이기석, 2012; 염동기, 신현대, 2013; 윤태일, 2013; 이정미 · 최정윤, 2008; Altbach, 2006; Marginson, 2007). 이는 대학마다 설립 목적, 규모 등이 다양한데 대학별 · 학과별 특성을 고려하지 않고 한 가지 방식으로 모든 대학을 평가하는 문제를 말한다. 이렇게 대학의 특성을 고려하지 않고 일률적으로 평가준거를 적용한다면 특정 국가나 대학에게 유리하거나 불리할 수 있다. 예를 들어, 연구중심대학에 적합한 평가준거를 모든 대학에 획일적으로 적용한다면 교육중심대학에는 불리할 수 있다(남수경, 이기석, 2012). 다른 예로, ARWU처럼 노벨상 수상자 수 등을 평가에 반영한다면 노벨상이 없는 인문 · 사회과학 계열에게는 불리할 것이다(Altbach, 2006). 따라서 대학별, 국가별 차이를 반영할 수 있는 평가준거 개발 및 적용이 필요하다.

셋째, 평가준거의 효용성은 선정된 평가준거들이 대학평가의 수요자가 원하는 정보를 제공하는 것과 관련되어 있다. 언론사는 대개 소비자에게 필요한 정보를 제공하고 대학을 결정할 때 도움을 주기 위해 대학평가를 실시한다고 밝히고 있다. 그러나 Bowden(2000)과 Lynch(2014)는 대학순위평가가 학생에게 중요한 정보를 제공하지 못한다고 하였다. Connor, Burton, Pearson, Pollard, & Regan(1999)과 박종무, 전채남, 권미옥(2004)이 연구한 학생들의 대학선택 요인들은 취업 전망, 등록금, 대학의 명성, 대학의 위치, 학비 등으로 나타났다(정은하, 2012: 34에서 재인용). 황현주(2010)가 대학평가에서 소비자들이 원하는 정보를 분석한 연구에서 고3 학생들은 취업률, 각종 시험 합격률에, 기업은 강의 종류의 다양성, 교육 내용의 현장성, 신지식에 가장 큰 관심을 보이고 있었다. 그러나 자국 내 대학을 평가하는 중앙일보나 US News와는 달리 현행 세계대학평가들에는 이런 정보가 제공되고 있지 않다. 또한 학생은 대학을 선택할 때 학과와 관련된 정보를 필요로 하지만 언론기관의 대학평가는 학과와 관련된 구체적인 정보를 제공하지 못하고 있다(이정미, 최정윤, 2008). 김진영(2010)은 대학 경쟁력을 평가하는 포괄적인 지표에서 경제력, 언어, 재정지원, 국제화의 중요성에 대하여 논하고 있다. 대학의 질의 구성요소가 많기 때문에 하나의 점수로 수렴하는 과정에서 많은 정보가 왜곡될 수 있다(김훈호 외, 2010). 그러므로 대학순위평가는 소비자들이 원하는 정보를 제대로 전달할 수 있도록 평가방식과 준거를 구성해야 한다.

3) Times Higher Education의 세계대학평가 준거와 점수산출방법

THE는 2010년부터 Thomson Reuters와 함께 세계대학순위평가(THEWUR)를 발표하고 있다. THE는 전공별 세계대학순위(World University Ranking by major), 아시아 대학순위평가(Asia University Rankings), 설립 50년 미만 세계대학순위평가(100 Under 50), 세계대학평판순위(World Reputation Rankings), 브릭스 등 신흥경제국 대학순위(BRICS & Emerging Economies) 등의 순위도 발표하지만 여기에서는 THEWUR만이 분석 대상이다.

THEWUR은 5개 평가준거에 13개 세부평가지표를 활용하여 세계대학순위를 결정한다. 세부 내용은 〈표 11-1〉과 같다. 평가준거는 교육여건(teaching), 연구(research), 인용(citation), 지식이전수입(industry income), 국제화(international outlook) 등으로 이루어져 있다. 교육여건, 연구, 인용 영역은 각각 가중치가 30%이고, 지식이전수입은 2.5%, 국제화는 7.5%이다. 인용과 지식이전수입 영역에는 하위 세부지표가 없지만 교육여건, 연구, 국제화 영역에는 3~5개의 세부지표가 있다.

첫째, 교육여건 영역은 각 기관의 교수-학습 환경을 보여 주는 지표들로 이루어져 있다. 교육여건의 우수성을 설문조사하여 평가하는 평판도 조사, 교수당 학생 수, 연간 학사 · 박사 학위 수여자 비율, 교수당 박사학위 수여자, 교직원 수 대비 기관의 수입을 측정하는 교수당 수입이 세부지표로 있다.

둘째, 연구 영역은 교수의 연구력을 측정한다. 세부지표들에는 대학 연구의 우수성을 설문조사하는 평판도 조사, 교수당 연구비, 교수당 학술지 발표 논문 수가 있다.

셋째, 인용 영역은 연구 영향력을 평가하는 것으로 피인용 지수를 측정한다. 공식 홈페이지에서는 가장 영향력 있는 단일 요인이라고 밝히고 있다. 이를 위해 Thomson Reuters가 2008~2012년에 출간된 12,000개의 학술지(Academic Journals)에서 자료를 추출하여 이들 중 2008~2013년 동안 인용된 논문들을 대상으로 하였다.

넷째, 지식이전수입 영역은 대학이 산업에 기여한 정도를 측정한다. 산업계로부터 교수당 얼마나 많은 연구 수입을 얻었는지 살펴봄으로써 산업에 기여한 정도를 알아본다. 이 준거는 인용 영역과 마찬가지로 단일 요인으로 2.5%의 가중치를 부여받았다.

다섯째, 국제화 영역에는 세 개의 세부지표가 있다. 전 세계적으로 학생을 유치할 수 있는 능력을 보기 위해 재학생 중 외국인 학생 비율을 반영하고, 외국인 교수 비율, 외국의 연구자와 공동으로 논문을 작성한 비율을 반영한다. 이 준거는 인용 영역과 마찬가지로 5년간의 지표를 활용하여 계산되었다.

〈표 11-1〉 THE의 2014~2015년 세계대학평가의 평가준거 및 세부평가지표

평가준거 및 가중치(%)	세부평가지표	가중치(%)
교육여건(30)	교육여건 평판도 조사	15
	교수당 학생 수	4.5
	학사학위 수여자 대비 박사학위 수여자 비율	2.25
	교수당 박사학위 수여자	6
	교수당 수입	2.25
연구(30)	연구역량 평판도 조사	18
	교수당 연구비	6
	교수당 학술지 논문 수	6
인용(30)	논문당 피인용 수	30
지식이전수입(2.5)	교수당 연구비 수입	2.5
국제화(7.5)	재학생 중 외국인 학생비율	2.5
	교수 중 외국인 교수비율	2.5
	외국 연구자와 공동연구로 논문 쓴 비율	2.5

THEWUR의 점수산출 방법에서 각 평가준거별 점수는 100점이 최고점이다. 평판도 조사를 제외한 나머지 평가준거들의 점수 산출을 위해 표준점수값을 계산하고 이를 다시 백분위 점수로 변환하여 총점을 산출한다. 평가준거들의 원점수에 가중치를 곱하여 가중치를 반영하고 이렇게 가중치가 곱해진 점수들을

합산하여 최종 점수를 계산한다. 이 최종 점수를 바탕으로 대학의 순위를 결정한다. THEWUR을 선택한 이유는 선행연구들에서 가장 많이 다루어졌으며, 연구실적, 교육, 지식이전, 국제화 수준 등을 포괄적으로 평가하고 있어서 대학의 경쟁력 수준과 특성 등을 종합적으로 비교 · 분석이 가능하다는 장점이 있기 때문이다(이호섭, 2014). 분석을 위해 가장 최근에 발표된 2014~2015년도 결과를 THE의 공식 홈페이지에서 제공되는 자료집을 통해 수집하였다.

THEWUR의 경우 상위 200개 대학까지만 총점과 평가준거별 점수를 공개하고 201위부터는 '201~225'와 같이 묶음으로 발표하며 총점도 따로 기재하지 않는다. 그렇기 때문에 분석 대상을 상위 200개 대학으로 제한하였다. 그런데 200위 이내 대학들 중 몇몇 대학들은 지식이전수입과 같이 일부 평가준거들의 점수가 공개되지 않은 경우가 있었다. 이런 대학들은 제외하여 총 188개 대학이 분석 대상에 포함되었다. 먼저, 기술통계를 통해 상위 188개의 대학들의 국가별 현황, 영역별 평균과 표준편차를 계산하였다. 평가준거들의 원점수(가중치가 반영되기 전 점수)는 공개되어 있지만 평가준거들의 세부지표 점수들은 별도로 공개되지 않는다. 그러므로 여기서는 세부지표 점수들이 아닌 평가준거들의 원점수를 활용하여 분석을 실시하였다.

이 연구의 종속변수는 총점이며 각 평가준거의 원점수들이 독립변수다. 종속변수와 독립변수들 사이의 상관관계 분석을 위해 피어슨(Pearson) 상관관계 분석을 실시하였다. 그리고 종속변수에 영향을 주는 독립변수들의 상대적 영향력의 순서를 알아보기 위해 위계적 회귀분석을 시행하였다. 통계분석은 SPSS 22.0을 활용하였다.

3. 세계대학평가에 영향을 미치는 요인

1) 2014~2015년 THE의 세계대학평가 기술통계

(1) 세계 대학 평가의 국가별 현황
〈표 11-2〉는 2014~2015년 THEWUR의 상위 200개 대학 중 188개 대학의 국

〈표 11-2〉 2014~2015년 평가결과 상위 200개 대학 중 188개 대학의 국가별 분포

국가명	대학 수(개)	구성 비율(%)
미국	62	33.0
영국	29	15.4
네덜란드	11	5.9
독일	11	5.9
캐나다	8	4.3
호주	8	4.3
스위스	7	3.7
프랑스	7	3.7
스웨덴	5	2.7
일본	5	2.7
대한민국	4	2.1
벨기에	4	2.1
터키	4	2.1
홍콩	4	2.1
덴마크	3	1.6
중국	3	1.6
싱가포르	2	1.1
남아프리카공화국	1	0.5
노르웨이	1	0.5
뉴질랜드	1	0.5
대만	1	0.5
러시아	1	0.5
스페인	1	0.5
아일랜드	1	0.5
오스트리아	1	0.5
이스라엘	1	0.5
이탈리아	1	0.5
핀란드	1	0.5
총계	188	100.0

가별 분포를 나타낸 것이다. 2014~2015년의 평가결과, 1위는 미국의 캘리포니아 공과대학교가 차지하였다. 상위 188개 대학들 중 미국이 62개로 가장 많은 대학들을 배출하였고 영국이 29개 대학들을 상위권에 이름을 올렸다. 우리나라는 서울대, KAIST, 포항공대, 성균관대 등 4개 대학이 상위 188개 대학 안에 등장하였다.

(2) 평가준거의 평균점수 및 표준편차

〈표 11-3〉은 분석 대상인 188개 대학들의 평가준거 점수와 총점의 최솟값, 최댓값, 평균, 표준편차를 보여 주고 있다. 5개 평가준거 중 평균치가 가장 높은 영역은 인용으로 그 수치는 약 78.3인 반면에 표준편차는 가장 낮은 약 13.4를 나타내고 있다. 이는 상위 188개 대학들의 인용 점수는 전반적으로 높으면서도 대학들 사이에 차이가 다른 영역들에 비해 상대적으로 크지 않은 것으로 해석할 수 있다.

〈표 11-3〉 2014년 상위 188개 대학들의 평가준거와 총점의 기술통계 결과

평가준거	N	최솟값	최댓값	평균	표준편차
교육여건	188	19.7	92.9	47.919	16.5754
연구	188	13.1	98.6	50.038	19.5029
인용	188	33.8	100.0	78.349	13.4298
지식이전수입	188	28.9	100.0	55.530	22.2514
국제화	188	27.5	98.8	62.205	18.8893
총점	188	45.6	94.3	58.943	12.2039

지식이전수입 영역은 평균치가 약 55.5이지만 표준편차가 약 22.3으로 5개 영역들 중 가장 높다. 이는 상위 188개 대학들 사이에 지식이전수입의 격차가 가장 큰 것으로 볼 수 있다. 국제화와 연구 영역의 평균점수는 각각 약 62.2, 50점이지만 표준편차는 19점 내외로 대학들 사이에 격차가 상대적으로 다른 영역들에 비해 큰 것으로 나타났다. 교육여건 영역의 평균은 약 48점으로 가장 낮았으며 표준편차는 5개 영역들 중 두 번째로 낮은 약 16.6으로 대학들 사이에 교육여

건의 분포는 상대적으로 고른 것으로 간주된다. 마지막으로, 총점 영역의 평균은 약 59점이고 표준편차는 약 12.2다. 총점의 표준편차는 평가준거들보다 낮은데 이는 대학들의 총점 분포가 상대적으로 고르다는 것을 의미한다.

2) 평가준거와 총점의 상관관계 분석

자료의 통계학적 특성을 보여 주는 기술통계에 이어서 독립변수들 사이의 상관성과 독립변수와 종속변수의 관련성과 방향을 알아보기 위해 피어슨 상관관계 분석을 실시하였다. 이는 회귀분석을 시행하기 전에 변인들 간의 상관관계를 알아보기 위한 것이다. 5개의 평가준거들 사이의 상관관계와 평가준거들과 총점의 상관관계 분석 결과는 〈표 11-4〉와 같다.

〈표 11-4〉를 보면 국제화 영역은 다른 모든 준거들과, 총점과 상관관계가 통계적으로 유의미하지 않았다. 이는 2013년도 결과(Soh, 2014)에서도 국제화 영역이 유의미한 상관관계가 없는 것으로 나온 것과 같다. 그렇지만 인용과 연구, 총점과 지식이전수입은 0.05 유의수준하에서 유의한 것으로 나타났다. 이외의 상관관계는 모두 0.01 유의수준에서 유의미한 것으로 분석되었다.

〈표 11-4〉 평가준거들 사이와 평가준거들과 총점 사이의 상관관계 분석결과

평가준거 및 총점	평균	표준편차	구성개념 간 상관관계					
			1	2	3	4	5	6
1. 교육여건	47.919	16.5754	1.00					
2. 연구	50.038	19.5029	.917**	1.00				
3. 인용	78.349	13.4298	.193**	.165*	1.00			
4. 지식이전수입	55.530	22.2514	.226**	.259**	-.220**	1.00		
5. 국제화	62.205	18.8893	-.054	.040	.057	-.036	1.00	
6. 총점	58.943	12.2039	.915**	.924**	.484**	.185*	.130	1.00

($^*p<.05, ^{**}p<.01$)

상관관계 분석결과를 보면, 연구와 교육여건 영역의 상관계수값은 .917로 매우 높게 나타났다. 교육여건 영역의 점수가 높은 대학도 연구 영역의 점수가 높

은 것으로 보인다. 그러나 인용과 교육여건, 인용과 연구 영역의 상관계수값은
모두 .20 이하로 상관관계가 거의 없는 것으로 나타났다. 지식이전수입과 교육
여건, 지식이전수입과 연구 영역의 상관계수값은 각각 .226, .259로 두 변수들
사이에 상관관계는 낮은 것으로 보인다. 그런데 지식이전수입과 인용 영역은
-.220으로 Soh(2014)의 연구와 같이 음의 상관관계를 보여 주고 있다.

총점과 각 평가준거들의 상관관계를 살펴보면, 총점과 교육여건, 총점과 연구
의 상관계수값은 모두 .90을 넘는 수치를 보여 매우 높게 나타났다. 총점과 인
용의 상관계수값은 .484로 연구와 교육여건에 이어 세 번째로 높은 수치를 보여
주고 있다. 지식이전수입과 총점의 상관계수 값은 .185로 통계적으로 유의미하
지만 상관관계는 거의 없는 것으로 나타났다. 그런데 Soh(2014)의 분석과는 달
리 이 연구에서는 지식이전수입도 총점과 교육여건에 통계적으로 유의미한 상
관관계가 있었다. 이는 2013년도 평가결과와 2014년도 결과가 다르기 때문으로
볼 수도 있겠지만, 분석대상 수가 188개로 증가했기 때문으로도 해석된다.

3) 위계적 회귀분석 및 결과 논의

(1) 위계적 회귀분석 결과

이어서 다섯 평가준거들의 상대적 영향력의 순서를 알아보기 위해 위계적 회
귀분석을 실시하였다. 분석결과는 〈표 11-5〉에서 보여 주고 있다. 위계적 회귀
분석을 실시할 때 투입되는 독립변수의 순서는 상관이 없고(송지준, 2009) 실제
로 분석을 실시하면 순서에 상관없이 최종모형의 결과는 같다. 그러므로 여기
서는 총점과의 상관관계가 낮은 순으로 독립변수들을 투입하였다. 통계적으로
유의미하지 않은 것으로 나타난 국제화 영역을 먼저 투입한 후 지식이전수입,
인용, 교육여건, 연구 순으로 투입하였다.

〈표 11-5〉는 2014~2015년 평가결과를 토대로 총점에 영향을 미치는 평가
준거들의 위계적 회귀모형이다. 모형 1은 국제화 영역만이 분석에 투입된 모형
이다. 회귀분석 결과 국제화는 총점에 통계적으로 유의수준 하에서 영향을 미
치지 않는 것으로 나타났다($t=1.792, p=.075$).

모형 2는 지식이전수입 영역을 추가 투입한 모형으로 총점의 5.3%를 설명하

〈표 11-5〉 평가준거 점수들과 총점의 위계적 회귀분석 결과

독립변수	모형 1			모형 2		
	SE	β	t값(유의도)	SE	β	t값(유의도)
상수	3.053		17.593(.000)	3.775		12.622(.000)
국제화	.047	.130	1.792(.075)	.046	.137	1.916(.057)
지식이전수입				.039	.190	2.653(.009**)
통계량	R^2=.017, 조정된 R^2=.012 F=3.210 p=.075			R^2=.053, 조정된 R^2=.043 F=5.177, p=.006		

독립변수	모형 3			모형 4		
	SE	β	t값(유의도)	SE	β	t값(유의도)
상수	5.650		1.103(.272)	1.294		−2.165(.032)
국제화	.039	.110	1.834(.068)	.009	.159	11.632(.000**)
지식이전수입	.034	.309	5.015(.000**)	.008	.072	4.965(.000**)
인용	.056	.546	8.855(.000**)	.013	.328	22.600(.000**)
교육여건				.011	.844	58.123(.000**)
통계량	R^2=.336, 조정된 R^2=.325 F=31.029, p=.000			R^2=.966, 조정된 R^2=.965 F=1295.001, p=.000		

독립변수	모형 5			
	SE	β	t값(유의도)	공차한계
상수	.019		.476(.635)	
국제화	.000	.116	566.224(.000**)	.941
지식이전수입	.000	.046	213.044(.000**)	.861
인용	.000	.330	1563.492(.000**)	.886
교육여건	.000	.407	790.985(.000**)	.149
연구	.000	.480	930.266(.000**)	.148
통계량	R^2=1.000, 조정된 R^2=1.000 F=5073285.465, p=.000 Durbin-Watson=1.929			

(**p<.01)

는 것으로 나타났다. 지식이전수입(t=2.653, p=.009)은 통계적으로 유의미한 영향을 미치는 것으로 나타났지만 국제화 영역은 모형 2에서도 통계적 유의수준 하에서 영향을 주지 못하는 것으로 분석되었다(t=1.916, p=.057).

모형 3은 모형 2에서 인용 영역이 추가되어 총점을 33.6% 설명하고 있어서 모형 2보다 28.3% 더 설명하고 있다. 국제화 영역은 아직도 통계적으로 유의미한 영향을 주지 못하고 있지만(t=1.834, p=.068), 지식이전수입(t=5.015, p=.000)과 인용(t=8.855, p=.000)은 통계적으로 유의미하게 총점에 긍정적인 영향을 미치고 있었다.

모형 4는 교육여건 영역이 추가된 모형으로 총점을 96.6% 설명하고 있으며, 이는 모형 3에 비해 총점을 63% 더 설명하고 있는 것이다. 국제화(t=11.632, p=.000), 지식이전수입(t=4.965, p=.001), 인용(t=22.600, p=.000), 교육여건(t=58.123, p=.000) 영역 모두 총점에 긍정적인 영향을 주고 있는 것으로 나타났다.

모든 평가준거들이 투입된 모형 5는 총점을 100% 설명하는 것으로 나타났으며, 모형 4에 비해 변량을 3.4% 더 설명하고 있다. 국제화(t=566.224, p=.000), 지식이전수입(t=213.044, p=.000), 인용(t=1563.492, p=.000), 교육여건(t=790.985, p=.000), 연구(t=930.266, p=.000) 모두 통계적 유의수준하에서 종속변수에 긍정적인 영향을 미치고 있는 것으로 분석되었다.

2014년도 결과에서 총점에 대한 변수들의 상대적 영향력을 평가하면, 연구(β=.480) 영역이 가장 큰 영향력을 행사하는 변수로 나타났다. 두 번째는 교육여건(β=.407)이었고, 세 번째는 인용(β=.330) 순으로 영향력이 큰 것으로 나타났다. 네 번째로 영향력이 있는 영역은 국제화(β=.116)였고 지식이전수입(β=.046)은 그 영향력이 가장 낮은 것으로 계산되었다. 이 결과는 Soh(2013b, 2014)가 각각 2012년과 2013년 결과를 분석한 결과와 같았다. 또한 대학평가가 처음 실시되었을 때의 순위가 교육환경과 연구실적에 영향을 받는다는 이호섭(2014)의 연구 결과와도 동일하다.

공차한계는 모두 0.1 이상의 수치를 보여 주고 있어서 다중공선성에는 큰 문제가 없는 것으로 보인다. Durbin-Watson은 1.929로 기준값인 2에 근접한 편이고 0과 4에는 가깝지 않으므로 잔차들 간에 상관관계가 없는 것으로 볼 수 있다. 그러므로 이 회귀모형은 적합한 것으로 판단된다.

(2) 분석결과 논의

통계분석 결과, THEWUR의 순위에서 가장 큰 영향력을 행사하는 것은 연구 영역이었다. 총점과의 상관관계와 위계적 회귀분석 결과 모두 연구 영역이 가장 높게 나왔다. 이어서 총점에 대한 영향력은 교육여건, 인용, 국제화, 지식이전수입 순으로 나타났다. 이는 Soh(2013b, 2014)가 다룬 2012년, 2013년 통계분석결과와도 일치하였다. 이러한 분석결과를 바탕으로 세 가지 사항들을 논의하였다.

첫째, 상관관계분석과 회귀분석결과에서 차이가 있었다. 교육여건과 연구 영역 모두 총점과 높은 상관관계를 보였지만 영향력은 다르게 나타났다. 영향력 분석과는 다르게 상관관계 분석에서는 교육여건 영역이 연구 영역과도 높은 상관관계가 있어서 총점과의 상관관계도 높아진 것으로 보인다. 한편, 국제화 영역은 총점과의 상관관계가 통계적으로 유의미하지 않았지만 위계적 회귀분석의 모형 5에서는 지식이전수입보다 베타(β)값이 큰 것으로 나타났다. Soh(2014)의 결과처럼 다중공선성이 미약하게나마 존재하여 최종 모형에서 영향력이 나타난 것으로 보인다. 그리고 지식이전수입은 그 가중치가 2.5%밖에 안 되어서 회귀분석에서는 영향력이 낮아진 것으로 추측된다.

둘째, 평가기관 측에서 평가준거들에 부여한 가중치와 실제 영향력의 차이가 지속적으로 나타났다. 연구, 교육여건, 인용 영역은 총점을 계산할 때 30%로 같은 가중치로 반영되고 있지만 그 영향력은 상이한 것으로 나타났다. 2014년의 결과에서 가장 큰 영향력을 발휘한 요인은 연구 영역으로 Soh의 후속연구(2013b, 2014)와 마찬가지로 상위 200개 대학으로 분석 대상을 확장하여도 연구 영역이 여전히 가장 큰 영향력을 발휘하고 있었다. 실제 영향력과 선정된 가중치의 차이는 지속적으로 발생하고 있었다.

셋째, 연구 영역은 평균값이 가장 낮고 표준편차가 가장 큰 영역이어서 다른 영역들에 비해 총점에 대한 영향력이 큰 것으로 보인다. 교육여건과 인용 영역은 연구 영역과 같은 가중치를 부여받았지만 실제 총점에서의 영향력은 연구 영역에 비해 낮았다. 여기에는 다중공선성(Soh, 2014) 등 다양한 요인이 있겠으나 기술통계적으로 보면 다른 영역들과 연구 영역의 평균과 표준편차의 차이를 원인으로 볼 수 있다. 〈표 11-3〉을 보면 연구 영역의 평균은 약 50이고 표준편차는 약 19.5다. 표준편차 19.5는 5개 영역의 표준편차 중 두 번째로 높은 수치다. 즉, 연구 영역의 대학 간 격차가 다른 영역들에 크기 때문에 표준편차가 높게 형성된 것이다. 격차가 크기 때문에 연구 영역에서 좋은 점수를 받은 대학들은 순위에서 상대적으로 위쪽에 위치할 수 있었을 것이다.

반면, 교육여건과 인용 영역은 표준편차가 연구 영역보다 낮았다. 특히 인용여건은 평균이 5개 영역들 중에서 가장 높았고 표준편차는 가장 낮았다. 이것은 세계대학평가에서 상위 200개 대학에 속하는 대학이면 인용력은 비슷하면서도 높은 수준에 올라와 있다는 것을 의미한다. 이와 동시에 교육여건 영역도 연구 영역에 비해 대학 간 차이가 적었다. 인용 영역의 점수는 대부분의 대학들이 높은 데 밀집되어 있으며 교육여건 영역은 평균이 낮지만 대학 사이에 격차가 적은 편이어서 총점과 순위를 결정할 때 그 영향력도 낮아졌다고 볼 수 있다.

4. 세계대학평가 체제의 개선 방안

여기서는 THEWUR의 2014년 결과를 토대로 각 평가준거들의 점수가 총점에 어느 정도 영향을 미치는지 알아보는 것을 목적으로 하였다. 이를 위해 상위권 대학들이 어느 국가에 있고 점수들의 평균과 표준편차는 어떠한지 살펴보았고, 상관관계와 위계적 회귀분석을 활용하여 평가결과를 분석하였으며, 분석결과의 원인을 논의하였다. 연구결과는 다음의 세 가지로 정리할 수 있다.

첫째, THEWUR에서 상위 188위 대학들 중 약 50%가 미국과 영국에 있었고, 평균과 표준편차 분석 결과에서는 평가준거들 중 교육여건 영역의 평균이 가장 낮았으며 지식이전수입의 표준편차가 가장 컸다. 그리고 인용 영역의 평균이 가장 높고 표준편차가 가장 낮았다. 총점의 평균은 약 59점이었지만 표준편차가 가장 낮아 총점의 대학별 차이는 상대적으로 작은 것으로 나타났다.

둘째, 상관관계와 회귀분석 결과 총점에 대해 가장 큰 영향력을 행사하는 요인은 연구 영역으로 나타났다. 상관관계분석 결과, 연구, 교육여건, 인용, 지식이전수입 순으로 총점과 상관관계가 있었고 위계적 회귀분석에서는 연구, 교육여건, 인용, 국제화, 지식이전수입 순으로 총점에 대한 상대적 영향력이 있었다.

셋째, 연구 영역의 영향력이 높게 나온 것은 기술통계에서 연구 영역의 평균이 평가준거들 중에서 두 번째로 낮고 표준편차가 두 번째로 높아 다른 준거들에 비해 대학 간 격차가 크기 때문인 것으로 보았다. 유사하게, 인용 영역은 평균값이 가장 크고 표준편차가 가장 낮아서 대학 간 격차가 적어 영향력이 낮아진 것으로 해석하였다.

이러한 분석결과를 토대로 종합적으로 살펴본 결론은 다음과 같다. 첫째, 대학이 THEWUR에서 순위를 올리고자 한다면 연구 영역을 개선하는 데 투자해야 한다. 그리고 대학이 200위권 내에 진입하기 위해서는 200위권 내의 대학들과 비슷한 인용력을 보유하고 있어야 한다. 대학평가에서 순위가 결정될 때는 가중치도 중요하지만 상대평가적 성격이 있어서 타 대학들의 점수도 중요하게 작용하고 있다. 타 대학들의 점수 분포에 따라 같은 가중치라도 총점과 순위에서는 다르게 영향력을 행사할 수 있다. 2014년 평가결과에서 상위 188개 대학의 인용 영역 점수는 대체로 비슷하지만 연구 영역 점수가 높은 대학일수록 높은 순위에 위치했다. 상위권에 위치하려면 인용 영역 점수가 낮아서는 안 된다. 좋은 연구를 많이 수행한다면 자연스럽게 인용 빈도도 상승할 것이다. 그러므로 이 통계분석의 결과는 대학이 평가 순위를 상승시키려면 이호섭(2014)의 연구처럼 연구 영역의 점수를 높이는 방향으로 대학 발전 전략을 설정해야 함을 알려 준다.

둘째, 현행 평가방식은 대학의 질을 제대로 평가하지 못하고 있다. 이 연구에서도 선행연구(이호섭, 2014; Soh, 2013b, 2014)와 마찬가지로 연구 영역의 영향력이 다른 영역들에 비해 높았다. 가장 영향력이 있는 평가준거는 변하지 않으므로 THEWUR는 신뢰도가 있는 것처럼 보이지만 실제로는 같은 문제가 매년 반복되고 있는 것이다. 현재 방법론은 대학을 구분하지 않고 모든 대학에 획일적으로 적용되고 있기 때문에 연구력이 좋은 대학이 교육여건이 좋은 대학보다 좋은 평가를 받게 된다. 연구와 교육 모두 대학의 중요한 기능들이지만 현재 평가는 연구 중심 대학에게 유리하다. 연구력만 좋으면 THEWUR에서 상위권에 위치할 수 있으므로 현행 대학평가 방식은 공정하지 못하며 대학의 질을 골고루 반영하지 못하고 있다.

셋째, THEWUR의 대학평가가 연구중심대학에 유리하다는 점에서 소비자의 요구를 반영하지 못하고 있다. 선행연구에 따르면, 대학평가의 주 소비자인 학생이나 기업체에서는 대학평가에서 대학의 교육여건과 관련된 것들을 알고 싶어 한다. 그러나 현재의 평가결과는 대학의 연구능력 순으로 대학순위가 결정될 가능성이 높다. 교육의 질을 측정하는 교육여건 영역이 연구영역과 상관관계가 높으므로 연구영역 점수가 높을수록 교육여건 영역 점수도 높을 수도 있다. 그러나 교육의 질에 따른 순위는 알 수 없고 단순히 총점만 제시하고 있기 때문에 각 대학이 실제로 제공하고 있는 교육 수준이 어떠한지 알 수 없다. 그러므로 THE는 대학평가 방법과 정보제공 방식을 개선할 필요가 있다.

평가방법 개선에 대한 한 가지 대안으로, Williams와 de Rassenfosse(2014)의 논의처럼, 평가를 활용하려는 수요자가 평가지표와 가중치를 결정할 수 있도록 하는 방안을 생각해 볼 수 있다. 또는 소비자가 대학평가에서 요구하는 것들을 평가준거로 선정하여 순위에 반영할 수 있어야 한다. 정보제공 방식과 관련해서는 소비자가 중요하다고 생각하는 평가준거의 원점수에 가중치를 직접 부여하여 새롭게 순위를 계산할 수 있는 기능을 제공할 수 있을 것이다. 또한 단순히 총점만 공개할 것이 아니라 대학의 현황을 실제로 알 수 있도록 원자료를 공개하여 소비자가 참고할 수 있도록 해야 할 것이다. 대학평가기관은 평가준거와 가중치를 개선하거나 결과 공개 방식을 개선함으로써 대학순위가 실제로 유의미한 정보를 사회에 제공할 수 있도록 노력을 기울여야 한다.

제12장
한국교육정치학의 현안과 과제

　교육과 정치가 논의된 시기를 따지자면, 기원전 4, 5세기로 넘어간다. 고대 그리스의 고전, Plato의 『국가론』에서는 '정치를 위한 교육'의 모습이 등장하며, 동아시아 문명의 고전인 『논어』에서는 정치와 교육의 관계를 상대적으로 대등하게 고려하면서 '교육을 위한 정치'가 강조된다(김성준, 2006). 이후 교육과 정치의 관계는 이 두 가지 측면에서 다양하게 논의되어 왔다. 조선시대에도 국가권력과 정치 공간의 대명사인 궁궐, 특히 정교일치(政敎一致)를 표방하는 유교 사회에서의 궁궐은 정치적 기능 못지않게 교육적 기능을 가지고 있었다. 조선의 왕은 유교의 모델이자 백성의 모범이 되어야 했기 때문에 더욱 엄격한 교육을 통해 수기치인의 이상을 실현해야 했다. 따라서 궁궐은 정치의 공간이면서 교육의 공간이었고, 이 둘은 상호보완의 관계에 있었다(육수화, 2010).

　하지만 교육과 정치의 오랜 관계에도 불구하고, '교육정치학'이라는 학문분야가 전면에 등장한 것은 1950년대 들어서다. 그 이전에는 교육학자와 정치학자가 서로 '교육과 정치'의 문제를 다루기를 꺼려 왔다(한국교육정치학회, 1994). 미국에서 교육정치학을 개념화한 최초의 시도는 Eliot(1959)의 소논문으로 간주된다. 그는 정치에 대한 교육자의 금기를 없앨 수 있는 방도를 모색하면서, 만일 중요한 정치적 요인들이 모두 밝혀지게 되면 국민은 보다 합리적·효과적으로 권력 행사과정을 통제 가능할 것이라고 보았다. 이는 정치학자나 교육학자로 하여금 교육과 정치에 대한 연구활동을 수행케 하는 촉진제가 되었다(한국교육정치학회, 1994).

우리나라에서 교육정치학의 학문적 논의가 본격적으로 시작된 것은 1994년 한국교육정치학회가 창립된 이후라고 할 수 있다. 한국교육정치학회가 1994년 4월 2일 '교육정치학 연구의 현황과 과제'라는 주제로 학회 창립 학술대회를 가진 이후 교육정치학의 학문적 정체성에 대한 연구가 개인적 연구 차원과 학회의 학술대회 차원에서 계속되었다. 2004년에는 '한국교육정치학 연구의 10년 성과'라는 주제로 '학문적 정체성', '연구 동향', '학회의 발전', '한국교육정치학의 발전 과제'라는 논문들이 발표되었다(신현석, 2012). 2012년 연차학술대회에서도 다시 한번 '학문적 정체성'(신현석), '연구방법론'(박대권), '연구 동향 분석'(가신현)이라는 세 가지 주제 발표를 통하여 정리를 시도했음에도 불구하고, 교육정치학의 학문적 성격은 여전히 분명하게 정립되어 있다고 보기 어려운 상태다.

교육정치학에서는 개방체제이론, 계급이론, 분배이론, 교환이론, 공공선택이론, 정치경제학 관련이론 등 정치학, 경제학, 사회학, 심리학 등 대부분의 사회과학 성과가 동원되고 있다고 해도 과언이 아니다. 그런 점에서 교육정치학은 사회과학의 다학문적접근 내지 종합과학적 접근이라는 연구경향을 반영하고 있다(김용일, 1994). 이러한 측면에서 교육정치학은 기본적으로 인접 학문에서 자유로울 수 없다. 인접 학문과의 관계에서 발전해 왔기 때문이다.

교육정치학의 대표적인 인접 학문으로는 교육학과 교육행정학, 정치학과 정책학을 들 수 있다. 교육학과 정치학이 큰 틀에서 교육정치학에 영향을 미친다면, 교육행정학과 정책학은 보다 미시적인 차원에서 교육정치학에 영향을 주고 있다고 볼 수 있다. 따라서 교육정치학과 인접 학문과의 관계를 정립하고 교육정치학의 성격을 분명히 규명하는 것은 교육정치학 발전의 중요한 초석이 될 것이다. 이를 바탕으로 교육정치학의 학문적 성격과 범위를 명시화하는 것이 필요하다.

1. 교육정치학의 개념과 학문적 성격[1]

교육정치학은 정치와 행정의 이원론을 극복하고 정치적 이슈 혹은 가치를 연구의 중심에 두려는 것으로부터 비롯되었다(김용일, 1994; 안기성, 1994). 교육행정학이 교육조직 내부의 문제에 관심을 가지고 학교라는 조직적 맥락에 교육행정을 두는 것과 달리, 교육정치학은 지역·국가·사회와 같은 사회정치적 맥락 안에서 고찰해야 현실을 포착할 수 있다는 문제 제기를 포함하고 있다(신현석, 2013).

교육정치는 대체로 통치의 개념이나 정당의 입법행위, 행정부의 정치행위를 지칭하는 것으로 제한되는 경향이 있다. 즉, 교육정책과 정책의 과정에서 정치성에 대한 분석, 정책과정에 개입되는 가치문제에 대한 언급이 주를 이룬다. 여러 학자들이 다양한 교육정치 현상을 분석하며 정치적 분석을 하고 있지만, 사례들 속에 존재하는 보편적 속성으로서 교육정치 과정의 정치성과 공유되는 가치와 신념을 포함한 비공식적 제도를 아우르는 연구와 이론의 체계화는 부족한 실정이다(신현석, 2013).

선행연구들이 교육정치학의 학문적 정체성을 분명히 하고 있지는 않지만, 정일환(2004), 이일용(2004), 김용일(1999), 신현석(2000), 신현석(2013) 등에 따르면, 교육정치학은 기초학문(이론)과 응용학문(실제)의 성격을 동시에 가지면서도 응용학문적 성격이 강하다. 즉, 교육정치학은 지식으로서의 교육정치학과 함께 교육의제 문제를 정치적으로 탐구하면서 다양한 교육문제의 복잡성을 드러내고 개선하려는 목적을 두는 실천으로서의 교육정치학 성격을 함의하고 있다(신현석, 2013).

---

[1] 이 내용은 김병주(2013)의 교육정치학과 정책학. 한국교육정치학회 2013년 연차학술대회, 117-142의 내용을 바탕으로 재구성함.

2. 교육정치학의 연구대상과 범위

교육정치학이 무엇을 다루어야 하는지에 대한 논의는 매우 중요하다. 어느 학문이든지 학문으로서 기본 조건을 갖추기 위해서는 고유한 연구대상이 있어야 하기 때문이다. 교육정치학의 연구대상과 범위는 김용일(1994), 신현석(2000), 이일용(2004), 정일환(2004), 신현석(2012)에서 다양한 시각으로 정리하고 있다. 김용일(1994) 역시 통치 · 권력 · 갈등 · 정책을 교육정치학의 기본 개념범주로 제시하고 있다. 신현석(2000)은 정치적 계몽을 통한 인간성 회복, 자유의지의 발현을 통한 삶의 질 향상, 건전한 사회경영을 통한 인간복지의 실현, 탐구논리의 개발을 통한 학문적 위상의 강화를 연구 방향으로 제시하면서 연구대상과 범위를 구체화하고 있다. 정일환(2004)은 학술대회 발표주제를 토대로 연구의 대상과 범위를 밝히고 있으며, 이일용(2004)은 '교육정치학연구'지의 게재 논문 전수조사를 통해 교육개혁, 교육정책 및 평가, 교육통치, 교육자치 및 학교자치, 교원, 교육과정, 초중등교육, 대학교육, 시민교육, 남북문제 등으로 연구 내용을 분류하였다.

교육정치학의 연구대상과 범위를 쉽게 파악할 수 있는 방법의 하나는 교육정치학회의 학술대회 주제를 분석하는 것이다. 우선, 미국교육정치학회에서 다룬 교육정치학의 학문적 탐구 범위는 크게 교육과 정치의 이념/가치, 교육정치학의 연구방법과 접근방법, 영역 · 이슈별 내용, 교육과 정치이념, 교육과 정치기구와 정치과정, 학교교육의 과정 등으로 나타나고 있다(정일환, 2004).

한국교육정치학회는 창립 20년이라는 짧은 역사에도 불구하고 연평균 2회 다양한 주제의 학술대회를 개최하였다. 이 과정 속에서 교육정치학의 학문적 정체성을 다룬 것만도 4번이다. 특히 교육개혁과 관련된 주제와 접근 방법들이 다른 주제에 비해 상대적으로 많이 다루어졌다. 대체로 정책과정과 정책분석, 정책결정에 관련된 주제들이 주를 이루고 있다.

〈표 12-1〉 한국교육정치학회의 학술대회 주제

개최연월일	학술대회 주제
1994. 4. 2.	교육정치학 연구의 현황과 과제: 교육정치학의 학문적 성격, 교육정치학의 연구 동향, 교육정치학의 과제
1994. 12. 16.	한국교육정책의 교육정치학적 분석: 교육과정, 학생선발, 교원인사, 교육재정
1995. 6. 24.	지방교육자치제 분석
1996. 4. 27.	한국 교육개혁과 그의 정치학
1997. 4. 25.	한국교육에서 Governance의 문제
1998. 5. 9.	한국사회의 교원과 정치: 교원양성·임용·교직단체의 정치학
1998. 11. 28.	교육기관 평가의 정치학
1999. 7. 10.	한국 교육개혁의 정치경제학적 조망
1999. 12. 11.	'정책 패러다임'과 새로운 세계의 교육정치학
2000. 6. 30.	21세기 교육정치학의 새지평: 남북통일 및 교육개혁, 시민운동
2000. 12. 20.	교육과정의 정치학
2001. 6. 8.	대학 의사결정 구조 개편의 정치학
2002. 3. 29.	교육과정 평가의 정치윤리학 등 자유 주제
2002. 5. 24.	고등학교 체제의 교육정치학적 분석
2003. 12. 6.	교육정책결정 관련 주체들의 역할과 기능: 대통령 자문기구, 시민단체, 교원단체
2004. 5. 22.	한국교육정치학 연구의 10년 성과: 한국교육정치학의 학문적 정체성, 연구동향, 발전과정, 발전과제
2004. 12. 18.	고등교육 구조조정의 정치학
2005. 6. 18	교육개혁 10년의 성과와 과제
2005. 12. 10.	교육인적자원개발 정책의 진단과 과제
2006. 6. 24.	고등교육 국제화의 교육정치학
2006. 11. 25.	사학의 교육정치학적 이해
2007. 4. 28.	정부의 고등교육개혁을 위한 재정지원 정책의 정치학
2007. 10. 27.	교육과 성의 정치학
2008. 5. 3.	이명박 정부 교육체제 평가의 정치학
2008. 12. 6.	신자유주의와 교육정책의 전망과 과제

2009. 4. 24.	자율과 책무에 기반한 교육개혁의 쟁점과 대안
2009. 12. 4.	고등교육 선진화 정책의 정치학적 분석
2010. 6. 25.	교육선진화를 위한 교육지배구조(governance) 개편의 쟁점과 과제
2010. 11. 29.	민선 교육감 시대의 지방교육자치 발전을 위한 과제
2011. 6. 17.	취학 전 교육의 정치학
2011. 12. 2.	대학 총장 선출의 정치학
2012. 5. 25.	정치, 언론, 시장, 시민사회 등 거시정치권력과 교육
2012. 12. 8.	교육정치학의 학문적 성격에 대한 재조명
2013. 6. 4.	교육정책 리더십과 교육행정 거버넌스
2013. 11. 29.	교육정치학의 학문적 외연과 인접학문
2014. 6. 14.	한국교육정치학의 교육, 연구, 현실참여
2014. 12. 6.	교육정책 연구의 정치학
2015. 5. 22.	한국교육정책 결정 구조의 정치
2015. 12. 4.	대학 평가의 정치학
2016. 5. 20.	지방교육 행정의 정치학
2016. 11. 4.	지방교육자치의 미시정치학: 현황과 과제
2016. 12. 2.	대통령 선거의 정치학
2017. 4. 22.	교육정치학적 관점에서 본 제19대 대선 교육공약
2017. 6.	제1회 대학원생 논문 경진대회
2017. 10. 21.	미래 교육정책의 탐색과 발전 방향
2017. 12. 2.	교육정책과정에서의 정치적 합리성과 기술적 합리성
2018. 5. 12.	정권교체에 따른 교육정책 변동현상: 문제와 대안
2018. 6.	제2회 대학원생 논문 경진대회
2018. 12. 15.	교수와 관료의 정치행태와 관계의 정치학
2019. 5. 18.	국가교육위원회, 교육 정책 전환의 계기를 마련할 수 있는가?
2019. 6.	제3회 대학원생 논문 경진대회
2019. 12. 2.	교육정책결정에서의 전문가주의와 시민참여주의 간 관계와 방향

한편, 정치학자로서 미국교육에 대해 정치학적 접근을 시도한 Eliot(1959)은 교육정치학의 중요한 연구주제로 교육과정, 교육시설, 거버넌스의 단위와 조직,

인사, 재정문제의 다섯 가지를 제시하고 있다. 이 다섯 가지에 대한 정책의 결정 및 실행에는 항상 정치적 이슈가 개입되기 때문에 그 정책의 결정 및 실행 과정에 대한 교육정치학적 고찰이 필요하다는 것이다.

또한 Scribner 등(2003)은 가치의 권위적 배분을 수행하고 영향력을 행사하는 상호작용의 집합이라는 정치의 기초개념을 수용하면서 교육정치학의 기본 개념범주로서 통치, 권력, 갈등, 정책 등 네 가지를 제시하였다.

교육에 종사하는 개인이나 교육에 관심을 지닌 집단 또는 교육체제가, 정부 차원의 정치체제가 수행하는 가치의 권위적인 배분에 영향력을 끼칠 목적으로 어떠한 행위를 한다면, 이는 곧 정치활동이 일어나고 있는 것이다. 이러한 사정에 비추어 볼 때 결국 교육 영역에서의 대부분의 행위는 명백히 정치적이다(한국교육정치학회, 1994). 통치, 권력, 갈등, 정책이라는 네 가지는 교육정치의 기초 개념에서도 추출할 수 있다. 궁극적으로 이들 네 범주는 '가치의 권위적 배분을 수행하고, 그것에 영향력을 행사하는 상호작용의 집합'이라는 기초 개념으로 묶인다. 이 네 가지 범주에 대한 검토를 통해 우리는 교육 부문에서 정치현상을 연구하는 데 사용되어 온 조작적 개념의 유형을 파악할 수 있다(한국교육정치학회, 1994).

첫째, 통치(government)는 정치와 관련하여 가장 오래된 개념들 가운데 하나다. 교육정치학에 있어서 이 개념은 다음의 네 가지 측면으로 분석된다. 먼저, 특정 교육체제가 국가의 법률적인 하위요소라는 점에서 우리는 그 법률적 측면을 연구할 수 있다. 또한 특정 교육체제가 여타의 통치 단위와 상호작용한다는 점에서, 상호작용의 유형과 그 정도에 대한 분석이 가능하다. 다음으로, 특정 영역 내의 권력에 대한 국가독점이라는 측면에서 학교체제는 그 자신의 영역을 통치하는 권위를 가진다. 전통적으로 교육에 있어서 학교체제는 하나의 독자적인 통치단위로 간주된다. 끝으로, 교육이 국가의 방향을 결정하는가 혹은 국가가 교육의 목적을 결정하는가라는 매우 오래된 의문에 대한 탐구다.

둘째, 권력은 기본적으로 정치학 연구에서 널리 사용되어 왔다. 교육부문에서 정치적 현상에 관한 많은 연구의 기본주제는 누가 누구에 대해서 어느 정도의 권력을 가지고 있으며, 그 권력(영향력, 권위 또는 통제)이 어떻게 행사되는가 하는 것이다. 이러한 주제는 지역사회의 통제와 분권화에 대한 요구가 분출되는 시기에 극명하게 나타난다. 또한 정당이 권력을 획득하고 유지하려는 시도를 다루고 있는 연구나 당파성의 유형에 관한 연구가 권력에 관한 연구 속으로 포함되는 것이 논리적으로 타당하다.

셋째, 갈등은 정치학연구에 매우 중요한 개념이다. 교육정치학에서도 많은 연구들이 교육부문의 갈등 양상을 기술해 왔다.

넷째, 정책으로서, 과정과 그 과정의 결과인 정책 양자가 포함되는 것으로서의 정책결정을 정치의 기본개념으로 강조하고 있다.

이러한 틀에 따라 지금까지 학술대회 논문과 『교육정치학연구』지의 논문들을 분석해 볼 때, 교육정치학의 이론 구축은 아주 빈곤한 상태다. 구체적으로 이론 구축이 빈곤한 이유는 교육정치학의 관심이 현안 또는 당면 문제나 쟁점에 더 많이 쏠려 있으며, 교육행정학적 문제 접근과 구별이 되지 않는다는 데 있다. 또한 여러 정치적 현상의 규칙을 찾기 어렵고 지속적인 노력이 아닌 일시적 유행을 따르는 경향으로부터도 비롯되었다. 이러한 문제점을 극복하기 위해 중범위 수준의 이론을 개발하여 공통적으로 적용되는 부분을 연구 핵심 축으로 고려할 필요가 있으며, 학문 분야 간 융합을 통하여 교육정치 현상의 통합적 설명이 가능하도록 해야 할 것이다.

Mitchell(1984)은 교육정치학의 연구대상을 크게 교육평등, 학교 거버넌스, 교수-학습, 교육경제 등 네 가지로 분류하고, 그 각각에 많은 하위 연구주제를 두었다. 교육정치학의 임무는 그러한 연구주제들에 대해 정책의 형성과정에 관심을 두는 '정책과정 분석'과, 특정 정책의 내용 및 효과에 관심을 갖는 '정책내용 연구'의 차원에서 규명하는 것이라고 본다. 그에 따르면, 교육정치학의 연구대상은 교육체제, 교육정책, 이론체계이며, '각급 학교제도, 교육행정 및 자치제도(교육위원회, 교육감), 정치 및 행정체제, 교육행정 활동, 입법부, 사법부, 행정부' 등의 교육체제, '교육과정, 인사, 재정, 시설, 입시, 교육정책사, 교육 관련 제 법규, 교육개혁, 교육구성원(학생, 학부모, 교원단체, 이익집단, 압력집단)' 등의 교육정책, '방법론, 이론, 연구방법' 등의 이론체계가 교육정치학의 연구내용 및 관련 분야다. 교육체제 관련한 주요 관심사는 '권력구조 및 관계: 체제 간의 권력관계, 교육체제의 변화는 누구에 의해 언제 어떻게 발생하는가', 교육정책의 주요 관심사는 '누가 어떤 과정을 통해 교육정책을 결정하고, 누가 이익을 보게 되며,

그 결과는 바람직한 것인가(정치과정, 정책내용 및 결과)', 이론 관련 주요 관심사는 '연구방법의 존재론 및 인식론적 기초, 이론화의 과제' 등이다.

이와 같은 연구대상을 제시하는 데 있어 엄격한 기준이 적용된 것은 아니다. 다만, 교육체제 내부 및 여타의 정치체제의 관계에서 발생하는 사안을 '교육체제'로, 교육체제 전반에서 이루어지는 활동과 내용에 대한 정책에서 나타나는 이슈를 '교육정책'으로, 그리고 교육정치학 연구방법 및 이론에 관한 사항을 '교육정치학론'으로 구분해 본 것이다(김용일, 1994).

김용일(한국교육정치학회 편, 1994)은 외국학자들이 제시한 연구영역으로 Eliot의 교육과정, 교육시설, 통치, 조직, 인사, 재정 등을 제시했다. 신현석(2000)은 교육정치학의 연구주제 영역으로 정책분석, 교육의 정치경제학, 미시정치학, 신비판적 접근 등을 제시했다. 이들 각각의 연구방향으로는 지배적 권력과 정치 이데올로기에 대한 비판적 연구, 다양한 집단의 가치 갈등과 통합 과정 연구, 사이버 정치시대에서의 정치사회화 과정 연구, 문화적 특수성에 바탕을 둔 한국교육정치학의 정립 등을 제시했다.

이일용(2004)은 교육정치학연구지의 논문을 중심으로 한국교육정치학의 연구영역과 내용으로 교육정치학 연구, 교육개혁, 교육정책/평가, 교육통치, 교원, 교육과정, 초 · 중등교육, 대학교육, 교육자치/학교자치, 시민교육, 남북문제, 외국 사례 등의 12가지를 제시하였다.

3. 교육정치학의 연구방법

교육정치학에서는 아직 패러다임이 제대로 정착되지 않았다. 따라서 연구방법론도 다양한 학문에서 사용한 것을 그대로 사용하는 경우가 많다. 교육정치학의 개념이 완전하게 정립되지 않은 상태에서 서술적 방법론이 지배하고 있지만, 규범적인 측면이 간과되고 교육정치학적 연구방법론이 체계화되지 않음으로써 교육정치학의 연구가 교육행정학화되는 결과를 가져왔다(신현석, 2012). 또한 교육정치학 연구자들은 주로 문헌연구를 중심으로 교육현상에 대한 기술적 · 규범적 논리 전개에 의존하고 있다. 이런 환경하에서 교육정치 과정에 대한 분석은 정치적이며 다양한 교육정치적 맥락에 대한 관심이 아닌 주로 구조적 관점의 이해에 머무르는 경우가 많았다. 이렇게 교육정치 과정에서 정치성이 부각되지 못함으로써 교육정치학의 교육행정학화는 가속되었다. 많은 교육정치학 연구논문에서 해석학적 방법론, 논리실증주의, 비판적 합리주의, 실용주의 및 행동주의, 제도주의가 교육정치학의 다양한 연구방법으로 논의되고 있지만, 교육정치학의 학문적 성격에 부합하고 패러다임을 실현할 수 있는 방법론은 무엇인가에 대한 고민에 대한 흔적을 찾기가 쉽지 않다(신현석, 2012).

이일용(2004)은 '교육정치학연구' 논문의 연구방법에 대한 특성을 분석하면서 게재 논문 중 사례연구, 비교연구, 역사적 연구, 판례분석 등을 동원한 논문 8편을 제외하고 대개는 서술식으로 작성한 논문이라고 분석하였다. 특히 그는 교육정치학 연구의 발전을 위하여 다양한 방법을 동원할 필요가 있다고 지적하며, 질적 연구, 계량적 연구, 역사적 연구, 법률적 연구 등이 종합적으로 동원되어야 한다고 주장하였다. 이렇게 다양한 연구방법론에 대한 제안만 있기 때문에 학문적 방법론의 체계화라기보다 이제까지 교육정치학회에 발표된 논문에서 나타난 것을 종합하는 것으로 마무리하고 있다. 교육정치학의 학문적 정체성을 확보하기 위해서는 다양한 연구방법에 대한 제안과 더불어 교육정치학적 연구방법론이 무엇인지에 대한 담론 개발이 병행되어야 할 것이다.

방법론과 연구 동향에 대한 선행연구 분석을 통해 볼 때, 교육정치학의 연구방법론이 다학문적이어야 한다는 주장은 자칫 교육정치학의 패러다임 형성과 정체성 탐색을 오히려 저해할 가능성도 있다. 다시 말해, 교육정치학의 다양한 연구방법론은 방법론의 무정부 상태로 나타날 수 있기 때문에 이론과 모델을 확산시키는 계기가 될 수도 있지만, 궁극적으로 교육정치학 연구의 고유한 방법론 구축을 통해 학문적 정체성을 확립하는 데는 오히려 문제될 수도 있다.

교육정치 현상에 대한 연구방법론도 다른 사회과학 분과 학문의 연구방법론처럼 그 철학적 배경은 논리적 경험주의(logical empiricism), 비판적 합리주의(critical rationalism), 해석학(hermeneutics)적 관점으로 구분될 수 있다. 그런데 교육정치학의 학문적 성격을 맥락지향성, 문제지향성, 연합학문적 지향성이라고 본다면, 교육정치학의 연구방법론은 논리 실증주의, 비판적 합리주의, 해석학 등의 연구방법 철학에 바탕을 두고 교육정치학의 본질과 개념에 충실하게 부합되는 고유의 방법론을 구축해 나가야 할 것이다.

향후 교육정치학의 학문적 성격에 부합하는 연구방법론으로 통합연구방법이 활발하게 모색되어야 할 것이다. 통합연구방법론은 연구 패러다임 간의 대립, 즉 질적 접근과 양적 접근의 논쟁에 대한 종결을 갈구하는 상황으로부터 생겨난 것으로 연구문제, 연구방법, 자료수집 그리고 분석 절차 및 도출에서 질적과 양적 접근을 취하는 연구 설계로 정의할 수 있다(Tashakkori & Teddlie, 2010). Mertens(2004)은 좀 더 포괄적으로 통합연구방법론을 교육 및 정치 문제가 발생하는 복잡한 맥락 내에서 연구자에 의해 수행되는 통합적 과업이라고 하였다. 통합연구방법은 단순하게 양적·질적 연구를 모두 사용하는 연구를 넘어 연구문제의 설정부터 자료의 해석 및 기술의 단계에 이르는 연구 전반에 걸친 통합을 의미하는 것으로, 교육정치학 연구에 활발하게 도입하게 되면 기존의 서술적연구 중심의 교육정치학 연구를 양적·질적으로 방법론으로 보강하는 효과를 가져올 수 있다. 양적 연구를 통해 통계적으로 유의미한 결과를 제시하는 데 그치지 않고, 이에 대한 심층적 분석과 이해를 위해 면담·참여관찰 등을 진행하여 연구결과를 부가적으로 설명하는 형태의 통합연구방법을 구성함으로써 교육정치학의 정체성에 맞는 접근으로 발돋움할 가능성이 있다.

교육정치 현상에 대한 접근방법은 연구 주제의 선정, 연구대상, 연구방법, 관련된 자료의 수집 등에 따라 연구의 방향이나 범위를 결정해 주는 관점이라 할 수 있다. 정일환(2004)은 교육정치학의 접근방법을 경험적·실증적 방법과 규범적·처방적 방법으로 구분하였다. 그런데 경험적·실증적 방법과 규범적·처방적 방법으로의 구분은 정책학의 대표적 연구방법 구분이다(정정길, 1997; 정정길, 최종원, 이시원, 정준금, 2010). 결국 교육정치학과 정책학의 연구방법은 크게 겹친다고 볼 수 있다.

경험적·실증적 접근방법은 교육정치 현상의 사실적 측면을 연구대상으로 삼는 접근방법이다. 이는 관찰과 경험에 근거를 두고 있기 때문에 이 방법을 통해 얻는 교육정치 지식은 다분히 경험적이다. 여기에는 과학적 방법을 적용하여 사실이나 변인들 간의 인과관계를 규명하는 측면과 교육정치현상에 대한 기술적 측면으로 구성된다. 이 접근방법은 교육의 정치적 과정 분석, 교육기관이나 교육정치기구 구성원들의 행태와 행동양식을 분석하는 데 초점을 두게 된다. 예를 들어, 교육관료·교육감·교육장·교장 등 교육행정가의 행태나 지도성, 교육정치 풍토, 만족도, 갈등, 시민단체, 이익집단의 교육적 대응, 학생들의 정치사회화 등이 주요 분석대상이 된다.

반면, 규범적 접근방법은 교육정치현상의 가치적 측면을 연구대상으로 한다. 이는 현실 세계를 대상으로 하는 가치판단적 접근방법이다. 이 접근방법은 교육정치 및 교육정책의 문제, 교육개혁 관련 문제에 관심을 가지면서 그 문제해결에 도움이 될 수 있는 지식을 모색하는 데 초점을 둔다.

처방적 접근은 응용적 지식을 탐구하는 교육정치학 연구방법이다. 이는 경험적·실증적 접근을 통해 얻은 지식과 규범적 접근을 통해 얻은 지식을 토대로 현실적 처방에 초점을 두는 접근방법으로서 과학적 접근과 규범적 접근의 종합이라 할 수 있다.

교육정치의 현상과 행위, 문제 등을 다루는 교육정치학은 일반 사회과학에서 적용되는 다양한 방법들을 활용할 수 있다. 논리적 분석, 역사적 접근, 현상학적 접근, 비교론적 접근, 법률적·제도적 접근, 행태론적 접근, 개인적·심리적 접근, 체제적 접근, 구조기능론적 탐구 등이 다양하게 활용될 수 있다.

우리나라의 정치 상황은 최근 급격한 변화와 변동을 경험하고 있다. 다양한 정치의 과정, 권력 및 권한 문제, 교육정책 결정과정에의 시민참여, 교육 관련 이익집단에 대한 교육정치기구의 정책동조, 매스미디어 관계 등 교육정책과 관련한 복잡다기한 정치적 현상에 대한 분석, 관련 집단이나 구성원 간의 세력 다툼과 갈등, 교육정치체제의 변화 등의 여러 현상과 과정들을 다양한 접근방법을 통하여 분석·탐구하는 것은 교육정치학의 발전과 학문적 정체성 확립에 기여할 것이다. 뿐만 아니라 교육정치의 과정이나 체제, 행태에 대한 실증적·경험적·논리적 분석은 교육정책 방향의 합리적인 설정에도 기여하게 될 것이다.

4. 한국교육정치학의 현안과 과제

한국교육정치학의 학문적 토대는 아직도 일천하다. 그만큼 한국교육정치학이 가야할 길이 요원하다는 점도 된다. 이러한 점에서 한국교육정치학의 외연

을 확장하고, 다양한 외연들과의 관계를 논의하는 것은 큰 의의를 가진다. 교육
정치학의 외연은 교육학, 교육행정학, 교육재정학, 교육경제학, 교육정책학은
물론 행정학, 재정학, 경제학, 정책학 등과도 깊은 관련을 가진다. 특히 Scribner
등(2003)은 교육정치학의 기본적인 개념 범주로서 통치, 권력, 갈등, 정책 네 가
지를 제시하였는데, 이는 교육에 관련된 정치적 문제뿐만 아니라 정책 그 자체
가 교육정치학의 기본 개념 범주임을 잘 보여 준다. 실제로 교육정치학 관련 논
문의 상당수(예: 김병주, 2007, 2011; 신현석, 2009; 심성보, 2009; 양성관, 2009; 이정
미, 2009)는 교육정책의 과정과 집행에 대한 분석이다.

정책문제 채택에 미치는 요인들은 다양하다. 교육정책 결정체제는 물론, 이
를 둘러싼 외부환경적 요인들이 직간접으로 다양하게 존재하면서 정부가 특정
교육문제를 공식적으로 관심을 표명하고 정책의제화하여 개선방안을 강구하는
데 영향을 미치고 있다. 교육정책의 주도 집단과 참여자로는 크게 정책 결정자,
집행자, 언론, 이익집단, 연구기관을 들 수 있다(정일환, 2004).

첫째, 교육정책 결정자는 교육정책 의제설정에 영향을 미치는 대표적인 집단
을 의미한다. 여기에는 교육정책을 직접적으로 결정하는 대통령, 국회, 교육부
장관, 지방의회, 교육감 등을 들 수 있다. 무수한 교육문제 중에서 정부에서 해
결해야겠다고 최종적으로 선택하는 것은 결국 교육정책 결정자나 집행자로 구
성되어 있는 교육정책 결정체제라고 할 수 있다.

둘째, 교육정책 집행자는 교육행정이나 교육정책을 실제로 집행하는 중간관
리층 담당자다. 교육정책을 문제화하는 데 있어서 이들의 영향력도 적지 않다.
실제 행정업무를 담당하는 교육행정가, 교육전문직에 의해서 어떤 교육문제는
정책의제로 채택하고, 어떤 것들은 그렇지 않은 경우가 발생하게 된다.

셋째, 언론(매스컴)에 의한 교육문제의 집중적인 보도는 일반 대중과 관련집
단의 관심을 촉발함으로써 정부가 적극 개입토록 하는 데 중요한 역할을 하게
된다. 신문이나 TV 등의 보도에 대한 파급 효과는 대단히 크며, 필요에 따라 정
부가 전략적으로 언론을 이용하는 경우도 많이 있다.

넷째, 한국교원단체총연합회, 한국대학교육협의회, 한국전문대학교육협의
회, 한국사학법인연합회, 중고등학교장연합회, 한국유치원총연합회 등의 교육
관련 이익집단이 교육정책 의제 형성에 관여하게 된다. 교육정책의 대상이 매

우 포괄적이며, 그 성격도 다양하기 때문에 이익집단이 다양하다. 다양한 이익
집단들은 자기 구성원의 이익을 위해 교육정책을 의제화하는 데 직간접으로 영
향을 행사한다. 참교육학부모회, 경제정의실천시민연합, 녹색소비자연대 등과
같은 NGO, 일반 시민, 전문가와 지식인 및 정책공동체 등도 정책결정에 적지
않은 영향을 미친다.

다섯째, 연구기관은 현존하거나 향후 예상되는 교육문제를 직접 연구하고 분
석하기 때문에 교육정책 의제설정에 영향을 미치는 중요한 기관이다. 특히 한
국교육개발원, 한국교육과정평가원, 한국직업능력개발원, 육아정책연구소 등
의 국책연구기관은 교육정책 결정자와의 연결 속에서 교육정책 의제설정에 적
지 않은 영향을 미친다.

정책결정 참여자 간의 이익이 상충될 때 정책갈등으로 나타난다. 이때 정책
의 형성이나 집행과정 중에 그 교육정책과 관련한 여러 부처 및 이들과의 협조
가 긴밀하게 이루어지면 효율적인 업무수행이 가능하지만, 조정과 합의에 실패
할 경우 첨예한 대립이 지속된다(정일환, 2000). 정부의 정책이 여러 가지 원인으
로 집행과정에서 갈등을 유발하여 정책이 실패하는 경우도 발생한다.

갈등이란 한 집단이 반대 집단을 곤경에 빠뜨리거나 무력화함으로써, 제한된
지위나 권력, 자원, 가치를 획득하려는 투쟁의 산물이다. 교육정책 갈등은 교육
에 관한 정책결정에 참여하는 부처 간의 관할권 통제, 정책의제 설정, 집행선택
시기, 정책대안의 우선 순위 등의 상황 판단 등에 대해 합의가 이루어지지 못했
거나, 이들의 협조를 얻지 못함으로써 표면화된 갈등 상태라고 할 수 있다(정일
환, 2000).

갈등 발생의 요인으로는 민주적 다원성(Dahl, 2005), 자원의 희소성과 조직구
조상 목표의 불일치(Pondy, 1969), 상호의존성의 정도, 의사소통의 문제, 성과
기준 및 보상, 역할 불만족, 개인 · 집단 특성, 지각차이, 목표의 차이(Harrison,
1980) 등을 들 수 있다. 정책갈등의 예로서 유아교육정책을 들 수 있다. 유아교
육은 교육부 관할의 유치원과 보건복지부 관할의 어린이집(구 새마을유아원, 보
육기관)으로 이원화되어 있다. 1982년 「유아교육진흥법」 제정, 1991년 「영유아
보육법」 제정, 2005년 「유아교육법」 제정으로 교육부와 보건복지부의 이원체제
는 명문화되었다. 여기에는 교육부와 보건복지부를 비롯하여 대학의 유아교육

과와 아동학과, 유아교육학계와 보육학계, 유치원연합회와 어린이집연합회의 갈등으로 연계된다. 이는 유아교육 관련 정책의 형성과 집행에 적지 않은 갈등 요소로 작용한다. 이러한 갈등 요인으로는 정부부처 간 정책이념 및 관할권 갈등, 정책 수혜 대상의 차이, 정책 동기의 차이 등을 들 수 있다. 만 5세 누리과정의 도입과정에서 나타난 갈등과 그 해결과정을 중요한 예로 제시할 수 있다. 이러한 갈등과정에서 드러나는 교육문제를 해결하고 원만한 정책형성 및 집행 방향을 제시하는 것은 우리 교육정치학의 중요한 역할이라고 할 수 있다.

한국교육정치학이 한 단계 성장하기 위해서는 무엇보다 앞에서 제시한 교육정치학의 연구대상과 범위를 명확히 하고, 그 학문적 외연을 확장할 수 있어야 한다. 그동안 교육정치학에서 주로 다루어졌던 교육개혁, 교육정책 및 평가, 교육통치, 교육자치 및 학교자치, 교원, 교육과정, 초·중등교육, 대학교육, 시민교육, 남북문제 등은 물론 교육재정의 정치학을 포함하여 그동안 제대로 다루어지지 못했던 다양한 분야에까지 그 영역을 확장할 수 있어야 한다.

한국교육정치학은 또한 독자적인 연구방법론을 공고히 하려는 노력을 지속해야 한다. 그동안 교육정치학의 개념이 완전하게 정립되지 않은 상태에서 서술적 방법론이 지배하고 있지만, 규범적인 측면이 간과되고 교육정치학적 연구방법론이 체계화되지 않음으로써 교육정치학의 연구가 교육행정학화되는 결과를 가져왔다(신현석, 2012). 또한 교육정치학 연구자들은 주로 문헌연구를 중심으로 교육현상에 대한 기술적·규범적 논리 전개에 의존하고 있다. 이런 환경하에서 교육정치 과정에 대한 분석은 정치적이며 다양한 교육정치적 맥락에 대한 관심이 아닌 주로 구조적 관점의 이해에 머무르는 경우가 많았다. 많은 교육정치학 연구논문이 해석학적 방법론, 논리실증주의, 비판적 합리주의를 비롯하여 다양한 연구방법으로 논의되고 있지만, 교육정치학의 학문적 성격에 부합하고 패러다임을 실현할 수 있는 방법론에 대한 진정한 고민과 노력의 흔적은 부족하다(신현석, 2012).

이제 한국교육정치학 연구의 발전을 위해서는 다양한 방법을 동원할 필요가 있다(이일용, 2004). 그동안 주를 이루어 온 질적 및 문헌적 연구는 물론 계량적 연구, 역사적 연구, 법률적 연구 등이 종합적으로 동원되어야 한다. 교육정치학의 학문적 정체성을 확보하기 위해서는 다양한 연구방법에 대한 제안과 더불어 교육정치학적 연구방법론이 무엇인지에 대한 담론 개발이 병행되어야 하며, 교육정치학의 학문적 성격에 부합하는 연구방법론으로 통합연구방법이 활발하게 모색되어야 할 것이다.

한국교육정치학회에서는 이미 다섯 차례에 걸친 학술대회를 통하여 교육정치학의 학문적 성격을 규명하려는 노력을 해 왔다. 앞으로도 한국교육정치학의 학문적 토대를 구축하기 위해서 연구방법의 정량적·정성적 정교화와 더불어 우리나라의 정치적 상황, 정치환경, 그리고 정치토양이라고 흔히 일컫는 정치이념이나 체제, 정치과정, 정치문화 등에 대한 깊이 있는 탐구가 계속되기를 기대한다.

참고문헌

제1장

강무섭, 정일환, 민무숙(1985). 한국고등교육정책연구. 서울: 한국교육개발원.

강세중, 강영성, 박성혁, 김선광, 김진수, 곽한영(2008). 정치. 서울: ㈜천재교육.

강신택(1981). 사회과학연구의 논리: 정치학·행정학을 중심으로. 서울: 박영사.

김광웅(1983). 행정과학서설. 서울: 박영사.

김신복(1995). 교육과 정치·경제·사회. 교육학연구, 33(2).

김용일(1994). 교육정치학의 학문적 성격에 관한 고찰. 교육정치학연구, 창간호, 1-34.

김용일(2000). 위험한 실험: 교육개혁의 정치학. 서울: 문음사.

김용일(2004). 한국교육정치학의 발전과정. 교육정치학연구, 11, 47-61.

김우태(1983). 정치학. 서울: 형설출판사.

김운태(1981). 정치학원론. (전정판). 서울: 박영사.

김재웅(2004). 한국교육정치학의 반성과 발전과제. 교육정치학연구, 11, 62-84.

김주형(2019). 정치학의 이해. 서울: 박영사.

노시평, 박희서, 박영미(2013). 정책학의 이해. 서울: 비앤앰북스.

박부권(1994). 국가, 사회계급, 그리고 교육정책. 김기석 편. 교육사회학탐구 II: 역사, 사회, 그리고 교육현실. 서울: 교육과학사.

박용헌(2002). 가치교육의 변천과 가치의식. 서울: 서울대학교출판부.

박재윤, 이혜영, 정일환, 김용(2008). 세계화시대 교육제도 발전방안. 서울: 한국교육개발원.

반상진(1995). 교육의 정치성에 따른 발전적 교육통치체제의 구도. 교육정치학연구, 2(1), 121-147.

서울대학교 정치학과 교수 (2006). 정치학의 이해. 서울: 박영사.

신종호, 박종효, 최지영 역(2007). 학습과학: 뇌, 마음, 경험, 그리고 교육, 미국 학습과학발전위원회. How people learn: Brain, mind, experience, and school-expanded edition, 서울: 학지사.

안기성(1994). 한국교육정치학의 과제, 교육정치학연구, 1(1), 55-77.

안기성, 신현석, 김용일, 손희권, 양성관(1997). 교육정치학: 교육과 정치체제. 서울: 양서원.

안기성, 정재걸, 김재웅, 최중렬, 신현석, 정일환, 김용일(1998). 한국교육개혁의 정치학. 서울: 학지사.

윤정일, 강무섭 역(1993). 교육과 사회발전. 서울: 대영문화사.

이극찬(1978). 정치학(전정판). 서울: 법문사.

이극찬(2002). 정치학(제6전정판). 서울: 법문사.

이성진(1994). 한국교육학의 맥. 서울: 나남출판.

이일용(2003). 교육정책결정론. 서울: 문음사.

이일용(2004). 한국교육정치학의 연구동향. 교육정치학연구, 11, 22-45.

이종수, 윤영진, 곽채기, 이재외 외(2014). 새행정학. 서울: 도서출판 대영문화사.

이홍우(2016). 교육의 목적과 난점(7판) 파주: 교육과학사.

장상호(2000). 학문과 교육(상): 학문이란 무엇인가. 서울: 서울대학교출판부.

장상호(2003). 학문과 교육(하): 교육적 인식론이란 무엇인가. 서울: 서울대학교출판부.

전득주(2006). 민주시민교육의 이론과 실제. 서울: 범애드.

정일환(2000). 교육정책론: 이론과 적용. 서울: 원미사.

정일환(2003). 교육행정학의 탐구: 개념과 실제. 서울: 원미사.

정일환(2004). 교육정치학의 학문적 정체성 탐색. 교육정치학연구, 11, 1-21.

정일환(2008). 교육정치학 고품질교육과 정치지도자에 대한 기대, 한국교육정치학회, 뉴스레터, 1-3.

정정길(1998). 정책학원론(개정판). 서울: 대명출판사.

정정길, 최종원, 이시원, 정준금(2007). 정책학원론. 서울: 대명출판사.

최명(1979). 비교정치학서설. 서울: 법문사.

최봉기(1988). 정책의제형성론: 이론과 실제. 서울: 일신사.

한국교육정치학회 편(1994). 교육정치학원론. 서울: 학지사.

한준상(1995). 한국교육개혁론. 서울: 학지사.

Almond, G. A. (1965). A development approach to political system. *World Politics, Jan.*, 183-214.

Almond, G. A., & Powell, G. R. (1966). *Comparative politics: A developmental approach*. Boston: The Liffle Brownand Co.

Almond, G. A., & Verba, S.(1965). *Civic culture: Political attitudes and democracy in five nations*. Boston: Little Brown.

Baker, D., & G. LeTendre (2005). National differences, global similarities: World culture and the future of schooling, Palo Alto, CA: Stanford University Press.

Barnes, B. (1982). *T. S. Kuhn and social science*. New York: Columbia University Press.

Boyd, W. L., & Kerchner, C. T. (1988). *The politics of excellence and choice in education*. New York: The Falmer Press.

Chubb, J. E., & Moe, T. M. (1990). *Politics, markets, and America's schools*. Washington, DC: The Brookings Institution.

Coleman, J. S. (1965). *Education and political development*. Princeton, NJ: Princeton University Press.

Cooper, B. S., Cibulka, J. G., & Fusarelli, L. D. (Eds.) (2008). *Handbook of education politics and policy*. New York: Routledge.

Crowson, R. L., Boyd, W. L., & Mawhinney, H. B. (Eds.) (1996). *The politics of education and the new institutionalism: Reinventing the American school*. The 1995 Yearbook of the Politics of Education Association, Washington DC: The Falmer Press.

Danzberger, J. P., Kirst, M. W., & Usdan, M. D. (1992). *Governing public schools: New times new requirements*. Washington, DC: The Institute for Educational Leadership. Inc.

Easton, D. (1965). *A systems analysis of political life*. New York: John Wiley & Sons, Inc.

Easton, D., & Dennis, J. (1967). The child's acquition of regime norms: Political efficacy, *The American Political Science Review, vol. 61*, 25-38.

Ehman, L. H. (1980). The American school in the political socialization process. *Review of Educational Research, 50*, 99-119.

Erikson E. H. (1963). *The Childhood and Society* (2nd ed.). New York: W. W. Norton & Co.

Fagen, R. R. (1966). *Politics and communication: An analytic study*, Boston: The Little Brown and Co.

Farnen, R. F., & Sunker, H. (Eds.) (1997). *The politics, sociology and economics of education, Interdisciplinary and comparative perspectives*. London: Macmillan Press Ltd.

Fowler, F. C. (2004). *Policy studies for educational leaders: An introduction*. (2nd ed.), Upper Saddle River, NJ: Prentice Hall, Inc.

Galbraith, J. K. (1983). *The anatomy of power*. Boston, Massachusetts, Houghton Mifflin Company.

Goodlad, J. I. (1984). *A Place called school*. New York: McGraw-Hill Book Company.

Goodlad, J. I. (1997, September, 17). On shifting reform debate from utility to humanity. *Education Week*, p. 37.

Halpin, D., & Troyna, B. (Eds.) (1994). *Researching education policy: Ethical and methodological issues*. Washington D.C.: The Falmer Press.

Hoy, W. K., & Miskel, C. G. (2013). *Educational administration: Theory, research, and practice* (9th ed.). New York: McGraw-Hill Company Inc.

Huntington, S. P. (1968). *Political order in changing societies*. New Haven: Yale University Press.

Isaak, A. C. (1981). *Scope and methods of political science: An introduction to the methodology of political inquiry*. Homewood, Illinois: The Dorsey Press.

Johnson Jr., B. L. (2003). Those nagging headaches: Perennial issues and tentions in the politics of education field. *Educational Administration Quarterly, vol. 39*, no. 1, 41-67.

Kahne, J. (1994, fall). Democratic communities, equity, and excellence: A Deweyan reframing of educational policy analysis. *Educational Evaluation and Policy Analysis, 16*(3), 233-248.

Kahne, J. (1996). *Reframing educational policy: Democracy, community. and the individual*. New York: Teachers College Press.

Kast, F. E., & Rosenweig, J. E. (1969). *Organization and mangement:A systems and contingency approach,* New York: McGraw-Hill.

Khamsi, G. S., & Popkewitz, T. S. (Eds.) (2004). The global politics of educational borrowing and lending. New York and London: Teachers collegeg, Columbia University.

Kuhn, T. S. (1995). 과학혁명의 구조 [*The structure of scientific revolutions*]. (조형 역). 서울: 이화여자대학교출판부. (원전은 1970년에 출판).

Lindle, J. C., & Mawhinney, H. B. (2003). Introduction: School leadership and the politics of education. *Educational Administration Quarterly, vol. 39*, no. 1, 3-9.

Malen, B. (1994). The micropolitics of education: Mapping the multiple dimensions of power relations in school polities. *Politics of Educaton Association Yearbook*, Tayor & Francis, Ltd., pp. 147-167.

Meyer, C. A., & Rubinsion, J. (1975). Education and political development. *Review of Educational Research, vol. 3*.

Meyer, H. D., & Boyd, W. L. (2001). *Education between states, markets, and civil society: Comparative perspectives*. Mahwah, NJ: Lawrence Erlbaum Associates, Publishers.

Meyer, H. D., & Rowan, B. (2006). *The new institutionalism in education*. New York: State University of New York Press.

Newcomb, T. M. (1958). *Attitude development as function of reference groups: The Bennington study,* in Readings in social psychology, Maccoby, E. E. et al. (Eds.)

3rd ed., New York: Holt, Rinehart & Winston.

Ornstein, A. C., & Levine, D. U. (2000). *Foundations of education* (7th ed.). Boston: Houhton Mifflin Company.

Parsons, T. (1951). *The Social System*. New York: Free Press.

Popper, K. R. (1957). *The open society & its enimies*, vol. I. 3rd. ed., London: Routledge & Kegan Paul.

Pye, L. W. (1965). Political Culture And Political Development(Co-Editor And Co-Author), *Studies In Political Development, 5*. Princeton: Princeton University Press.

Pye, L., & Verbá, S. (1965). *Political culture and political development*. New Jersey: Princeton University Press.

Salter, B., & Tapper, T. (1985). *Power and policy in education: The case of independent schooling*. Philadelphia, PA: The Falmer Press.

Scribner, J., Aleman, E., & Maxcy, B. (2003). Emergence of politics of education field: Making sense of the messy center. *Educational Administration Quarterly, vol. 39, no. 1*, 10-40.

Scribner, J. D., & Layton D. H. (Eds.) (1995). *The study of educational politics*. The 1994 Commemorative Yearbook of the Politics of Education Association(1969~1994). Washington DC: The Falmer Press.

Sergiovanni, T. N., Kellenher, P., McCathy, M. M., & Wirt, F. M. (2004). *Educational governance and administration* (5th ed.). Boston: Pearson Education Inc.

Simon, H. A. (1985). *The sciences of the artificial* (2nd ed.). Cambridge, MA: The MIT Press.

Slater, R. O., & Boyd, W. L. (1994). School as polities. in Murphy, J., & Louis, K. S. (Eds.), *Handbook of research on educational administration: A project of the American Education Research Association* (2nd ed.). pp. 323-335. San Francisco: Jossey-Bass Publishers.

Spring, J. (1989). *American education: an introduction to social and political aspects* (4th ed.). New York: Longman Inc.

Spring, J. (2006). *American education* (12th ed.). New York: McGraw-Hill Company Inc.

Sternberg, R. J., & Williams, W. M. (2002). *Educational psychology*. Boston: Allyn and Bacon.

The Wall Street Journal Online (2007.10.1.). Educational pitfalls in standardized testing. http://online.wsj.com/public/article_print/SB119120079440044341.html.

Thomas, M. R. (Ed.) (1983). *Politics and education*. New York: Pergamon Press.

Tyack, D., & Cuban, L. (1995). *Tinkering toward utopia:A century of public school reform*. Cambridge, MA: Harvard University Press.

동아일보. (1996. 4. 25.).

일요신문. (2008. 2. 15.).

중앙선거관리위원회 선거 통계시스템. (http://info.nec.go.kr).

제2장

고범서, 이상두, 이서행(1987). 현대 정치 이데올로기 총론. 서울: 학문사.

국민윤리학회 편(1984). 정치이데올로기. 서울: 형설출판사.

맹용길(1988). 행위의 이념으로서의 이데올로기. 장신논단, 4, 109-137.

소흥열(1986). 윤리학과 이데올로기. 철학, 25, 131-147.

이규호(1983). 이데올로기의 정체: 정치 이성비판을 위하여. 서울: 태양사.

이재석 역(1985). 이데올로기의 이해. 서울: 민족문화사.

이희승 편(1975). 국어대사전. 서울: 민중서관.

정치학대사전편찬위원회(2002). 21세기 정치학대사전. 서울: 아카데미아리서치.

오욱환(1990). 학교교육과 불평등. 서울: 교육과학사.

Inglehart, R. (1999). *Modernization and Postmodernization: Cultural, Economic, and Political Change in 43 Societies*. Princeton: Princeton University Press.

Jary, D., & Jary, J. (1991). *The HarperCollins dictionary of sociology*. New York: Harper Perennial.

North, D. C. (1990). *Institutions, Institutional Change and Economic Performance*. Cambridge: Cambridge University Press.

제3장

김광웅(1983). 행정과학서설. 서울: 박영사.

김운태(1981). 정치학원론. (전정판). 서울: 박영사.

김용일(1994). 교육정치학의 학문적 성격에 관한 고찰. 교육정치학연구, 창간호, 1-34.

김재웅(2004). 한국교육정치학의 반성과 발전과제, 교육정치학연구, 11(1), 62-88.

김주형(2019). 정치학의 이해. 서울: 박영사.

신현석, 박대권(2017). 비교교육학과 교육정치학: 연구 동향 분석을 통한 협력적 관계의 모색. 2017년 한국비교교육학회 학술대회 발표 자료집, 67-80.

신현석, 박대권(2018). 비교교육학과 교육정치학. 309-338.

안기성(1995). 한국교육개혁의 정치학, 교육정치학연구, 3(1), 1-24.

안기성, 신현석, 김용일, 손희권, 양성관(1997). 교육정치학: 교육과 정치체제. 서울: 양서원.

안기성, 정재걸, 김재웅, 최중렬, 신현석, 정일환, 김용일(1998). 한국교육개혁의 정치학. 서울: 학지사.

오석홍(2005). 행정학. 서울: 박영사.

이극찬(2002). 정치학(제6전정판). 서울: 법문사.

이종수, 윤영진 외(2009). 새행정학. (제5전정판). 서울: 대영문화.

장상호(2000). 학문과 교육(상): 학문이란 무엇인가. 서울: 서울대학교출판부.

장상호(2003). 학문과 교육(하): 교육적 인식론이란 무엇인가. 서울: 서울대학교출판부.

정일환(1997). 교육정책분석에서의 가치론에 관한 연구. 교육정치학연구, 5권, 1호, 102-126.

정일환(2004). 고품질 교육을 위한 정치지도자의 역할. 한국교육정치학회 뉴스레터.

정일환, 김병주, 고전, 권동택, 박대권, 박세훈, 박순용, 박찬호, 박환보, 손경희, 신현석, 유재봉, 이병진, 정진철, 주동범, 최돈민, 한용진(2018). 비교교육학과 교육학. 경기: 양성원.

정일환, 김정희, 정현숙(2018). 교육행정학 탐구. 경기: 양성원.

정일환, 김혜숙, 이혜미 외 역(2016). 미국교육정치학. 경기: 교육과학사.

정일환, 주철안, 김재웅(2016). 교육정책학: 이론과 사례. 서울: 동문사.

한국교육정치학회편(1994). 교육정치학론. 서울: 학지사.

한국교육정치학회(2014. 6. 14.). 한국교육정치학회. 응답하라, 창립 20주년 기념학술대회 대담집.

Baker, D., & G. LeTendre (2005). National differences, global similarities: World culture and the future of schooling, Palo Alto, CA: Stanford University Press.

Barnes, B. (1982). *T. S. Kuhn and social science*, New York: Columbia University Press.

Boyd, W. L. (1982). The political economy of public education, *Educational Administration Quarterly, vol.18*, no. 3, 111-130.

Boyd, W. L., & Kerchner, C. T. (Eds.) (1988). *The politics of excellence and choice in education*. 1987 Yearbook of the Politics of Education Association, Washington DC: The Falmer Press.

Crowson, R. L., Boyd, W. L., & Mawhinney, H. B. (Eds.) (1996). *The politics of education and the new institutionalism: Reinventing the American school.* The 1995 Yearbook of the Politics of Education Association. Washington DC: The Falmer Press.

Danzberger, J. P., Kirst, M. W., & Usdan, M. D. (1992). *Governing public schools: New Times new requirements.* Washington DC: The Institute for Educational Leadership, Inc.

Easton, D. (1985). *A systems analysis of political life.* New York: Wiley.

Finn, Jr. C. E., Manno, B. V., & Vanourek G. (2000). *Charter schools in action: Renewing public education*. Princeton, NJ: Princeton University Press.

Fowler, F. C. (2000). *Policy studies for educational leaders: An introduction*. Upper Saddle River, NJ: Prentice Hall, Inc.

Galbraith, J. K. (1983). *The anatomy of power*. Boston, Massachusetts, Houghton Mifflin Company.

Godwin, R. K., & Kemerer, F. R. (2002). *School choice tradeoffs: Liberty, equity, and diversity*. Austin: University of Texas Press.

Halpin, D., & Troyna, B. (Eds.) (1994). *Researching education policy: Ethical and methodological issues*. Washington DC: The Falmer Press.

Hill, P. T., Campbell, C., & Harvey, J. (2000). *It takes a city: Getting serious about urban school reform*. Washington, DC: Brookings Institution Press.

Isaak, A. C. (1981). *Scope and methods of political science: An introduction to the methodology of political inquiry*. Homewood, IL: The Dorsey Press.

Johnson Jr., B. L. (2003). Those nagging headaches: Perennial issues and tentions in the politics of education field. *Educational Administration Quarterly, vol. 39*, no. 1, 41-67.

Kuhn, T. S. (1995). 과학혁명의 구조 [*The structure of scientific revolutions*]. (조형 역). 서울: 이화여자대학교출판부. (원전은 1970에 출판).

Lindle, J. C., & Mawhinney, H. B. (2003). Introduction: School leadership and the politics of education. *Educational Administration Quarterly, vol. 39*, no. 1, 3-9.

Lopez, G. R. (2003). The (racially neutral) politics of education: A critical race theory perspective. *Educational Administration Quarterly, vol. 39*, no. 1, 68-94.

Lugg, C. A. (2003). Sissies, faggots, lezzies, and dykes: Gender, sexual orientation, and a new politics of education?. *Educational Administration Quarterly, vol. 39*, no. 1, 95-134.

Meyer, H. D., & Boyd, W. L. (2001). *Education between states, markets, and civil society: Comparative perspectives*. Mahwah, NJ: Lawrence Erlbaum Associates, Publishers.

Meyer, J. W., & Rowan, B. (1977). Institutionalized organizations: Formal structure as myth and ceremony, *American Journal of Sociology, vol. 83,* no. 3, 111-130.

Ornstein, A. C., & Levine, D. U. (2000). *Foundations of education* (7th ed.). Boston: Houhton Mifflin Company.

Salter, B., & Tapper, T. (1985). *Power and policy in education: The case of independent schooling*. Philadelphia, PA: The Falmer Press.

Scribner, J. D., & Layton D. H. (Eds.) (1995). *The study of educational politics*. The

1994 Commemorative Yearbook of the Politics of Education Association(1969~ 1994). Washington DC: The Falmer Press.

Scribner, J., Aleman, E., & Maxcy, B. (2003). Emergence of politics of education field: Making sense of the messy center. *Educational Administration Quarterly, vol. 39*, no. 1, 10-40.

Simon, H. A. (1985). *The sciences of the artificial* (2nd ed.). Cambridge, MA: The MIT Press.

Slater, R. O., & Boyd, W. L. (1994). School as polities, in Murphy, J., & Louis, K. S. (Eds.), *Handbook of research on educational administration: A project of the American Education Research Association* (2nd ed., pp. 323-335). San Francisco: Jossey-Bass Publishers.

Spring, J. (2011). *The politics of American education*. New York: Routledge, Taylor & Francis Group.

Tyack, D., & Cuban, L. (1995). *Tinkering toward utopia: A century of public school reform*. Cambridge, MA: Harvard University Press.

https://kspe.jams.or.kr.

http://www.politicsofeducation.org.

제4장

가신현(2012). 교육정치학의 연구동향 분석. 교육정치학회 33차 연차학술대회 자료집, 93-113.

김용일(1994). 교육정치학의 학문적 성격에 관한 고찰. 교육정치학 연구, 1(1), 1-34.

김용일(2000). 정책패러다임과 새로운 세기의 교육정치학. 교육정치학연구, 6(1), 1-19.

김용일(2004). 한국교육정치학의 발전 과정. 교육정치학 연구, 11(1), 47-60.

김용일(2014). 교육정치학의 학문적 성격 탐색: 교육행정학과의 관계를 중심으로. 교육정치학 연구, 21(2), 1-23.

김재웅(2004). 한국교육정치학의 반성과 발전과제. 교육정치학 연구, 11(1), 62-88.

박대권(2015). 한국교육정치학연구의 특징과 미국교육정치학연구의 연구동향. 교육정치학 연구, 22(2), 101-119.

신현석(1994). 미국 교육정치학의 연구동향. 교육정치학 연구, 1(1), 35-54.

신현석(2000). 21세기 교육정치학의 연구의 방향과 과제. 교육정치학 연구, 7(1), 45-61.

신현석, 박대권(2018). 비교교육학과 교육정치학. 정일환 외. 비교교육학과 교육학. 경기: 양서원, pp. 309-338.

신현석, 정용주(2013). 교육정치학의 학문적 정체성: 진단과 과제의 탐색. 교육정치학 연구, 20(3), 217-257.

신현석, 정용주(2015). 교육정치학과 정치학: 정체성 형성을 위한 학문간 대화와 융합의 모색. 교육정치학 연구, 22(1), 29-61.

안기성(1994). 한국 교육정치학의 과제. 교육정치학 연구, 1(1), 55-77.

이일용(2004). 한국교육정치학의 연구 동향. 교육정치학 연구, 11(1), 22-45.

이일용(2006). 교육정치학의 지식의 구조와 범위. 교육정치학 연구, 13(2), 7-29.

정일환(2004). 한국교육정치학의 학문적 정체성 탐색. 교육정치학 연구, 11(1), 1-20.

한국교육정치학회 편(1994). 교육정치학론. 서울: 학지사.

http://www.politicsofeducation.org.62.

제5장

강영혜(2009). 외국어고 정책 검토와 해결방안 모색. 제12차 KEDI 연구 콜로키움 발표문. 한국교육개발원.

교육부(2018). 대학입학제도 개편방안 및 고교교육 혁신 방향.

교육인적자원부(2007). 수월성 제고를 위한 고등학교 운영 개선 및 체제 개편 방안.

김현주, 정제영(2018). Mucciaroni 모형을 활용한 외국어고의 위상 변동 연구. 교육정치학 연구, 25(1), 75-101.

남궁근(2008). 정책학. 서울: 법문사.

박재창(2007). 협력적 거버넌스의 구축과 NGO의 정책과정 참여: 참여 정부를 중심으로. 한국정책과학학회보, 11(2), 221-250.

서창록, 이연호, 곽진영 (2002). 거버넌스의 정치학. 서울: 법문사.

은재호, 이광희(2009). 국가 거버넌스 연구. 서울: 법문사.

이종재, 이차영, 김용, 송경오(2012). 한국교육행정론. 경기: 교육과학사.

정용덕(2003). 거버넌스, 정치 그리고 국가. 서울: 법문사.

정일환(2000). 교육정책론: 이론과 적용. 서울: 원미사.

정일환, 주철안, 김재웅(2016). 교육정책학 이론과 사례. 서울: 동문사.

정정길 외(2010). 정책학원론. 서울: 대명출판사.

정제영(2018). 디지털 시대와 4차 산업혁명에 대비한 교육의 시대. 서울: 박영스토리.

정제영, 이희숙(2011). '넛지(Nudge) 전략을 활용한 외국어고 정책' 분석. 교육행정학연구, 29(1), 227-249.

정제영, 이희숙(2015). Kingdon의 정책흐름모형을 활용한 외국어고 정책 분석: 2004-2013을 중심으로. 교육행정학연구, 33(2), 85-104.

채창균(2010). 특목고의 수능성적 향상 효과 분석. 제5회 한국교육고용패널 학술대회 자료집. 한국직업능력개발원.

최성욱(2004). 거버넌스 개념에 대한 비판적 고찰-한국행정학계의 거버넌스 연구경향

분석. 정부학연구, 10(1), 239–261.

Anderson, J. E. (2002). *Public Policy Making* (5th ed.). Boston: Houghton Mifflin.

Birkland, T. A. (2005). *An Introduction to the Policy Process: Theories, Concepts, and Models of Public Policy Making*, ME Sharpe. New York.

Cobb, R. W., & Elder, C. D. (1983). *The political uses of symbols*. New York: Longman.

Cobb, R., Ross, J. K., & Ross, M. H. (1976). Agenda building as a comparative political process. *American political science review, 70*(01), 126–138.

Cohen, M. D., March, J. G., & Olsen, J. P. (1972). A garbage can model of organizational choice. *Administrative Science Quarterly*, 1–25.

Dunn, W. N. (2008). *An introduction to public policy analysis*. 4th ed. NJ: Prentice Hall.

Dye, T. R. (2007). *Understanding Public Policy* (12th ed.). NJ: Prentice Hall.

Elmore, R. F. (1979). Backward mapping: Implementation research and policy decisions. *Political science quarterly, 91*(4), 601–606.

Hirst, P. (2000). Democracy and governance. *Debating governance*, 13–35.

Jessop, B. (1999). The dynamics of partnership and governance failure. *The new politics of local governance in Britain*, 11–32.

Jones, C. O. (1984). *An Introduction to the Study of Public Policy* (3rd ed.). CA: Brooks/Cole Publishing Co.

Kingdon, J. W. (2011). *Agenda, alternatives, and Public Policies* (2nd ed.). Washington, DC: Pearson.

Kooiman, J. (2003). *Governing as governance*. Sage.

Lasswell, H. D. (1971). From fragmentation to configuration. *Policy Sciences, 2*(4), 439–446.

Lipsky, M. (1980). *Street Level Bureaucracy*. NY: Russell Sage.

May, P. J. (1991). Reconsidering Policy Design: Policies and Publics. *Journal of Public Policy, 11*(2), 187–206.

Sabatier, P. A. (1991). Toward Better Theories of the Policy Process. *Political Science and Politics, 24*(2), 147–156.

제6장

강은숙, 이선옥(2015). 킹던의 MSF모형을 활용한 '혁신학교'의 정책변동분석, 교육문제연구, 21(1), 1–31.

경기도교육청(2020). 2020 혁신학교 운영 기본 계획. 경기도교육청 학교정책과.

교육부(2013). 일반고 교육역량 강화 방안 확정 발표(안). 교육부 학교정책과.

김경회(2012). 무상급식을 둘러싼 서울특별시장과 교육감 간의 갈등 분석. 교육정치학연구, 19(1), 1-28.

김남식(2020). 혁신학교 정책에 대한 학부모의 정책수용도 및 영향요인 연구: 경기도 사례를 중심으로. 연세대학교 석사학위논문.

김민희, 김민조, 김정현, 박상완, 박소영(2018). 한국의 지방교육자치. 서울: 학지사.

김용일(2009). 지방교육자치제도의 현실과 '이상'. 서울: 문음사.

김혜숙(1981). 우리나라 교육자치제에 관한 이론적 고찰: 조직.인사 측면의 문제점을 중심으로. 연세대학교 석사학위논문.

김혜숙(2014). 현안 쟁점: 현행 교육감 선출제도의 쟁점과 발전 방향. 한국교육학회 뉴스레터, 2014년 6월(통권 275호).

김혜숙, 김종성, 장덕호, 조석훈, 홍준현(2011). 지방교육자치제도 개선방안 연구: 교육감 및 교육위원회 위원 선출제도를 중심으로. 한국교육행정학회 지방교육자치제도 정책연구팀.

나민주, 고전, 김병주, 김성기, 김용, 박수정, 송기창(2018). 한국 지방교육자치론. 서울: 학지사.

모영민, 이한결, 김은수(2019). Kingdon의 다중흐름모형을 활용한 국가수준 학업성취도 평가 정책 변동 분석: 2012~2018년을 중심으로. 교육정치학연구, 26(2), 131-160.

박남기(2018). 교육거버넌스 개념과 범위 재구조화 및 이를 활용한 2017 대통령 선거 초중등 교육지배구조 공약 쟁점 분석. 교육정치학연구, 25(1), 173-201.

박수정(2013). 지방교육자치. 한국 교육행정학 연구 핸드북. 한국교육행정학 편. 397-416. 서울: 학지사.

박효원(2018). 교원능력개발평가제 정책 형성 및 변동 과정에서 교직단체의 역할: 옹호연합모형을 중심으로. 교육행정학연구, 36(5), 293-322.

반상진(2013). 교육정책 추진에서 나타난 중앙정부의 리더십과 거버넌스 분석: 이명박 정부의 교육정책 갈등 사례를 중심으로. 교육정치학연구, 20(4), 263-287.

신현석(2010). 교육거버넌스 갈등의 쟁점과 과제. 교육행정학연구, 28(4), 351-380.

양승일(2017). 정책메커니즘 분석을 위한 AMIF 적용: 서울학생인권정책을 중심으로. 한국행정학보, 51(1), 171-203.

연세대학교 교육학과교수진(2019). 미래를 여는 교육학. 서울: 박영story.

오승은(2006). 거버넌스론에 관한 제 접근. 연세행정논총, 29, 47-75.

유동훈, 김종규, 박건영(2020). 자율형 사립고 사회통합전형 졸업생들의 고등학교경험에 대한 사례연구. 교육행정학연구, 38(1), 221-249.

이종재, 이차영, 김용, 송경오(2012). 한국교육행정론. 경기: 교육과학사.

이형행, 고전(2006). 교육행정론: 이론 · 법제 · 실제. 경기: 양서원.

정순원(2011). 학생인권조례의 현황과 공법적 쟁점. 교육법학연구, 23(2), 193-212.

정지윤, 박성호(2017). EU 난민정책 형성과정에서 집행위원회(European Commission)의 역할: 다층거버넌스(Multi-level Governance) 이론의 적용. 동서연구, 29(3), 55-92.

한상윤, 전제상(2012). 교원능력개발평가 정책에 대한 정부의 딜레마 상황 대응방식 분석. 교육행정학연구, 30(4), 25-51.

Bjork, L. G., & Kowalski, T. J. (2005). *The Contemporary Superintendent: Preparation, Practice, and Development.* Thousand Oaks. CA: Corwin Press.

Campbell, R. F., Cunningham, L. L., Nystrand, R. O., & Usdan, M. D. (1985). *The organization and control of american schools* (5th ed.). Ohio: C.E. Merrill Pub. Co.

Fowler, F. C. (2009). *Policy studies for educational leaders: An introduction*(3rd ed.). Boston: Allyn and Bacon.

Fumasoli, T. (2015). Multi-level governance in higher education research. In J. Huisman, H. de Boer, D. Dill, & M. Souto-Otero (Eds.), *The Palgrave International Handbook of Higher Education Policy and Governance.* London: Palgrave Macmillan.

Hoy, W. K., & Miskel, C. G. (2013). *Educational administration: Theory, research, and practice* (9th ed.). New York: McGraw-Hill.

Meier, K. J. (2002). A research agenda on elections and education. *Educational Policy, 16*(1), 219-230.

Pierre, J., & Peters, G. B. (2000). Governance, politics and the state. In V. Lowndes, C. Hay, & G. Stoker. *Political analysis.* London: Palgrave Macmillan.

Sergiovanni, T. J., Kelleher, P., McCarthy, M. M., & Wirt, F. M. (2004). *Educational governance and adminstration*(5th Ed.). Boston: Allyn and Bacon.

경향신문(2014. 6. 5.). 충격에 빠진 보수 교육계 "직선제 폐지 관철하겠다". http://biz. khan.co.kr/khan_art_view.html?artid=201406052210035&code=940401에서 인출.

경향신문(2014. 10. 31.). 서울 자사고 6곳 최종 지정 취소…교장협 "법정대응 할 것". http://news.khan.co.kr/kh_news/khan_art_view.html?artid=201410311758171&code=940401에서 인출.

경향신문(2015. 8. 13.). 미림여고 자사고 지정취소 확정. https://news.khan.co.kr/kh_news/khan_art_view.html?artid=201508131707511&code=940401에서 인출.

국민일보(2015. 5. 20.). 감사원, 경남 무상급식 및 서울형 혁신학교 예산 대대적 감사 착수. http://news.kmib.co.kr/article/view.asp?arcid=0009460593&code=61111111&cp=nv에서 인출.

국민일보(2016. 1. 2.). '경남교육감 주민소환 서명부' 허위 작성자들 고발. http://news.

kmib.co.kr/article/view.asp?arcid=0010215666에서 인출.

국민일보(2016. 1. 20.). 홍준표 경남지사 "박종훈 교육감, 신학기 前 급식대책 내놔라". http://news.kmib.co.kr/article/view.asp?arcid=0923400606에서 인출.

국민일보(2018. 10. 31.). 경남, 내년부터 초·중·고 전면 무상급식. http://news.kmib.co.kr/article/view.asp?arcid=0924026971에서 인출.

국민일보(2019. 3. 4.). 정부-한유총 '개학 연기 위법성 갈등' 일단락 전망. http://news.kmib.co.kr/article/view.asp?arcid=0924065391&code=11131300&cp=nv에서 인출.

뉴시스(2020. 1. 13.). 사립유치원 비리사태부터 유치원 3법 본회의 통과까지. https://newsis.com/view/?id=NISX20200113_0000887590&cID=10201&pID=10200에서 인출.

서울신문(2015. 12. 3.). 우회 지원 3000억 편성한 누리과정 '첩첩산중'. https://www.seoul.co.kr/news/newsView.php?id=20151204004008에서 인출.

연합뉴스(2012. 8. 28.). 서울 용문고 자율형사립고 지정 취소. https://news.naver.com/main/read.nhn?mode=LSD&mid=sec&sid1=102&oid=001&aid=0005780927에서 인출.

연합뉴스(2014. 11. 17.). 서울교육청 "자사고 지정취소 정당"…시정명령 불응. https://www.yna.co.kr/view/AKR20141117118000004?input=1195m에서 인출.

조선일보(2014. 5. 20.). 진보교육감 후보 13곳 단일화…보수는 3곳뿐. https://news.chosun.com/site/data/html_dir/2014/05/20/2014052000258.html에서 인출.

조선일보(2018. 7. 12.). 대법 "조희연 자사고 지정취소 위법…제도변경 신중해야". http://news.chosun.com/site/data/html_dir/2018/07/12/2018071201539.html?utm_source=naver&utm_medium=original&utm_campaign=news에서 인출.

파이낸셜뉴스(2020. 2. 17.). 서울시교육청 "한유총 설립허가취소 끝까지 간다". https://www.fnnews.com/news/202002170852073747에서 인출.

한국일보(2020. 1. 31.). '유치원 3법' 반대 투쟁 한유총, 해산 위기 모면. https://www.hankookilbo.com/News/Read/202001311576079438?did=NA&dtype=&dtypecode=&prnewsid=에서 인출.

제7장

강용기(2008). 현대지방자치론. 서울: 대영명문화사.

강충열, 권동택(2014). 혁신교육의 이론과 실제: 기초과정(1). 한국교원대학교 학교혁신연구 지원센터.

김석준, 이선우, 문병기, 곽진영(2000). 뉴거버넌스 연구. 서울: 문화사.

목영해(2017). 교육 거버넌스의 교육철학적 논의. 교육 거버넌스의 거시적 통찰과 교육부의 역할. 2017 한국교육학회 교육정책포럼(2017. 4. 19.), pp. 3-20.

박상필, 금홍섭, 라미경, 민경기, 오수길, 이경희(2018). 로컬거버넌스의 성공모델. 서울: 대영문화사.

반상진(2013). 교육정책 추진에서 나타난 중앙정부의 리더십과 거버넌스 분석: 이명박
  정부의 교육정책 갈등 사례를 중심으로. 교육정치학연구, 20(4), 263-287.

신현석(2010a). 교육자율화 정책 거버넌스의 분석 및 혁신방안. 한국정책학회보, 19(1),
  181-210.

신현석(2010b). 교육거버넌스 갈등의 쟁점과 과제, 교육행정학연구, 28(4), 351-380.

안기성(1997). 교육에서의 '거버넌스(Governance)'의 문제와 그의 장래. 교육정치학연구,
  4(1), 1-20.

엄태석(2005). 지역발전과 로컬거버넌스—정책 사례를 중심으로. 21세기정치학회보, 15(3),
  98-116.

Bradley, L. H. (1993). *Total Quality Management for Schools*. Lancaster, PA:
  Technomic.

Gash, A. (2016). Collaborative Governance. In Ansell & Torfing (Eds.), *Handbook
  on Theories of Governance*(pp. 454-467). Cheltenham, UK: Edward Elgar
  Publishing.

Hunt, V. D. (1993). *Quality Management for Government: A Guide to Federal,
  State, and Local Implementation*. Milwaukee, WI.: ASQ Quality Press.

Kennis, P., & Schneider, V. (1991). Political Networks and Policy Analysis: Scrutinizing
  a New Analytical Analysis. In B. Marin & R. Mayntz (Eds.), *Policy Networks:
  Empirical Evidence and Theoretical Considerations*. Campus Verlag; Westview
  Press.

Peters, B. G., & Pierre, J. (2005). *Governing Complex Societies: New Government-
  Society Interactions*. New York: Palgrave Macmillan.

Pierre, J. (1999). Models of Urban Governance: The Institutional Dimensions of Urban
  Politics. *Urban Affairs Review, 34*, 372-396.

Sallis, E. (1993). *Total Quality Management in Education* (2nd ed.). London: Kogan
  Page.

Sergiovanni, T. J., Burlingame, M., Coombs, F. D., & Thurstone, P. W. (1980).
  Educational Governance and Administration. Englewood Cliffs, NJ: Prentice-
  Hall, Inc.

제8장

경실련(2017. 4. 28.). 19대 대선 공약 평가 자료.

고전(2019). 2018 교육감 주민직선 결과 및 쟁점 분석. 교육법학연구, 31(1), 1-25.

공병영(2003). 교원정년정책 변동과정 연구: Kingdon의 정책흐름모형을 중심으로. 서울

대학교 석사학위논문.

국정기획자문위원회(2017). 국정기획자문위원회 백서.

권영성(2010). 헌법학원론. 서울: 박문사.

김민희(2017). 시·도교육감 교육공약의 현황과 과제 탐색. 교육정치학연구, 24(4), 161-188.

김보엽 (2008). 한국 사학정책의 변동 요인 및 과정 분석—국민의 정부 및 참여정부의 사립학교법 개정 사례를 중심으로. 교육행정학연구, 26(3), 1-23.

김수진(2020). 자율형 사립고 정책 변동 분석(2013~2019년): Kingdon의 정책흐름모형을 중심으로. 이화여자대학교 석사학위논문.

김시진, 엄기형(2017). 대통령선거 교육정책공약에 나타난 정당 경쟁: 이슈와 포지셔닝. 교육정치학연구, 24(4), 107-129.

김왕준(2014). 선거와 교육정책 연구의 상관성. 한국교육정치학회 학술대회, 3-19.

김태호(2015). Kingdon의 다중흐름모형을 적용한 자율형 사립고의 정책형성과정 분석. 동아대학교 박사학위논문.

박균열(2012). Kingdon의 정책흐름모형을 적용한 교원능력개발평가제 정책변동 분석. 교육문제연구, 42, 41-71.

박수정(2017). 대통령 선거에서 교육 관련 이익집단과 후보자의 활동 분석: 18대 대통령 선거운동 기간 신문기사를 중심으로. 교육정치학연구, 24(1), 117-140.

신현석(2017). 대통령 선거의 교육정치학적 의미와 시사점. 한국교육정치학회 학술대회, 3-29.

안선회(2016). 대통령선거 교육공약 성안 과정의 정치학 (캠프 내부에서 어떤 사람들이 어떤 과정을 거쳐 교육공약을 개발하는가?). 한국교육정치학회 학술대회, 3-29.

양승일(2007). 교육정책형성과정의 동태성 분석: 참여정부의 사학정책을 중심으로. 한국정책과학회보, 11(2), 53-78.

양은택, 김왕준(2018). 2014년과 2018년 교육감선거 입후보자 특성 비교 분석. 교육정치학연구, 25(3), 267-296.

이광수, 김도기(2010). Kingdon 모형을 적용한 교장공모제 정책변동 분석. 교육행정학연구, 28(3), 133-155.

이희숙, 정제영(2012). 학교폭력 관련 정책의 흐름 분석: Kingdon의 정책흐름모형을 중심으로. 한국교육, 39(4), 61-82.

임은희(2017). 19대 대선, 대학 관련 공약 검토. 대교연 현안보고 통권 15호. 대학교육연구소.

임준희(2006). 고교 평준화 정책과 교육이해관계자들의 정책연합. 교육행정학연구, 24(2), 125-147.

정승윤(2017). 현행 주민 직선 교육감 선출제도의 문제점과 개선방안에 관한 연구. 법학연구, 58(1), 33-78.

정제영, 이희숙(2015). Kingdon의 정책흐름모형을 활용한 외국어고 정책 분석: 2004-2013을 중심으로. 교육행정학연구, 33(2), 85-104.

중앙선거관리위원회(2018). 동시지방선거 선거공약 자료집.

최영출(2016). 지방분권과 국가경쟁력 및 국민행복도와의 인과관계 분석: 정책시뮬레이션의 적용. 한국자치행정학보, 30(2), 1-30.

한국매니페스토실천본부(2018). 2018 매니페스토 지방선거부문 약속대상.

허범(1997). 대통령선거정책공약의 설계를 위한 개념의 틀과 지도지침. 한국정책학회보, 6(2), 11-41.

Cobb, R. W., & Elder, C. D. (1983). *The political uses of symbols*. New York: Longman.

Cohen, M. D., March, J. G., & Olsen, J. P. (1972). A garbage can model of organizational choice. *Administrative Science Quarterly*, 1-25.

Kingdon, J. W. (2011). *Agenda, alternatives, and Public Policies* (2nd ed.). Washington, DC: Pearson.

Sabatier, P. A. (1991). Toward Better Theories of the Policy Process. *Political Science and Politics*, *24*(2), 147-156.

서울신문(2018. 6. 3.). 교육감 깜깜이 선거 막자.

제9장

곽신재, 신혜주(2017). 법외노조통보제도의 법적 성격 및 문제점 검토―전국교직원노동조합 법외노조통보 사건을 중심으로. 법학평론, 7, 324-369.

김경윤(2010). 교장공모제 확대와 정책갈등에 관한 미시적 연구. 교육정치학연구, 17(3), 7-33.

김덕근(2006). 교육정책형성과정에서 나타난 이익집단의 활동전략 분석. 한국정책학회보, 15(2), 1-36.

김장중(2019). 한국 학부모운동 30년의 성과와 의의. 학부모연구, 1(1), 1-24.

김혜숙(1998). 교직단체의 정치학. 교육정치학연구, 5(1), 77-99.

김희성(2016). 전교조에 대한 법외노조통보처분의 타당성 여부. 법학연구, 57(4), 313-339.

박수정(2017). 대통령 선거에서 교육 관련 이익집단과 후보자의 활동 분석. 교육정치학연구, 24(1), 117-140.

박효원(2018). 교원능력개발평가제 정책 형성 및 변동 과정에서 교직단체의 역할: 옹호연합모형을 중심으로. 교육행정학연구, 36(5), 293-322.

백병부, 박미희(2015). 혁신학교가 교육격차 감소에 미치는 효과: 경기도 혁신학교를 중심으로. 교육사회학연구, 25(1), 105-128.

서민희, 전경희(2018). 초등단계 혁신학교 재학 경험이 학생의 학업성취도 향상에 미치
      는 영향. 교육연구논총, 39(1), 1-21.
서정화, 최재광(2009). 교직단체의 활동 진단 및 새로운 활동 패러다임 탐색. 교육행정학
      연구, 27(3), 99-119.
시민운동정보센터 편집부(2012). 한국시민사회연감 2012. 서울: 시민운동정보센터.
시민의신문(2003). 한국시민사회연감 2003. 서울: 시민의신문.
신유섭(2008). 이익집단과 대의제 민주주의: 미국의 사례를 통해 본 교훈. 한국정치학회보,
      42(2), 261-281.
안선회(2012). 시민사회권력(교원단체와 학부모단체, 시민단체)과 교육. 제32차 한국교
      육정치학회 정기학술대회 거시정치권력과 교육, 서울: 고려대학교 운초우선교육관.
      pp. 109-148.
양승일(2017). 정책메커니즘 분석을 위한 AMIF 적용: 서울학생인권정책을 중심으로. 한
      국행정학보, 51(1), 171-203.
양정호, 김성천(2006). 한국 교육시민단체의 현황과 과제. 한국교육, 33(1), 285-315.
오승은(2006). 거버넌스론에 관한 제 접근. 연세행정논총, 29, 47-75.
오일환, 이병기(1994). 이익집단과 교원단체: 교총·전교조·일교조 분석. 서울: 에덴기획.
이경한(2013). 교육시민단체의 역할과 기능을 말한다. 열린전북, 161, 37-40.
이명희, 김세현, 김장중, 천세영, 홍성욱(2009). 학부모 및 학부모 단체에 대한 실태 조사 및
      활성화 방안 연구. 교육부 정책연구.
이상희, 김재웅(2012). 수석교사제의 법제화 과정에 나타난 정책갈등 분석. 교육정치학연
      구, 19(3), 1-22.
이수정(2019). '대입제도 공론화'과정에서 드러난 교육부 정책결정방식의 특징 분석: 「대
      입제도개편 공론화 백서」 분석을 중심으로. 교육행정학연구, 37(4), 1-22.
이종재, 이차영, 김용, 송경오(2012). 한국교육행정론. 경기: 교육과학사.
이종재, 이차영, 김용, 송경오(2015). 교육정책론. 서울: 학지사.
장욱진, 김왕준(2018). 주요 교육시민단체의 정책 영향력 형성요인 분석. 교육정치학연구,
      25(4), 219-239.
정상호(2006). 한국의 이익집단 연구의 분석적 개괄. 한국정치학회보, 40(1), 91-113.
정순원(2011). 학생인권조례의 현황과 공법적 쟁점. 교육법학연구, 23(2), 193-212.
정일환, 김혜숙, 이혜미, 김유원, 김민아, 김은수, 김진원, 유동훈, 이동화, 이미연, 이현
      우, 이혜나, 장사랑, 채현우 공역(2016). 미국 교육 정치학. 경기: 교육과학사.
최창의(2016). 지방의회에 대한 교육이익집단 활동의 정치학. 2016 한국교육정치학회 춘
      계학술대회 발표문, pp. 99-107.
한국교원단체총연합회(2017). 한국교총 70년의 성찰과 미래 대한민국 교육 30년의 길.
      한국교총 창립 70주년 교육 대토론회 자료집.
한상윤, 전제상(2012). 교원능력개발평가 정책에 대한 정부의 딜레마 상황 대응방식 분

석. 교육행정학연구, 30(4), 25-51.

Fowler, F. C. (2009). *Policy studies for educational leaders: An introduction* (3rd ed.). Boston: Allyn and Bacon.

Mawhinney, B. H. (2001). Theoretical Approaches to Understanding Interest Groups. *Educational Policy, 15*(1), 187-214.

Pierre, J., & Peters, G. B. (2000). Governance, politics and the state. In V. Lowndes, C. Hay, & G. Stoker, *Political analysis*. London: Palgrave Macmillan.

Superfine, B. M., & Thompson, A. R. (2016). Interest Groups, the Courts, and Educational Equality: A Policy Regimes Approach to Vergara v. California. *American Educational Research Journal, 53*(3), 573-604.

Truman, D. B. (1951). *The Governmental Process: Political interests and Public opinion*. NewYork: Knopf.

고용노동부(2020). 교원노조 가입률. 통계청 국정모니터링지표(e-나라지표) '교원노동조합 조직현황' http://www.index.go.kr/potal/main/EachDtlPageDetail.do?idx_cd=2835에서 인출.

교사노동조합연맹. https://ctu.modoo.at/?link=agloknnv.

교육을바꾸는사람들. https://21erick.org/.

두산백과사전. http://www.doopedia.co.kr.

비영리민간단체 공익활동 지원사업 관리정보시스템. https://npas.mois.go.kr/.

사교육걱정없는세상. https://www.noworryopen.kr/.

한국교원노동조합. http://www.kute.or.kr/.

한국교원단체총연합회. http://www.kfta.or.kr/.

한국언론진흥재단 빅카인즈. https://www.bigkinds.or.kr/.

뉴스1(2018. 7. 20.). 평교사 출신 교장후보 잇단 낙마… '음모다' '아니다' 시끌. https://www.news1.kr/articles/?3376769에서 인출.

매일경제(2020. 2. 3.). 대법, '전교조 법외노조 통보' 놓고 의견수렴… 5월 공개변론. https://www.mk.co.kr/news/society/view/2020/02/110738/에서 인출.

아시아경제(2010. 12. 31.). '서울 혁신학교 평교사 교장공모' 교원단체 엇갈린 반응. https://www.asiae.co.kr/article/2010122918252521522에서 인출.

연합뉴스(2012. 1. 26.). 전국 3번째로 공포된 '서울학생인권조례' 내용은. https://www.yna.co.kr/view/AKR20120126052400004에서 인출.

연합뉴스(2020. 9. 5.). 전교조 7년만에 합법화… 노동부, 법외노조 통보 취소, http://m.yna.co.kr/view/AKR20200904135900530에서 인출.

중앙일보(2018. 4. 24.). 교원노조·교육부, 16년 만에 단체교섭. https://news.joins.com/article/22564930에서 인출.

프레시안(2006. 1. 11.). 대한민국의 정통성을 지키는 교육을 하겠다. 박인규의 집중 인터뷰. https://m.pressian.com/m/pages/articles/48416에서 인출.

제10장

고용(1998). 국민의 정부의 고등교육정책 기조. 대학교육, 1998(11~12월호), 22-29.

고용(2001). 두뇌한국 21과 개혁. 공학교육과 기술, 8(2), 3-12.

교육과학기술부(2011). 2011 유아학비 지원계획.

교육과학기술부(2012). 유아교육발전 5개년 계획(안).

교육인적자원부(2001). 두뇌한국21 사업 길라잡이.

교육인적자원부(2002). 세계 수준의 연구중심대학 육성 및 성과관리 방향: BK21 사업을 중심으로.

교육인적자원부(2004a). 두뇌한국21(홍보용 브로우서).

교육인적자원부(2004b). 두뇌한국21 2004년도 사업결과보고서.

교육인적자원부(2004c). 두뇌한국21 사업 제2회 중간평가 결과 발표. 2004. 12. 8. 보도자료.

교육인적자원부(2004d). 두뇌한국21 사업 추진 경과 및 성과보고서.

교육인적자원부(2005). BK21 사업 한·중·일 심포지엄 개최. 2005. 4. 4. 보도자료.

교육인적자원부·한국학술진흥재단(2003). 두뇌한국21사업 중간평가 결과보고서.

교육인적자원부·한국학술진흥재단(2004). 두뇌한국21 사업성과 보고서.

김광웅(1982). 사회과학연구방법론. 서울: 박영사.

김동건(1998). 현대재정학: 공공경제의 이론과 정책. 서울: 박영사.

김동훈(2017). 유아교육재정의 쟁점과 과제. 새정부 교육재정정책의 쟁점과 과제(자료집). 한국재정경제학회·한국교육개발원·한국대학교육협의회. 43-67.

김두희(1974). 신재정학원론. 서울: 세종출판사.

김병주(1997). 교육기관 평가. 교육학대백과사전. 서울대학교 교육연구소.

김병주(2005). 유아교육재정 확보방안. 유아교육재정 확보를 위한 토론회. 국회의원회관.

김병주(2006). BK21사업 재정지원의 상대적 효율성 분석. 교육재정경제연구, 15(2).

김병주(2007). BK21사업 재정지원정책의 정치학. 교육정치학연구, 14(1), 29-50.

김병주(2008). 고등교육 재정지원. 전환기의 한국교육정책. 서울: 학지사.

김병주(2011). 취학전교육 재정지원의 쟁점과 방향. 교육정치학연구, 18(3), 93-114.

김병주, 구성우(2019). 유치원 공공성 강화를 위한 소요재정 추정 및 대책 마련 연구. 대구광역시교육청.

김병주, 김민희, 류청산, 방청록, 최손환(2014). 2014년 「학부교육 선진화 선도대학 지원

사업」을 위한 사업설계 연구. 한국대학교육협의회.

김병주, 김성기(2006). 사립유치원의 운영현황과 공공성 증진방안 연구. 교육행정학연구, 24(2), 349-370.

김병주, 나민주, 박동렬, 정성수, 정종철, 최정윤(2010). 대학의 교육력 제고를 위한 정부 재정지원 방향. 교육과학기술부.

김병주, 박정수, 나민주, 이영(2008). 대학재정 지원을 위한 포뮬러 지표개발 및 재정운용의 자율성 확대방안 연구. 한국학술진흥재단.

김병주, 최손환, 서지영(2005). 두뇌한국21(BK21) 사업에 대한 학생만족도 분석. 교육행정학연구, 23(4), 321-342.

김병주, 나민주, 조규락(2005). BK21 사업성과분석 연구. 한국학술진흥재단.

김병주, 이영(2005). 제1단계 BK21 사업의 종합평가 분석. 한국학술진흥재단.

김병주, 조규락, 이상린(2006). 1단계 BK21 백서 연구. 한국학술진흥재단.

김병주, 조형숙(2011). 만 5세 공통교육과정 도입을 위한 법적·재정적 가능성 검토. 한국교육개발원.

김복기, 권오양, 민상원, 윤우영, 한경희(2005). 2단계 BK21 사업 추진을 위한 정책 연구. 한국학술진흥재단.

김선연, 김병주(2004). 유치원교육에 대한 학부모의 참여행태 분석. 열린유아교육연구, 9(3), 303-331.

김세균(1999). 두뇌한국 21사업의 문제점. 사회비평, 21, 140-150.

김용갑(1960). 재정학, 경제학 총서. 서울: 서울고시학회.

김용학, 오세정(2005). BK21 사업평가와 후속사업기회. 한국학술진흥재단.

김재범(1977). 교육재정론. 서울: 교육출판사.

김종철(1982). 교육행정의 이론과 실제. 서울: 교육과학사.

김창록(1999). 두뇌한국21을 통해 본 한국 대학정책의 문제점과 개선방안. 대학정책개혁을 위한 국민대토론회 자료집.

김필동(2000). 전환기 한국 지식정책의 현주소: 신지식인론과 BK21사업을 중심으로. 경제와사회, 46, 261-290.

김화진(1999). BK21 이렇게 추진된다. 과학과 기술, 1999, 10월호. 53-59.

나민주(2009). 대학 재정배분의 쟁점과 방향. 교육재정경제연구, 18(3).

류방란, 허준, 김수영, 최윤정(2007). 외국의 교육안전망 사례: 스웨덴·독일·영국·일본·미국. 한국교육개발원.

박거용(1999a). 21세기 지식기반사회 대비 고등인력양성사업: BK21. 사립대학 교육의 공공성은 폐기되는가?. 민교협 교육토론회 자료집.

박부권(2000). 예견된 실패: 두뇌한국 21 사업을 통한 서울대의 제도개혁. 한국교육연구, 6(1), 19-37.

박정원(2000). BK21사업의 성격과 한국대학교육시장에 미칠 영향. 산업노동연구, 6(1),

189-214.

백현기(1964). 신고 교육행정. 서울: 을유문화사.

선우명호(2000). 고등인력 양성사업 BK21사업의 문제점과 개선방안. 공학교육과 기술, 8(2), 1-5.

손소영, 조용관, 소형기, 이승환(2001). 구조방정식모형을 이용한 두뇌한구(BK)21의 학생만족도 성과분석. *IE Interfaces, 14*(4), 429-440.

손흥숙(2004a). BK21 정책의 형성과정: 담론으로서의 정책(I). 한국교육, 31(1), 421-444.

손흥숙(2004b). BK21 정책의 형성과정: 담론으로서의 정책(II)(BK21정책의 집단별 대응과 해석). 한국교육, 31(2), 441-466.

송기창(2008). 국가 교육재원 배분의 효율화 방안, 교육재정경제연구, 17(1), 179-205.

송기창(2009). 유아교육재정 관련 법제 개선방안. 교육재정경제연구, 18(4), 119-148.

송기창, 김병주, 박정수, 정태화(2007). 고등교육재정사업 재구조화 방안 연구. 교육인적자원부.

송호근(1999). 교수의 행위 양식과 BK21. 대학지성, 10, 116-124.

신은수, 박은혜, 김병주(2011). 만 3-4세 유아지원체계 강화 방안 연구. 교육과학기술부.

신은수, 박은혜, 김재춘(2010). 유아교육정책 현안 분석 및 발전방향연구. 육아정책연구소.

신은수, 정미라, 박은혜(2009). 유아무상공교육 체제구축에 관한 요구조사. 한국교육개발원.

오세정(1999). BK21 사업의 본뜻을 살리자. 대학지성, 10, 52-57.

오세정(2005). 고급신진 연구인력 양성의 과거·현재·미래와 BK21. BK21사업성과 국제심포지엄자료.

오세정, 김광준, 이병재, 이상열, 이인범, 정긍식, 조남익, 허남회(2003). 두뇌한국 21 사업의 평가지표 개발 및 성과 분석. 한국학술진흥재단.

유민봉, 오수길(2003). 두뇌한국(BK)21 특화분야 사업성과 평가. BK21전국특화대학원장협의회.

유현숙(1999a). 목적 타당하나 내용 개선여지 많다: BK21 진단. 새교육, 538, 82-85.

유현숙(1999b). 한국교육평론: BK21사업의 평가. 서울: 한국교육개발원.

윤정일, 송기창, 김병주, 나민주(2015). 신교육재정학. 서울: 학지사.

윤종규(2000). 사업당사자가 보는 BK21 사업의 장단점. 공학교육과 기술, 8(2), 1-3.

이귀로, 조양래, 유두영, 강성모, 김광회, 한홍택, 진성호, 이승원(2005). 제1단계 BK21사업 성과에 대한 국내외 전문가 등의 평가 및 분석 연구. 교육인적자원부.

이상기(1999). BK21 사업 정책결정과정 분석. 대학지성, 10, 58-64.

이영(2001). 두뇌한국21 사업의 사업목표와 실행방식의 적절성 검토. 기획예산처.

이용준, 이선주, 김혜영(2005). 두뇌한국21사업의 평가 및 시사점. 국회예산정책처.

이정미(2011). 고등교육 재정지원사업 발전방안 및 과제. 한국교육개발원.

이정미, 김병주, 나민주, 이영, 이필남, 권기석(2011). 고등교육 재정 확충 및 효율적 운영

　　방안 연구. 한국교육개발원.

이정열, 장은경, 강세영(2005). 2단계 BK21 지원분야 관련 전문가 조사. 교육부.

이춘근(2000). 두뇌한국 21사업의 개선방안. 공학교육과 기술, 8(2), 1-5.

인문사회분야추진위원회(1999). BK21 인문·사회분야 지원방안 최종안.

장홍근, 전재식(2005). BK21사업 지원인력의 진로실태조사 연구. 한국직업능력개발원.

정상환(1999). 두뇌 강국을 위한 한국 교육의 선택 BK21. 교육마당 21, 207호.

차병권(1987). 재정학개론. 서울: 박영사.

천세영(2007). 2008 유아교육재정 구조 개선을 위한 정책대안 탐색. 한국유치원총연합회.

한국교육행정학회(1995). 교육재정론. 교육행정학전문서 6. 서울: 하우.

한국학술진흥재단(2000). 두뇌한국21사업 1차년도 평가결과 보고서.

한국학술진흥재단(2001). 두뇌한국21사업 2차년도 평가결과 보고서.

한국학술진흥재단(2004). 두뇌한국21사업 4차년도 사업결과 보고서.

Burkhead, J. (1964). *Public School Finance: Economics and Politics*. Syracuse. NY: Syracuse University Press.

Conti, G., & Heckman, J. J. (2010). Understanding the Early Origins of the Education-Health Gradient: A Framework That Can Also Be Applied to Analyze Gene-Environment Interactions. *Perspectives on Psychological Science, 5*(5), 585-605.

Denison, E. F. (1974). *Accounting for United States Economic Growth. 1929-1969*. Washington, DC: The Brookings Institution.

Handerson, P. D. (1969). Political and Budgetary Constraint: Some Characteristics and Implications. In J. Margolis & H. Guitton (Eds.). *Public Economics*.

Garms, W. I., Guthrie, J. W., & Pierce, L. C. (1978). *Finance: The Economics and Politics of Public Education*. Englewood Cliffs, NJ: Prentice-Hall, Inc.

Heckman, J., & Klenow, P. (1997). *Human capital policy*. University of Chicago, Working Paper.

Heckman, J. J., S. H. Moon, R. Pinto, P. A. Savelyev, & A. Yavitz(2010, February). The rate of return to the HighScope Perry Preschool Program. *Journal of Public Economics, 94*(1-2), 114-128.

Johns, R. L., & Edgar, L. M. (1969). *The Economics and Financing of Education: A Systems Approach* (2nd ed.). Englewood Cliffs, NJ: Prentice-Hall. Inc.

Lows, R. L. (1985). Measurement of Inequality: The Gini Coefficient and School Finance Study. *Journal of Education Finance, 10*(1), 83-94.

McMahon, W. W., & Geske, T. G. (Eds.). (1982). *Financing Education: Overcoming Inefficiency and Inequity*. Urbana, IL.: University of Illinois Press.

Melbo, I. R., et al. (1970). *Report of the Survey*. Paramount Unified School District,

LA: University of Southern California.

Mikesell, J. L. (1982). *Fiscal Administration: Analysis and Applications for the Public Sector*. Homewood, IL: The Dorsey Press.

Ou, S., & Reynolds, A. (2004). *Preschool Education and School Completion. Encyclopediaon Early Childhood Development*. Centre of Excellence for Early Childhood development.

Rossmiller, R. (1971). Economics and Financing of Education. In L. J. Roe (Ed.), *Alternative Programs for Financing Education*. Gainesville, FL: National Educational Finance Project.

Schultz, T. W. (1961). Education and Economic Growth. In B. H. Nelson (Ed.), *Social Forces Influencing American Education*. Chicago: National Society for the Study of Education.

Wagner, R. E. (1983). *Public Finance: Revenues and Expenditures in a Democratic Society*. Boston: Little Brown and Company.

제11장

김병주(2000). 언론기관 대학평가 모형 탐색. 교육행정학연구, 18(3), 45-77.

김진영(2010). 국제 대학 순위 분석을 통한 우리나라 고등교육 경쟁력 평가와 대책. 한국 재정학회 학술대회 논문집, 1-26.

김훈호, 이수정, 박현주, 심현기, 이정은, 신정철(2010). 세계 대학 순위평가의 문제점에 대한 실증적 연구. 교육행정학연구, 28(3), 301-326.

나민주(2001). 언론기관 대학평가의 발전과제. 고등교육연구, 12(1), 167-190.

남수경, 이기석(2012). 언론기관 자국 내 대학순위평가의 현황과 쟁점 분석. 비교교육연구, 22(5), 99-125.

박영선(2014). 평가지표의 통계적 특성을 고려한 대학순위 결정 모형. 대한산업공학회지, 40(1), 140-150.

박종무, 전채남, 권미옥(2004). 신입생 대학선택 요인과 대학 마케팅커뮤니케이션 전략. 경영교육연구, 34, 373-399.

송지준(2009). 논문작성에 필요한 SPSS/AMOS 통계분석방법. 경기: 21세기사.

신현대, 권기헌, 서인석(2009). 세계대학 간 상대적 효율성 평가: DEA와 군집분석을 중심으로. 정책분석평가학회보, 19(4), 95-128.

신현석, 노명순, 최보윤, 김윤진, 엄준용(2008). 고등교육 경쟁력 지표 개발 연구(I): 세계 대학 경쟁력 지표의 비교 및 시사점. HDR연구, 10(1), 269-296.

염동기, 신현대(2013). 세계대학 평가체제 개선을 위한 실증분석 및 DEA 평가모형 적용 연구. 행정논총, 51(4), 219-246.

유완, 이일용(2015a). 세계 대학 순위평가(THEWUR)에서 평가준거별 점수가 총점에 미치는 영향력 분석. 비교교육연구, 25(1), 1-24.

유완, 이일용(2015b). 아시아대학 순위 평가(THEAUR)에 영향을 미치는 평가준거 및 주요국 비교 분석. 비교교육연구, 25(4), 145-167.

유완, 이일용(2016). QS 아시아대학 순위 평가지표의 영향력 분석 및 주요국 결과 비교. 비교교육연구, 26(4), 125-152.

윤태일(2013). 언론사 대학평가의 문제점. 관훈저널, 129, 49-57.

이석열(2008). 언론기관의 대학평가 문제점과 개선방안 탐색-중앙일보의 평가를 중심으로-. 교육종합연구, 6(1), 45-67.

이영학(2007). 대학 순위평가의 국가 간 비교 연구. 비교교육연구, 17(3), 139-165.

이영학(2011). 대학순위평가의 점수산출방법 비교 연구. 교육종합연구, 9(2), 198-217.

이정미, 최정윤(2008). 대학의 질 개념에 근거한 주요국 언론기관 대학순위평가의 문제점 분석. 교육행정학연구, 26(3), 301-324.

이호섭(2011). 자료포락분석을 이용한 대학의 연구 분야 효율성 국제 비교. 비교교육연구, 21(2), 127-153.

이호섭(2014). 세계 대학 평가 순위 변동에 대한 비교분석-The World University Rankings에 대한 잠재 성장모형 적용 종단분석을 중심으로-. 비교교육연구, 24(1), 111-129.

정은하(2012). 중앙일보 대학평가 평가지표와 대학순위의 관련성 분석. 중앙대학교 대학원 석사학위 논문.

황현주(2006). US News & World Report와 중앙일보의 대학평가에 관한 연구. 지역문화연구, 5, 163-183. 세명대학교 지역문화연구소.

황현주(2010). 대학평가에 관한 소비자 요구분석 연구. 경영교육연구, 60, 257-281.

Altbach, P. G. (2006). The Dilemmas of rankings. *International Higher Education, 42*, 2-3.

Bowden, R. (2000). Fantasy higher education: University and college league tables. *Quality in Higher Education, 6*(1), 41-60.

Bowman, N. A., & Bastedo, M. N. (2009). Getting on the front page: Organizational Reputation, Status Signals, and the Impact of US News and World Report on Student Decisions. *Research in Higher Education, 50*(5), 415-436.

Bowman, N. A., & Bastedo, M. N. (2011). Anchoring effects in world university rankings: exploring biases in reputation scores. *Higher Education, 61*(4), 431-444.

Broecke, S. (2012). University rankings: do they matter in the UK? *Education Economics*, 1-25.

Connor, H., Burton, R., Pearson, R., Pollard, E., & Regan, J. (1999). *Making the Right Choice: How Students Choose Universities and Colleges*. London:

Universities UK. http://www.employment-studies.co.uk/summary/summary. php?id=CVCPchoi

Dill, D. D., & Soo, M. (2005). Academic quality, league tables, and public policy: A cross-national analysis of university ranking systems. *Higher Education, 49*(4), 495-533.

Ehrenberg, R. G. (2002). Reaching for the Brass Ring: The US News & World Report Rankings and Competition. *The Review of Higher Education, 26*(2), 145-162.

Griffith, A., & Rask, K. (2007). The influence of the US news and World Report collegiate rankings on the matriculation decision of high-ability students: 1995-2004. *Economics of Education Review, 26*(2), 244-255.

Huang, M. (2012). Exploring the h-index at the institutional level: A practical application in world university rankings. *Online Information Review, 36*(4), 534-547.

Li, M., Shankar, S., & Tang, K. K. (2011). Why does the USA dominate university league tables? *Studies in Higher Education, 36*(8), 923-937.

Lynch, K. (2014). Control by numbers: new managerialism and ranking in higher education. Critical Studies in Education. http://dx.doi.org/10.1080/17508487.2014.949811.

Marginson, S. (2007). Global university rankings: Implications in general and for Australia. *Journal of Higher Education Policy and Management, 29*(2), 131-142.

Meredith, M. (2004). Why do universities compete in the ratings game? An empirical analysis of the effects of the US news and World Report college rankings. *Research in Higher Education, 45*(5), 443-461.

Soh, K. C. (2011). Don't read university rankings like reading football league tables: taking a close look at the indicators. *Higher Education Review, 44*(1), 15-29.

Soh, K. (2013a). Misleading university rankings: cause and cure for discrepancies between nominal and attained weights. *Journal of Higher Education Policy and Management, 35*(2), 206-214.

Soh, K. (2013b). Rectifying an honest error in world university rankings: a solution to the problem of indicator weight discrepancies. *Journal of Higher Education Policy and Management, 35*(6), 574-585.

Soh, K. (2014). Multicolinearity and Indicator Redundancy Problem in World University Rankings: An Example Using Times Higher Education World University Ranking 2013-2014 Data. Higher Education Quarterly. http://onlinelibrary.wiley.com/doi/10.1111/hequ.12058/abstract.

Taylor, P., & Braddock, R. (2007). International University Ranking Systems and the Idea of University Excellence. *Journal of Higher Education Policy and Management, 29*(3), 245-260.

Williams, R., & de Rassenfosse, G. (2014). Pitfalls in aggregating performance measures in higher education. Studies in Higher Education. http://dx.doi.org/10.1080/03075079.2014.914912.

http://www.timeshighereducation.co.uk/world-university-rankings/.

제12장

강신택(1982). 정책학: 과정과 분석. 서울: 법문사.

권기헌(2008). 정책학. 서울: 박영사.

김병주(2007). BK21사업 재정지원 정책의 정치학. 정부의 고등교육개혁을 위한 재정지원 정책의 정치학. 한국교육정치학회 2007년 연차학술대회 자료집. 2007. 4. 28.

김병주(2011). 취학전 교육 재정지원의 정치학. 취학전 교육의 정치학. 한국교육정치학회 제13차 정기학술대회 자료집. 2011. 6. 17.

김병주(2013). 교육정치학과 정책학. 한국교육정치학회 2013년 연차학술대회 자료집, 117-142.

김성준(2006). 『국가』와 『논어』에 나타난 "정치와 교육"의 관계 비교: "정치를 위한 교육"에서 "정치로부터 자유로운 교육"으로. 교육원리연구, 11(2), 103-133.

김용일(1994). 교육정치학의 학문적 성격에 관한 고찰. 교육정치학연구, 1(1), 1-34.

김용일(1999). 정책 패러다임과 새로운 세기의 교육정치학. 교육정치학연구, 6, 1-19.

김용일(2004). 한국교육정치학회의 발전과정. 교육정치학연구, 11, 47-60.

김재웅(2001). 정치로부터 자유로운 교육. 서울: 원미사.

김재웅(2004). 한국교육정치학의 반성과 발전 과제. 교육정치학연구, 11, 62-88.

남궁근(2012). 정책학: 이론과 경험적 연구(개정판). 서울: 법문사.

노화준(2012). 정책학원론: 복잡성과학과의 융합학문적 시각. 서울: 박영사.

신현석(1994). 미국 교육정치학의 연구동향(I): 역사적 접근. 교육정치학연구, 1(1), 35-54.

신현석(2000). 21세기 교육정치학 연구의 방향과 과제. 교육정치학연구, 7(1), 45-61.

신현석(2009). 사립대학 통폐합 지원 정책의 정치학적 분석. 고등교육 선진화 정책의 정치학적 분석. 한국교육정치학회 2009년 정기학술대회 자료집. 2009. 12. 4.

신현석(2012). 교육정치학의 학문적 정체성: 진단과 과제의 탐색. 교육정치학의 학문적 성격에 대한 재조명. 한국교육정치학회 2012년도 연차 학술대회 자료집. 2012. 12. 8.

신현석(2013). 교육정치학의 학문적 정체성: 진단과 과제의 탐색. 교육정치학연구, 20(3), 217-257.

심성보(2009). 국립대법인화 정책의 정치학적 분석. 고등교육 선진화 정책의 정치학적 분석. 한국교육정치학회 2009년 정기학술대회 자료집. 2009. 12. 4.

안기성(1994). 한국교육정치학의 과제. 교육정치학 연구, 창간호, 79-87.

안기성 외 역(1997). 교육정치학. 서울: 양서원.

안기성 외(1998). 한국교육개혁의 정치학. 서울: 학지사.

안해균(1984). 정책학원론. 서울: 다산출판사.

양성관(2009). 입학사정관제도의 정치학적 분석. 고등교육 선진화 정책의 정치학적 분석. 한국교육정치학회 2009년 정기학술대회 자료집. 2009. 12. 4.

오석홍(2000). 정책학의 주요이론. 서울: 법문사.

유훈(1989). 정책학원론. 서울: 법문사.

유훈(2002). 정책학원론(개정판). 서울: 법문사.

육수화(2010). 정치와 교육이 공존하는 궁궐. 국학연구, 17, 291-331.

이일용(2004). 교육정치학의 학문적 정체성 탐색. 교육정치학연구, 11, 1-20.

이일용(2006). 교육정치학의 지식의 구조와 범위. 교육정치학연구, 13(2), 7-29.

이정미(2009). 대학등록금 정책의 정치학적 분석. 고등교육 선진화 정책의 정치학적 분석. 한국교육정치학회 2009년 정기학술대회 자료집. 2009. 12. 4.

이해영(2010). 정책학신론. 서울: 학현사.

정일환(1997). 교육정책분석에서의 가치론에 관한 연구. 교육정치학연구, 5(1), 102-126.

정일환(2000). 교육정책론: 이론과 적용. 서울: 원미사.

정일환(2004). 교육정치학의 학문적 정체성 탐색. 교육정치학연구, 11, 1-20.

정정길(1979). 한국에서의 정책연구: 제약과 방향. 한국정치학보, 13.

정정길(1986a). 정책학의 내용과 한계(I): 연구방법과 연구내용. 행정논총, 24(1), 29-50.

정정길(1986b). 정책학의 내용과 한계(II): 정책학의 한계. 행정논총, 24(2), 40-54.

정정길(1997). 정책학원론(개정판). 서울: 대명문화사.

정정길(2013). 정책 · 행정 · 국정관리(정정길교수 연구총서). 서울: 대명출판사.

정정길, 김명수(1986). 정책학개론. 한국행정학보, 19(2), 61-80.

정정길, 최종원, 이시원, 정준금(2010). 정책학원론(개정판). 서울: 대명문화사.

조영달(2001). 교육과정의 정치학. 서울: 교육과학사.

한국교육정치학회 편(1994). 교육정치학론. 서울: 학지사.

Cobb, R. W., & Elder, C. D. (1972). *Participation in American politics: The dynamics of agenda building*. Boston: Allyn and Bacon, Inc.

Cobb, R. W., Ross, J. K., & Ross, M. H. (1976). Agenda building as a comparative political process. *American Political Science Review, 70*, 126-138.

Dahl, R. A. (2005). *Who Governs?: Democracy and Power in an American City*. Yale University Press.

Dror, Y. (1971). *Design for Policy Sciences*. New York.: American Elsevier.

Dye, T. R. (1976). *Policy Analysis*. Alabama: The University of Alabama Press.

Eliot, T. H. (1959). Towards and understanding of public school politics. *American Political Science Review*, *52*, 1032-1051.

Harrison, G. J. (1980). Values Clarification and the Construction of Good. *Educational Theory*, 30(3), 185-197.

Hogwood, B. W., & Gunn, L. A. (1984). *Policy analysis for the real world*. New York: Oxford University Press.

Lasswell, H. D. (1951). Policy Orientation. In D. Lerner & H. Lasswell(eds.), *Policy Sciences*(pp. 3-15). Stanford: Stanford University Press.

Lasswell, H. D. (1971). *A preview of political sciences*. New York: American Elsevier Publishing Company.

Massialas, B. G. (1997). 교육정치학: 교육과 정치제제. [*Education and the Political System*]. 안기성, 신현석, 김용일, 손희권, 양성관 역. 서울: 양서원. (원전은 1969에 출판).

Mertens, D. (2004). *Research and Evaluation in Education and Psychology: Integrating Diversity With Quantitative, Qualitative, and Mixed Methods*. SAGE publications.

Mitchell, D. E. (1984). Educational Policy Analysis: The State of the Art. *Educational Administration Quarterly*, *20*(3), 145-147.

Pondy, L. R. (1969). Varieties of Organizational Conflict. *Administrative Science Quarterly*, 14(4), 499-505.

Scribner, J. D., et al. (2003). Emergence of the Politics of Education Field: Making Sense of the Messy Center. *Educational Administration Quarterly*, *39*(1), 10-40.

Tashakkori, A., & Teddlie, C. (2010). *SAGE Handbook of Mixed Methods in Social & Behavioral Research, 2nd ed*. SAGE publications.

찾아보기

인명

ㅇ

안기성 93

이규호 59, 66

ㅈ

장상호 75

A

Almond, G. A. 32, 33, 50

Anderson, J. E. 134

B

Bacon, F. 60

Bastedo, M. N. 309

Birkland, T. A. 136

Bowden, R. 308, 311

Bowman, N. A. 309

Boyd, W. L. 77

Braddock, R. 307

Burkhead, J. 277

C

Cobb, R. W. 136, 212, 222

Cohen, M. D. 203

Coleman, J. S. 32, 36

D

Denison, E. F. 268

Dennis, J. 50

de Rassenfosse, G. 324

Dill, D. D. 307, 310

Dunn, W. M. 134

Dye, T. R. 134

E

Easton, D. 19, 20, 50, 92

Ehman, L. H. 50

Ehrenberg, R. G. 308

Elder, C. D. 136, 212, 222

Eliot, T. H. 325, 330

Erikson, E. H. 52

F

Fagen, R. R. 33

Fowler, F. C. 172, 245

G

Goodlad, J. I. 17, 25

H

Heckman, J. J. 285

Hirst, P. 126

Hoy, W. K. 172

Hunt, V. D. 191

Huntington, S. P. 33

I

Inglehart, R. 63

J

Jessop, B. 126

Jones, C. O. 134

K

Kerchner, C. T. 77

Kingdon, J. W. 137, 138, 203, 204, 205, 206, 226

Kooiman, J. 126

L

Lasswell, H. D. 133

Lipsky, M. 143

Lynch, K. 307, 311

M

Malen, B. 26, 30

March, J. G. 203

Marginson, S. 308

Marx, K. 60, 62

Mawhinney, H. B. 232

May, P. J. 136, 138

Meier, K. J. 164

Meredith, M. 309

Mertens, D. 335

Miskel, C. G. 172

Mitchell, D. E. 332

N

Newcomb, T. M. 50

O

Olsen, J. P. 203

P

Peters, G. B. 188, 231

Pierre, J. 185, 188, 231

Plato 18, 49, 325

Powell, G. R. 32

Pye, L. 32, 41

R

Reynolds. A. 285

Ross, J. K. 136

Rousseau, J. J. 49

S

Sallis, E. 191

Schultz, T. W. 268

Scribner, J. 331, 337

Sergiovanni, T. J. 186

Shankar, S. 309

Soo, M. 307, 310

Spring, J. 18, 36, 41, 80

T

Talyor, P. 307

Tang, K. K. 309

Thomas, M. R. 34, 35, 172

Tracy, D. 60, 62

Truman, D. B. 231, 232

V

Verba, S. 33, 50

W

Williams, R. 324

내용

BK21 사업 292, 293, 294, 295, 296, 297,
        298, 300, 302, 303
Kingdon의 정책흐름 모형 139
THE 312, 313
THEWUR 312, 313, 314, 322, 323
Times Higher Education 312

ㄱ

갈등 332, 338
거버넌스 123, 124, 126, 150, 183, 185,
        186, 187, 188, 193, 200, 230
거버넌스 개념 230
거버넌스의 유형 231
경제정의실천시민연합 213
경험적 · 실증적 접근방법 89
계층제 거버넌스 151, 181, 231, 233
계화 현상 31
고등교육의 정치학 305
공고화 모형 137
관념론적 이데올로기 60
관념의 과학 60
관리 중심 거버넌스 124
교사노동조합연맹 238, 239
교원능력개발평가 175, 242, 258
교육 17, 34, 36, 37, 42, 46, 47, 63, 64,
        66, 69, 91, 268, 325
교육 거버넌스 127, 132, 135, 147, 153,
        155, 171, 229, 251, 260

교육 관련 시민단체 현황 254
교육 관련 이익집단 230, 233, 234, 258,
        259, 260, 337
교육 관련 이익집단 유형 235
교육감 159, 160, 221, 241
교육감 선거 221, 222, 225
교육감 선거과정 178, 222
교육감 선거의 정치학 162
교육감 선거제도 180
교육감 선출 162
교육감 정치학 159, 165
교육감 제도 159
교육감 직선제 160
교육감의 이념 성향 168, 179
교육감직 159
교육공동체 188
교육공약 205, 216, 217, 226
교육과 선거의 정치학 202
교육과 이데올로기 59
교육과 정치과정 92
교육과 정치권력 92
교육과 정치발전 93
교육과 정치사회화 48
교육과 정치사회화 단계 50
교육과 정치의 관계 15, 325
교육과 정치체제 19, 22
교육과정 72
교육발전 35, 46
교육부 128, 129

교육시민단체 233, 235, 253, 256, 260

교육시민단체 활동 258

교육시민단체의 정치학 256

교육이념 70

교육재정 262, 263, 267, 268, 273, 275

교육재정 정치학 278

교육재정의 가치준거 269

교육재정의 영역 264

교육재정의 정치학 261

교육재정의 특성 264

교육재정학과 정치학 276

교육정책 46, 48, 111, 133, 135, 139,
    143, 201, 204, 205, 211, 217, 226,
    228

교육정책 결정과정 139

교육정책 결정단계 135, 147

교육정책 결정의 정치학 139

교육정책 결정자 337

교육정책 결정체제 337

교육정책 과정 21, 135

교육정책 의제 135, 219

교육정책 의제 형성 337

교육정책 의제설정 단계 135, 147

교육정책 의제설정의 정치학 135

교육정책 집행단계 135, 147

교육정책 집행의 정치학 142

교육정책 집행자 337

교육정책 평가와 환류 단계 135, 147

교육정책 평가의 정치학 144

교육정치 100

교육정치 상황 95

교육정치 현상 95, 335

교육정치론 16

교육정치체제 91

교육정치학 16, 73, 74, 75, 76, 77, 79,
    87, 91, 94, 95, 96, 99, 111, 119, 325,
    326, 327, 328, 333

교육정치학 연구 79, 90, 118, 335

교육정치학의 연구대상 328, 332

교육정치학의 연구 동향 99, 102, 118

교육정치학의 연구방법 90, 333

교육정치학의 접근방법 89

교육정치학의 학문적 성격 102, 334

교육정치학회 99

교육정치학회 학술대회 주제 분류 115

교육정치현상 88, 89, 91

교육제도 법정주의 227

교육지원청 수준 149

교육체제 22, 36

교육통치이념 166

교육학 73, 74, 77, 96

교육행정학 79, 88

교장공모제 239, 242

교직단체 229, 235, 238, 241, 245, 258,
    259

교직단체의 정치학 239

국가 수준의 거버넌스 구조 127

국가 수준의 교육 거버넌스 123, 129

국가 수준의 교육정책 202

국가 수준 학업성취도 전수평가 166

국가 중심 조합주의 모형 188

국가통제 모형 188

국정과제 219

국회 130

권력 331
권한 부여 192
규범적 접근방법 90
급진적 태도 65

ㄴ

내부접근 모형 137
네트워크 거버넌스 125, 146, 151, 181, 231
누리과정예산 174

ㄷ

다원주의적 관점 233
단위학교 거버넌스 185, 188, 189, 190, 192, 193, 194, 195, 196, 197, 198
단위학교 거버넌스 구축 189
단위학교 거버넌스의 과제 199
단위학교의 교육공동체 188
대중매체 58
대통령 선거 211, 212, 216, 226, 228
대통령 선거 공약 202, 211
대학평가 305, 308, 311
동원 모형 137

ㅁ

무상급식 165
문제의 창 204, 206, 207
미국 교육의 정치학 80
미국 지방교육 거버넌스 155

미국교육정치학회 73, 74, 77, 79, 88, 115, 117, 328
미국교육학회 234
민단체 257
민주적 자치공동체 193, 194, 199
민주적 정당성 158, 159
민주주의의 꽃 226

ㅂ

보수적 태도 65
비교교육정치학 96
비정부 행위자 131, 132

ㅅ

사법부 130, 181
사법부의 영향력 260
사회중심 조합주의 모형 188
사회화 52, 55
사회화 기관 56
새로운 학교 운동 183, 184
서울시 무상급식 도입 176
선거 201, 203, 205, 226
선거의 과정 206
세계교원단체총연맹 236
세계대학순위평가 305, 307, 310, 312
세계대학순위평가 평가준거 310
세계대학평가 305, 306, 307, 309, 314, 322
세계대학평가 체제 322
세계대학평가의 평가준거 313

세계화 30, 44, 45

수석교사제 241, 242

시민단체 132, 233, 253, 256, 258

시민사회 126

시민사회 거버넌스 124

시민사회단체 259

시장 거버넌스 231

시장 중심 거버넌스 124, 151

시장 중심적 교육정책 159

신념체계 61, 62, 65

ㅇ

언론기관 132

언론기관의 대학평가 311

연구와 자료 기반 정책 146

온건적 태도 65

외국어고 정책 206

외부주도 모형 137

유아교육 및 보육 서비스 286

유아교육재정 280, 284

유아교육재정 정책 281

유아교육재정의 정치학 278

이데올로기 59, 60, 61, 62, 63, 65, 66,
     67, 68, 69, 72, 91, 165

이데올로기의 기능 62

이데올로기적 가치 64

이익집단 181, 229, 230, 231, 232, 233,
     235, 238, 239, 247, 253, 259

일반 시민단체 229

일반 지방자치 175

입법부 129

ㅈ

자기조정 네트워크 모형 188

자유교원조합 237

자유민주주의 모형 188

자유적(진보적) 태도 65

자율형 사립고 168, 177

잠재적 교육과정 72

전국교직원노동조합 236

전문가 집단 132

정당 57, 58, 132

정책 332

정책 순응 16

정책 커뮤니티 230

정책 환류 146

정책과정 모형 133

정책과정론 134

정책문제 채택 337

정책의 창 203, 207, 208, 226

정책의제의 설정 211

정책집행 143, 144

정책평가 145

정책평가 결과 146

정책흐름 모형 203, 205, 226

정치 31, 32, 33, 34, 36, 37, 46, 66, 69,
     325

정치 과잉 상황 181

정치 과잉 현상 181

정치 성향 165

정치 신념 66

정치 이데올로기 66

정치권력 25, 32, 88

정치문화 49, 74

정치발전 30, 32, 33, 34, 35, 36, 41, 42, 47, 93

정치사회화 18, 37, 48, 49, 51, 53, 58, 93

정치사회화 기관 53

정치사회화 프로그램 50

정치사회화의 기능 50, 55

정치사회화의 단계 52

정치의 창 204, 206

정치이념 91, 93

정치이념적 이데올로기 64

정치적 목적 17, 18, 19

정치적 변동 203

정치적 속성 204

정치적 역동성 165

정치적 영향 205, 206

정치적 중립성 42

정치적 지도성 197

정치적 충원 39

정치적 통합 37

정치지도자 46, 47, 48

정치참여 43, 44

정치체 24, 25, 26

정치체제 18, 19, 20, 21, 23, 24, 35, 41, 49, 69, 92

정치체제이론 19

정치학 15

정치형태 24, 25

중앙 수준 교육 거버넌스 181

중앙정부 173

중앙정부의 교육 거버넌스 152

지방 수준 교육 거버넌스 149, 150, 152, 158, 160, 168, 171, 172, 179, 180, 181

지방 수준 교육정치학 149

지방 수준의 교육정책 221

지방교육 거버넌스 156, 157, 165, 178

지방교육자치 175

지방교육자치제도 149, 152, 153, 155, 157, 158, 159, 178, 180

지방교육자치제도 거버넌스 157

지방교육자치제도의 변천 153, 154

지방교육행정 173

지방자치제도 156

직선제 교육감 179

ㅊ

참교육운동 183

참여적 정치문화 33

총체적 참여와 헌신 191

ㅋ

코로나 19 바이러스 위기 45

ㅌ

탈세계화 45

통치 331

ㅎ

학교 거버넌스 27, 184, 199

학교 자율경영 192

학교 정치체 27, 29

학교교육 69, 71

학교교육과정 72

학교장의 리더십 191

학문 74, 75

학문적 정체성 76

학부모단체 229, 235, 247, 248, 249,
　　258, 259

학부모단체의 정치학 251

학생인권조례 174

학생인권조례 제정 244

한국교원노동조합 237

한국교원단체총연합회 235, 239

한국교육정치학 77, 88, 94, 95, 325,
　　336, 339

한국교육정치학회 74, 75, 80, 87, 88,
　　100, 103, 112, 114, 326, 329, 340

한국교육정치학회 학술대회 주제 113

한국교육학회 74

한국매니페스토실천본부 223

한국유치원총연합회 178

행정부 127

헌법재판소 130

혁신학교 정책 167

협력적 거버넌스 187

저자 소개

☑ 정일환(Chung, Ilhwan)

미국 Pennsylvania State University, Ph.D.(교육정책학 전공)

전 대구가톨릭대학교 사범대학장, 교육대학원장,

한국교육개발원 교육행정연구부장, 한국연구재단 전문위원(파견근무),

한국대학교육협의회 정책자문교수(상근), 국가교육과학기술자문회의 위원,

대통령실 교육비서관, 한국비교교육학회 회장, 한국교육정치학회 회장

현 대구가톨릭대학교 사범대학 교육학과 교수, 한국교육학회 수석부회장(차기 회장),

감사원 자체감사활동심사위원회 심사위원

☑ 이일용(Lee, Ilyong)

미국 University of Minnesota, Ph.D.(교육행정학 전공)

전 중앙대학교 사범대학장 및 교육대학원장,

교육개혁협의회 및 경제인문사회연구회 위원, 한국교육정치학회 회장

현 중앙대학교 명예교수

☑ 김혜숙(Kim, Hyesook)

미국 University of Utah, Ph.D.(교육행정학 전공)

전 연세대학교 교육대학원장, 교육연구소장, 말레이시아 마라공대 교수,
   한국교육개발원 연구위원, 교육부 정책자문위원, 대학설립심사위원,
   시ㆍ도교육청 평가위원, 대선ㆍ총선ㆍ지방선거 매니페스토 평가단,
   한국교육행정학회 회장, 한국교육정치학회 회장

현 연세대학교 교육학과 교수, 교수평의회 의장, 대학평의원회 의장, 이화학원 이사

☑ 김병주(Kim, Byoungjoo)

서울대학교 대학원 교육학 박사(교육행정학 전공)

전 영남대학교 홍보협력실(처)장, 사범대학장, 교육대학원장, 입학처장,
   국가교육과학기술자문회의 수석전문위원, 한국장학재단 이사,
   교육부 및 대통령실 정책자문위원, 한국교육정치학회장, 한국교육재정경제학회장

현 영남대학교 사범대학 교육학과 교수, 기획처장, 교육혁신본부장,
   고등교육정책중점연구소장

☑ 권동택(Kwon, Dongtaik)

한국교원대학교 대학원 교육학 박사(초등교육학 전공)

전 한국교원대학교 대학원부원장, 입학인재관리본부장, 입학학생처장,
　　국가교육과학기술자문회의 전문위원

현 한국교원대학교 초등교육과 교수, 한국비교교육학회 회장, 한국교육학회 이사,
　　한국초등교육학회 이사

☑ 정제영(Chung, Jaeyoung)

서울대학교 대학원 교육학과 박사(교육행정학 전공)

전 이화여대 기획처부처장, 더인재평가지원실장,
　　교육부 서기관(행정고시 44회), 교육부 정책자문위원회 위원,
　　여성가족부 학교밖청소년지원위원회 위원, 보건복지부 R&D 심의위원회 위원,
　　한국교육학회 사무국장, 한국교육정치학회 편집위원장

현 이화여자대학교 교육학과 교수, 호크마교양대학 학장, 미래교육연구소장,
　　창의교육거점센터장, 서울경찰청 사회적약자 치안정책자문위원회 위원

교육정치학

이론과 적용

The Politics of Education: Theory and Application

2020년   11월   5일 1판 1쇄 인쇄
2020년   11월   10일 1판 1쇄 발행

지은이 • 정일환 · 이일용 · 김혜숙 · 김병주 · 권동택 · 정제영
펴낸이 • 김진환
펴낸곳 • (주) **학지사**
　　　　　04031 서울특별시 마포구 양화로 15길 20 마인드월드빌딩
대표전화 • 02)330-5114　　　　　팩스 • 02)324-2345
등록번호 • 제313-2006-000265호

홈페이지 • http://www.hakjisa.co.kr
페이스북 • https://www.facebook.com/hakjisa

ISBN 978-89-997-2226-4 93370

정가 22,000원

이 도서의 국립중앙도서관 출판시도서목록(CIP)은 서지정보유통지
원시스템 홈페이지(http://seoji.nl.go.kr)와 국가자료공동목록시스템
(http://www.nl.go.kr/kolisnet)에서 이용하실 수 있습니다.
(CIP 제어번호: CIP2020042597)

출판 · 교육 · 미디어기업 **학지사**

간호보건의학출판 **학지사메디컬** www.hakjisamd.co.kr
심리검사연구소 **인싸이트** www.inpsyt.co.kr
학술논문서비스 **뉴논문** www.newnonmun.com
원격교육연수원 **카운피아** www.counpia.com